资源科学概论

彭补拙　黄贤金　濮励杰　等编著

科学出版社

北京

内 容 简 介

本书从理论与实践相结合的角度出发，全面地阐述了资源科学的产生和发展，以及学科体系的框架，详细而系统地阐述了资源科学主要分支学科，如资源地理、资源生态、资源经济、资源伦理、资源遥感与制图、物质代谢、资源政策与法规、资源安全与管理、资源信息等的含义、特征、分类、评价以及理论和方法应用等内容。读者阅读本书之后，可初步了解和掌握资源科学及其主要分支学科的理论与方法、知识和技能。

本书可作为高等院校地理系、资源环境与城乡规划管理、地理信息系统、城市规划、土地资源管理等专业的教学参考书，也可供从事环境、生态、经济管理等专业的高校师生和有关管理人员阅读参考。

图书在版编目(CIP)数据

资源科学概论 / 彭补拙等编著. —北京：科学出版社，2008

ISBN 978-7-03-022777-5

Ⅰ. 资… Ⅱ. 彭… Ⅲ. 资源科学-概论 Ⅳ. F062.1

中国版本图书馆 CIP 数据核字(2008)第 123945 号

责任编辑：许　健　谭宏宇 / 责任校对：刘珊珊
责任印制：刘　学　　　　/ 封面设计：一　明

科学出版社 出版
北京东黄城根北街 16 号
邮政编码：100717
http：//www.sciencep.com

南京展望文化发展有限公司排版
北京虎彩文化传播有限公司印刷
科学出版社发行　各地新华书店经销

*

2008 年 9 月第　一　版　开本：787×1 092　1/16
2019 年 8 月第三次印刷　印张：20 1/4
字数：462 000

定价：48.00 元

前　言

资源是资产的来源，虽然随着现代社会的发展，资本、技术等对于自然资源的替代性不断增强，但自然资源在经济社会发展中的基础性地位不但没有削弱，反而由于自然资源短缺以及自然资源开发利用中的生态环境问题日益突出，得到了人类社会前所未有的关注。自然资源问题不但促进了经济社会发展方式的改变，追求资源利用更加高效以及对环境影响最小化的经济社会发展方式，而且也在不断改变着人们的资源伦理观，因此，如何形成符合现代经济社会发展要求，并引导资源合理、永续利用的资源学理论与方法，不仅是介绍、传播资源学知识的需要，更是经济社会又好又快发展的需要。为此，本书从以下方面对资源科学概论教材内容进行了相关设计。

本书从理论与实践相结合的角度出发，全面地阐述了资源科学的产生和发展以及学科体系的框架，详细而系统地阐述了资源科学的主要分支学科，如资源地理、资源生态、资源经济、资源伦理、资源遥感与制图、物质代谢、资源政策与法规、资源安全与管理、资源信息等的含义、特征、分类、评价以及理论和方法应用等内容。读者阅读本书之后，可初步了解和掌握资源科学及其主要分支学科的理论与方法、知识和技能。

资源包括自然资源和社会资源，实际上它是一个资源-社会-经济系统，本书系统地论述了资源科学及其应用分支学科的相关内容，同时资源和环境是制约我国经济发展的两大瓶颈，区域（包括城市和农村）环境问题几乎都是由于资源（包括能源资源）开发利用不合理所引起的，因此，运用资源科学的理论、技术和方法来探索和逐步推进资源的集约、节约利用、节能减排和环境污染的综合防治，建立资源节约型和环境友好型社会，努力从更高层次构建经济、社会和资源环境协调发展的社会体系，实现可持续发展，具有重要的学术意义和应用价值。

本书着眼于从更高层次对资源-人口-环境地域系统综合阐述与研究，强调资源的多目标、多层开发和综合利用以及资源的保护与管理，以资源的系统性、综合性和整体性思想统领全书；在内容上，从地理学的核心——人地关系，探讨它与资源科学的产生和发展，对资源地理学进行全面系统和较深入的阐述和探讨，对资源伦理的特征与功能，自然价值与资源伦理、资源伦理评价与规范进行了系统地论述，将物质代谢分析纳入资源科学体系之中，根据资源科学和社会经济的发展，阐述了资源安全与资源管理等，这些内容是已出版的同类书籍中不多见的。在结构体系上，更加重视理论与实践的结合，力图为解决社会经济发展中资源环境问题提供理论支持；在方法上，除了较全面、系统地阐述了资源遥感、资源信息等新技术手段，同时，在其他的章节中，均不同程度地运用系统分析法、数学模型等方法，使资源科学领域的研究方法有进一步的扩大和深化。

虽然南京大学在资源科学研究方面具有良好的基础，1982 年就受当时的国家计划委员会—中国科学院自然资源综合考察委员会委托，在我国率先设立了自然资源专业，从此就较为广泛地开展了资源科学的教学与研究工作，并且于 1993 年就编著出版了《自然资源学导论》(吴传钧院士主编的《人文地理丛书》之一，江苏教育出版社出版)一书，该书也获得国家教育委员会优秀教材二等奖，但是近年来资源科学研究领域发展迅速，新的理论、方法不断产生，因此，由于《自然资源学导论》的体系特征，还难以容纳更多的内容。为此，我们将在江苏省精品教材《资源科学概论》中依据资源科学及其主要应用分支学科内容进行编写，从而与该普通高等教育“十一五”国家级规划教材《资源学导论》形成“姊妹”，以使得资源科学的内容更加趋于系统、全面，并将对该学科的深度发展产生明显的推动作用。

本书可作为高等院校地理学、资源环境与城乡规划管理、地理信息系统、城市规划、土地资源管理等专业的教学参考书，也可供从事环境、生态、经济管理等专业的高校师生和有关管理人员阅读参考。

感谢资源科学工作者所开展的大量有意义的研究工作，这些研究工作不仅推进了我国资源科学的发展，也为本书的编写提供了丰富的素材。作者对各位学者的研究成果深表钦佩。本书在参考文献中尽量列出各位学者的成果，但难免有疏漏之处，对尚未列出的作者深表歉意。

感谢《自然资源学导论》教材的使用教师及有关同学为本教材编写所提供的有益建议。

本书执笔人：第一章，彭补拙、张健；第二章，濮励杰、张健、彭补拙；第三章，李升峰、朱明、贾冰、王一秋、黄胜晔、韩旭；第四章，钟太洋、黄贤金；第五章，王佳丽、黄贤金；第六章，冯学智、肖鹏峰、罗维佳；第七章，马其芳、黄贤金；第八章，陈志刚；第九章，周寅康、汤小橹、金晓斌；第十章，王结臣、张健。全书由彭补拙、黄贤金拟定编写大纲并统稿。

本书不尽完善之处，请批评指正，以便修编时进一步充实、完善。

编 者

2008 年 3 月 1 日

目　录

第一章　绪　　论

1.1　人地关系演变与资源科学的产生

1.1.1　人地关系的发展

人地关系是指人类与地理环境之间的联系和相互作用。人地关系中的"人"是指在一定地域内、一定生产方式下从事各种生产活动或社会活动的人;"地"是指与人类活动有密切关系的地理环境。

人地关系是从人类出现以来就存在的客观关系,人类一经出现就通过生产劳动同自然环境发生联系。人与自然关系的内涵随着人类社会的发展而发生变化,包括人对自然的依赖性和人的能动地位。人类为了自身的生存和发展,不断地从自然环境中获取物质与能量,然后又将改造利用过的物质与能量以"三废"(废气、废水、废渣)的形式排放到自然环境中。因此说,人类的生活和生产直接参与了自然界物质循环和能量流动的过程,并不断改变着自然环境。人类与自然环境之间构成的人地关系,实际上是一种新陈代谢系统,或者说是一种通过人类创造的社会经济机构,与自然环境进行物质与能量交换和转化的系统。在人类社会的不同阶段,人类与自然环境间相互作用的规模和强度、相互作用的方式和效果都随着科学技术的进步与人类自身的发展而表现出不同的特征。

在旧石器时代,人类以狩猎、捕捞和采集现成食物为主,利用的生活资料主要是自然资源。这些资源被消耗的不多,又有再生能力,因而不会对环境造成破坏性的后果。在这一时期,人类高度地依附于自然,人地关系处于原始自然状态。到了早期农业时期,人类开始有计划地发展种植业和养殖业,从单纯地依赖自然进入到主动地利用和改造自然的新阶段,但这一时期的经济活动仍保持着生物学生产过程的基本特征,经人类改造的农牧业生产环境与自然生态环境在性质上仍属于可逆转的。在此阶段,人对自然的依赖性强,受自然环境和自然资源的制约明显,因而曾有片面夸大地理环境作用和影响的倾向,天命论思想占统治地位。农业时代人类生产活动直接作用于自然客体,它的规模小、强度低,负面影响较小,人类与自然保持融洽的非对立关系。工业革命以后,社会生产力有了飞跃发展,人类对自然环境的利用和改造能力大大增强,存在着过分强调人类能动作用的思想,"人定胜天"的思潮以及"人类中心论"等占主导地位。大农业的发展,人类大量开垦土地及其他生物资源,并使用了一系列现代化的手段,从根本上改变了原始小农经济单纯依赖于自然的状态;工业化突飞猛进,人类开始大规模地开采矿物及能源资源,在经济以前所未有的速度发展时，由于片面地按照人类的主观意志或需求去改造自然，往往违背客观规律，人类对大自然的索取（资源）和给予（废物）越来越超过自然的再生能力和净化能力，酿成环境恶化、资源枯竭的苦果，导致了生态失衡、环境恶化等各种生态环境问题的产生，人类走上了以牺牲良好的生存环境为代价来换取经济发展的道路。随着世界范围工业和农业现代化的普及，生态环境恶化的现象已几乎遍及人类活动的每一个区域，人类开始认识到，人类要做自然的朋友，人和自然应是一种共生互利的关系，人与自然应协调发展，在这一关系中，人类越来越显示出其积极主动的作用，人类只有自觉地改善协调与自然地理环境的关系，才能从根本上解决日益严重的环境问题，促进经济社会的更大发展，以保持人地关系和谐发展、创造理想生存为目的，人类开始采取预防、保护和治理相结合的综合措施来解决环境问题。目前，尽管环境整治在一些国家和地区取得了较好的成就，但对全球性环境质量日趋下降的状态仍没有找到有效的控制手段。

信息时代人地关系与工业时代有较大差别，人类活动与自然的作用方式和强度将有显著不同。在信息时代，人类既保持了农业社会与自然融洽的关系，同时工业社会人类充分社会化的特征将会得到存续。在信息时代，地理实体空间对于人类的约束作用将会减小，人类活动空间将发生巨大变化，空间距离将不成为人类各种活动的障碍，时空观念正在发生转变。由于信息化水平的差异，不同国家、地区之间出现了“数字鸿沟”，成为新世纪人类社会面临的新挑战。知识与科技的作用正逐步成为社会经济发展的主要驱动力，生产要素中人力资源的作用将得到凸现。

人地关系随着人类社会生产力和生产方式的发展而不断变化，它包括人对地的依赖性和人所具有的主动地位，而地理学则着重探讨人类活动与地理环境的相互影响及其反馈作用。在人地关系系统中，人口与社会经济发展为一端，自然资源和环境为另一端，双方之间以及各自内部存在着多种直接和间接的反馈作用并相互交织在一起，且地理环境由原来的自然地理环境逐步演变为自然地理环境与社会、人文环境。两者之间的相互作用主要表现为：一是自然资源对人类活动的促进作用、自然对人类活动的抑控作用；二是人类对自然系统投入可控资源、治理自然灾害、开发各种资源，从而实现产出并给予优化。

1.1.2 人地关系的演变与资源科学产生

人类发展到现代社会，由于经济工业化和社会城市化的发展，人类对自然的开发利用和改造的规模、范围、深度和速度日益发展，加速改变了各地区的自然结构和社会经济结构。与此同时，地理环境对人类社会经济发展的影响和反作用也愈益强烈，导致全球性的人口、环境、生态、国土及经济社会关系的严重失调。

工业化以来，由于社会生产力得到空前提高，人类在从事现代化生产及与之有联系的改造自然的活动中，必然要与自然环境发生更大规模的物质能量的交换，并显著地改变地表物质的平衡状态。如开发矿山和工程建设引起大量固体物质的机械搬运；修建水库、人工渠道及大型调水工程改变了地表水的平衡；提炼各种元素、施用农药、化肥等合成物质加速了地球化学元素的迁移；砍伐森林、垦殖草地改变了生物圈的自然状态，导致许多物种的灭绝。

人类是地球生物圈的组成部分之一，人与自然环境本来是相互依存共同发展的，但人类社会的发展要比自然地理环境的变化快得多，为了满足生产力高速发展的需求及追求更高生活标准的欲望，人类无节制地向自然界索取生产和生活资源。随着人口的激增，人类对环境的压力急剧增大，环境提供人类有效资源和消化人类废物的能力越来越低。这种差距达到一定量时，就会改变自然环境正常的物质与能量的交换秩序，导致环境正常生产与调节机能的失衡，随之而来的是自然界对人类的一系列负效应，使原本相互依存、共同发展的人地关系走向对立。

在人类出现以前，自然地理环境已经历了漫长的发展过程。人类的出现则使地理环境的发展进入了人地关系辩证发展的新阶段。不同于其他动物只是以自己的存在来影响环境，人类以自己的身体来适应环境，以自己的智慧和劳动来利用和改造环境。随着人类社会的发展，这种人为的改造作用愈加显著，自然环境中人类活动的烙印也愈加深刻，在地球的某些区域，人为影响已成为左右地理环境发展的决定性因素。人地关系正从早期的自然属性为主向人为化渐强的趋势转化。人工生态系统的建立和运转，表现了人类征服和改造自然的杰出能力。这种人类与自然共创的生态系统，是人地关系发展到一定阶段的产物，其经济与生态的综合效应，也是检验人地关系发展状态的一面镜子。例如，在平原地区建立的农田生态网、山区的立体生态农业、半干旱地区的林、草、田复合生态农业及我国广东农民创造的桑(蔗)基鱼塘等，是人类利用改造自然并获得经济与生态双重效益方面成功的经验。还有一些人工生态系统，由于违背了自然生态规律，造成了破坏环境的后果。如前苏联和美国大规模开垦半干旱草原，产生了巨大的“黑风暴”，使大面积的草原退化，土壤沙化。

面对日益严重的环境问题给全球经济社会发展造成的一系列困扰，世界各国正在积极寻求保护自然环境、创造良好生存条件的有效途径。20 世纪 60 年代起，一些国家的人文地理学家加强了对人地关系的研究，其代表思想“适应论”和“协调论”都强调了人地关系中人对环境的认识和适应，提出人类需要主动地、不断地适应环境对人的限制，有意识地调整人与自然的关系。70 年代以后，一些全球性组织及许多国家的政府也加快了治理环境的进程。1972 年 6 月 15 日，在斯德哥尔摩首次召开了有 113 个国家参加的人类环境会议，通过了全球性保护环境的行动计划《人类环境宣言》。各国政府和人民响应宣言的号召，在保护环境方面采取了一系列有力措施，并取得了一定成效。合理地利用开发自然环境，走可持续发展道路，已成为世界各国的共识。

积极地保护自然资源与合理开发和利用自然资源已成为国际社会关注的焦点，如何有效地进行资源配置与世代分配，已成为人类社会发展所面临的基本抉择。如何遵循现实与未来的历史逻辑，将人类对资源的开发利用从以前的“掠夺式”转向“永续利用”与“持续发展”的战略轨道；如何以新型的流量技术(生物工程、太阳能、潮汐能工程等)大规模地使用非耗竭性资源；如何协调人与自然的关系，有效地保护资源与环境，促进经济、社会、资源、环境协调发展等，都对资源学科提出了挑战。与此同时，各学科积累的有关资源和资源利用的科学资料和知识日益丰富，加上生态学的发生发展、现代科学技术(如系统论、计算机、遥感、地理信息系统与全球定位系统技术等)的发展，促使各学科有关资源的研究日益与其母体学科分离，在资源与资源利用领域汇聚。需要与可能的结合，最终孕育了资源科学研究的诞生。

人与地理环境的关系中，由于自然环境向自然环境和人文社会环境的综合发展，社会经济和科学技术的不断发展与进步，其环境系统的结构和功能更加多样化和复杂化。各种环境因素实际上是多种不同的自然和人文社会资源因素或条件，环境和资源的客体实际上是一致的。水、土地、气候、环境、社会等，既是人类赖以生存的环境条件，也是维持人类生活和发展不可缺少的资源条件，因此可以说，人与地理环境等的发展与演变的过程实际上是人与资源环境关系的发展与演变的过程，资源科学长期孕育于以人地关系为研究对象的地理科学之中。

1.1.3 正确认识人地关系

人地关系包括人对自然的依赖性和人的能动地位，人与自然关系的内涵随着人类社会的发展而发生变化。人地关系研究是近代地理学发展的基础，地理学中流行的地理环境决定论、人地相关论(或然论、可能论)、适应论、文化景观论、生产关系决定论、唯意志论和人地协调论及人地耦合论等都是聚焦于人地关系研究的不同学派。概括起来主要有以下三种(图 1－1)：

1) 强调自然环境对人类社会发展的决定作用，以地理环境决定论为代表。地理环境决定论是一种以自然地理环境的作用解释人类社会发展，忽视或贬低人类社会的作用，认为地理环境是人类社会发展的决定性因素的理论。这一观点强调环境的作用，而忽视了人的主观能动性。第二次世界大战以后，地理环境决定论在整个学术界走向衰落。

2) 强调人类社会对自然环境的决定作用，忽视或贬低地理环境的作用，如唯意志论等。唯意志论主要表现为唯神论、人定胜天论、文化决定论和生产关系决定论等。这些理论完全否定地理环境对人类社会的重要作用，无限夸大人或“神”的“威力”。生产关系决定论不仅完全否定了地理环境的作用，而且忽视了生产力的重要作用，认为生产关系的变革和反作用可以超越地理环境决定一切，这一理论在斯大林时代的苏联盛行。在我国，20世纪 50 年代末期以后直到 70 年代末广泛流行的“人定胜天”、“人有多大胆，地有多大产”、“不怕做不到，只怕想不到”等极端唯心主义的口号，给我国社会经济建设造成了灾难性损失。

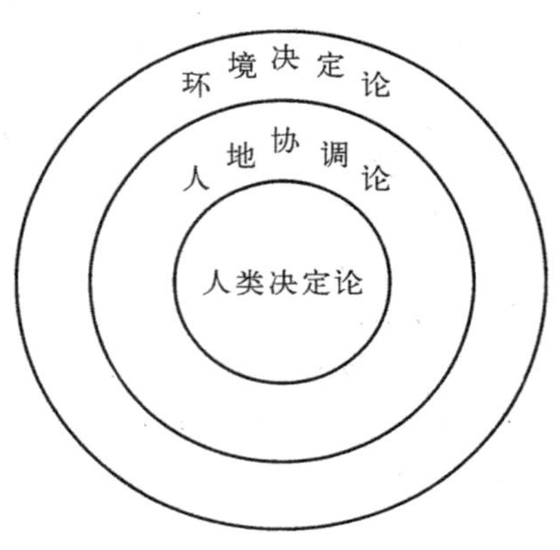

图 1－1 几种人地关系理论示意图

3) 强调人类社会与地理环境之间的相互作用，重视人地关系适应与协调，如协调论等。这一理论的基本观点既不突出地理环境对人类社会作用的重要性，也不夸大人在人地相互作用中的主观能动作用，而强调人与地在相互作用过程中其作用的对等性，强调了人与自然之间的联系统一，强调人是一个积极的因素，同时又看到自然环境对人类社会的反作用，认为人地关系应该是互相制约、互相影响、协调发展的。

地球系统科学领域的研究重心是揭示人与自然

的相互作用及所应采取的对策。知识与科技的作用，正成为社会经济发展的主要驱动力。由于地球的整体性和地球各圈层的相互作用，许多地球环境问题成为世界各国和社会公众关注的热点。人地关系研究的重要前沿领域包括：全球环境变化及其区域响应、区域可持续发展及人地关系机制调控、社会生态与环境伦理研究与体系构建。

人类活动和地理环境的关系并非一成不变，而是随着人类社会的进化而不断变化，向广度和深度发展。以往国内外对这一问题的研究多限于静态论述，不联系时代背景，因而提出的种种人地关系学说，或把自然摆在主宰地位，或强调人的主观能动性，大多失之偏颇。

人类在很早以前，通过生产活动，对周围环境逐步认识，从而积累了早期的地理知识，进而从哲学的角度探索人类活动和地理环境的关系。春秋战国时期我国就出现了多种人地观，有“天命论”（自然灾害、生产丰歉乃至国家兴败皆由天决定）、机械唯物论（人地紧密相关，而以地的发展规律主宰一切），以及朴素的辩证唯物论（地理条件是可变因素，是因人而异。所谓“天有其时，地有其材，人有其治”，“天时不如地利，地利不如人和”）等。此后，在长期的封建时代，因生产力没有大发展，人地观亦无大进展。

西方近代地理学一开始就从不同角度探索地理环境演变、分布规律和人地关系的内在规律。以德国拉采儿（F. Ratzel）、法国孟德斯鸠（C. Montesquieu）和美国沈波儿（E. C. Semple）为代表的学者，受当时拉马克（J. B. Lamarcl）、达尔文（C. R. Darwin）进化论的影响，认为人是自然的产物，在一定的地理环境下必然形成一定的人文现象。他们过于强调人类活动受制于地理环境，形成了“地理环境决定论”流派。这种机械唯物论的人地观，当时对破除宗教迷信有一定的进步意义，但夸大了地理环境的力量，无视生产力和生产关系的矛盾是社会发展的根本动力。代表法国人地学派的白兰士（Vidal de la Blache）和白吕纳（J. Brunhes）等首先根据区域观念来研究人地关系，他们提出的“或然论”认为人地关系是相对的而不是绝对的，人类在利用自然方面具有选择力，能改变和调节自然现象，并预见人类改变自然愈甚则两者的关系愈密切，具有朴素的辩证观点。以德国赫脱纳（A. Hettner）和巴沙格（S. Passarge）为代表的景观学派，认为地理学是研究变动中的景观，它是包括自然和人文要素相结合的区域现象的整体。巴罗斯（H. H. Barrows）认为地理学是研究人与其赖以生存的自然环境的相互影响，可称为人类生态学。此外还有罗士培（P. M. Roxby）的“调整论”和索尔（C. Sauer）的“文化景观论”等。在前苏联地理界长期占优势的地理学发展二元论，认为自然界与人类社会按各自的规律发展，否认物质世界的统一性，把地理学截然割裂为自然地理学与经济地理学两门互不相关的学科，忽视人地关系这一主题的研究，影响地理学的正常发展。我国地理学自 20 世纪 50 年代以来深受前苏联地理学发展二元论的消极影响，以致削弱了人地关系的研究。加之在学科发展方面强调专业化，忽视了地理学整体的综合性特点。钱学森同志在 1989 年提出要在自然地理学与人文地理学汇合的基础上建立地理科学体系的见解，切合中国地理学发展的时弊，起到对症下药之效，促进了我国地理界重新认识地理学，并思考地理学的更新问题。

恩格斯在《自然辩证法》中提到：“我们时代的理论思维，都是一种历史的产物，在不同时代具有非常不同的形式，并因而具有非常不同的内容。”人地关系作为一种理论思维也随时代而变化，需要以辩证法的观点加以动态系统的分析，建立辩证唯物主义人地关系观，这对地理学的理论建树是极其重要的。

马克思主义哲学为正确对待和处理人地关系指明了方向。地理环境是对应主体而言的，主体是人类社会。所谓地理环境有广狭两义，狭义的地理环境即自然综合体，广义的地理环境则指由岩石、土、水、大气和生物等无机与有机的自然要素和人类及其活动所派生的社会、政治、经济、文化、科技、艺术、风土习俗、宗教信仰和道德观等物质或意识的人文要素，按照一定规律相互交织，紧密结合而构成的一个整体。它在空间上存在着地域差异，在时间上不断发展变化。马克思主义认为人类活动和地理环境存在着相互联系又相互作用的关系，双方通过物质交换过程而产生紧密联系。人类通过劳动，利用、改变环境，而同时地理环境能反作用于人类，制约着人类生存与生产，甚至起到促进或延缓社会发展的作用。

地理学的理论研究首先对人地关系要有全面的认识。人地之间的客观关系是：① 人对地具有依赖性，地是人赖以生存的物质基础和空间场所，地理环境经常影响人类活动的地域特性，制约着人类社会活动的深度、广度和速度。这种影响与制约作用是随人对地的认识和利用能力而变化。一定的地理环境只能容纳一定数量和质量的人及其一定形式的活动，而其人数和活动形式都是随人的质量而变化。② 在人地关系中人居于主动地位，人具有能动功能与机制，人是地的主人，地理环境是可被人类认识、利用、改变、保护的对象。人地关系是否协调抑或矛盾，不决定于地而取决于人。总之，人必须依赖所处的地为生存活动的基础，要主动认识并自觉按照地的规律去利用和改变地，以达到使地更好为人类服务的目的，这就是人和地的客观关系。这种关系将随着人类文化科学技术和生产力发展水平的不断提高而变得日益密切，从而认识、利用和保护地理环境的能力也逐渐增强，同时也随着地理环境在人类作用下产生的变化而不断改变，这是人地关系变化的客观规律。

应当认识到人地关系是在一定的社会生产关系下建立的，人同自然界的关系表现为人类社会同自然环境的关系，而不是指单个人同自然环境的关系。人类社会通过生产有意识地改变着自己生存的物质条件，从而改变着周围的外在自然界。在此过程中，为自己和新的自然环境之间带来了新的关系，因此动态的人地关系可以理解为一种具有社会和历史特性的辩证关系。

信息流动速率的提高使人流、物流的方向、结构和效率发生了变化，使人地系统各要素的结构和功能也发生了变化，因此为人地系统的研究带来了新的课题。知识经济时代的人地系统具有新的地域分异特征和空间组织结构(集聚与辐散)特征。经济全球化同样会对人地系统的结构和功能产生影响。传统的生产地域分工体系将重组，物质、能量、信息的流向也会改变，使人地系统演进的方式和速度发生变化。

1.2 资源科学的发展

1.2.1 国外资源科学的发展

从资源科学发展的社会历史背景中，不难追寻到资源科学的发展脉络。从世界范围来看，资源科学形成和发展的历史大致经历了四个不同的时期。

1）自然资源的原始利用时期　原始的人类社会经历了漫长的发展阶段，几乎占据了人类全部历史的99%以上。从200万～300万年前人类诞生一直到距今约1万年前，人类主要使用打击石器与自然作斗争，这一时期被称为旧石器时代。在漫长的旧石器时代早期，由于受到各方面条件的限制和约束，人口的数量长期处在一个很低的水平上，原始人类的思维能力很低，当时的自然资源——天然食物对于人类来说是丰富的，人类还没有必要下很多工夫去思考和探索，要做的事情只是寻找与品尝，因此，人类对自然资源只有初步的感性认识，而且认识和利用的自然资源种类也很有限，主要是石头（用作石器）、树枝（钻木取火或作工具）、兽、鱼、果等。

到了旧石器时代末期和新石器时代早期，即大约距今5万～0.5万年前，人类的劳动工具——石器才有了较大的改进，人类利用集体的力量捕猎，甚至开始驯化和饲养兽类，并出现了原始农业。但总的说来，人类对其周围的生物和环境的影响是局部的、微小的。这段时期属于人类对自然资源的原始利用时期，人类虽然也积累了一些自然资源利用方面极为原始的经验，但是根本谈不上总结和记载。

2）对自然资源记载描述的时期　这一时期大约从距今5 000年前到19世纪中期的工业革命时期。当人类利用刀耕火种，有意识地把种子撒向土地时，人类的文明便前进了一大步，进入了农业文明时期，土地也随即成了农业文明的核心资源。

早期的农业生产很难说是耕耘，能利用的土地仅限于有自然水利条件的松软土地，即河流沿岸与绿洲盆地，因此，远古文明理所当然地产生于大河流域与绿洲地区。当时，人类生产力水平低下，对资源的利用与需求囿于个体和小型群体繁衍的极低层次。

约在公元前3000年，人类文明发展进入青铜器时代。进入铁器时代后，人类的生产力有了较大幅度的提高，能用铜、铁等金属制造斧、犁等农具、轮轴和齿轮转动机械，发展了木质和石质结构建筑，水磨、冶炼技术也发展起来，灌溉技术得到普及。农业生产技术的大幅度进步，导致了古代社会的“农业革命”。结果是统治系统从有限的河岸、绿洲扩展到周围地域，可以支配周围农村和商业道路的“区域国家”开始形成，并进入一个长期运转和发展阶段。这期间，人类开发利用自然资源的种类大幅度增加，如铜、锡、铁、铅、金、银、汞、石料等矿石，还有林木、水流与水力、土地等；对资源的开发利用，在深度与广度上也远非昔日可比。

农业革命使人类的生产力水平逐渐提高，人类认识和改造自然的能力不断加强，随着生产的发展，世界上出现了一些文明古国，从古埃及到中国到古希腊，许多文明古国在其长期的农业实践中都积累了丰富的经验，产生了许多有关自然资源利用和保护的朴素而深邃的思想。

1690～1782年蒸汽机的发明并不断得到改进，引发了源于欧洲并迅速席卷全球的工业革命，人类的生产力水平产生了巨大飞跃，开矿、挖煤、采油、伐木、垦荒、捕捞等产业迅速发展。特别是黑色能源——煤炭驱动着蒸汽机，使人类不仅需要而且能够大规模开发地下矿产资源，这不仅仅是人类利用资源由地表到地下的空间拓展，而且标志着人类利用资源的时间尺度第一次与人类个体生存的时间尺度出现了巨大的数量级差异。人类在地下找到了贮藏达数亿年之久的太阳能储备——煤炭，于是一切都加快了步伐，这是一个根本性的变化。工业革命开始后，人类不再只是开发和利用可更新资源，而是出现了大规模消耗存量资源的近代科学技术手段，不可更新的地下资源纷纷进入社会化生产过程，成了工业文明时代的核心资源。

工业革命极大地解放了生产力，人类开发利用自然资源的种类大幅度增加，这就促使一些政治家、思想家以及一些博物学家在其著作中，进行了自然资源利用和保护等方面的记载和总结。这些记载和总结虽然零散，但却十分宝贵，因为它为18、19世纪开始的各有关学科对各项资源进行近代科学研究提供了重要基础。

3）分学科进行自然资源研究的时期　这段时期大致是从19世纪中期到20世纪初期。在工业革命时期，人口迅速增加，从1650年到1850年，仅200年的时期，人口增加了一倍，从5亿增加到10亿；工业革命后，从1850年到1930年，仅用了80年的时间，人口又翻了一番，达到20亿。工业革命解放了生产力，进而推动了科学技术的进步，许多学科如生物学、地理学、地质学、农学、经济学和资源利用的工程技术学科都迅速成长起来。这些学科分别基于各自的科学理论体系，从不同的认识角度分别对同一项资源和某几项资源进行了各自的研究，它们之间很少交叉渗透，仍各自保留着自己学科的理论体系。但是，这些学科所具有的共同的资源基础，导致了它们分别积累的科学资料和知识在资源和资源利用这个总“网结”的汇合，为资源科学的产生奠定了基础。

4）资源科学的形成和蓬勃发展时期　真正的资源科学研究应该说是20世纪初期以来的事情。工业革命后仅一二百年，人口急速发展，人口数量连续翻番，工业、农业迅猛发展，人类创造了前所未有的辉煌的物质文明。但是，人们不久就发现，维持工业社会辉煌文明的不可更新资源不仅有限，而且正在被迅速耗竭，可更新资源及生态环境遭到严重破坏。特别是近三四十年来，随着人口爆炸性地增长和物质生活水平的不断提高，人类社会对自然资源的压力与日俱增。正如《世界自然保护大纲》中所指出的那样，我们时代的一个重要特点是，人类几乎有着无限的建设能力和创造力，但又有同样的破坏力和毁灭力。在开发自然资源方面，由于对其需要量的急剧增长，往往迫使人们采取一些只顾眼前利益的做法，由此带来一系列全球性的资源和环境问题，诸如水土流失、沙漠化、耕地锐减、森林破坏、生物多样性减少、臭氧层破坏、温室效应、酸雨、环境污染等，其危害和灾难愈演愈烈，地球环境全面恶化，在世界许多地区，人类开始遭到大自然的无情报复。如此发展下去，人类的生存也将受到严重威胁。这样，人类不得不重新审视自己的行为，重新审视人与自然、人类与自然资源之间的相互关系。于是，人类开始谈论后工业文明，谈论现代人与自然的协调发展。

第二次世界大战后，资源科学研究进入了一个稳定的发展时期。1948年国际自然保护联盟成立（1955年更名为“国际自然与自然资源保护联盟”），1949年联合国经社理事会（联合国经济和社会理事会）在美国纽约召开了第一次世界自然资源利用科学大会，出版了八卷论文集，随后，“干旱区研究计划”、“国际潮湿热带研究计划”等国际合作计划纷纷展开。到20世纪60年代中期，在干旱地区研究方面就召开了20余次大型学术讨论会，出版了约30卷研究报告；国际潮湿热带研究也召开了多次国际性会议，其研究结果在1978年出版的《热带森林生态系统》一书中进行了较全面的总结。1960年联合国教科文组织专门成立了自然资源研究与调查处（后改为生态处），负责协调和组织有关自然资源的考察与研究工作。

20世纪60年代以来，随着资源与环境问题的日益尖锐化，国际合作得到了更大发展。1964～1974年开展的国际生物学计划(IBP)以其革新的精神和科学的见解向全世界进行了一次生态学的大宣传，其研究成果现已陆续问世，该项计划在自然资源和生态学的研究方法方面都有明显的突破，对未来资源和生态学的研究将起到重要的指导作用。1972年开始的人与生物圈计划(MAB)是为合理开发利用和保护自然资源而开展的一项庞大的国际研究计划，参加该项计划的国家有100多个，参加研究的科学家和技术人员有1万多人，研究项目数以千计。研究内容主要是当前国际范围内自然资源利用中最重要的14个方面的课题，并力图将研究工作与解决实际问题结合起来，在最短的时间内创造出应用性的成果。MAB以其研究方法和途径上的重大改革及注重解决实际问题的总目标，在国际范围内引起了巨大的反响。

1980年《世界自然保护大纲》的问世，是当代自然资源研究中的又一件大事。《世界自然保护大纲》把开发与保护紧密地结合起来，对保护资源的目标和实现这些目标的必要条件，需要国家和国家间优先采取的行动等十个方面的问题进行了专门的论述。世界各国纷纷响应，结合本国的具体情况制定各国自己的自然保护大纲，它对自然资源的保护和开发起到了重要的推动作用。

从1972年的"人类环境会议"到1992年的联合国"环境与发展大会"，标志着人类对资源、环境与发展问题的认识逐步深入并走向成熟。联合国环境与发展大会通过的一系列文件及贯穿其中的可持续发展的理论和思想，树起了人类环境与发展史上新的里程碑，也为资源科学研究注入了新的内涵，促使资源科学近年来取得了长足的进展，资源科学研究的理论和方法也日臻完善。

资源科学作为一个完整的科学领域正在走向成熟的另一个标志是目前出版了大量有关自然资源期刊、学报及综合性、系统性的论著，同时出现了许多综合性的自然资源研究单位，一些新型的自然资源院校或系(科)纷纷建立，国外以自然资源命名的高等院校已达数十所，其中又以美国最多。

1.2.2 我国资源科学的发展

我国是世界上开发利用自然资源并用文字记述最早的国家之一。我国的资源科学研究大致可划分为三个不同阶段。

1) 初始阶段　这一阶段经历了我国解放以前漫长的封建社会时期，自然资源研究主要以记载描述全国和地区的自然资源分布状况及其原始利用为特征。人们在开发利用各项自然资源的过程中，在长期的生产实践尤其是农业发展中，对于各种自然资源的分布、特性、用途以及在管理和保护等方面积累了丰富的经验，并对这些经验给予了文字记述，其中包含了许多有关自然资源利用与保护的朴素而深刻的思想，为后来的资源研究和科学调查奠定了基础。

2) 发展阶段　新中国成立后，我国为迅速发展社会生产力，开始了大规模的工业化过程，随着技术进步和一批新的工业部门的形成，大大加快了工业生产中资源消费结构的变化，扩大了对自然资源开发利用的深度和广度。各产业部门先后组建了资源勘察队伍，不同学科（地质学、地理学、生态学、经济学和技术科学等）的学者一道投入到大规模的自然资源调查与研究之中。各学科也相继分别从不同角度对自然资源进行了单项研究。

这一时期的资源研究取得了显著进展，对全国各地区自然资源的基本状况有了比较系统和全面的了解，初步掌握了自然资源的数量、质量与分布规律及其开发利用条件，全面填补了我国特别是我国广大偏远省区有史以来自然条件与自然资源科学资料的空白。矿产资源、能源资源等单项资源的调查和研究，为国家制定国民经济发展规划和地区开发方案提供了重要科学依据。这一阶段资源科学研究的规模之大、范围之广都是史无前例的。例如，仅以中国科学院自然资源综合考察委员会为主组织的综合考察队，在前后近30 年期间达 30 多个，工作范围达全国 2/3 以上的地区。

3）理论和系统化阶段　改革开放以来，随着我国经济体制的变化和经济建设更大规模的展开，自然资源开发利用能力有了空前提高，以自然资源开发利用和保护为中心内容的科学技术日益显示出极大的重要性，加上国外资源科学的发展，促使我国资源科学的研究更加广泛而深入地展开，从野外考察到典型定位观测，从定性到计量模型研究等。特别是 20 世纪 80 年代中期以来，以国土开发整治为中心任务的资源科学研究工作在全国范围内持续进行，资源科学研究的内容和方法随之发生了深刻的变化，其研究重点转向资源的综合评价、开发利用和宏观管理方法，着眼从更高层次上对资源-人口-环境地域系统进行综合研究；对自然资源的研究不仅考虑自然生态、技术条件，而且同时考虑到社会经济条件的影响，开展了资源-生态-社会经济复合系统模拟研究，强调自然资源的多目标、多层次开发与综合利用、自然资源的开发利用与生态环境、人口之间的协调以及资源的保护与管理。自然资源研究表现出明显的综合性与整体性；在研究方法上，许多资源科学研究都在程度不等地运用系统分析法、数学模型、计算机和遥感、数据库和信息系统等新技术手段，使资源科学研究领域和方法有了进一步扩大和深化。

从目前来看，我国资源科学的研究虽然取得了很大发展，但与国际先进水平相比还存在一段差距，资源科学研究的理论建设明显滞后于实践工作，大批资源科学成果仍重复在分类、区划、调查、评价的较低层次，综合研究的深度还很不够，现代资源科学研究工作可以说才刚刚起步。

1.3　资源科学的学科体系

科学发展的一个重要趋势是走向综合与交叉。为解决当代复杂而严峻的人口剧增、粮食紧张、资源短缺、环境退化和能源危机等一系列全球性问题，形成了一批交叉发展的新学科领域，资源科学就是其中的一个突出代表。它在已基本形成体系的生物学、地学、经济学及其他应用科学的基础上继承与发展起来，是自然科学、社会科学与工程技术科学相互结合、相互渗透、交叉发展的产物，是一门综合性很强的科学。

资源科学按其研究对象的不同分为自然资源学和社会资源学。自然资源学的主要分支学科按其研究对象和研究内容的差异与应用目的不同又可划分为三种类型：综合资源学、部门资源学和应用资源学(图1-2)。综合资源学研究资源的形成机制和发展规律、区域分异规律及综合区划等基础理论,以及区域自然资源的特征、合理开发利用的原则和方法等,主要分支学科有资源地理学、区域自然资源学等;部门资源学研究各类资源的形成、演化、评价及其合理开发、利用、保护、管理的理论、原则和方法等,主要分支学科包括水资源学、气候资源学、土地资源学、生物资源学、药物资源学、矿产资源学、能源资源学、旅游资源学与海洋资源学;应用资源学将其他学科的原理与方法应用于资源科学,研究资源发生、演化及其与人类相互作用关系的一般性规律,主要分支学科包括资源生态学、资源经济学、资源管理学、资源系统工程学、资源信息学与资源法学。这些分支学科的出现在一定程度上反映了资源学在广度和深度方面的研究水平。综合资源学为部门资源学的研究提供理论基础和方法论,与部门资源学是互为补充、相互促进的关系,实质上综合资源学必然涉及具体资源研究,部门资源学也必然讨论资源科学研究的一般性规律。

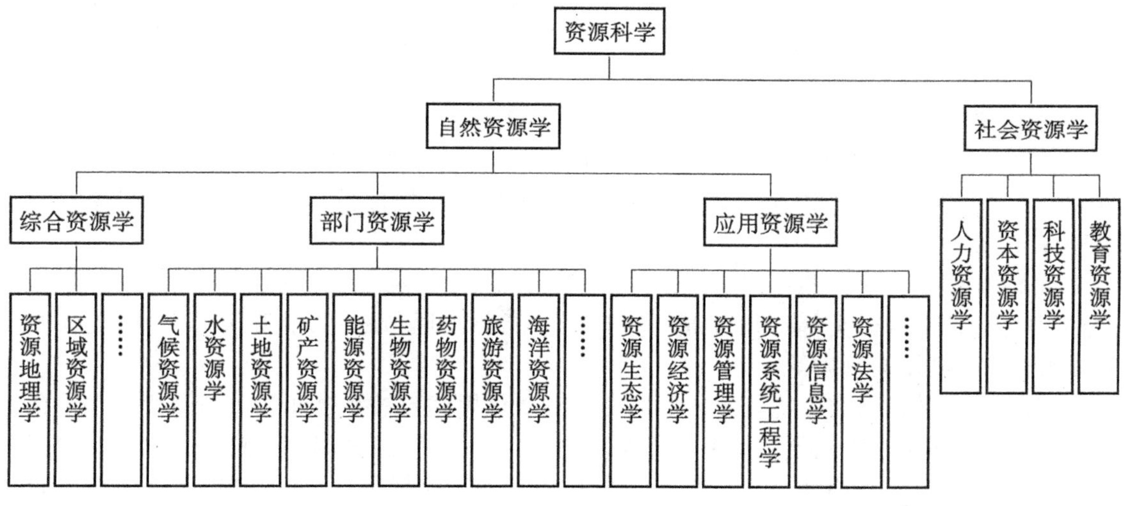

图1-2 资源科学的学科体系

然而,必须指出,到目前为止,与自然资源开发利用密切相关的社会资源研究都是与各类自然资源的综合或专门研究结合在一起进行的,尽管日益受到重视,但有关人力资源、科技资源、教育资源与资本资源的研究尚未脱离社会科学形成资源科学研究中独立的学科领域。

1.3.1 资源科学的主要研究内容

资源地理学　研究资源种类、数量和质量的地域组合特征,空间结构与分布规律,以及资源的合理分配、利用、保护和经济评价,最终提出对资源开发的远景估计与战略规划,并从中揭示资源利用与地理环境间相互关系的学科。研究内容包括资源形成的地理背景与制约因素、区域资源结构、资源评价与区划、资源分布与制图等。

区域资源学　是综合资源学与部门资源学在具体时空的结合,因为,资源科学研究总要在一定地域进行,不同尺度的区域资源学(全球、国家、省、县)正是一定类别的综合资源学与一定层次的部门资源学在一定地域的具体实践与应用。

气候资源学　研究气候资源的特征、形成、分布和变化规律及与人类活动相互关系的学科。以气候资源要素及组合为对象，研究其形成数量、质量、时空分布和演变规律，从气候资源的物质、能量和存在状态出发研究气候资源转化为物质产品的理论、方法和途径，进行气候资源评价，探讨气候灾害的发生机制及防御对策等。

水资源学　研究水资源的分布、循环和运动规律及开发、利用、保护、管理的学科。与水文科学、大气科学和海洋科学关系密切。从大气中的水到海洋中的水，从地表水到地下水都是它的研究对象。研究内容包括水资源调查与评价、水分循环与水量平衡、水资源供需平衡分析、水环境容量与水资源承载力、水资源保护与水资源管理等。

土地资源学　研究土地资源各组成要素的组合特征及与人类开发利用的相互关系的学科。以土地资源为研究对象，着重研究影响土地利用的要素、特征、空间分布规律及合理利用途径。研究内容包括土地资源组成要素及其不同组合对土地利用的作用、土地资源类型的划分及分类、土地资源调查与土地资源评价、土地资源生产力及其人地关系分析、区域土地资源的保护与开发利用等。

矿产资源学　研究矿产资源的自然、技术和经济属性及与社会经济发展的关系，以及矿产资源的勘查、开发、利用和管理的一般规律的学科。研究内容包括矿产资源的特点与分布、矿产资源的勘查与评价、矿产资源的开发利用与环境保护、矿产资源供需分析与资产化管理等。

能源资源学　研究能源资源的分类、特性、数量、分布及合理开发利用与管理的学科。研究内容包括能源分类、能源资源勘查与评价、能源地理与区划、能源资源结构、能源规划、能源综合利用与管理等。

生物资源学　研究生物资源的形成、分布、演化规律与人类合理开发利用相互关系的学科，是资源科学与生物学之间的一门交缘性学科。研究内容包括生物资源的形成、分类和分布，引种与驯化，有用成分的性质、形成、积累和转化规律，一定区域内生物资源的种类、蕴藏量及其合理开发与保护等。主要分支学科包括森林资源学和草地资源学(按主体植被类型分)，或者动物资源学、植物资源学和微生物资源学(按生物门类分)等。

药物资源学　研究天然药物资源的种类、数量、质量、地理分布、时空演化及合理开发、利用、保护、管理的学科。研究内容是药用动物、植物、微生物及药用矿物资源的数量、质量评价，药物资源的种类与分布，药物资源化学，药物资源的开发利用与保护，药物资源更新及新资源的发现等。

旅游资源学　研究旅游资源的形成、分类、分布及开发利用与保护的学科。研究内容包括旅游资源分类、旅游资源普查、旅游资源评价、旅游资源容量、旅游资源区划与规划等。

海洋资源学　研究海洋资源的种类、特性、储量、分布规律及开发利用与保护的学科。是资源科学与海洋科学之间一门交叉性学科。研究内容包括海洋资源的分类，海洋资源调查、勘查与评价，海洋资源管理与环境保护，海洋生物资源的持续利用与海洋空间资源开发等。

资源生态学　研究生物资源之间、生物资源与其他资源和环境因子之间相互关系的

2.1.2 资源的主要特征

1. 自然资源

(1) 数量的有限性

有限性是自然资源最本质的特征。资源的有限性存在着两个方面的含义：① 任何资源在数量上是有限的。资源的有限性在矿产资源中尤其明显，根据最近的测算，石油资源最多可采 30 年。由于任何一种矿物的形成不仅需要有特定的地质条件，还必须经过千百万年、上亿年漫长的物理、化学、生物作用过程，因此，相对于人类而言是不可再生的，消耗一点就少一点。其他的可再生资源如动物、植物，由于其再生能力受自身遗传因素的制约，受外界客观条件的限制，不仅其再生能力是有限的，而且利用过度，使其稳定的结构破坏后就会丧失其再生能力，成为非再生性资源。与其他有限资源相比，太阳能、潮汐能、风能等这些恒定性资源似乎是取之不尽、用之不竭的，但从某个时段或地区来考虑，所能提供的能量也是有限的。② 可替代资源的品种也是有限的。煤、石油、天然气和水力、风力等资源都可用于发电，但总的来看，可替代的投入类型是有限的。例如，温室技术可替代土地资源而生产粮食，空间的利用可以替代工业及住宅用地的不足，但作为人类生存必须具有的淡水和氧气至今还没有找到可以替代的资源。由于资源开发利用的潜力是无限的，任何物质都是不断循环运动、不断更新发展的，因此都可以不断重复利用。而且人类科学技术的发展也是无限的，人类能够依靠迅速发展的科学技术避免资源有限所带来的问题。但由于不同资源其更新能力不同，更新所需要的周期也不同，如果不合理地开发利用，对它的消耗超过它的更新能力和更新速度，资源就得不到恢复而受到破坏，直至从地球上消失。资源的有限性要求人类在开发利用自然资源时必须从长计议，珍惜一切自然资源，注意合理开发利用与保护，决不能只顾眼前利益，掠夺式开发资源，甚至肆意破坏资源。

(2) 整体的系统性

整体的系统性是指每个地区的自然资源要素彼此有生态的联系，形成一个系统，触动其中一个要素，可能引起系统一连串的连锁反应，从而影响到整个自然资源系统的变化。这种系统性，再生资源表现得尤为突出。例如，森林资源除经济效益外，还具有含蓄水分、保持土壤的环境效益，如果森林资源遭到破坏，不仅会导致河流含沙量的增加，引起洪水泛滥，而且使土壤肥力下降，土壤肥力的下降又进一步促使植被退化，甚至沙漠化，从而又将使动物和微生物大量减少。相反，如果在沙漠地区通过种草种树慢慢恢复茂密的植被，水土将得以保持，动物和微生物将集结繁衍，土壤肥力将会逐步提高，从而促进植被进一步优化及各种生物进入良性循环。总之，各种资源在不同时间、空间条件下，是按不同的比例、不同的关系联系在一起的。形成不同的组合结构，并构成不同的生态系统。自然资源的系统性要求对自然资源必须进行综合研究和综合开发。

(3) 地域的差异性

地域的差异性是指自然资源分布的不平衡，存在数量或质量上的显著地域差异，并有其特殊分布规律。自然资源的地域分布受太阳辐射、大气环流、地质构造和地表形态结构等因素的影响。因此，其种类特性、数量多寡、质量优劣都具有明显的区域差异，分布也不均匀，又由于影响自然资源地域分布的因素基本上是恒定的，在特定条件下必定会形成和分布着相应的自然资源区域，所以自然资源的区域分布也有一定的规律性。例如：我国山西省煤炭资源的探明储量占全国总储量的44%以上，人们把山西比作“煤海”；长白山区林地面积和木材蓄积量分别占全国的23%和26.7%，人们把长白山比作“林海”。我国水资源南多北少；能源资源南少北多；水能集中在川、滇、黔、桂、藏五个省区；金属矿产资源基本上分布在由西部高原到东部山地丘陵的过渡地带。从世界范围来看，资源的分布也是不均匀的，探明储量约占世界总储量58%的石油，集中在波斯湾石油沉积盆地，全世界煤炭总量的87%分布在美、中和前苏联三大国或地区；再比如，随着太阳辐射热量在地球表面的纬度带递变规律，从赤道向极地依次为雨林、季雨林、常绿林、落叶阔叶林、针叶林和苔原等；随着水分循环的地域差别，从沿海向内陆分别为森林、森林草原、草原、荒漠等。自然资源地域差异性的特点要求人类在开发利用资源方面应以因地制宜为原则，充分考虑区域、自然环境和社会经济特点，才能使自然资源的开发利用和保护兼有经济效益、环境效益和社会效益，为人类造福。

(4) 功能的多面性和限制性

功能的多用性是指任何一种自然资源都有多种用途，如土地资源既可用于农业，也可用于工业、交通、旅游以及改善居民的生活环境等，同一种资源可以作为不同生产过程的投入因素，不同的行业对同一种资源存在着投入需求；同一行业的不同部门以及同一部门的不同经济单位，甚至于同一经济单位的不同企业或同一企业的不同车间、班组或工序都会同时存在着对同一种资源（如电力）的需求。自然资源的多用性只是为人类利用资源提供了不同用途的可能性，到底采取何种方式来利用则是由社会、经济、科学技术以及环境保护等许多因素决定的，从这方面来说，自然资源的功能存在一定的限制性。资源的多用性和限制性要求在对资源开发利用时，必须根据其可供利用的广度和深度，实行综合开发、综合利用和综合治理，做到物尽其用，以取得最佳效益。

(5) 可更新(再生)性

可更新(再生)性是指自然资源连续或往复供应的能力。包括：恒定性的环境资源，如太阳辐射能、风力、水力、海潮、径流、地热、温泉等；可循环再生的环境资源，如一个地区由光热、年降水量、年光照时间、年积温、年无霜期等构成的气候资源及主要由年降水量决定的区域水资源和水能资源等。资源可更新(再生)性能连续或往复地供应人类的需要，可以通过大自然和人类的劳动不断循环地得到开发利用。但如果在一定时期里耗用无度，就可能打断资源再生循环的“链条”，使其处于枯竭状态。对可再生资源的消耗速度应小于这类资源的再生恢复速度，同时，不断增加社会投入来加速其恢复和再生，以满足社会经济发展对资源不断增加的需求。目前大力推动再生资源综合利用工作，将减少自然资源的浪费，有利于妥善解决资源的短缺和经济发展需求之间的矛盾。

2. 社会资源

(1) 易变性

易变性是社会资源最大的特征。社会资源不像自然资源那样相对稳定，由于受不同历史时期生产关系和生产力发展水平的影响，社会资源容易变化，在人类不断创新、扩展科学技术知识，劳动技能、生产科研设备和经营管理技术及各种经济技术信息的情况下，使各种社会资源也得以更新和扩展，而且更新的速度较快、周期较短。通常对社会资源的改造也较自然资源容易得多。

(2) 不平衡性

社会资源发展和分布上的不平衡性是由自然资源分布的不平衡性,政治、经济发展的不平衡性,以及投资政策、资金政策、教育政策、科学技术政策、产业政策、经济管理体制、经营管理方式等因素直接或间接影响决定的,在经济技术基础较好的地区,经济资源、智力资源、信息资源、技术资源等相对较多,也较集中,反之则较少和分散。

(3) 社会性

人类用以创造社会财富的劳动资源、智力资源、技术资源、经济资源和信息资源,无不是在一定的社会活动中才能造就出来的,一切社会资源都是社会劳动的产物,在各个不同的社会阶段,具有不同的种类、数量和质量的社会资源,而且不同的历史年代,不同的民族、文化,不同的外界条件,不同的社会活动方式,都会形成不同种类、数量、质量的社会资源。社会资源的社会性还表现在:它们没有疆界,不分民族种族,谁都可以掌握并用于创造新的社会财富。

(4) 继承性

社会资源的不断积累、发展、壮大,一方面来源于人类在现实生活中对社会资源的不断更新、扩展;另一方面,是来源于对前人已有社会资源的继承,一切发明创造不仅需要有现实生活、生产、科学实验上的丰富经验,更多的是在接受前人的经验教训和基本知识的基础上才能实现,没有这种继承,仅凭个人的实践,所能获得的知识和财富是极为有限的,甚至不足以使人类生存下去。例如,人类自从学会了劳动的技能,这种学会劳动的因子就通过遗传物质一代一代地传下来,同时人们在成长过程中,又通过学习,在获得前人已经积累起来的科学技术知识的基础之上,去获得新的劳动技能和知识,进而不断创造新的知识和技能,使人类社会、经济不断发展,科学技术水平和文化生活水平不断提高。

2.2 资源的分类

对于资源,从不同的角度、标准有着各种各样的分类方法。例如,按照生产要素的实物形态,可以划分为人力资源和物资资源;按照投入生产与否,可以划分为在用资源和待用资源;按照其来自地区,可以划分为国内资源和国外资源;按照资源的用途不同,可划分为生产资源和生活资源;也可分为农业资源、工业资源、服务性资源等。而且,资源的划分还可以层层细分,例如,资源可划分为自然资源和社会资源,其中自然资源又可划分为可再生资源和不可再生资源,而其中的可再生资源还可划分为动物资源和植物资源,通常我们将资源分成以下几类:① 根据资源的根本属性的不同,划分为自然资源和社会资源;② 根据资源利用限度,划分为可再生资源和不可再生资源;③ 根据资源基本性能及作用,划分为硬资源和软资源。目前,资源学者习惯按其属性把资源分为自然资源、经济资源和人力资源三大类别,其中经济资源和人力资源合称为社会资源。

2.2.1 自然资源

自然资源是指自然界存在的对人类有用的自然物,例如土地、水流、森林、矿产、野生动植物等,即人类可以利用的、自然生成的物质与能量,是自然界中可被利用来为人类提供福利的自然物质和能量的总称。它是人类生存的物质基础。经济学对自然资源的最基本划分,是可再生资源和非再生资源。可再生资源是可以用自然力保持或增加蕴藏量的自然资源,它在合理使用的前提下,可以自己生产自己,例如鱼、树等,只要不过量捕捞,大鱼可以生出小鱼,一代一代繁殖下去;只要合理砍伐,森林可以砍了再生,生了再砍,循环往复。非再生资源又称可耗竭资源,不具备自我繁殖能力,是不能运用自然力增加蕴藏量的自然资源,初始禀赋是固定的,用一点少一点。它可分为可回收的非再生资源和不可回收的非再生资源,前者主要指金属等资源,后者主要指石油、煤、天然气等能源资源,煤、铁等矿藏是典型的非再生资源。在现实世界,许多资源是可再生和非再生资源的混合,其特性介于两者之间。

《不列颠国际大百科事典》引用自然资源的定义:"人类可以利用的、自然生成的及其生成源泉的环境能力。前者为土地、水、大气、岩石、矿物、生物及其积聚的森林、草场、矿床、陆地与海洋等;后者为太阳能、地球物理的循环机能(气象、海象、水文、地理的现象)、生态学的循环机能(植物的光合作用、生物的食物链、微生物的腐败分解作用等)、地球化学的循环机能(地热现象、化石燃料、非燃料矿物生成作用等)"。联合国环境规划署(UNEP)定义:"所谓资源,特别是自然资源,是指在一定时间、地点、条件下能够产生经济价值,以提高人类当前和将来福利的自然环境因素和条件。"联合国文献中的解释为:"人在其自然环境中发现的各种成分,只要它能以任何方式为人类提供福利的都属于自然资源。从广义来说,自然资源包括全球范围内的一切要素,它既包括过去进化阶段中无生命的物理成分,如矿物,又包括地球演化过程中的产物,如植物、动物、地形、水、空气、土壤和化石资源等。"

人类根据自然资源可被利用的特点,从经济学观点将自然资源分为耗竭性的和非耗竭性的、再生性的和非再生性的、能重复利用的和不能重复利用的、恒定的和变动的等类型。据此可以提出下列图式的自然资源分类系统(图 2-1)。

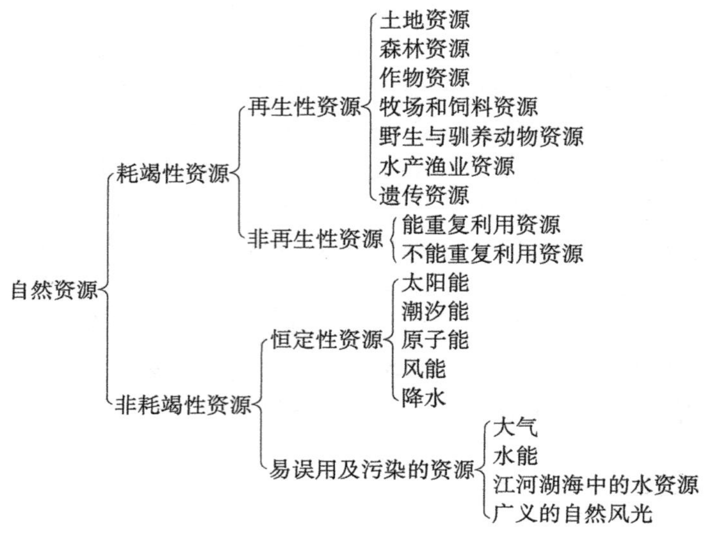

图 2-1　自然资源的分类

《辞海》将自然资源区分为土地、矿藏、气候、水利、生物与海洋等资源，但不包括那些由人类加工制成的原材料。《中国大百科全书·地理学》的“资源地理”条目做了类似表述。这是地理学家对自然资源分类的认识。1964 年版的《不列颠百科全书》将资源首先划分为土壤、植被、动物、水、矿物、气候及战略资源 7 类，做进一步划分时，则可分成可更新性资源如植被与水及不可更新性资源如矿物两大类，作者认为此处所指的矿物资源划归不可更新的资源主要是指那些燃料矿物，很多金属资源是能够重复利用的。1984 年版的《简明不列颠百科全书》称“在传统上分为可更新及不可更新两类”，前者指森林、野生动物等生物资源；后者指矿产及燃料等。按《中国大百科全书·经济学》Ⅰ认为：以上分类，一是按存在形式的分类，二是按恢复条件的分类。此外，在生产管理实践中又有不同的分类，例如按用途与社会经济部门分为农业资源、林业资源、矿业资源、工业资源、水产资源、医药卫生资源、旅游资源及环境等。联合国粮农组织为满足对农业资源利用与管理的需要，将有关的自然资源进一步划分出：土地资源、水资源、森林资源、牧地饲料资源、野生动物资源、鱼类资源及种质遗传资源等；并曾对自然资源进行逐级分类，在农业自然资源下划分气候资源、水资源、土壤资源、生物资源与遗传资源等；对水资源划分出天然降水资源、地表水资源与地下水资源；就生物资源细分出更多的资源门类，如植物资源、动物资源、昆虫资源、微生物资源等；植物资源中还可分出淀粉植物资源、纤维植物资源、油料植物资源、饲用植物资源、药用植物资源、香料植物资源、染料植物资源、能源植物资源等。尽管迄今尚难列出一个公认的分类系统，但通常把自然资源按其与人类社会生活和经济活动的关系分为土地资源、水资源、矿物资源、生物资源和气候资源五大门类，它们在资源系统中可以彼此独立存在，都有其个性，如生物资源的可再生性，水资源的可循环、可流动性，土地资源的生产能力与位置的固定性，气候资源的明显的季节性，矿产资源的不可更新性与隐含性的特点。

《中国资源科学百科全书》以自然资源的属性与用途为主要依据提出多级综合分类(表 2-1)。表中仅列出三级资源分类，还可进行第四级或第五级或更下一级的分类，如生物资源中的植物资源或动物资源均可列出下一级分类：野生植物资源、栽培植物资源；其下第五级分类又可列出淀粉类、油脂类、药用类、纤维类、燃料能源类与香精类等多种野生植物资源；栽培植物资源中也可划分出下一级分类，如农作物资源、饲料牧草资源、经济林木资源、瓜果蔬菜资源及观赏植物资源等；农作物资源或栽培牧草饲料资源中还可细分出再下级的资源。由于科学发展水平的原因，对各类自然资源的认识存在差别，有的自然资源可以划分到五级或六级，对有的自然资源的认识只能划分到三级或四级，例如，对于太空(宇宙)自然资源系列的认识可能最多达到二级划分的认识水平，所以，也不能强求一致。上述分类的物质基础是物种、矿物与各种能源等各种自然生成物。作为可供人类利用的天然物质，随着人类对物质世界认识的深化和社会经济实力的增强、技术的进步，以前认为无用的或有害的自然生成物可能成为有用的资源，这将进一步扩大自然资源的概念与范畴。例如在远古时代人类并不认识煤的资源价值，以后才逐步认识到可做燃料还可提取多种化工原料。因此，自然资源概念具有深广的内涵和外延，对它的分类也将不断发展与完善。

表 2-1 自然资源多级综合分类系统表

一级	二级	三级
陆地自然资源系列	土地资源	耕地资源 草地资源 林地资源 荒地资源
	水资源	地表水资源 地下水资源 冰雪资源
	气候资源	光能资源 热能资源 水分资源 风力资源 空气资源
	生物资源	植物资源 动物资源 微生物资源
	矿产资源	金属矿资源 非金属矿资源 能源资源
海洋自然资源系列	海洋生物资源	海洋植物资源 海洋动物资源 海洋浮游生物资源
	海水资源(或海水化学资源)	
	海洋气候资源	
	海洋矿产资源	深海海底矿产资源 滨海砂矿资源 海洋能源资源
	海底资源	
太空(宇宙)自然资源系列		

自然资源按圈层特征可分为土地资源、气候资源、水资源、矿产资源、生物资源、能源资源、旅游资源和海洋资源;按利用目的可分为农业资源、药物资源、能源资源、旅游资源等;按特性可分为耗竭性资源与非耗竭性资源、可更新资源与不可更新资源等。自然资源的概念随时间变化,具有动态特征。随着社会和科学技术的发展,人类对自然资源的理解和认识逐渐深化。早在原始社会末期,由于社会生产力的提高、私有制的形成,为天然物产作为商品进行交换创造了条件,人们开始意识到自然物质是“资财的源泉”,从而形成了自然资源的概念。随着认识水平及科学技术的进步,先前尚不知用途的自然物质逐渐被

人类发现和利用，自然资源的种类日益增多，自然资源范畴也愈益扩大。18 世纪后半期西方国家开始工业化，大规模的工业生产尤其是现代工业的发展，促使储量有限的化石燃料大量消耗，能源危机不断出现，影响世界经济发展和社会稳定。石油、天然气、煤、泥炭等还是化学工业的原料，其产品与人类的衣、食、住、行息息相关，在人民生活中有着极其重要的地位。于是，化石燃料与太阳能、核能等现代社会经济建设和社会进步必需的物质和能量亦应列为自然资源的重要门类。第二次世界大战以来，世界人口激增，工业和城市迅速发展，人地关系日益紧张，陆地上的自然资源承受了巨大压力，许多资源大量消耗，趋于枯竭，全球性资源危机威胁着人类的命运，从而，人们把人类美好的前景寄希望于海洋资源的开发利用，把海洋作为一个独特的资源系统归属于自然资源研究范畴，合理开发利用与保护海洋资源已成为现代自然资源研究的基本内容。因此，目前认识的自然资源主要包括土地资源、气候（光、温、降水、大气）资源、水资源、矿产资源、生物资源、能源资源、旅游资源和海洋资源八大类。

1. 土地资源

土地是人类居住、生活的场所，是人类赖以生存与繁衍的主要物质基础和基本资源。人类对土地的认识是一个由浅到深，由片面到综合的过程。不同的学科对土地定义也不一样，土地可视为空间、自然、生产要素、消费品、财产和资本。

从地学科学的观点来看，土地是地表的一个区域，其特点包括该区域垂直向上和向下的生物圈的全部稳定的或可预测的周期性属性，包括大气、土壤和下伏地质、生物圈、植物界和动物界的属性以及过去和现在的人类活动的结果。考虑这些属性和结果的原因是，它们对于人类对土地的目前和未来的利用施加重要的影响。

从经济学的角度来看，土地的概念往往可以看作与不动产的法律概念相似，而定义为：土地是受控制的附着于地球表面的、自然和人工资源的总和。这个概念与地学界广义的土地概念相似，土地包括了整个地球表层（水、冰及地面），还包括一些自然现象，如太阳辐射、降雨、风和不断变化的温度，以及相对于动物和其他地点的位置。再者，它还包括了那些人为的改良措施——固定在地球表面而无法移动的建设。

在政治经济学领域，土地的概念则着重在土地的生产利用，即在社会物质生产中土地是实现劳动过程和任何生产的必要条件，起着生产资料（劳动对象和劳动手段）的作用。如马克思所指出的："农业中……土地本身是作为生产工具起作用的。"按照列宁的说法，土地是农业中主要的生产资料。除此以外，土地还是社会关系的客体。在土地利用过程中人与人之间发生的相互关系是社会发展的重要基础。

因此，我们可以将土地定义为：它是地球上由气候、地貌、土壤、水文地位、生物及人类活动的结果所组成的自然经济综合体，其性质随时间而不断变化，在社会物质生产中起着生产资料的作用。

严格地说，土地与土地资源两个概念是有区别的。土地资源是指在生产上能够满足或即将满足人类当前和可预见到的将来利用需要的土地。显然，与土地的概念相比，土地资源是透过经济效益这个棱镜反映出来的土地特点，即土地经过人们的投入，从土地上得到了收益，于是产生了价值，土地资源应该是指产生了价值的土地，强调对人类的有用性。但是土地价值的实现往往除了和土地的自然条件有关之外，还与社会因素有关，这就构成了土地资源的两重性,即它的自然属性与经济属性。从自然属性而言,土地资源是由各自然要素所组成,并在这些要素长期的相互作用、相互影响下形成与发展,同时,也受到现在和过去人类经济活动的影响;从社会属性而言,土地资源是社会的财富,是受人类利用和改造,特别是具有可供人类生产和再生产的经济特点,这种再生产的经济特点,往往随着社会经济条件的差异而有所不同。此外,土地的社会特性体现在土地权属以及土地制度等方面。土地权属反映了土地所有者或使用者对土地的占有、使用、收益和处分的权利;土地制度包括土地的所有制度、使用制度,税收制度成为土地重要的特性,土地所有制是土地制度的核心。由此可见,土地资源是一个综合的概念,它既具有自然综合体的特点,也具有可供人类开发利用再生产的经济特点。土地资源与其他自然资源比较,它是一种最基本的资源。它是农、林、牧、副、渔业生产的最重要的物质基础,是人类进行生产和扩大再生产的最重要的生产资料与劳动对象。

2. 气候资源

气候资源是一种非常活跃的自然资源,其数量和质量有明显的周期性变化与区域差异,对工农业生产和人民生活有其有利和适宜的一面,也有不利和限制的一面。因此,掌握一个地区气候资源的特点及其变化规律,因地制宜地合理利用,趋利避害,充分发挥气候资源生产潜力,无疑是促进国民经济发展和维持社会进步的重要途径。

气候是地球上生物有机体(包括人类)赖以生存和发展的基本条件,又是人类从事生产、生活的重要环境因素。随着科学技术的发展,气候条件中的物质和能量被人们利用时就可成为一种资源。因此,气候资源是气候条件中可被利用来产生经济价值的物质和能量。例如,空气中的氮,在人类掌握了分离、加工等技术以后,制成氮肥加以利用。由于气候资源能够被人类转换为所需要的物质和能量,因此,气候资源进入生产过程后便可成为一种生产力。

气候资源作为劳动对象进入生产过程,主要是通过农作物进行光合作用制取碳水化合物的过程来实现。一般分为两个相衔接的阶段:第一阶段,是光合反应阶段,这是携带能量的光子流激活植物体叶绿素的过程。太阳能提供植物光合作用的基本能量,为叶绿素利用空气中的CO_2和植物吸收的水等物质进行光合作用提供动力。空气中CO_2经过叶子的气孔进入到叶绿素反应中心,为植物光合作用提供原料。第二阶段,是生化反应阶段,经过一系列酶的反应,将CO_2变成碳水化合物。热能作用使得分子、离子和原子运动的强度增加,提高了这些微粒间互相撞击的概率,从而在宏观上表现出化学反应速度的提高。

3. 水资源

水是地球生态系统中最活跃的基本要素。不论是农业生态系统、海岸生态系统、森林生态系统、草地生态系统,抑或本身的淡水系统;不论是山地生态系统、极地生态系统,抑或是城市生态系统,水都扮演着重要而活跃的角色。在人类生存生活生产及其繁衍发展过程中,水是不可或缺而无法替代的自然资源。水的流动性和循环性,决定了水资源的可再生性,但在一定时空范围内,水资源的总量是保持基本不变的,至少在统计意义上是如此。因此,与其他可再生性自然资源一样,水资源亦面临适度开发、合理利用、妥善保护和有效管理的问题。这在资源、人口、环境与发展(PRED)间关系日益复杂、矛盾日益显现的当今，尤为重要。1992 年联合国环境与发展大会上通过的《21 世纪议程》之 18 章被命名为“保护淡水资源的质量和供应：对水资源开发、管理和利用的综合办法”，其中提出：“淡水资源是一种有限资源，不仅为维持地球上一切生命所必需，而且对一切经济社会部门都具有生死攸关的重要意义”。在人口众多、经济社会发展迅速和区域差异显著的中国，更为重要。

与其他资源一样，水的存在是地球自然环境演化的产物，而水资源是相对于人类或人类的有意识的利用而言的。水资源是以自然水为载体的可为人类生存发展利用的物质。

4. *矿产资源*

资源短缺、环境恶化和人口膨胀是当今世界面临的三大难题，在资源问题中，矿产资源又具有举足轻重的地位。我国在目前以及以后可以预见的相当长的时期内，大约 80% 的工业原料和 95% 的能源仍需取自矿产品。可见，矿产资源是人类生存、经济建设和社会发展的重要物质基础。目前，由于人们对矿产资源的理解不尽相同，因此，其定义亦有所差别。我们认为，矿产资源是指经过一定的地质过程形成的，赋存于地壳内或地壳上的固态、液态或气态物质，就其形态和数量而言，在当前或可以预见的将来它们能成为经济上可以开采和提取的矿产品。

矿产资源既是一个自然的概念，又是一个经济的概念。在理解矿产资源概念时，应强调以下三点：① 矿产资源来源于地壳，不仅来自地壳内，也包括地壳上的固、液、气三态聚集物。② 矿产资源不仅限于已经发现的，也包括目前尚未发现而在可以预见的将来可发现和利用的。例如我们说我国沿海大陆架石油资源潜力很大，即包含了这一层意思。③ 资源的概念是一个历史的概念，矿产资源也不例外。随着经济的发展和科学技术的进步，矿产资源的界限亦越来越宽。第一颗原子弹制成以前，人们只能开采和提炼百分之几的铀矿石，而现在，这个品位的数值已下降了两个数量级之多。因此，矿产资源的概念，其内涵和外延随生产力的发展而相应地变化。

5. *生物资源*

生物是自然界中最活跃的物质形式，在自然界的物质循环、能量交换和信息传递中起着十分重要的作用，同时生物也是人类生活必需的资源和生存的基本环境条件。生物资源是一种可更新资源，它具有与其他自然资源不同的特点，同时也具有重要的经济价值，并随着生产的发展和科学技术的进步，其作用和用途愈来愈被人们了解和重视。另一方面，随着世界人口的增加和科学技术的进步，生物资源的承载能力与人类需求之间的矛盾日益突出。只有合理利用它，才能使其增殖、繁衍，不断满足人类对它永续利用的需求，不断保持生态环境的良性循环。

生物资源是指生物圈中全部动物、植物和微生物（个体与群体），既包括作为物种的个体部分，也包括决定个体性状的基因部分和作为生态系统组成的群体部分，是对人类具有现实或潜在价值的基因、物种和生态系统的总称。基因是包含在生物个体内的遗传信息，通过遗传和变异来维持生物性状的代间传递和不断产生新的性状；物种是人类开发利用生物资源的基本形式，多样化的物种满足了人类生产生活的不同需要；而生态系统对于维持生态平衡、促进物种关联与分化以及积累生物量具有重要意义。

生物资源属于自然资源范畴内的一种可更新资源，在天然或人工的维护下可以更新、繁衍和增殖，反之，在环境条件恶化和人为破坏下也可以解体和衰亡，有时这一过程具有不可逆的特点。因此在人类合理开发利用生物资源的过程中，使之不断更新、繁衍和增殖，这是摆在我们面前的一个重要任务。

生物资源不仅为人类提供了丰富的食物和大量用作燃料、住所、衣服、药品和其他必需品的物质，而且还提供了娱乐和丰富的文化生活场所。因此，生物资源成为农、林、牧、副、渔业经营的主要对象，并能为工业、医药、交通、建筑等提供必要的原料和能源，为旅游业提供了一定的物质基础。

6. 能源资源

人类生产和生活离不开能源，能源资源有时被称为人类社会的生命线，是社会发展、实现现代化和提高人民生活水平的重要物质基础，是一个国家经济发展的重要支柱，在国民经济中占有十分重要的地位，而且影响到世界政治局势的变化。能源消费水平在一定程度上也是衡量一个国家或地区经济发展和人民生活水平的重要标志。

能源是能量资源的简称，此词虽已广泛使用，但至今仍无统一定义。目前关于能源的定义约有20种。《科学技术百科全书》定义为："能源是可从其获得热、光和动力之类能量的资源"；《大英百科全书》定义为："能源是一个包括所有燃料、流水、阳光和风的术语，人类用适当的转换手段便可让它为自己提供所需的能量"；《日本大百科全书》定义为："在各种生产活动中，我们利用热能、机械能、光能、电能等来做功，可利用来作为这些能量源泉的自然界中的各种载体，称为能源"；我国的《能源百科全书》定义为："能源是可以直接或经转换提供人类所需的光、热、动力等任一形式能量的载能体资源。"可见，能源是一种呈多种形式且可以相互转换的能量的源泉。确切而简单地说，能源是自然界中能为人类提供某种形式能量的物质资源。

可以概括地说，凡是能够提供某种形式能量的物质或物质的运动都可以称为能源。例如，阳光、风、流水、地热、潮汐、木材、矿物燃料等，它们能直接发出功能或可以转化为功能，都是大自然赋予人类的宝贵能源资源。

7. 旅游资源

旅游资源作为旅游活动的对象与客体，是旅游目的地吸引旅游者前来旅游的最重要因素。任何一个区域只有具备一定数量和类型的旅游资源，并经过适当的开发利用，使其成为具有吸引力的旅游景观，才能确保当地旅游业的发展。随着世界旅游业的迅速发展，旅游资源已成为自然资源学研究的重要对象和内容。

西方国家学者多将旅游资源称为旅游吸引或旅游吸引物，是指旅游目的地吸引旅游者的所有因素的总和。20世纪80年代以来，随着我国旅游业的快速发展，旅游资源的研究受到了许多学者的重视。多年来不少学者就旅游资源的定义进行了许多建设性的探讨，但至今尚未形成一个为学界所公认的旅游资源定义。由于认识角度的不同，不同的学者对旅游资源给出了不同的定义。

根据《旅游资源分类、调查与评价》国家标准(GB/T 18972－2003)和《旅游规划通则》国家标准(GB/T 18971－2003)的定义，"旅游资源是自然界和人类社会中凡能对旅游者产生吸引力，可以为旅游业开发利用，并可产生经济效益、社会效益和环境效益的各种事物和因素"。

《旅游资源分类、调查与评价》中还提出了旅游资源单体的概念：旅游资源单体是可作为独立观赏或利用的旅游资源基本类型的单独个体，包括“独立型旅游资源单体”和由同一类型的独立单体结合在一起的“集合型旅游资源单体”。

综上所述，旅游资源是自然界和人类社会中所有能对旅游者产生吸引力、在现实条件下能够为旅游业开发利用，并可产生经济效益、社会效益和环境效益的各种事物和因素。

8. 海洋资源

海洋是资源的宝库，蕴藏着大量的矿物、生物、海水化学、海洋动力等资源，对人类社会经济的发展起着很大的作用。因此，海洋资源的开发利用是现代海洋科学研究的核心，是世界各国工作注意的重大问题。

海洋约占地球总面积的71%，占地球总水量的97%。海洋既是地球自然环境的天然调节水库，又是人类开发利用的一个新的资源领域。同时，海洋是联结世界各大洲的纽带。海洋资源的开发和海洋运输在世界经济发展中起着越来越重要的作用。

研究海洋资源，必须对海洋资源这一概念要有一个明确的理解。而人们对海洋资源的理解是随着科学技术的不断进步，对海洋的认识不断深入而有所不同。目前，人们对于海洋资源通常有广义和狭义两种不同的理解。

从狭义上讲，海洋资源是指海水中存在的生物(包括人工养殖)；溶解于海水中的化学元素和淡水；海水运动，如波浪、潮汐、海流等所产生的能量；海水中贮存的热量；海底蕴藏的资源，特别是海底的矿产资源；以及在深层海水中所形成的压力差、海水与淡水之间所具有的浓度差等。总之，海洋资源指的是与海水水体本身有着直接关系的物质和能量。

从广义上理解，海洋资源除上述所指的物质和能量之外，还把水产资源的加工，海洋上空的风，海底地热，乃至于港湾，沟通地球各大陆的海上航运，在海上建设的工厂、城市、海底隧道、海底电缆、海底贮气液罐、海滨浴场、海洋娱乐场所(驶帆、钓鱼、潜水)、海中公园、水下观光设施、海上飞机场，海中通讯等都包括在海洋资源之列。总之，一切沿岸海洋空间的利用都属于此范畴。也就是说，不论是水体本身还是空间利用，凡是可以创造物质财富的物质和能量以及设施、活动，都可以称之为海洋资源。

这种广义的理解过于广泛。但是，海洋上的风、海底地热、港湾、滨海的渔场、海洋娱乐场所、海中公园等，这些可利用的空间，无疑应属海洋资源，它们可分属于海洋风能资源、海底地热资源、海洋航运资源和海洋旅游资源等。

2.2.2 社会资源

社会资源是在一定时空条件下，人类通过自身劳动在开发利用自然资源过程中所提供的物质和精神财富的统称。狭义的社会资源仅指人类劳动所提供的以物质形态而存在的人力资源和资本资源。广义的社会资源不仅包括物质形态的资源，还包括科学技术、教育、信息、管理、文化等物质形态的资源。与自然资源一样，社会资源也对一个国家或地区的社会经济发展起着重要的推动或制约作用。社会资源必须与自然资源结合才能从事生产，但它是驾驭自然资源的开发、利用、治理、保护和管理的主导因素，又是社会再生产的必备条件之一。随着人类社会的发展，社会资源相对于自然资源发挥着越来越重要的作用，而且可以在一定程度上补充和替代自然资源。

社会资源的主体是人，人力资源是社会资源的核心。在社会活动中，人既是生产者又是消费者。人力资源是社会经济发展的重要源泉。利用自然资源取得效益全靠人的劳动、知识、技能和文化要素的支持，人类的组织、计划和决策能力已成为人类成功地协调与自然的关系，保障人类文明持续发展的关键因素之一。社会资源包括的范围相当广，除人力资源外，其他社会资源都是由人创造和积累的各种科技、文化成果，主要包括资本资源、科学技术资源、教育资源、信息资源、人文资源或文化资源。

1. 人力资源

人力资源是指一国所拥有的可用于生产活动的潜在劳动生产力，是具有劳动能力的适龄人口的总和。它通过人们劳动能力的大小来体现，包括人口数量的多少和人口质量的高低两个方面。在现在社会，后者的价值更大。人力资源的获得需要人力资本投资。人力资源是一个十分复杂的资源大类，它不仅具有人类作为一种生物的自然属性，更具有社会的属性。人力资源是一切与资源活动相关的根本性因素，是构成社会活动的前提。人力资源造就了推动社会发展的物力、非物力因素，并运用物力因素，构成了完整的社会活动。一切生产、社会活动对自然资源要求可多可少，但对人力资源的要求却必不可少，缺少了人力资源，一切活动无从谈起。人力资源以人口为自然基础，指人口中那些已经成年并且具有和保持着正常劳动力的人，它是由一定数量的具有劳动技能的劳动者构成的。因此，可以说，社会生产过程中与物的要素相结合并支配物的要素的人即劳动者，作为需要人类自身进一步开发利用的对象，就是人力资源。人力资源的质和量的规定性包括两个方面：一是作为劳动者的人的数量，二是劳动者的素质。一定数量的人力资源是社会生产的必要的先决条件，但经济的发展主要靠人口素质的提高，人力资源的质量在经济发展中将起到越来越重要的作用，人口素质主要表现为人的体质、智力、知识和技能四部分，可被视为推动生产资料的各种具体能力。其中体质包括力量、速度、耐力、柔韧度、灵敏度等人体运动的功能状态以及对一定劳动负荷的承受能力和消除疲劳的能力；智力是人们认识事物、运用知识、改造客观世界的能力，包括思维、记忆、观察、想像和判断力等；知识是人们在学习和实践活动中所掌握的各种经验和理论；技能则是人们运用知识和经验并经过联系而习惯了的动作体系，或是人们合理化、规范化、系列化、熟练化的一种动作能力这四种不同匹配组合，形成了内容丰富的人力资源，此外，人力资源价值的体现还与人所处的外部环境密切相关。

远古时代，生产工具简陋，劳动力是提高生产力的决定性因素。那时的劳动力又主要是指体力，劳动中智力所占比重较小，而以体力为基本内涵的劳动力又是天然的涵容劳动者身上的，不能将劳动力从劳动者身上剥离出来，谁要想拥有更多劳动力，就只有连同劳动者人身一起占有，于是战争俘虏和家生奴隶都成为争夺的对象。资本主义制度使劳动者获得了人身自由，建立在机械化大生产基础上的工业生产，需要大量具有知识、文化和技术即智力的现代工人，于是劳动力市场便形成了。劳动力提供到市场上去，便获得了同其他资源性商品相同的社会性质与功能：成为可以创造财富的源泉即资源，直接反映着买卖双方的经济利益关系。可见，劳动力成为现代意义上的资源所需的条件是，劳动力成为商品并且可以拿到市场上去出售。如果说劳动力资源和人力资源在基本含义上有区别的话，那就是人力资源更突出了劳动力中的智力因素，是一种高质量、能够适应工业化大生产的劳动力资源。

2. 资本资源

资本资源主要指进行生产所必需的物品的总称，包括机器、厂房、交通路线、运输工具、基础设施，以及其他生产必需的实物。主要指实物资本，但常指金融资本。它是人类利用自然资源进行生产活动所积累的劳动产物，代表那些作为生产要素又投入生产过程的已生产出来的产品，受人类活动的强度、能力和范围的影响。资本资源是发展生产的基础和条件，其丰富程度是一个国家或地区现有经济实力的重要标志。资本资源与其他生产要素不同之处在于：既是生产过程的一种投入，同时又是生产过程的一种产出。资本与劳动一样，是经济发展和资源开发利用的必要条件。大量的经济理论和实证分析表明，通过投资或资本积累使一国的资本存量不断增加，是经济增长和经济发展的基本源泉和动力，是制约和促进经济发展和资源开发利用的关键因素和最重要的约束条件之一。尤其是在经济发展的初期，往往由于资本积累严重不足，资本成为最稀缺的生产要素而影响经济的增长。因而提高资本积累是经济发展和资源开发利用的重要条件。

一般而言，资本的来源主要为国内资本积累，也可为国外资本积累。国内资本积累主要来自政府部门、企业部门和家庭（居民）部门的内部资本积累。国外资本积累部分则更多的是由外国政府和国际金融组织的援助、外国的直接投资和外国商业信贷等所形成的国外储蓄和投资。对大多数发展中国家而言，资本稀缺是其共同特征，国外资本积累对经济的增长起较大的作用。提高资本积累的主要途径是有效地使用现有资本，根据国内的资源状况，使资本要素与其他生产要素按一定比例相结合，如：投资在劳动密集型产业与资本密集型产业之间的分配；在基础部门和加工部门的分配；在不同地区间的分配；大力吸引外国资本等。

3. 科学技术资源

随着现代生产和科学技术的发展，社会经济发展的因素已多元化，人们不仅把可供利用的自然物看成是资源，而且还把许多社会事物和现象也称为资源。例如科学技术作为对社会生产和经济发展有直接、间接影响的因素，人们也称其为科学技术资源。科学技术既是自然资源开发和利用的关键性因素，又是社会经济发展中的一种最重要的资源。正确认识科学与技术的关系、科学技术是第一生产力和科学技术革命的重要性，合理制定科学技术计划和改革方案，解决好科技投入，发挥科技人力资源的作用，有益于重视科学技术资源、利用科技资源和增加科技资源。

科学资源的开发对社会经济产生的影响是通过基础研究、应用研究的途径，以两种方式实现的：① 有形的方式。即科学知识物化，产生新的技术。在科学理论基础上发明新的生产工具和新的工艺，促进社会生产力的发展，从而导致生产方式和社会结构的变革；② 无形的方式。即科学的思想、科学的精神、科学的思维方式对整个社会精神生活产生影响，提高整个社会的一般智力水平，并影响到社会意识各个领域的变化。现代科学以其多种社会职能直接或间接地作用于当代社会的一切过程和现象，成为推动社会进步的最强大的动力。这些职能主要是：生产职能、社会管理职能、认识论和方法论职能、教育职能和信息职能。现代科学与技术的紧密联系和相互渗透，形成了人类认识和改造自然的统一的科学技术革命过程，科学、技术、生产和管理等人类社会活动的最重要的形式融合为统一的体系。

技术资源的开发对物质生产过程、社会生活条件和由此而产生的精神生产过程有着极大的影响，具有重要的经济、科学和社会价值。技术进步促进社会的生产力发展。在生产过程中，劳动者不断积累经验、技能和关于作业方法的知识，并通过技术教育培养出更高技术水平的劳动者，通过开发研究变革原有的生产工具，发明和研制新的机器设备，提供技术性能更高的劳动资料。技术的进步还不断扩大劳动对象的范围，更广泛的利用新资源、新材料，创造出新的工艺和作业程序。技术凝聚于生产力和诸要素之中，并入生产过程，从而导致劳动生产率的不断提高，并使劳动结构、企业结构、产业结构发生深刻变化。

科学的发展离不开技术实践和技术手段，技术实践又是在科学的指导下而被推向前进。因此，重视科技资源，通过适用技术推广、技术改造、技术引进、技术转移、技术市场和技术贸易等各种方式开发科技资源，已成为当今世界的潮流。开发科技资源具有重要意义，从经济发展来讲是生产力，从军事角度来看是威慑力，从政治上来说是影响力，从社会发展而论是推动力。科技资源是否雄厚，对科技资源的开发和利用程度，已成为一个国家综合国力的重要因素，成为衡量一个国家发达与否的重要标志。

4. *教育资源*

教育资源是指为教育提供的人力、物力、财力资源的总称。教育资源反映一个国家提高人口素质的能力，是为社会提供各类各级不同文化素质的人力资源的基础。可分为必备资源和理想资源。必备资源是不论提供可能性如何，只要办某一类或某一级教育必不可少、不可再低的资源提供。理想资源是随着一个国家、地区的经济、财力条件的变化而更好些、更理想些的资源提供。理想资源也应该有个“最佳”界限，否则会造成资源浪费，不仅在经济上是损失，对后一代的培养、教育也是不利的。一个国家的教育方针、教学制度、学制系统、学位制度、人力计划、人才存量等重大教育问题，与如何开发、利用教育资源有着密切关系，它影响着资源发展和变化的总趋势，决定着整个社会人口资源素质的提高。在科学技术高度发达的今天，经济建设和社会进步需要高素质的智力资源，智力资源的开发又依赖于教育资源的状况和水平。

教育资源包括四个方面：① 学生资源。也就是求学者。它涉及学前教育、义务教育、职业教育、高等教育和成人教育问题。这是社会为教育提供的受教育的人力资源。其人数多少，不仅与一个国家的人口状况（人口发展速度、人口构成、人口总量）有关，而且与经济发展水平有关。它决定普及教育的水平、人们受教育的水平，从而决定受教育人力资源的投入。它不仅影响受教育人力资源的数量，也影响受教育人力资源的质量。不同经济水平的国家，投入小学的人力资源，就有是否受过学前教育的不同。投入中学、大学的人力资源，又有其原教育水平和社会文化影响的不同。② 教师资源。涉及师生比率和教师劳动效率等问题。要有一定数量和一定质量的教师队伍，这是社会为教育提供的教育者的人力资源。当然，除了教师之外，还要有辅教人员、工勤人员、管理人员等人力资源。③ 物质资源。财力在教育领域中的重要物化表现。首先是校舍、教室，其次是校园、体育运动场地，再次要有一定的教育实验、仪器设备与图书设备，以及一定的体育器材与日常用品等。④ 财力资源。涉及人力资本投资、教育经费、教育成本和教育投入收益等问题。即使上述资源具备，如果没有足够的财源，教育事业也无法运行。

任何一个教育过程，都是在一定时期内对一定的人力、财力和物力等教育资源的使用和消耗过程。从教育经济角度分析，要求使用率高、消耗率小，即要求较高的利用效率。从宏观上看，它是整个社会进行全部教育活动或国家为教育部门所投入资源的利用效率。从微观上看，它是一定地区、部门或学校，在教学活动中的资源利用效率。教育的经济效率侧重在资源利用率上，可视作单位的教育资源消耗所取得的教育成果，就是在一定时期内，整个教育过程中所取得的教育成果与使用、消耗的人力、财力、物力等教育资源之比。在现代社会中，教育与社会经济相互制约、相互促进，各国为发展经济和科技，努力增加教育投入，开发和利用教育资源，大力发展教育事业。

5. 信息资源

信息资源是与社会生产和人民生活有关的各种文字、数字、语言、音像、图表、符号等信息的总称，是一种非实体性、无形的资源，普遍存在于自然界、人类社会和人类的思维领域之中。信息资源对于现代文明的建设起着非常大的作用，越来越受到人们的重视。随着信息科技的发展，信息资源已成为影响社会生产发展规模、速度、方向以及进行资源优化配置和组合的重要力量。信息是特定事物发出的信号和消息，本身是无形的，其意义和价值在于为人的行为提供依据和指示方向。面对新的技术革命，社会将从工业化社会转入信息社会。信息作为一种重要的资源，对促进现代社会生产和科技发展以及人类的认识论过程有着及其重要的意义。现代工业社会正面临一场以扩展和延长人类信息功能为目标，以信息化、智能化、综合化为特征的信息革命，利用现代信息科学和信息技术对信息进行获取、传递、交换、存储、检索、更新、处理、分析、识别、判断、提取和应用，是信息资源开发、管理和利用的主要内容。信息资源可分为数量信息和质量信息，直接信息和间接信息。近年来，随着新的科技革命向纵深发展，信息产业的迅猛发展，信息网络和信息库的建设以及信息技术的广泛应用，使得信息成为社会经济发展的重要资源，发挥着越来越大的作用。信息资源在运行过程中体现出不同方面的双重性，这些特征又是通过信息开发利用的全过程表现出来的，因而，在认识和开发利用信息资源时，必须全面地理解和看待它，才能充分发挥出其应有的效能。

6. 人文资源

人文资源在这里是指狭义的文化资源的概念，即能够为人类利用或再利用并创造价值的文化现象，特别指人类所具有的非物质的精神财富。人文资源不同于自然，它不是自然物质，而是人类活动的创造物，它可以用来创造新的精神财富和物质财富。人文资源的核心内容是价值资源。它涵盖了人类的价值体系，包括宗教信仰、伦理观念、风俗习惯等。其他人文资源，如文学、艺术作品等也可作为“资源”，直接或间接满足人类的需求。

社会资源是一个内涵相当广泛的概念范畴，涉及人类知识的许多方面，具有多样化的类型。社会资源科学的研究都分散在各相关学科，如经济学、社会学、哲学、历史学、信息科学、管理科学等领域之中，尚未形成统一的社会资源学科体系。但随着对资源的开发利用和经济社会的发展，对社会资源的研究，在跨学科的交叉和综合研究中，在丰富的实践中，将逐步形成独具特色的社会资源学，以促进人类社会的不断进步。社会资源必须与自然资源结合才能从事生产，但它是驾驭自然资源开发、利用、治理、保护和管理的主导因素，又是社会生产的必要条件之一，对一个国家和地区的经济发展和精神文明建设起着决定性的作用。

社会发展阶段不同，自然资源和社会资源的地位与作用不一样。在自然经济时期，资源的开发多属自然资源初级加工品，主要取决于自然资源的丰度；随社会生产力提高，自然资源附加工的次数增多，程度加深，物化在实物中的劳动量增加，人力资源愈来愈成为资源开发利用中的主导性因素，甚至有人认为，发展中国家的战略资源是自然资源，发达国家的战略资源则是社会资源特别是人力与资本，后工业化社会的战略资源将是信息资源。虽然如此，人口与资源之间、经济建设与资源环境之间的矛盾，归根到底，要依靠自然资源与劳动力资源的优化组合求得解决。

2.3 资源形成的背景及制约因素分析

自然资源与世间一切事物一样都有其形成与演化、发生与发展的过程，自然资源的形成过程受制于生成它的环境条件——地质条件及其过程、地理条件及其过程与人类活动过程。尽管这个过程是漫长的，却是永不止息的。一个过程终止，另一个过程又会产生，自然资源是变化的、发展的、运动的。

2.3.1 自然资源形成的地质环境

1. 大地构造对成矿作用的控制

中国地质构造多轮回性可引起岩浆活动的多轮回性和成矿作用的轮回性，因此中国的成矿期也是多次的。中国的大地构造对于成矿作用的控制主要表现在下列几个方面：

1）地槽区与地台区的成矿作用不同，地槽区下沉期新形成的矿床和回返上升期所形成的矿床不同。地台区没有回返作用，它的成矿作用主要受隆起和坳陷的控制。

2）深成大断裂和浅成破碎带的成矿作用不同。前者多形成与超基性岩有关的铬镍等矿床；后者则多形成金属矿床，以及汞锑矿床。

3）在隆起带（挤压带）和坳陷带（张裂带）内所出现的矿床不同，对内生矿床，前者多形成亲石元素及与其有关的矿床；后者多形成硫元素（亲铜元素）矿床，在地槽区坳陷带内的沉积以砂岩和页岩为主，多形成钨和锡；而隆起带则以碳酸盐岩为主，多成为铅锌矽卡岩矿床。在地台区的坳陷带内则出现石灰岩，多形成铅锌矿床，而在隆起带内出现砂岩和页岩，多形成钨锑矿床。对外生矿床来说，隆起带是氧化环境，而坳陷带则为还原环境，所形成的沉积矿床也是显然不同的。

4）岩浆与围岩性质不同形成的矿床不同，酸性岩常与多金属和有色金属矿床有关；超基性岩常与铬镍矿床有关；碱性岩常与稀有元素矿床有关。在碳酸盐围岩中多形成矽卡岩矿床，特别是有色金属；在砂岩和页岩围岩中则多形成网状和脉状矿床，如钨，锡、铜等矿床。

5）沉积矿产的形成，主要受古地理、古气候和沉积建造所控制，而最基本的是受大地构造条件控制。沉积建造是一定的构造环境下所沉积的各种岩石组合，它们的岩相、厚度与产状特征都有明显的差别，因此成矿作用也不一样。古地理却反映出当时海陆分布，而铁、锰、磷、铝等矿床一般都分布浅海、滨海地区。古气候因素，直接影响当时的温度、湿度和植物生长的情况，并形成了控制矿产沉积的环境。一般在湿热的气候条件下，原始含铁、锰、磷、铝的化合物才容易溶解，而湿热的环境又是生物繁殖、生长的良好环境，为煤炭、石油的形成提供源泉。

6）在地槽与地台区域内，均可有铁、锰、磷、铝的沉积矿床的形成，但由于它们的地球化学特性有所不同，在沉积次序上有先有后，在地区分布上也有差别。铁矿与铝土矿常富集在长期侵蚀区的边缘近海岸地带；锰矿沉积在滨海和浅海地区；而磷矿则距离较远，主要沉积在海湾和浅海地区。

7）沉积矿床中的砂矿，在构造复杂及岩浆活动强烈地区，长期隆起、剥蚀及地形切割强烈是形成砂矿的重要条件。

2. 主要内生矿床的成矿区域

各种矿化点或矿带的形成，是受地壳构造运动所导致的某地区的隆起和坳陷以及断裂和岩浆活动所控制。而矿化点或矿带内的各种矿物组合取决于造矿元素的物理化学特性，以及围岩成分的影响，因此，地壳构造和元素的地球化学作用是控制矿化作用的首要因素，一定的构造区内有一定的矿化现象，一定的矿化点或矿带有一定的矿物组合。

在地槽区，早期所形成的矿床，如铬、钛、铜和铂等，是与该区沉降作用而产生的基性和超基性岩侵入，以及火山岩的喷出有关。地槽回返阶段，大量的花岗岩类侵入在褶皱的岩层中，就形成了浸染型和脉网型的钨、锡、钼和铜、铅、锌等矿床。

在地台区内，内生矿床一般很不发育。但由于后期的活化作用，则可产生深大断裂和岩浆活动，引起矿化现象。如与断裂有关的基性和超基性的活动，可形成镍、钛和金刚石矿床，以及和隆起作用有关的碱性岩，形成稀有元素矿床。在活化区内，也有大量花岗岩侵入，形成多金属矿化区和稀有元素矿化区。

根据大地构造特征和成矿时期，可将中国内生矿床成矿区分为古生代成矿区、中生代成矿区和新生代成矿区。

古生代成矿区，包括以古生代地槽为主的地区，以及它们之间的一些台块。矿化区多呈显著的带状分布。如秦岭正地槽系，一般可分为北秦岭槽背斜带和武当山斜带，西秦岭槽背斜带和地秦岭槽背斜带。北秦岭可当作铁、铬、铜的成矿带；西秦岭可当作有色金属和汞、锑的成矿带；南秦岭可作为铬和铜的成矿带。

中生代成矿区，包括中国地台的东部活化区，以四川和滇桂台向斜为中心，由内向外，特别是西南和东南分为汞锑矿带、铅锌矿带、铜矿带、锡钨矿带和钨钼矿带。汞锑带出现在滇桂台向斜中部及四川台向斜东部；铅锌和铜矿带一般在滇东和湘西地区；锡钨带则为现在滇东南、滇西、广西北部和东部以及湖南南部地区；钨钼带则在湘、赣、闽、粤地区和滇西高黎贡山、怒山一带。

新生代成矿区，包括台湾和喜马拉雅山新生代地槽内，其中台湾则属于太平洋金属矿带，在由断裂作用所形成的超基性岩带内，已知有铬矿存在，因而该带应是铬、镍等矿床有远景的地区。在台湾地槽区内有铜、镍矿和金矿等。

3. 主要外生矿床的成矿区域

1）铁矿　　沉积铁矿的形成一般在温湿的气候下，有可供铁来源的隆起地区，在水介质作用下，无论浅海、海湾或湖泊中均可能形成铁矿沉积。地槽区内沉积铁矿往往和海底火山喷发有关。沉积类型的铁矿在中国分布甚广，几乎所有地质时代中均有产出，主要的有震旦纪早期的宣龙式赤铁矿，震旦纪中期的四海式含锰赤铁矿，寒武纪有清镇式的赤铁矿，奥陶纪有宁南式的赤铁矿，上泥盆纪有宁乡式铁矿，下石炭纪有和靖式赤铁矿，中石炭纪底部有山西式铁矿，二叠纪有涪陵式和屯留式两种铁矿，以及石炭二叠纪煤系中有淮南式铁矿，下侏罗纪煤系中有威远式的菱铁矿和綦江式的赤铁矿，第三纪右江式菱铁矿等。各种铁矿可以归为三类：① 风化残留沉积铁矿，如山西式铁矿；② 滨海沉积铁矿，如宣龙式和宁乡式铁矿；③ 湖泊相和海陆交替相沉积铁矿，大都是夹在煤系中。

2）锰矿　　中国沉积型锰矿的产锰时代很多，有前震旦纪、侏罗纪、第三纪和第四纪等，以震旦系、泥盆系和二叠系最为重要。沉积型锰矿的形成条件在槽区和地台区有显著不同。在地槽区内是与火山矽质岩建造有关，随火山源的远近不同，而在品位上发生有规律的变化。地台区的锰矿形成需要一定的古地理条件。一般有浅海相沉积、湖相沉积和风化残余锰矿三种类型。按区域，中国沉积型锰矿可划分为：华北锰矿区，主要含锰层为震旦系和二叠系；华南锰矿区，在华南台、块上锰矿分布层位较多，分布也较广，有震旦纪、上泥盆纪、上二叠纪以及第三纪至第四纪；西部锰矿区，如祁连山区的地槽型锰矿。

3）磷矿　　磷矿是指磷酸盐类矿床，其中主要包括磷灰石与磷灰岩类，前者有火成与变质，后者主要是沉积矿床与变质沉积矿床。中国磷矿按其成因分为五个类型，即沉积变质的、海相沉积的、淋滤残余的、鸟粪堆积的、火成热液的。以前两类分布广、储量大。这两类矿床是在适当的沉积环境下形成的。适合于磷酸盐类沉积的深度一般在水深30～60 m，甚至达到200 m。磷的来源一来自海水中，二来自岩浆岩风化，磷被酸类溶解成游离状态被流水带到海中，遇碳酸盐而中和沉淀下来，生成为钙质的磷酸盐与砂质的磷酸盐类。由此可见，磷矿床有远景的地区是坳陷带—台向斜、边缘坳陷带、浅海陆棚及海峡、滨海、泻湖和海湾等地区，特别是靠近古海岸线地带，是磷矿沉积的重要场所。此外，在地槽（槽背斜）区也有希望形成磷矿床。

中国磷矿床的主要成矿时代有前震旦纪、震旦纪中上期及下寒武纪；其次是二叠纪，个别地带还有奥陶、志留、泥盆、石炭等纪。在康滇、江南、伏牛—大别等台背斜的边缘，震旦纪的滨海—浅海区，是磷矿的重要分布区；下寒武纪，在康滇台背斜东缘，北至秦岭，这一近似南北向边缘浅海相沉积也是磷矿床成矿的主要地区，与其并驾齐驱的要算是江南台背斜北缘的鄂西、湘西和黔北地区；其次是伏牛—大别台背斜的边缘，浙西、皖南以及秦岭地槽内的武当山背斜带边缘，均是磷矿有远景地区。下寒武纪海侵造成的磷矿床是中国最重要的，以储量大、质量高、著称于世界的昆阳式磷矿就是在此时期造成的。下寒武纪磷矿层的特点是：分布广、层位和厚度基本稳定，品位高，经济价值也较大。

根据上述结合大地构造，可把中国磷矿的主要成矿区分为五大区：华北区、华南区、西北区、东北区和西藏区。其中华南区磷矿沉积最富。

4）铝土矿　　中国铝土矿产于古生代、中生代和新生代各地层之中，但主要是在石炭二叠纪。铝土矿形成条件是平缓丘陵经长期风化，在湿热气候条件下有强酸溶液使富含铝矽酸基的岩石分解形成 $Al(OH)_3$ 与 $Fe(OH)_3$，在腐殖酸的保护下被带入海盆或湖盆，与含大量电解质的水相遇，$Fe(OH)_3$ 易失去电荷而首先沉淀，铝质在浅海盆地中经过中和作用再沉淀出来，因此位于长期侵蚀区边缘的滨海造煤盆地常是形成铝土矿的良好场所。从形成矿床的大地构造条件看，铝土矿可分为地台型与地槽型两类。地台型铝土矿常出现于古老隆起边缘的台凹中，而地槽型铝土矿则常位于地槽内部隆起的边缘凹陷和山前坳陷带内。

中国主要铝土矿区是华北台块与华南台块。华北台块如辽东台背斜、内蒙台背斜、山东台背斜、山西台背斜和伏牛—大别台背斜的边缘以及台背斜上的坳陷地区，都是铝土矿沉积的良好场所。华南台块在古生代时期曾数次升起，遭受侵蚀，并数次下陷，被海水淹没，在石炭、二叠纪时具备了形成铝土矿的条件，在康滇台背斜以东、江南台背斜及华夏台背斜西北的一些浅海坳陷地区，都形成了铝土矿。

4. 可燃矿物的成矿区域

1）煤　　中国成煤的主要时期是石炭、二叠和侏罗纪。这三个主要成煤期与地理位置亦有一定联系，石炭主要在华北与西藏地区，二叠纪煤区则主要在华南、华北与西藏地区，而西北和东北地区则主要是侏罗纪煤区。

中国煤田的煤质与构造关系也很密切。华北、西北地区主要是烟煤，无烟煤较少，主要原因是华北台块比较稳定，煤层受到变质作用较弱，同时含煤地层也较新。这种关系在华南台块上表现更为明显，如四川比较稳定，以烟煤为主，而东南沿海地区构造断裂多，岩浆活动强，所以无烟煤多。

按照中国成煤区所属的大地构造可分为四个类型，即台向斜型、山前坳陷型、山间盆地型、古老基底上的地堑型。台向斜型煤田包括许多大型的煤田，分布范围相当宽广，属于这一类型的有华北、鄂尔多斯及四川等，其主要成煤期是石炭、二叠纪，有时为侏罗纪。煤层稳定，含煤系数高。

根据生成时代、地区分布、地质发育历史以及所属大地构造单元特征，中国的主要成煤区可分为五区：华北石炭二叠纪煤区，华南二叠纪煤区，西北侏罗纪煤区，东北中、新生代煤区，以及西藏石炭二叠纪煤区。

华北石炭二叠纪煤区（包括鄂尔多斯侏罗纪煤盆地），包括鄂尔多斯、山西、河北、鲁西、豫北、皖北等煤区，属华北台块。鄂尔多斯和河淮台向斜以及山西、内蒙古、山东、辽东台背斜上的许多台凹，都是石炭二叠纪的主要造煤场所。

华南二叠纪煤区（包括四川侏罗纪盆地和东南沿海侏罗纪地堑型煤盆地），包括贵州、四川、广西、江西、湖南、江苏，属华南台块，成煤期开始于石炭纪，但主要成煤期则是上二叠纪。

西北侏罗纪煤区，包括准噶尔、塔里木、吐鲁番、哈密、祁连山、北山、昆仑山以及柴达木等地区。成煤期是侏罗纪，为风陆盆地的陆相沉积。在大地构造上，侏罗纪煤盆地主要是山前坳陷型、山间盆地型和断裂地堑型三种类型。

东北中、新生代煤区，包括黑龙江、吉林、辽宁北部与内蒙古东部地区。如鹤岗、鸡西等侏罗纪煤田，以及抚顺、伊兰、北安等第三纪煤田。

西藏石炭二叠纪煤区，在唐古拉山两侧，尤其北侧是石炭二叠纪煤田有远景地区。

2）油气　油气资源生成于沉积岩。中国沉积岩面积分布极广，多达 450×10^4 km^2，其中大于 10×10^4 km^2 的沉积盆地有塔里木、华北、准噶尔、鄂尔多斯、松辽、四川等 10 个。水深在 200 m 以内浅海大陆架有渤海、南黄海、东海、台湾浅滩、珠江口、北部湾、莺歌海 7 个盆地，总面积 130×10^4 km^2。中国油气资源从震旦纪到第四纪各个地质年代都有，以中、新生代居多。从大地构造单元考虑，中国所在含油区可以划分为三类：第一类地区包括塔里木、准噶尔、吐鲁番、柴达木，以及酒泉边缘坳陷，除后者外，多系台块，地形上现在是盆地。这一地区内的含油层以中、新生界为主，特别是第三系更为重要；第二类地区包括松辽台向斜、河淮台向斜、鄂尔多斯台向斜、四川台向斜、滇桂台向斜及二湖盆地等，为大庆、大港、胜利、冀中、辽河、江苏、河南、江汉等油田，以及四川、鄂尔多斯天然气田，属大型陆相沉积油田；第三类地区为东南沿岸浅海内以及台湾西部地区，呈一围绕大陆弧形，为太平洋新生代褶皱带的边缘坳陷，南海、东海和黄、渤海都有较好的储油构造，远景可嘉。

5. 地质构造与地热资源

地热资源是世界上最古老的能源之一。地热资源一方面来源于地球深处的高温熔融体；另一方面源于放射性元素（U、TU、40K）的衰变。按其属性地热能可分为 4 种类型：① 水热型，即地球浅处（地下 100～4 500 m）所见的热水或水热蒸气；② 地压地热能，即某些大型沉积盆地（或含油气），盆地深处（3～6 km）存在着高温高压流体，其中含有大量甲烷气体；③ 干热岩地热能，需要人工注水的办法才能将其热能取出；④ 岩浆热能，即储存在高温（700～1 200℃）熔融岩体中的巨大热能，但如何开发利用目前仍处于探索阶段。在上述 4 类地热资源中，只有第一类水热资源在中国已得到很好的开发利用。中国地热资源按其属性可分为三种类型：① 高温（>150℃）对流型地热资源，这类资源主要分布在西藏、腾冲现代火山区及台湾，前两者属地中海地热带中的东延部分，而台湾位居环太平洋地热带中；② 中温（90～150℃）、低温（<90℃）对流型地热资源，主要分布在沿海一带如广东、福建、海南等省区；③ 中低温传导型地热资源，这类资源分布在中、新生代大中型沉积盆地如华北、松辽、四川、鄂尔多斯等。这类资源跟油气或其他矿产资源如煤炭等处在同一盆地之中。上述三类地热资源分布在我国不同地区，并与该地区的地质构造背景密切相关。

2.3.2 资源形成的地理环境

地理环境涵盖所有的自然地理要素和社会地理要素，包括气候、地貌、水文、土壤、植被、动物、人文、信息、智力和资本等所组成的自然社会综合体。中国是全球地理环境最丰富多彩的国家之一。决定中国资源地理环境的基本因素是疆域辽阔，位处中纬度与欧亚大陆的东岸和复杂多样的地形结构，它们之间相互结合而形成中国资源地理环境的基本特色。

1. 疆域辽阔，陆海兼备

中国陆地面积约有 960×10^4 km^2，占全球陆地总面积的 6.5%。在世界各国中仅次于俄罗斯(1 707×10^4 km^2)与加拿大(995×10^4 km^2),居世界第三位。

中国领土北起漠河以北的黑龙江心,南至接近赤道的曾母暗沙,南北长达 5 500 km;东起黑龙江与乌苏里江汇合口以东,西至帕米尔高原以西,东西宽达 5 200 km。与朝鲜、俄罗斯、蒙古、哈萨克斯坦、吉尔吉斯斯坦、塔吉克斯坦、阿富汗、巴基斯坦、印度、不丹、尼泊尔、缅甸、老挝、越南等 14 个国家接壤,国境线长超过 2.2×10^4 km。

中国拥有广阔的海域,东邻朝鲜半岛和琉球岛,南邻菲律宾群岛、大巽他群岛、中南半岛与马来半岛,包括渤海、黄海、东海和南海四个海区,海域自然面积约 473×10^4 km^2。大陆海岸线北起鸭绿江口,南至中越交界的北仑河口,长达 1.8×10^4 km^2。有海岛 6 500 多个,海岛岸线长 1.4×10^4 km。

由 960×10^4 km^{2}的陆地与 473×10^4 km^{2}的海域共同组成中国辽阔的疆域,这是提供各种自然过程的空间,也是生成丰富多彩的自然环境与自然资源的基础。

2. 经纬度差大,以中纬度为主

中国最北境的黑龙江省漠河附近,位于北纬 53°31′;最南端的南沙群岛曾母暗沙则为北纬 4°15′,南北跨纬度 49°16′。南北之间,太阳入射角大小与昼夜长短差别,引起气候(辐射能和温度,特别是冬季的温度)、土壤、植被等因素分布不同并呈带状差异,一般称为“纬度地带性”。

中国疆土约有 98%位于北纬 20°~50°的中纬度地区,与地域广阔的俄罗斯、加拿大所处的高纬度相比,热量条件显得更具优势,与美国和位处南纬的澳大利亚相当,但与位处低纬度的巴西、印度相比则总体热量条件略逊。

按温度的差异,陆地上可以划分出 9 个温度带,从南而北为赤道热带、中热带、边缘热带、南亚热带、北亚热带、暖温带、温带和寒温带,此外由于青藏高原的存在干扰了热量带的分布而形成一个特殊的高寒区。

赤道带大约位于北纬 15°以南,≥10℃持续期活动温度总和在 9 500℃上下;热带大约在北纬 15°~23°,≥10℃活动积温在 8 000℃~9 000℃;亚热带大约位于北纬 22°~34°,≥10℃活动积温 4 500℃~8 000℃;温暖带大约位于北纬 32°~43°,≥10℃活动积温 3 200℃~4 500℃;温带大约位于北纬 36°~52℃。≥10℃活动积温 1 700℃~3 200℃;寒温带在北纬 50°以北,≥10℃活动积温在 170℃以下。中国的亚热带、暖温带、温带所占面积最大,约占国土面积的 71.2%(其中亚热带占 25.7%,暖温带占 19.2%,温带占 26.3%)。农作物可一年三熟、二熟或一熟。但青藏高寒区所占面积达 25.9%,是不利条件。至于热带与寒温带,在中国所占比例很小,热带占 1.7%,寒温带占 1.2%。

中国的经度位置,大体上西起新疆喀什市以西的帕米尔高原东缘,东经 73°40′,东至黑龙江省抚远以东乌苏里江汇入黑龙江处的耶字界碑东角,东经 135°5′.东西跨经度近 62°。中国经度位置对自然地理环境的影响远不如纬度位置所起的作用明显,虽然各地理环境要素的分布在一些地区,特别在中国的北部地区,呈明显的“经度地带性”,但起主要作用的是海陆因素与季风的影响。

3. 海陆分布与季风作用强烈

中国位于全球最大的陆地——欧亚大陆与最大的海洋——太平洋之间,西南境内又有全球最高最新的高原——青藏高原,季风气候异常发达,对中国自然资源的形成及地域差异，起着非常重要的作用。

中国东部濒临太平洋，西南部距印度洋不远，内陆的水汽主要来自海洋季风，其降水量的分布大致上与距海洋远近成正比，距海越近越多，越远越少。中国西部全处欧亚大陆的腹心，距太平洋、印度洋、大西洋与北冰洋甚远，加以四周高山阻挡，成为欧亚大陆的干旱中心。因此中国的水分的分布状况与热量的分布状况不同，基本上由东或东南向西或西北渐减。按《中国综合自然区划(初稿)》(1958)以干燥度为主要参考指标，从东南向西北将全国划分为 4 个水分地区：① 湿润地区，干燥度＜1.0；② 半湿润地区，干燥度为 1.0～1.5；③ 半干旱地区，干燥度为 1.5～2.0；④ 干旱地区，干燥度＞2.0。其面积比例大体上湿润地区占国土总面积的 31.5%，半湿润区占 15.7%，半干旱区占 18.3%，干旱区占 30.9%。湿润、半湿润区(占 50.8%)与干旱、半干旱区(占 49.2%)的面积几乎各占一半。

中国这种海陆分布与其水分条件相关的情况与地处北美大陆与大西洋之间，西部并有高山高原耸峙的美国有许多相似之处，但美国本部濒临太平洋，而沿海岸有一狭窄的地中海式的气候带。中国与印度次大陆相比，同属季风区，但中国西北部处欧亚大陆中心，而印度次大陆北面有青藏高原与喜马拉雅山系屏障，南面又为印度洋环绕，中国大陆季风比印度次大陆强。

由于中国大陆东海岸的地理位置，使得西风带海洋性气候影响微弱，再加地转偏向力作用，冬季时沿海台湾暖流(黑潮)对大陆海岸上的调节作用也不显著，因此即使在东部季风区，大陆性气候也有所表现，夏季较世界各地同纬度地区要热，而冬季较同纬度地区要冷，这就使得一年生的喜温作物能向北推移，而越冬作物与多年生作物的北界偏南。

中国季风气候有其特殊性。冬季，在亚洲大陆上蒙古冷高压发展强大，北太平洋阿留中低压发达，中国大陆上盛行偏北冬季风；夏季，印度热低压强大，北太平洋副高压也很发达，中国大陆上盛行偏南的夏季风。季风的另一重要特征是季风气流的气团性质。冬季，在中国地面都是在极地大陆气团的支配下，来自蒙古高原和西伯利亚的寒冷、干燥空气，但在中国南方的高空却存在着热带海洋气团，所以在一地各高度上气流方向不同，性质各异，呈现出海洋与大陆的差异，引起这一带阴雨天气的产生。夏季，中国南方除云贵高原西部处西南季风影响外，大部分地区处东南季风的控制下，空气具有高温高湿的特点。但西北内陆仍属大陆气团，具有高温低湿的特点。在这里应指出：中国亚热带副高压带，由于强盛的东南夏季风的影响，而成为多雨湿润的气候，与世界同纬度亚热带干旱荒漠气候而有着很显著的差别，这也是中国季风气候的一大特点。

高大的青藏高原的存在对中国的季风形成起着推动和复杂化的作用。首先在热力方面，青藏高原与同高程自由大气之间的温度差异，类似于海陆之间的温度差异。冬季高原上出现冷高压，夏季出现热低压，周围同高程的自由大气也分别为相对的低气压与高气压，这种形势产生了独特的高原季风现象：冬季，高原东侧平原的上空产生了东北风，从而加强了由于海陆分布而引起的东北季风；夏季，青藏高原热低压长轴所在的平均位置在北纬 32°附近，这就大大破坏了亚热带高压带，加强了高原东侧上空的西南季风，并增加了东部地区的降水。高原季风的存在，对西北地区干旱气候的继续加深也有着重要作用。除了高原本身阻碍了印度洋水汽的往北输送以外，夏季高原季风的北界正好位于新疆、甘肃荒漠地带的中心，是青藏高原热低压上空向四周流出气流下沉的地区，从而加剧了这些地区的干旱程度。

其次，在动力方面表现为青藏高原对气流的屏障和分流作用上，冬季西风气流经过高原时，在高原西侧停滞并分为南北两支绕过青藏高原，到高原东侧又汇合再向东流出，这使西风带向南扩展5～10个纬度。夏季西风带北移，南侧的南支西风带也随之消失。青藏高原对于对流层的低空气流的屏障作用，使蒙古高原一带冬季受暖平流影响减少，有利于冷空气的堆积和蒙古—西伯利亚冷气压的加强。夏季则保护了印度半岛不受冷空气南下的影响，有利于印度热低压的维持。

因此，青藏高原对季风的形成与影响是中国季风气候不同于世界其他地区季风气候而具有其独特性。

4. 地形复杂多样，山地面积大

中国地形总的特点是：高差大，西高东低，阶梯状下降，类型多样，山地面积大，结构复杂，地形骨架呈网格状结构。

中国地形按海拔高度，最高为8 844.43 m(珠穆朗玛峰)，最低为－155 m(吐鲁番盆地的艾丁湖)。根据在1∶150万地形图上量算结果，海拔低于500 m的面积约占全国总面积的25.1%，低于1 000 m的占42%，低于1 500 m的约占60.4%，3 000 m以上的占25.0%，由西向东，呈四级阶梯下降。青藏高原海拔在4 000 m以上，为第一阶梯；昆仑山和祁连山以北，横断山以东，海拔1 000～2000 m，为第二阶梯，其间有云贵高原、黄土高原、内蒙古高原和准噶尔盆地、塔里木盆地及四川盆地；沿大兴安岭、太行山、巫山、雪峰山一线以东地区，大部分海拔在500 m以下，为第三阶梯，包括东北平原、华北平原、长江中下游平原和辽东、山东及长江以南的广大低山丘陵；海岸线以东的中国近海大陆架，一般海水深度不到200 m，为第四阶梯。这四级阶梯构成了中国地形的基本轮廓，深刻影响着中国气候、土壤和植被资源的分布，以及农业资源地域分异的形成。

中国地貌类型，无论是在形态上还是在成因上都是多种多样的。青藏高原、云贵高原、黄土高原、内蒙古高原是中国著名的四大高原；塔里木盆地、准噶尔盆地、柴达木盆地、四川盆地是中国著名的四大盆地；由长江、黄河、淮河、海河、黑龙江、松花江、辽河冲积的东北平原、华北平原和长江中下游平原是中国著名的三大平原；还有众多的山间、丘间中小平原；有喜马拉雅山、昆仑山、天山、祁连山和横断山等组成的中国西部巨大山系，也有由南岭、武夷山、秦岭、伏牛山、大别山、太行山、燕山、长白山、大小兴安岭等组成的东部各种各样的中低山以及广大的丘陵。由各类山地、丘陵、高原、盆地和平原组成了中国复杂而多样的地貌。据量算，中国山地面积约占国土总面积的46.5%，丘陵占19.9%，山地丘陵合计约占国土总面积的2/3，平地仅占1/3。以山地丘陵为主，山多平地少，是中国土地构成一个主要特点。

中国平地主要分布在三个层次，第一层次分布在海拔小于300 m，约占全部平地面积的35.5%，其中海拔100 m以下占23.0%；第二层次分布在海拔500～1 500 m，占35.5%；第三层次分布在海拔3 000～5 000 m，约占11.8%。平地的分布基本上与陆地的三级阶梯相吻合。

中国山地按海拔高程是：海拔低于500 m的山地总面积16%，其中低于海拔100 m

的仅占 0.9%；海拔 500～1 500 m 的占 33%；海拔 1 500～3 000 m 的占 19.1%，海拔 3 000 m 以上的占 31.7%。3 000 m 以上高海拔山地比重大，几乎占了山地总面积的 1/3。

中国丘陵按海拔高程是：海拔低于 500 m 的丘陵占丘陵总面积的 31.4%，海拔 500～1 500 m 的占 29.8%，海拔 1 500～3 000 m 的占 11.3%，海拔 3 000 m 以上的占 27.5%。以 500 m 以下低海拔所占面积最大，几乎占了 1/3。

中国的地形结构受大地构造制约，山脉的分布按照一定的构造带而有规则的排列。大体上以东西走向与东北—西南走向为多，部分为西北—东南走向与南北走向。东西走向的山脉主要有三列：最北的一列是天山—阴山—燕山；中间的一列是昆仑山—秦岭—大别山；最南的一列是南岭。东北—西南走向的山脉多分布在中国东部，山势较低，主要山脉也有三列：最西的一列是大兴安岭—太行山—巫山—武陵山—雪峰山。中间的一列包括长白山—辽东丘陵—山东丘陵和闽浙一带的山地丘陵；最东的一列是崛起于海上的台湾山脉。西北—东南走向的山地多分布在西部，由北而南有阿尔泰山、祁连山和喜马拉雅山。南北走向的山脉纵贯中国中部，主要包括贺兰山、六盘山和横断山脉，上述各条山脉构成中国地形的基本骨架，把中国陆地分隔成许多网格，分布在这些网格中的高原、盆地和平原，都在一定程度上受这些山脉的制约。

地形是影响中国自然地理环境与自然资源，尤其是地表资源生成的重要条件，它起到能量与物质再分配和能量物质的流通与屏障、分支及阻滞的作用。中国几条山脉，往往是中国气候和自然地理的重要分界线。如东西走向的山脉，南岭山是南亚热带与中亚热带的分界线，秦岭山地是亚热带与暖温带的分界线，天山山地是新疆干旱暖温带与干旱温带的分界线。东北—西南走向的山脉，如大兴安岭、太行山、伏牛山、吕梁山、豫西、鄂西及湘西山地，以及长白山、闽浙山地等都是东南季风深入大陆的障碍，造成山体两侧水热条件的明显差异。如大兴安岭是半湿润的森林草原与半干旱草原分界线，太行山则是华北平原与黄土高原的分界线。中国多山、多高山的特点，干扰了自然地理环境与自然资源水平地带性的分布，非地带性规律与垂直地带的突出表现，对中国自然资源的形成和分布产生极其重要的影响。

2.3.3 人类活动对资源的影响

1. 人类活动的特点

人类是自然界的创造物，又是自然界的塑造者。人类不能直接创造自然资源，但人类可以在利用自然资源过程中改造资源，同时影响资源生成的环境。人与自然是对立的统一体，人在这一对矛盾中永远居于主要方面。世间的一切事物中，人是第一宝贵的，它推动着社会进步，创造着社会财富，发展着科学技术，并通过自己辛勤的劳动改变世界，改造自然。今天人类已经具有可以应用其自身的科学技术，大规模地干预和改造自然的能力。

人类利用自然具有二重性，即积极的一面和消极的一面。首先，人类利用资源是有目的的、定向的和能动的。人类在生产斗争与科学试验中，不断地总结经验，同时，人类利用自然具有很大的盲目性和破坏性，在人类漫长而曲折的进化过程中，特别是科学技术不发达的年代里，人类不自觉地、盲目地利用自然，而导致对自然的破坏，使维持生命的地球系统削弱，人类已经在许多方面受到自然的惩罚。

认识自然，才能持续地利用自然资源，改善人类赖以生存的地球环境，使人与自然处于一个协调、和谐的状态。这是人类所面临一个巨大的挑战。

2. 人类活动对自然资源的有利影响

中国是人类的发源地之一，从元谋人至今已有160多万年，文明历史也有5 000多年。从原始社会的采集狩猎到开阡陌，修水利，驯化培育品种，从原始的刀耕火种到现代的集约经营，从单纯的掠夺资源到利用资源。中国人口从公元2年的5 960万人，发展到今天的13亿人，它对自然界的影响是巨大的、深刻的。中国人类活动对自然资源的有利影响表现在下列几点。

(1) 开辟农田

开辟农田是人类利用自然资源的一种主要方式，是人类发展的进步方面，随着人口的增加，生产力的发展，中国在相当长的历史上，耕地面积是在不断地扩大，耕地扩大所带来的影响具有两面性。首先是改造了土地，特别是平原地区，形成了一个完全不同于原始自然的另一个人文景观，使原来分布于平原低洼积水的沼泽土地得以疏干，改造为良田，发展了大面积灌溉，塑造了大量的水田和人工绿洲，建立人工生态系统，更有利于调节环境；耕地的生物生产力由于人工的投入增加，而大大高于天然生产力。扩大耕地面积也带来了不利方面，主要是陡坡开垦，造成了水土流失。从总体上看，中国耕地的扩大应该是利多于弊。

(2) 兴修水利

首先是修筑堤防，使无序的洪水有序化，保护人类的生存与建设。与洪水作斗争，中国具有悠久的历史与成功的范例，历史上大禹治水的故事深入人心。建国以来长江、黄河、淮河、海河、辽河、松花江与珠江等治理已取得成效，防止了大江大河的洪水泛滥，竖立在东部沿海的万里海堤是中国历史上与长城、京杭运河并列的三大工程，保护着沿海人民不受海潮的侵袭。发展灌溉是水资源有效利用的一个重要方面。截至1993年中国灌溉面积已扩大到7.2×10^8亩。灌溉增加了土地的水分，协调了水土资源，不仅有利于资源的利用，提高资源的生产能力，而且也有利于环境的保护。

(3) 矿山的开发

矿产资源和燃料动力资源的开发利用，不断扩大了资源的范围。人类社会从石器时代到青铜器时代，又到铁器时代的发展，用于制造生产工具的材料相继经历了深刻的变化，自然界中的铜矿、铁矿以及锡、铅、锌、镍、钼等各种有色金属矿已普遍为人们所利用，多种矿石的利用程度也提高了。染料、制药、酸碱等化学工业的发展，扩大了硫、盐等非金属矿资源的用途。人们利用电解方法和采用谱分析技术，发现了一系列较活泼的金属与稀有元素。

(4) 绿化环境

森林具有两种功能，一是提供木材资源，二是保护生态环境。扩大森林面积，绿化环境，既起到保护生态环境又能提供木材的作用。近年来中国政府非常重视绿化工作，森林覆盖率迅速增长，1949年建国初期全国森林覆盖率约9%，20世纪70年代末为12%，80

年代末为13%,目前已达到13.9%。建设东北、华北、西北的“三北”防护林体系,长江上游防护林体系,沿海防护林体系与太行山绿化工程和平原绿化工程,对改善中国的生态环境将起到深远的影响。

3. 人类活动对自然资源的不利影响

人类活动对自然资源的不利影响主要是由于人类利用资源的盲目性,只顾眼前利益,忽视长远利益,只顾局部利益,忽视整体利益,滥垦、滥伐、滥牧、滥樵、滥捕、滥采等滥用资源而引起资源的流失、退化、枯竭和环境的恶化。不利影响表现在以下几点:

(1) 森林缩小

中国的东半部即年降水量≥400 mm等雨线以东的湿润、半湿润地区,基本上属森林与森林草原带,尤其山地在原始天然状况下应为森林所覆盖。但是由于历代战争的破坏,不合理的砍伐和毁林开荒,导致森林面积逐年减少,使原始森林退缩在大兴安岭北部和青藏高原的局部地区,中国广大地区的原始天然森林已不复存在,代之而起的是次生林与人工林。1949年以后虽然进行大量的造林活动,但与原始状况相去甚远。诚然,今天我们既不可能,也不要求完全恢复到原始状态。由于森林面积的缩小,除木材资源供应紧张外,更重要的山区水源涵养减弱,水土流失加剧,森林失去保护环境的功能。

(2) 土壤侵蚀

中国山多平地少,可供农耕土地资源有限,随着人口成倍增加,不合理陡坡毁林毁草开荒,以及历史上的撂荒、刀耕火种等掠夺式的经营方式,使土壤侵蚀不断发展,今天千沟万壑、支离破碎的黄土高原即是自然与人为共同作用的结果,人类不合理的利用是其中一个主要原因。土壤侵蚀不仅破坏了当地资源,而且淤塞河道,增加防洪的难度,给下游带来更大的危害。

(3) 土地沙化

土地沙化主要发生在半干旱的农牧交错地区。这一地区生态环境脆弱,由于不合理的扩大耕地面积和过牧超载,破坏地面覆盖,在风的作用下,有的发生沙丘活化,有的发生沙丘移动,沙漠南移,“沙进人退”时而发生。如毛乌素沙地,沙化过程从唐代以来已延续达1 000多年,纵横多达100 km,并由西北向东南逐步推进,长城沿线以及东南60 km宽的流沙带是明代中叶至解放前这300年左右的产物。

(4) 环境污染

中国是发展中国家,随着工业的高速发展,将有大量的工业废弃物进入环境,造成大气、水体与土地的污染,而且在近期内,还难以根本解决,如果不采取有效的污染防治措施,中国环境污染将呈扩大、蔓延和加重的趋势,这势必进一步恶化资源环境,降低资源质量,缩小资源供应。

2.3.4 资源形成制约因素分析

自然资源的形成主要受自然规律支配,不以人的意志为转移,既具有广泛性的一面,又具有不均衡性的一面,常常是两者矛盾的统一。如蕴藏于地壳之中的矿物资源,以及地表生物圈中的土地资源、气候资源、水资源和生物资源等之间,都是相互联系、相互制约组成的一个统一的自然综合体系。自然资源的形成主要受到地质环境因素和地理环境因素的影响。地质环境因素包括陆地形成过程、大地构造运动以及成矿作用、岩浆活动的影响。地理环境因素包括疆域面积，所处经纬度位置，受季风影响程度，海陆分布作用以及地形状况等。除此以外，各种自然资源本身也受到内外因素的影响，各自形成一个独立的自然综合体，各具特点，有规律的分布于各地。自然资源的分布规律和自然资源的开发利用关系比较密切。自然资源只有得到了人类社会的开发利用，才能产生经济价值，充分发挥自然资源在促进国民经济发展中的作用。

社会资源的形成受不同历史时期生产关系和生产力发展水平的影响，在社会不断扩展，科学技术知识、劳动技能、生产科研设备和经营管理技术提高的情况下，使社会资源得以更新和扩展。社会资源的形成还受自然资源分布的不平衡性，政治、经济发展的不平衡性，以及投资政策、资金政策、教育政策、科学技术政策、产业政策、经济管理体制、经营管理方式等因素直接或间接的影响而形成的不均衡性。除此以外，不同的历史年代，不同的民族、文化，不同的外界条件，不同的社会活动方式，都会形成不同种类、数量、质量的社会资源。

2.4 资源的综合评价

所谓资源的综合评价，就是按照一定的评价原则或依据，根据资源类别、属性、形成原理和形成条件以及时空分布规律，对一个国家或区域的资源的数量、质量、地域组合、空间分布、开发利用、治理保护等方面，从科学角度对其存在、数量、质量和可使用情况进行定量或定性的评定或估价。资源的综合评价以资源的考察研究工作为基础，是资源合理开发利用的前提条件和依据所在。其目的是从整体上提升资源的优势和劣势，开发利用潜力的大小，限制性及其限制强度，并提出开发利用和治理保护的建议，为充分发挥资源的多种功能和综合效益提供科学依据，因其评价对象不同，资源评价的类型有很多。

2.4.1 主要资源的评价

1. 气候资源评价

由于现代各个行业对气候要求不同，故各行业的专业气候资源的评价应有明确而具体的针对性，因而在内容与方法上也都有所不同。

气候分类和区划是最简单的一种宏观气候评价方法，对于认识气候资源的地理分布有重要意义，也是生产等人类活动布局的重要科学依据。专业性气候分类和区划是专业气候资源评价的最基本的形式。

现在，气候评价已经到了进一步发展的时代。气候资源不足以成为全球性和各个行业的共同问题。同时，人类活动对气候的影响日益加强。当前公众关心的大气中二氧化碳浓度升高引起的全球增温问题就是有可能引起气候资源产生变化的重要问题之一，对它的评价已成为国际气候协作的一个重要课题。气候评价到了现代已经成为多种科学汇集的领域。其中既涉及地球五大圈层的各种自然科学学科，又涉及包括经济学、社会学、伦理学、法学等在内的社会科学的分支学科，成为一个多种学科共同发展的领域。

气候资源评价是多层次性的。全球气候资源评价属宏观的层次，也是国际气候资源评价工作的重点。温室效应就属于这一层次在当前的一个中心问题。但是，气候资源的分布有强烈的地区性，故区域气候资源与地方气候资源评价也是十分重要的工作。

现代气候资源应当是定量的，使这一评价能在多种场合下具有可比性，其所提供的数据可供经济和管理部门应用，并能提高人们对气候资源的认识，以加强珍视和保护这一资源的意识。

气候资源潜力的分析，其主要方法是假设其他自然资源都能充分满足需要，而社会因子也处于极佳状态，现有的气候资源所能达到的产量与产值的极限就是这一资源的生产潜力。显然，这样假设条件下所得出的潜力在实际情况下是不可能实现的，但它却可以给出人们关于这一资源的理论性概念，故对开发利用气候资源仍然是有指导意义的。

气候评价与生产模式有着密切的联系。采用不同的生产模式对气候资源的开发利用具有不同的特点、深度与广度。因而对不同生产模式经济效益的比较，可以为气候资源评价模式的建立提供重要数据。气候灾害评价是当前气候评价中工作较多的一部分。从气候灾害的评价中可以反映出气候资源开发利用的重要性，因而有重要的参考价值。

2. 土地资源评价

土地资源评价的方法一般是由它的目的和任务决定的。而且土地评价涉及的深度和成果的精度对评价方法和评价指标都有相当大的影响。由于土地评价在目标、指标、过程等方面相互不同，因而划分评价种类以及相应采用的方法，都有多种不同的方式。

以土地评价指标类型归类，可将土地评价区分为土地质量评价与土地价值评价。土地质量评价是对土地本身的各种特征进行比较和量度，在于反映土地的自然属性。土地价值评价除了选取有关土地自然生产力属性的指标之外，更重要的必须考虑与社会经济因素密切相关的土地的区位属性，依附于土地之上的不动产的属性等反映土地的社会经济属性的指标。土地价值的评价主要用以比较、评定土地价值水平上的差异和程度。

根据衡量土地资源的“尺子”的差别，可将土地评价划分为适宜性评价、生产力评价和经济评价三种。土地适宜性评价是通过对土地的特有属性与特定土地用途的利用要求进行对比，从而达到鉴别土地对某种特定用途的适宜性和限制性等级。如水稻用地的适宜性评价就是以水稻的各种生态要求（温度要求、肥力要求、水分要求、土壤要求等）为“尺子”，对土地的各种自然属性进行衡量，从而达到鉴别土地对水稻生长的适宜性或限制性程度。土地生产力评价是要通过对土地自然和社会经济属性的综合鉴定，根据土地生产力的大小来划分土地的等级。土地生产力除了与土地自然肥力有关之外，还与投入水平、劳动者的技术水平与管理水平有关。因此，土地生产力评价的结果反映的不仅是土地自然属性的差异，而是综合了社会和经济等各方面的农业生产环境因素条件，这种评价在考虑选择综合性的农业生产基地时往往更具有参考意义。土地经济评价则运用土地现实利用中劳动耗费与提供产品量的对比关系来评价土地的价值水平。

3. 水资源评价

我国自1980年起开展全国性的水资源评价工作。通过多年的努力，先后形成了《中国水资源初步评价》、《中国水资源评价》、《中国水资源利用》等重要成果。在总结全国第一次水资源评价实践的基础上，中华人民共和国水利部于1999年编制并发布了行业标准《水资源评价导则》(SL/T 238—1999)。《导则》对水资源评价的基本内容、数量评价、质量评价以及开发利用及其影响评价等做了全面规定，为目前正在开展的新一轮全国性水资源评价奠定了方法论基础。

根据水资源评价内容，水资源评价可分为基础性评价、利用评价和水环境评价等。水资源基础性评价，包括对评价范围内的水文、水文气象、水文地质等基础资料的统计和系统整理等的基础上对水数量的分析、计算与汇总。水资源利用评价是从人类利用角度分析评价可利用的水资源量，对水资源规划利用保护和管理的前期工作，是水资源评价的有机组成部分，包括水资源开发程度分析、可利用水量与可供水量分析等。水资源基础性评价和利用评价是对水的自然状况及其可开发程度的分析。随着工业化、城镇化的迅速发展，生态环境问题日益突出和严重。全球清洁饮用水短缺情况日益严重，每年因饮用水污染、卫生设施和家庭卫生条件差而死亡的人数达$5\,000\times10^4$，发展中国家未经处理而排入河流、湖泊与沿海水域的城市污水占总水量的90%。因此，水环境评价目前是水资源评价的基本内容，是水资源规划、利用和管理的重要基础。

水环境评价包括天然水体的本底值、河流挟带的悬浮物与泥沙、水中污染物等的含量、成分及其时空变化的分析评价。对于水体中因人类活动而产生的超过水体自净能力的外来的有害有毒物质的评价有一个标准问题。对于水环境评价标准，不同国家结合本国的具体情况，制定各自的水环境标准。同时，不同的用水对象，其标准亦不相同，如生活饮用水标准一般较高，工业用水标准相对较低等。不论何种标准，一般按物理指标、化学指标和生物指标三类进行制定。物理指标包括温度、色度、浊度、透明度、电导率、嗅、味及悬浮物等；化学指标包括酸碱度(pH)、硬度、溶解氧(DO)、化学耗氧量(COD)、生物需氧量(BOD)、各类金属阳离子、酸根阴离子等；生物指标有浮游生物、底栖生物、微生物，如大肠杆菌等。

4. 矿产资源评价

研究矿产资源的评价，一般选用地质评价(又称自然特性评价)和经济评价两类指标体系。地质评价是应用地质技术的方法，从地质矿藏本身的形成、分布规律与工业技术的要求出发，研究与矿物原料资源远景与开发有关的各种自然技术、经济要素，以便确定勘探方向和判断其是否具有工业价值，着重提出开发利用可能性的依据，是整个评价工作的基础。而经济评价则是在地质评价的基础上，从国民经济发展需要和市场供需平衡、当前技术水平与矿藏开发利用的影响，论证其工业意义与开发利用的经济效果，用定量的指标来论证开发利用的合理性和经济效果的大小。地质评价与经济评价是密切配合，而且常常是共同进行的。此外，还必须进行矿产开发的环境影响评价和社会影响评价。

5. 旅游资源评价

旅游资源评价从合理利用和保护旅游资源及取得最大社会经济效益的角度出发，以旅游资源调查为基础,采取一定的方法,对调查区内旅游资源的自身价值及其开发利用条件等进行综合评判,其评价结果可以为调查区旅游资源开发利用和管理提供科学依据。旅游资源的评价方法很多,目前常用的分为定性评价法和定量评价法两种。

旅游资源评价首先要对旅游资源的质量进行评价。旅游资源的质量应该从旅游资源的特色、价值、功能、密度、容量和地域组合等方面进行判断,其次对旅游资源所在区域的自然环境、社会环境和经济环境等方面的分析评价,最后对旅游资源开发利用条件进行评价,包括:① 旅游资源的区位条件。旅游资源所在地区的地理位置、交通条件以及与周边旅游区旅游资源的关系往往影响到旅游资源的吸引力、开发规模、线路布置和利用的方向,决定了旅游资源的开发是否成功。大量事实表明,世界上许多旅游点(区)其经济价值大小有时并不与旅游资源价值成正比,而往往在很大程度上因其特殊的地理位置而增强吸引力。② 旅游资源的客源市场条件。客源市场决定着旅游资源的开发规模和开发价值。客源市场条件评价的内容包括客源地区位条件、区域人口出游水平以及与相邻旅游地的关系(是互补关系还是替代关系)。通过对旅游资源开发后所能吸引的客源范围、客源层次、客源特点的分析研究,确定和解释主要的客源市场,有针对性地进行规划开发,有利于促进区域旅游业的发展。③ 旅游资源的施工环境条件。旅游资源的开发还要考虑项目施工的难易程度和工程量的大小,包括工程建设的自然基础条件和供应条件等。

6. 人力资源评价

人力资源亦称劳动力资源,是指在劳动年龄范围内有劳动能力的人口,即已参加或可能参加劳动的人。劳动年龄的规定,取决于各个国家政治、经济条件和人口的多寡,生产力的发展水平,生产关系的性质和劳动力的供求关系等。劳动力资源是人口的一部分,随着人口的变化,劳动力资源也在变化。

人力资源,同其他资源一样,包含数量和质量两个方面。人力资源的数量是指劳动力资源的绝对数,它表明一定时期内全库区劳动力资源的规模和水平,即人力资源数是指在一定时间、一定地域具有劳动力的个人总和。劳动力资源随着时间的推移在不断变化。准确地计算人力资源数量是分析水库移民安置区环境容量的重要内容。

人力资源的数量必须与生产资料的总量相适应。人力资源是社会生产活动中最活跃的因素。一定数量的人力资源是库区生产的必要的先决条件。人力资源的质量状况是在一定的生产力水平下形成的,反过来对生产力的发展又起着巨大的作用。统计和分析人力资源的构成情况及变化趋势是评价人力资源质量的重要内容。

7. 教育资源评价

从教育资源的内涵看,我国教育资源涉及了人力、物力和财力教育资源,也涉及了教育的发展能力。我国教育资源的评价指标体系就是评价一个国家或地区教育基础性资源和发展能力的综合评价体系。建立我国教育资源的评价指标体系,只能从我国教育的实际情况出发,按照我国教育发展的目标,考虑我国教育存在的现实问题,坚持科学性、系统性、可比性、动态性和可操作性的原则,建立一套科学全面的指标体系,既可以充分反映我国教育可持续发展目标的实现程度,又可以进行量化,能进行不同学校之间的对比;既可以采用层次分析,对不同层次进行评价,又可以对整个资源的利用效率进行分析；既要充分体现学校的主要功能和办学目标，结合当前的实际，又要着眼于未来，依据教育事业的发展和教育管理的要求，适时修订指标和权重系数，保证评价结果的真实性和可靠性。

2.4.2 区域资源的综合评价

所谓区域资源的综合评价，就是针对特定的研究区域，根据资源类别、属性、形成原因和形成条件以及时空分布规律，从科学角度对其存在、数量、质量和可使用情况进行客观评述和估价。其评价的对象是一个国家或国家内部的某一特定区域(行政区或自然区)由自然资源和社会资源组成的复杂的物质系统。这一物质系统是人类长期作用于自然界的产物，是人类与自然界在相互作用的历史长河中积累起来的物质成果。一般按以下步骤进行(图 2-2)。

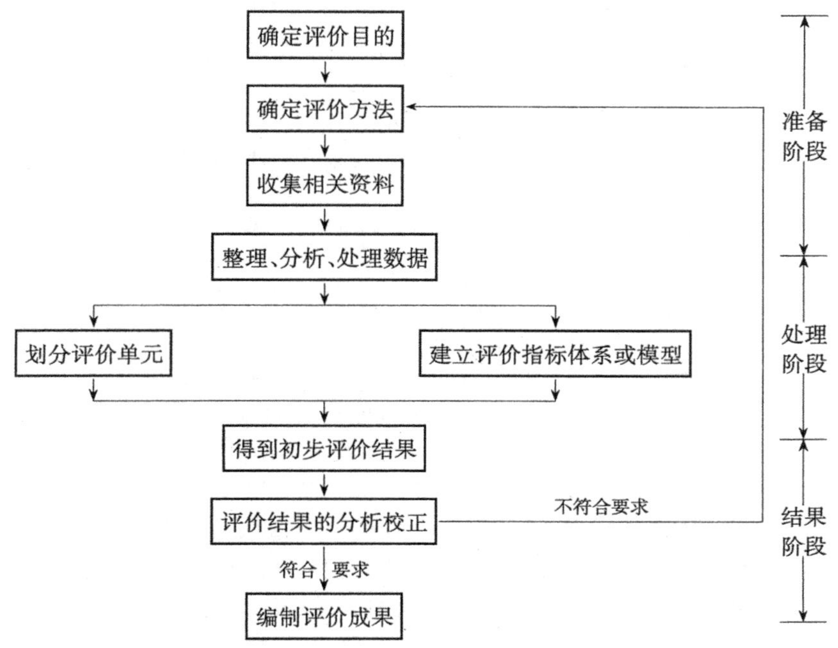

图 2-2 区域资源综合评价程序

开展区域资源的综合评价，在于通过区域内各种重要资源，特别是整个资源系统的数量与质量、结构与分布以及开发潜力等方面的评价，从强化区域整体功能出发，明确所规划的区域资源的整体优势与劣势、优势资源在全局中的战略地位、制约优势资源开发的主要因素，揭示各种资源在地域组合上、结构上和空间配置上合理和不合理、匹配与不匹配的关系，掌握各种资源，特别是重要资源的开发潜力，明确资源开发与保护的方向与重点，为制定人地协调发展与强化区域系统功能的规划提供全面的科学依据。资源“规划是手段、管理是核心、保护与合理利用是目的”，评价是规划制定的依据，是科学制定规划的关键所在。

表 2-2 区域资源综合评价分类表

所属子系统	子系统所包含成分	各成分包括的具体内容
自然资源系统	土地资源	大农业(农、林、牧、渔)用地;城镇用地;工矿用地;交通用地;乡村居民用地;旅游用地与军事用地
	气候资源	光能;热量;降水;空气
	水资源	地表水(河川径流、湖沼积水、冰川与积雪);地下水(浅层地下淡水)
	矿产资源	金属矿物原料(黑金属、有色金属、轻金属、贵重金属、稀有金属、稀土金属等);非金属矿物原料(化学工业原料、冶金原料、陶瓷原料、建筑材料以及国防工业原料等)
	生物资源	森林(用材林、经济林、竹林等);牧草;水生物(鱼类及其他水产品);农作物;家禽家畜;野生植物;野生动物;微生物;天敌资源
	海洋资源	海洋生物(人工养殖);海水运动(波浪、潮汐、海流);海底资源(矿产资源);海水中热量;海水中压力差;海水与淡水之间的浓度差
	能源资源	常规能源(煤炭、石油、天然气等组成的矿物能源和水能,生物能);新能源(核能、太阳能、风能、地热能、潮汐能等)
	旅游资源	地文景观;水域风光;生物景观;天象与气候景观;遗址遗迹;建筑与设施;旅游商品;人文活动
社会资源系统	人力资源	社会总劳力;在业劳力;工业劳力;农业劳力;交通运输劳力;建筑业劳力;商业劳力;旅游业劳力;社会部门劳力(文教、卫、体、科技等);国家机关劳力
	资本资源	机器;厂房;工业发展水平;交通路线;运输工具;基础设施水平;建筑业;商业;金融业;其他生产必需实物
	科学技术资源	科研单位;中试单位;推广单位;科研装备;科研实验场地;工程技术人员;农业技术人员;卫生技术人员;科学研究人员;教学人员;会计人员;经济人员;统计人员
	教育资源	各类学校数量;各类学校建筑面积与学生容量
	信息资源	数量信息、质量信息;直接信息、间接信息
	人文资源	宗教信仰;伦理观念;风俗习惯;文学;艺术作品

区域资源综合评价的内容,首先是指这个区域范围内从上空到地下的自然资源,主要包括土地资源、气候资源、水资源、矿产资源、生物资源、海洋资源、能源资源和旅游资源八大类;其次还有被称之为社会资源的人力资源、教育资源,以及人类通过开发利用自然资源重要条件的各种设施等。区域资源是一个由自然资源和社会资源共同组成的彼此紧密联系在一起的复杂的物质系统,因此在对区域资源进行综合评价中,应涉及自然资源和社会资源的内容。

以上所列各项内容,并不要求每个地域全部逐项做出评价,更无需对每一项内容都长篇累牍地深入细致的去作评价。而是要求从各个地域的具体实际出发,抓住其中的某些重点内容及重点方面去作综合评价,对非重点内容可以粗略一些,有的甚至可以不评,对于同重点资源有紧密联系的资源,也可以不单独列出来,而和重点资源结合在一起进行综合评价。

选择资源评价重点,主要应考虑对区域整体功能有重大影响的优势资源,同时也应对区域整体功能有重大影响的非优势资源给予考虑。根据拥有的优势资源及其对区域整体功能影响的不同，将我国的区域资源粗略分为以下三种类型：

1）自然资源优势明显的资源开发型区域　　属于这一类型的包括矿产、水能与林特生物资源丰富或比较丰富的地区，农业自然资源特别优越或比较优越的平原与岗丘区，牧草资源丰富或比较丰富的牧区，水及水能资源丰富的大型水能开发区以及矿产资源集中分布的矿区等。

在综合评价时应突出重点自然资源，特别是突出优势资源，对区域功能有重大影响的项目。这类区域由于社会资源比较薄弱，因此在综合评价时可以概略一些，或作为优势自然资源开发利用的条件来进行综合评价。

2）经济与技术资源优势明显的技术开发型地域　　属于这一类型的有大中城市和经济特区。在进行综合评价时应重点突出经济、技术资源。经济资源主要应突出拥有优势的主导产业以及主导产业与非主导产业之间的关系。技术资源主要应突出科技与管理人才和主导产业与配套产业的劳动力的素质，以及人才结构、教育结构是否合理等方面内容。这一类型的区域在做自然资源评价时，重点应抓住水、土两个方面，它们是这类区域发展的最主要的物质基础，也是不可能或难以从外部取得的基本资源。这类区域维持其物质与能量转换的其他自然资源，如矿产、生物、能源等，除少数城市（主要是某些靠矿起家的城市）外，大部分均以外部区域输入为主，因此对这类资源一般不作为评价的重点。同时对以水土为中心的自然资源的评价，应侧重于评价水土资源对产业结构与布局的影响。

3）以自然保护、环境治理、旅游观光为主的特殊功能的区域　　属于这一类型的有大型的自然保护区、规模较大的重点国土整治区、大型的森林公园和自然与人文景观旅游区等。

在综合评价时重点应抓住对各自功能有重大影响的资源项目。如自然保护区应突出保护的重点资源——珍稀动植物及维护其生存的良好的自然生态环境、影响珍稀动植物良好的自然生态环境形成的社会与经济资源方面的必备条件进行评价。对防治水土流失的重点国土整治区，则应围绕根治水土流失的必要条件，重点对区域内的降水、地表径流、土地资源数量与质量，乔、灌、草各类生物资源在不同坡度地区的分布与组合状况，林业、耕作业、牧业、粮食、农村能源和水土保护工程设施等农业经济资源的构成与配置状况以及与人口资源的数量、素质与分布状况对水土流失的影响等作出综合评价。

从上面论述中可知，三种不同类型的区域资源综合评价的重点是各不相同的，而且同一种区域类型的不同地区其综合评价重点也不尽相同，应该从实际出发选择对区域整体功能影响最大的那些优势资源与优势资源密切联系的少数非优势资源作为综合评价的重点，并且在内容上应突出对整体功能影响最大的那些方面。总之，只有善于从区域资源的实际出发选择综合评价的重点，又能从强化区域整体功能角度出发，才能得到高质量的综合评价成果。

2.5　资源区划

2.5.1　资源区划的研究对象、内容与意义

资源区划，是指资源区域的等级系统划分。它以资源数量、质量及结构状况所表现出

的区域内部的相似性及区域之间的差异性等一系列分区原则和指标体系为依据。划分具有从属关系的资源区域单元和等级系统。资源区划的理论以及资源的地域分异规律，它是资源客观存在的地域有序性的正确反映。同时还要考虑区情，根据社会劳动地域分工的规律，揭示资源区的形成与发展。资源区划不仅可以揭示资源分布规律，探讨资源结构的形成与联系，而且还可以为因地制宜制定资源开发利用规划提供科学依据。在开展资源区划时，不仅要深入研究资源及其构成，而且还应详细分析人类活动对我国资源的种种影响。资源区划可以分为自然资源区划和人文资源区划；也可以分为单项资源区划和资源综合区划。

资源区划的主要内容，是研究区域自然资源的总体特征、结构及发生、发展规律。其主要意义是：① 认识和查明资源的区域分异规律和各自然区域的结构特征，总结区域资源的研究成果，揭示资源规律性；② 对区域资源的生产潜力进行数量和质量的评价，因地制宜地发挥区域在生产和其他利用上的优势和潜力，并根据对自然规律的研究提出合理开发和利用资源的方向和途径，限制和改造影响生产和其他利用的不利因素，维持和改善有利于人类生产和生活的因素与生态环境，为制定区域国民经济建设和发展规划提供科学依据。

我国地域辽阔，自然、社会条件十分复杂，各地区资源差异明显，资源地区分布不均，劳动人民对资源的改造利用也因地而异。因此，在继续开展各类专门目的的资源区划的同时，进一步深入开展全国的一般目的资源区划，仍具有重要的现实意义。

2.5.2 资源区划的原则

区划原则是指区划中所遵循的准则，它是区划的核心问题之一。同一区域的区划方案之所以不同，主要在于区划工作者采用不同的区划原则或者对同一原则有不同的理解。迄今为止，不同学者提出的区划原则已不下 10 余种，例如地带性与非地带性原则、生物气候原则、地区性原则、垂直地带性和省性原则、相对一致性原则、生产实践原则、区域单位与类型单位相结合原则、区域共轭性原则、与上一级或邻区区划衔接原则等。本区主要采用以下区划原则：

1. 综合性原则

中国资源区划的理论基础，是中国地表自然资源的区域分异规律。科学的中国资源区划方案，就在于正确地揭示和阐明这些规律，并尽可能客观地将它们反映到区划的等级系统中。

任何一级自然区域，均可视为一个复杂的系统，包括一组地带性因素和一组非地带性因素。地带性因素又称生物气候因素，包括气候、植被、土壤、动物等。它们的发生发展和分布主要受水热条件所支配，常呈带状分布。非地带性因素则主要指地质和地貌，它们的发生发展和分布主要受地球内力所支配，分布一般不成带状。在自然区域内部，这两组现象互相作用和制约。所以，地带性因素与非地带性因素之间的矛盾乃是所有自然区域的基本矛盾，客观存在的自然区域是这两组因素对立斗争的产物。所有自然区域，既包含有地带性特征，也包含有非地带性特征。

2. 发生学原则

现代中国自然地理环境与现代的自然地理过程有密切关系,但从发生和发展的角度来看,它仅仅是中国自然地理环境历史演变过程中的一个阶段。因此,进行中国自然资源区划,不但要注意区域目前景观特征,而且也必须探讨其形成原因及发展过程。也就是说,在区划中要注意贯彻发生学的原则。

作为自然资源区划对象的人类自然环境综合体并不仅仅取决于一两个单项自然因素的发生发展过程。换句话说,区域的形成除了地质地貌因素之外,还包括气候、水文、土壤、植被和动物等因素,在同一自然区划单元内这些不同因素的形成和过程具有相对一致性。关于如何在区划中贯彻发生学原则,苏联学者 A. E. 费季娜早在 1965 年就作出了比较全面的概括: ① 阐明每个自然地理单元最初形成的原因及分化过程;② 阐明每个自然地理单元的古地理发展史,并确定其中最重要的转折阶段;③ 阐明每个自然地理单元的现代自然环境条件和人类活动。总之,自然区域发生上的统一性,不仅是指自然综合体形成和发展过程的相对一致性,而且还包括自然区域逐级分异过程历史的相对一致性,以及今后发展趋势的相对一致性。

3. 资源利用与环境整治方向相一致的原则

中国自然资源区划的主要目的,在于正确地阐明我国的地域分异规律,揭示自然条件的发生、发展及地区组合。在此基础上,为发挥地区自然条件优势和合理利用自然资源,改造不利自然条件,维护生态环境平衡提供科学依据。这就意味着,在进行自然资源区划时还必须贯彻资源利用与环境整治方向相一致的原则。

自然资源利用与生态环境保护是密切相关的,合理利用自然资源可使生态环境不至于遭到破坏和恶化;反之,便会造成一系列生态环境问题。中国自然资源区划的一个最重要任务,就是要通过恰当地选取区划标志和指标,正确和合理地划分各级自然区域,阐明在各级自然区域内利用自然资源、改造不利自然条件和维持或改善生态环境的方向和主要措施。不同自然区域自然资源利用和环境整治方面的主要问题也不相同。

4. 区域共轭性原则

每一个行政单元都必须而且必然是空间上连续的地域个体,一个地域单元个体不可能包括空间上不相连接的若干部分。这也是区划与分类(类型划分)研究的主要区别所在。各区划单元通过自然资源和社会资源的传输和交换构成一个完整的网络结构,从而保证其区划单元的功能协调性,并具有较强的自我调节能力和稳定性,使功能区内表现出完整性、相似性和区际的差异性。在保持各行政单元功能的完整性的同时,兼顾区域经济、社会发展的居民生产、生活的需要,分区时尽量保持行政区单元的完整性,便于日后行政地区综合管理措施的实施。区域共轭性原则强调地域的整体性,它有紧密的内在联系:如自然历史发生、演变上的联系;地域分异的成因和条件上的联系;能量流动及元素迁移上的联系;植物群落演替上的联系等,都是区域共轭性的重要内容。

5. 最佳利用原则

在资源配置方面,经常会有资源瓶颈的问题,所谓资源瓶颈或瓶颈资源,是指一个国家或地区中数量相对较少或质量相对较低,已经制约着整个地区社会经济的整体发展,或对其他资源功能的发挥构成了一定约束的资源。现实中由于某些资源瓶颈的存在,会造成两种结果，一是由于缺乏某种资源使得某项产业不能得到发展。如果某个产业或产品的生产必须以某种资源为基本原料或生产条件，但由于本身不具备这种资源，同时从外界又不能获取这种资源，此时这种资源就必然成为该地区制约相关产业发展的瓶颈。人们熟知的水资源是农业发展的必要条件，但若某地区水资源短缺，必然会影响该地区农业发展。二是由于缺乏某种资源而使得其他资源形态的功能不能得到发挥。因为资源具有整体性，各种资源的功能一般是结合在一起共同使用时才能发挥出来，每一种资源功能都必须建立在其他资源为其创造的适宜条件下实现的，若某些资源不足或质量低下，就会限制其他所有资源功能的实现。

目前影响一个国家或地区社会经济发展的最主要的决定性因素，已经不再是传统意义上的自然资源，而主要是能够代表未来知识经济发展趋势的社会资源。因此，目前各个国家尤其是发展中国家所面临的最大障碍，并不是缺少某些自然资源，而是缺少人才、科技、知识等资源，这些国家只有消除人才、科技等社会资源的约束，才能真正在未来激烈的国际竞争中立于不败之地。以科技资源为例，目前发达国家以及世界经济的快速发展，主要就是因为科技因素的发展消除或弥补了一些自然资源、资本资源的不足。电子计算机的诞生和应用，航天技术的大发展与空间资源的开发，生物技术、新材料技术和核技术的重大突破和飞速发展，是从 20 世纪 50 年代初期开始的世界经济持续几十年增长的重要条件之一。而科技的大发展必然会带动未来经济的进一步跳跃式发展。

自然资源、社会资源构成了当今世界资源的全部形态。自然资源是一种有形的资源，是任何社会生产的物质基础，但随着社会经济实力的增强，社会资源逐渐发展起来，并在社会经济中的作用逐渐增大，使得两种资源形态的发展关系也发生了根本性的变化。尽管自然资源在社会发展中还具有基础性作用，但是，社会资源在社会发展中的地位越来越突出，任何国家和地区要想获得快速、稳定发展，必须大力培育和发展社会资源，消除资源低度状态，提高社会资源在社会经济活动中的作用程度，以促进其社会经济的迅速发展。这主要需要人们制定一个有利于未来社会资源开发和利用的远景规划，制定相应的政策和法规，积极地创造条件，为社会资源的开发与利用提供一个有利的环境。

很显然，社会资源在社会发展中扮演的角色越来越重要，如何发挥社会资源的作用得到越来越多的关注，忽视社会资源在社会经济发展中的作用将面临系列问题，丰饶的自然资源固然是社会经济发展的优越条件，但是，仅仅依靠自然来实现社会经济的发展也是不现实的，需要将社会资源和自然资源综合考虑，综合自然资源和社会资源的作用，除了要合理利用自然资源之外，更要注重自然资源和社会资源的组合使用问题。前面的分析说明，一个社会的发展与社会资源和自然资源的配置有很大关系，合理的资源配置是社会发展的重要保障。所谓的资源优化配置就是确定资源投入的最优组合问题。在不同层次，资源的优化配置具有不同含义，对于生产而言，资源利用的目的是为了实现产量最大化或者利润最大化，无论是为了实现产量最大化还是利润最大化，都可以使用一定的函数形式将生产过程加以表达，由于任何一项生产都需要多种资源的投入并且受到不同程度的约束，因此，通常可以将生产目标及其约束用线性规划或者非线性规划的形式表达。根据生产目标和约束条件可以确定实现目标的最优资源投入组合。在以利润最大化为目标的情况下，在实现最大利润时，各类资源投入边际报酬与边际成本之比相等并且各类资源投入的边际投入等于边际成本。对于一个地区而言，资源利用的目的是为了最大限度地满足人的需要，这同样也可以用线性规划、非线性规划或者多目标规划模型来表达，同样的，根据这些模型取最大值的条件，可以确定各类资源的最优投入量。自然配置的优化问题就是确定资源投入的最优组合问题，即根据资源利用目标和资源利用的约束条件以及资源投入产出之间的相互关系，确定各类资源的最适投入量。

2.5.3 中国资源区划的方法

在确定区划原则和建立区划等级系统之后，如何把人类自然环境的地域分异规律正确地在图上表示出来，还要求有适当的方法。其中，最重要的是区划指标的选取和界线的划定。

迄今为止，已提出了许多资源区划的方法。这些方法既有差别，也有一定的联系。我们在进行中国资源区划时，主要采用在地理相关分析基础上的主导因素法。

主导因素法有人也称为主导指标法，它通过对区域资源的综合分析，选取能反映区域分异主导因素的某种指标，作为确定区域界线的主要依据。表征区域界线的这类指标，可以是气候的某种特征值，例如积温、降水量、干燥度等。也可以是地形的海拔高度，或者是土壤或植被的类型。究竟采用哪一种指标要视具体情况而定。但应选择那些最具代表性，即最能反映区域资源分异的主导因素的指标。

由于导致资源区域分异的主导因素在不同地区并不是一定相同的，甚至在同一区域内的不同地段也有差异。因此，不能简单地用同一个指标划分全国的所有某一个区域，甚至同一区域界线的不同段落也可视具体情况参考不同的指标确定。

2.5.4 中国资源分区

根据上述区划原则和方法，初拟了我国资源的一级区域，全国共分为 7 个资源区，各级区域的名称一律冠以地域名称，以表明它们的个体性和在地域上的不重复性。

资源区的划分，主要体现了我国人类自然环境最突出的地域差异，也反映了在改造利用我国自然资源和环境整治方向上的最主要的不同。换句话说，在同一资源区内，人类自然环境特征具有大范围的相对一致性，即气候、土壤、植被和土地利用等具有大体相似的组合结构特征，自然资源的开发利用和环境整治方向也基本一致。在具体划分资源区时，主要考虑到热量和水分的地域组合特征，并适当兼顾地貌结构。据此，将全国分为 7 个资源区，即东北区（包括黑龙江、辽宁、吉林）、华北区（包括北京、天津、山西、河北、内蒙古）、华东区（包括山东、江苏、上海、浙江、安徽、江西）、华中区（包括河南、湖南、湖北）、华南区（包括广东、广西、福建、海南）、西南区（包括四川、重庆、贵州、云南、西藏）、西北区（包括陕西、青海、甘肃、宁夏、新疆）。

东北区、华北区、华东区、华南区和华中区 5 个资源区，位于我国的东半壁，以平原、丘陵和低山为主，均处于东亚季风控制范围之内，多河流并多属外流水系，发育着硅铝型、富铝型风化壳，以森林植被和森林土壤为主，人类活动对自然景观的影响深刻。水分条件较好，在自然景观的地域分异中热量差异是主导因素，自南而北随着热量条件的逐渐减少，植被和土壤等也做有规律的更替，自然地带大致沿纬向分布。同时，自南而北农业生产(包括耕作制度、作物品种、产量及农事季节等)也有很明显的区别。因此，这五个资源区之间的界线主要依据热量(活动积温)并参照植被、土壤等自然地理要素的特征和分布划定。

1. 东北区

东北区活动积温在3 200℃以下，大部属于温带范围。大兴安岭北段活动积温不足1 700℃，属寒温带，因其面积不大，且在自然景观上与东北区温带部分接近，因此不再另划一区，而归属东北区。

东北区在气候上属于温带季风型大陆气候，冬季漫长、严寒，夏季温暖多雨但短促，大部分属湿润与半湿润气候区，具有十分明显的冷、湿特征。广泛分布着温带湿润森林和半湿润草甸草原，其间交织分布着面积广大的草甸和沼泽，冻土分布普遍，多年冻土主要集中于本区北部。农作物以一年一熟旱作为主，森林和荒地资源十分丰富。本区资源利用与环境整治的主要方向是合理开发和利用森林资源，改良和利用大面积的沼泽，进一步开发荒地资源以及努力进行商品粮基地的建设。在农业上，抗御低温冷害和旱涝、风沙，也是一个不可忽视的问题。

东北区土地类型较多，构成复杂。从土地自然类型看，山地、丘陵、岗地、平原、滩涂、沟谷、水域、沼泽等均有分布，以平原和山地为主，山地和丘陵面积占土地总面积的60%有余，平原约占30%。东北地区是我国荒地资源最为集中的地区，其中位于湿润、半湿润地区的宜农荒地达6.67×10^4 hm^2，约占全国宜农荒地的32%。这些荒地地势平坦，水热条件较好，土壤肥沃，开发条件优良，质量较好，肥力较强。可以开发为耕地的宜农荒地大多分布于农垦事业比较发达的合江、牡丹江和黑河等地区。东北地区素为我国重要的林业基地，林地面积广大，2004年该区占全国林地总面积的32%，森林覆盖率为45%，木材蓄积量为34×10^8 m^3，约占全国木材蓄积量的30.2%。森林主要集中分布于北部的大、小兴安岭和东部的长白山地，此处的森林覆盖率达62%，多为用材林。东北地区的矿产资源分布极具规律，以北纬43°为界，北部多能源和有色金属矿产，南部多铁、铅、锌等黑色金属及菱镁矿、硼、金刚石等非金属矿产。温带大陆性季风气候使得东北地区冬长严寒，夏短温湿，水热资源较为贫乏。本区太阳总辐射为44×10^8～60×10^8 J/m^2，日照时数为2 400～3 300 h，日照百分率55%～65%，分布规律是自南向北递增，自东向西递增，山地少于平原，冬季少于夏季。东北地区的旅游资源丰富多样，既有由自然景观构成的，又有由人文景观构成的，并且在我国乃至世界范围内独具特色。本区海洋资源丰富齐全，开发潜力巨大。重工业基础雄厚，交通发达，经济发展基础条件优越。东北地区是我国建国后最早建设起来的以重工业为主体、部门较为齐全的工业基地，是全国重要的钢铁、石油、化工、机械和森林工业基地。2006年，全区GDP总量达17 140.78×10^8元，占全国GDP总量的8.67%，其中第一产业增加值2 192.62×10^8元，第二产业增加值8 505.79×10^8元，第三产业增加值6 442.37×10^8元，总人口10 757×10^4人，全社会固定资产投资总额7 678.8×10^8元，社会消费品零售总额6 219.9×10^8元。同时，东北地区也是我国科技力量最为集中的地区之一，在大连、沈阳、长春、哈尔滨等中心城市，有众多的高水平科研机构和大专院校，是当地乃至全国重要的科研和人才培养基地。

2. 华北区

华北区主要包括黄土高原、华北平原及其附近的山地、丘陵。活动积温大多在 3 200～4 500℃之间，故基本属暖温带范围。华北区北界的划定，在参照活动积温的同时，也考虑到了干燥度和黄土的分布界线，而不拘泥于活动积温。因受人类活动的影响，天然植被保存不多，水土流失相当严重，其自然景观和水土流失与黄土高原其他地区类似。因此，考虑到它在自然景观特征上与陕北、陇东高原的相对一致性以及与整个华北区自然景观演变的发生学联系，将其划入华北区的黄土高原亚区。华北区的植被与土壤的地带性分布按经向递变，自东向西，随着水分的递减，依次出现暖温带湿润落叶阔叶林—棕壤地带、暖温带半湿润落叶阔叶林—褐土地带、暖温带半干旱森林—黑垆土地带和温带半干旱草原—栗钙土地带。内蒙古自治区在地貌上是一波状起伏的高原，其上并有众多的低缓丘陵、干谷、沙漠和沙地。在自然景观上，温带干草原—栗钙土和荒漠草原—棕钙土占绝对优势。自东向西，气候（主要是湿润或干旱程度）和植被、土壤等的过渡性明显，自然地带向东北—西南向延伸。农作物以两年三熟的旱作为主。干旱、洪涝、盐碱、土地沙漠化和水土流失的治理，是本区环境整治的主要任务。

华北区平原面积大，耕地比重高，林牧用地少，2004 年全区耕地面积约有 2 258.3×10^4 hm^2，占全国耕地总面积的 17.37%，开发利用程度高。光热组合好，雨热同期，但降水变率大，旱涝频繁。华北区气候属暖温带湿润、半湿润大陆性季风气候，主要特点是光热资源充足，降水偏少而集中，雨热同季，四季分明。由于降水量较少，且年内分配不均和年际变率大，导致河川径流量不丰，河川径流时空分配不均，水资源相对不足，大部分地区缺水严重。矿产资源有 95 种，占全国的 72%，其中 24 种矿产的探明储量在全国各省份中居前五位，组合条件好，但优势矿产不明显。本区海洋资源丰富，且类型多样。自然风景优美，人文胜迹荟萃，旅游资源十分丰富。同时，该区是我国科研机构和高等院校最集中的地区，智力密集程度较高。科教事业较发达，人才和智力的优势将对促进本区资源开发与社会经济的持续快速发展起到关键的作用。2006 年，全区 GDP 达 43 092.46×10^8元，第一产业增加值 4 266.51×10^8元，第二产业增加值 21 712.01×10^8元，第三产业增加值 17 113.94×10^8元，总人口 21 066×10^4人，全社会固定资产投资总额 20 412.9×10^8元，社会消费品零售总额 14 516.3×10^8元。

3. 华东区

华东区大部分处于北亚热带和中亚热带季风区域，热量充足，降水丰沛。本区常年平均气温介于 13.3～27.98℃。全区南北纵长，气温由南向北递减，等温线大致与纬线平行，全年≥10℃积温为 4 500～5 600℃。适于多种植物的生长，农作物可以一年两熟，甚至一年三熟。由于降水总量丰富，地表径流充足，加以地处江淮下游，过境水量大，地表年径流量为 1 781.7×10^8 m^3。本区平地占 51%，山地占 18%，丘陵与岗地占 24%，海涂与岛屿占 7%。平地多于山丘是本区土地资源的一大优势。在土地利用上以耕地为主的农用地面积最大，平原区垦殖指数可达 50%以上。本区海洋资源十分丰富，浅海海域是重要的经济渔场，开发潜力很大。本区海岸类型主要为基岩海岸和平原海岸。

2006 年，华东区 GDP 总值达 68 846.44×10^8元，占全国 GDP 总量的 34.81%，其中

第一产业增加值 6 092.03×10^8元，第二产业增加值 36 741.36×10^8元，第三产业增加值 26 013.05×10^8元，总人口 33 830×10^4人，全社会固定资产投资总额 32 204.2×10^8元，社会消费品零售总额 22 432.2×10^8元。本区经济在全国具有举足轻重的地位。工业门类较多，部门齐全，以加工工业为主体，形成完整强大的工业体系。电子与通信设备制造、缝纫、电气机械与器材制造、纺织等行业占全国总量的 2/3～1/3；机械、化学、黑色冶金及压延加工占全国的 1/4～1/5；石油加工、建材等工业在全国也有一定的地位。农业也是华东区重要的经济部门，是区域经济协调发展的基础。这里耕地面积仅占全国总面积的 17.4%，但却是我国农业发展最重要的地区之一，已成为我国粮、棉、油的重要产区，也是我国最重要的桑蚕、茶叶、水产基地，并且专业化、集约化程度较高。华东区是全国最重要的工农业生产基地和进出口贸易基地，客货物运输面广量大，形成了以铁路、水运和航空为主体的综合交通运输体系。该区也是全国航空运输最繁忙的地区之一，上海是全国最大航空港之一。另外，本区科学教育事业兴旺发达，智力资源较为丰富，尤其是全区最大的经济中心——上海和长江三角洲地区，是全国科技力量最强、劳动力素质较高、智力资源极为丰富的地区之一，科技力量和人才优势在经济发展中起了重要作用。

4. 华中区

华中区位于我国中亚热带和北亚热带地区，属于亚热带季风性湿润气候，总体上具有光能适中、热量丰富、无霜期较长、降水丰沛、雨热同季等特点。本区年太阳辐射总量 35.53×10^8～47.94×10^8 J/m^2，年平均日照时数 1 200～2 200 h，年平均气温 15～18.5℃，年≥10℃积温内 4 700～6 300℃，全年无霜期 230～310 天，年平均降水量 750～1 939 mm。本区内土地利用类型多样，有些地类在全国具有重要地位，自然生产力较高，开发利用潜力较大，其中江汉平原和洞庭湖平原，耕地质量好，生产力高，是我国著名农业生产基地。由于地处环西太平洋成矿带上，地层发育良好，成矿条件好，是我国矿产资源集中分布而又特色显著的地区之一。湖南省的镍、锑、铋、萤石、隐晶质石墨、玻璃用白云岩、陶粒页岩、海泡石黏土矿，湖北省的磷、金红石、累托石黏土、溴、碘、石榴子石、泥灰岩探明储量居全国首位，河南省的煤炭、石油、铁矿、铝土矿、钨矿和锡矿在全国也具有重要地位。本区河流水系发育，湖南主要有湘水、资水、沅水和澧水等，湖北主要有长江、汉江和清江等，河南横跨黄河、淮河、海河、长江四大水系。华中区生物种类丰富，地理成分复杂多样，地处亚热带，光、热、水资源丰富，自然环境多种多样，为生物资源的生存和发展提供了良好的物质基础。同时，本区也是我国一个以山水为主体，自然景观与人文景观紧密结合的地域特色显著的旅游资源丰富地区，既有名山、名水及名城，又各具特色。2006 年，华中区 GDP 总值达 23 618.9×10^8元，占全国 GDP 总量的 11.94%，其中第一产业增加值 4 248.29×10^8元，第二产业增加值 10 920.86×10^8元，第三产业增加值 8 449.75×10^8元，总人口 21 416×10^4人，全社会固定资产投资总额 9 617.3×10^8元，社会消费品零售总额 8 782.1×10^8元。本区产业基础雄厚，汽车工业、钢铁工业和石油化工在全国具有重要地位。

5. 华南区

华南区地处低纬度地带，区内太阳辐射充足，年太阳辐射总量变化在 46.06×10^8～58.62×10^8 J/m^{2}之间，在全国仅次于华北和青藏高原地区，热量丰富，≥10℃积温为

5 500～9 000℃，降水丰富，全年平均降水量约为 2 610 mm，气候条件优越。华南区的自然景观特征，是具有湿热的热带性气候。即使在准热带地区，冬季也基本不见霜雪，但是红色风化壳分布广泛，热带雨林、季雨林—砖红壤及热带季雨林性常绿阔叶林—砖红壤性红壤(赤红壤)广泛发育。农业上四季宜农，一年多熟，是我国重要的热带生物资源的分布区及热带作物和果品的大宗产区。本区资源利用上的最突出任务，是在充分发挥热带土地资源的生产潜力的同时，采取切实措施，合理开发利用宝贵的热带动植物资源，其中也包括热带作物和果品。

本区优越的地理位置和自然条件使其成为我国重要的物种宝库，动植物资源丰富。植物生长茂盛，种类繁多，有热带雨林、季雨林和南亚热带季风常绿阔叶林等地带性植被。现状植被多为热带灌丛、亚热带草坡和小片的次生林，热带性森林动物丰富多样，有许多典型的东洋界动物种类。区内拥有广阔的热带海洋，是我国边缘海域最大的疆域，海岸线长，岛屿众多，形成了许多深水良港。珊瑚岛景观独具一格。本区是海陆两大板块交界的地带，地形复杂，山地丘陵面积较大。全区自然面貌的热带—南亚热带特征突出，这与华中地区的亚热带景色有明显的区别。充分利用丰富的热量和水分资源，发展热带作物，合理利用和保护热带性植物和动物资源，开发热带海洋资源等，是华南地区自然资源开发利用的突出问题。

本区劳动力资源比较丰富，由于本区地处我国水陆交通枢纽，经济水平较高，经济发展除吸纳本区的劳动力外，还大量吸纳其他地区的劳动力资源。2006 年，全区 GDP 总量达 27 336.86×10^8元，占全国 GDP 总量的 13.82%，其中第一产业增加值 2 641.52×10^8元，第二产业增加值 13 070.68×10^8元，第三产业增加值 11 624.66×10^8元，总人口 14 682×10^4人，全社会固定资产投资总额 9 006.3×10^8元，社会消费品零售总额 9 548.2×10^8元。

6. 西南区

西南区包括四川、重庆、贵州、云南和西藏，大致位于大、小相岭和北盘江以西。它与中南区之间大约以海拔 1 000 m 等高线为界，与华中区之间，则大致以海拔 2 000 m 等高线为界，此线与昆明准静止锋的平均位置相吻合。尽管也位于我国东半部之内，但全区地形复杂，高山、深谷相间，北部尤为典型，总的说来为一热带山原。气候上属印度季风气候区。年内有明显的干、湿季交替。植被和土壤也有鲜明的热带山原性特征。气候、植被和土壤等有明显的垂直地带性分异，它们与纬度地带性相结合，形成了特殊的分布格局。中西南区面积最小，可是其自然景观和自然资源复杂多样，其中生物资源尤为丰富。本区今后发展的主要方向，是合理开发利用丰富的自然资源，尤其是生物资源。同时，要因地制宜，进行立体型的大农业布局。

青藏自治区海拔在 3 000～4 000 m 以上，主要受高峻地形的影响，气候高寒，景观类型以高寒荒漠、高山草甸和高寒草原为主，并多冰川与冻土。在本区内，自然景观既表现出明显的垂直地带性，又在整个高原面上展示出水平地带性，正是这种水平地带性与垂直地带性的结合，形成了大高原与众不同的自然景观分布格局。青藏区海拔高，日照充足，气温日较差大，热量有效性高，为发展农业生产提供了有利的条件。同时，草场、地热等资源也很丰富。因此，根据大高原的特殊条件，因地制宜地合理开发利用气候、森林、草场、地热和水力等资源，是本区经济建设中最重要的和最迫切的任务。

西南区矿产资源丰富，是我国重要的矿产资源富集区，多种矿产在我国居于十分重要的地位，本区的许多矿产资源具有储量大、分布广泛而又相对集中的特点，且主要优势矿产品位较高，并多为共生、伴生矿产，具有极高综合利用价值。西南区位于热带、亚热带湿润区，河网密集，有长江、黄河、伊洛瓦底江、怒江、澜沧江、元江和珠江七大水系，集水面积大，水资源极其丰富，是我国最重要的水资源富集区。本区的自然条件优越，生物资源极其丰富，是其他各资源地理区无可比拟的。植物资源种类繁多，尤其是云南省，素有"植物王国"之称。区域内山川秀美，江河纵横，气候复杂，动植物种类繁多，构成了本区自然景观旅游资源的主体框架，区域内拥有一批具有全国意义甚至世界意义的旅游资源，具有鲜明的地域特色，是我国旅游资源最为丰富的地区之一。本区是我国劳动力资源富足地区之一，也是向沿海发达地区输出劳动力的重要源地。教育与科技资源总体水平较低，除重庆、四川外，无论是中专以上在校生数与各省(区、市)人口之比，或是单位土地面积中专以上在校生数，云南、贵州、广西均小于全区相应平均数。2006 年，全区 GDP 总量 16 158.76×10^8元，其中第一产业增加值 3 031.33×10^8元，第二产业增加值 6 649.26×10^8元，第三产业增加值 6 478.17×10^8元，总人口 19 467×10^4人，全社会固定资产投资总额 8 475.7×10^8元，社会消费品零售总额 5 911.6×10^8元。

7. 西北区

西北区深居欧亚大陆腹部，四周又有高山阻挡，降水稀少，是我国最干旱的一个资源区。境内高山与大盆地相间分布，大部分地区属于温带和暖温带荒漠，东、西两侧边缘地区属于荒漠草原，高山上分布有众多的冰川积雪，自然景观以草原和森林为主。除新疆北部的额尔齐斯河流域外，本区均属内陆流域，河流大多发源于周围山地，构成向盆地中心汇流的向心状水系。西北区沙漠广布，次盐渍土面积很大，草场资源虽很丰富，但因在山前平原大规模开垦荒地，草场面积日趋缩小。因此，本区资源利用和环境整治的首要任务是治理沙漠，改良次生盐渍土及合理利用和改造草场资源。同时，由于本区降水稀少，绝大部分耕地必须依赖灌溉，治理盐碱，育林治沙和改良草场也都离不开水源，因此，水资源的合理开发利用，在本区是一个头等重大的问题。

西北区是我国重要的矿产资源区，资源丰富，潜在价值大。目前我国已发现的 168 种矿产中，90%以上在本地区有发现。气温低、温差较大是深居内陆的本区气候的一个重要特征。本区降水量小，地区差异大，季节分配不均，年际变化大，不能满足作物生长的需要，加上水土流失严重，水资源不能充分利用，缺水现象严重。气象灾害也较多，干旱、干热风、霜、暴雨、大风、冰雹、雪灾等几乎每年都有发生，尤以干热风、霜冻和大风危害最大。西北区远离海洋，雨量稀少，气候干旱，森林少而分布不均，覆盖率低，这已成为制约该区域社会经济发展的一个重要的限制因素。本区野生动植物种类稀少，群落简单，但却具有特殊的生态和经济价值。野生动物贫乏，群落结构简单，旱生动物占优势。西北区是全国最大的草地资源分布区，同时也是全国旅游资源比较丰富而又独特的地区之一。自然景观旅游资源方面，有高山、草原、森林、戈壁、沙漠、湖泊、冰川等。人文景观旅游资源具有浓郁的民族文化和宗教特色。本区是一个多民族聚集的地区，各族群众在长期的共同生活中创造了丰富多彩的民族文化，淀积了大量的文化遗迹，如古城遗址、古墓群、岩画等。尽管在政策和资金方面，中央政府对发展本区的科技教育给予了一定的倾斜，但由于基础较差，除个

表 2-3 中国不同区域经济发展水平比较

地 区	GDP /10^8元	第一产业增加值 /10^8元	第二产业增加值 /10^8元	第三产业增加值 /10^8元	人口 /10^4人	城市居民人均可支配收入/元	农村居民人均纯收入/元	全社会固定资产投资总额/10^8元	社会消费品零售总额/10^8元
北京	6 886.31	97.99	2 026.51	4 761.81	1 538	17 653	7 346	2 827.2	2 902.8
天津	3 697.62	112.38	2 051.17	1 534.07	1 043	12 639	5 580	1 495.1	1 190.1
河北	10 096.11	1 503.07	5 232.5	3 360.54	6 851	9 107	3 482	4 139.7	2 952.9
山东	18 516.87	1 963.51	10 628.62	5 924.74	9 248	10 745	3 931	9 307.3	6 126.4
上海	9 154.18	80.34	4 452.92	4 620.92	1 778	18 645	8 248	3 509.7	2 973
江苏	18 305.66	1 461.49	10 355.03	6 489.14	7 475	12 319	5 276	8 165.4	5 699.9
浙江	13 437.85	892.83	7 166.15	5 378.87	4 898	16 294	6 660	6 520.1	4 631.7
福建	6 568.93	841.2	3 200.26	2 527.47	3 535	12 321	4 450	2 316.7	2 345.8
广东	22 366.54	1 428.27	11 339.93	9 598.34	9 194	14 770	4 690	6 977.9	7 882.6
海南	894.57	300.75	220.07	373.75	828	8 124	3 004	367.2	268.6
陕西	3 675.66	435.77	1 849.28	1 390.61	3 720	8 272	2 053	1 882.2	1 322.4
山西	4 179.52	262.42	2 353.16	1 563.94	3 355	8 914	2 891	1 826.6	1 401.2
河南	10 587.42	1 892.01	5 514.14	3 181.27	9 380	8 668	2 871	4 311.6	3 358.4
内蒙古	3 895.55	589.56	1 773.21	1 532.78	2 386	9 137	2 989	2 643.6	1 344.1
湖北	6 520.14	1 082.13	2 810.01	2 628	5 710	8 786	3 099	2 676.6	2 964.6
湖南	6 511.34	1 274.15	2 596.71	2 640.48	6 326	9 524	3 118	2 629.1	2 459.1
江西	4 056.76	727.37	1 917.47	1 411.92	4 311	8 620	3 129	2 176.6	1 236.2
安徽	5 375.12	966.49	2 221.17	2 187.46	6 120	8 471	2 641	2 525.1	1 765
云南	3 472.89	669.81	1 432.76	1 370.32	4 450	9 266	2 042	1 777.6	1 034.4
贵州	1 979.06	368.94	826.63	783.49	3 730	8 151	1 877	998.3	606.9
四川	7 385.11	1 481.14	3 067.23	2 836.74	8 212	8 386	2 803	3 585.2	2 981.4
重庆	3 070.49	463.4	1 259.12	1 347.97	2 798	10 243	2 809	1 933.2	1 215.8
广西	4 075.75	912.5	1 510.68	1 652.57	4 660	9 287	2 495	1 661.2	1 397
甘肃	1 933.98	308.06	838.56	787.36	2 594	8 087	1 980	870.4	632.8
青海	543.32	65.34	264.61	213.37	543	8 058	2 151	329.8	160.5
宁夏	606.1	72.08	281.23	252.79	596	8 094	2 509	443.3	174.3
西藏	251.21	48.04	63.52	139.65	277	9 431	2 078	181.4	73.1
新疆	2 604.19	509.99	1 164.79	929.41	2 010	7 990	2 482	1 339.1	637.8
辽宁	8 009.01	882.41	3 953.28	3 173.32	4 221	9 108	3 690	4 200.4	2 999
吉林	3 620.27	625.61	1 580.83	1 413.83	2 716	8 691	3 264	1 741.1	1 460.8
黑龙江	5 511.5	684.6	2 971.68	1 855.22	3 820	8 273	3 221	1 737.3	1 760.1
全国	197 789.03	23 003.65	96 923.23	77 862.15	128 323	10 493	3 255	88 773.6	67 958.7

资料来源：中国统计年鉴，2006

注：香港、澳门、台湾资料暂缺。

别省份外，本区的科技力量整体上相对全国平均水平较差，教育水平落后。在科技教育资源的地区分布上，主要集中在西安、兰州、乌鲁木齐等少数中心城市，而面积广大的农牧区在科技教育方面仍然处于落后状态。科技力量薄弱，教育水平落后是导致本区经济发展滞后的重要原因。2006 年，全区 GDP 总量 6 759.06×10^8元，仅占全国 GDP 总量的 3.42%，其中第一产业增加值 881.25×10^8元，第二产业增加值 3 233.68×10^8元，第三产业增加值 2 644.13×10^8元，总人口 7 453×10^4人，全社会固定资产投资总额 1 339.1×10^8元，社会消费品零售总额 637.8×10^8元。

2.6 区域资源系统总体特征

2.6.1 区域资源系统的特点

1. 系统要素类型齐全，总量巨大，相对量小

中国资源系统是一个庞大的复杂巨系统，组成要素种类齐全，总量巨大，各种资源的总量均居世界各国前列，从而确立了中国是一个资源大国的地位。中国国土面积中耕地和园地面积、森林和林地面积、草地面积、河川径流量、可开发水利资源、高等植物和脊椎动物种数均居世界前列。大陆架渔场面积约占世界优良渔场总面积的 25%，淡水鱼种类居世界首位。在世界已知的 150 多种矿产资源中，中国探明储量的达 136 种，其中储量居世界第一位的有钨、锑、锌、钛、钒、稀土、硫铁矿、菱镁矿、萤石、重晶石、石膏、石墨等，居世界第二、三位的有锡、汞、煤、铝、石棉、滑石等，居世界第四、五位的有镍、铅、铁、铂族等，按 45 种主要矿产储量计算的潜在价值占世界总量的 14.6%，居世界第三位。中国有 5 000 年的文明史，是四大文明古国之一，历史上经历了十余个朝代，留下了大量的文化遗产；960×10^4 km^2的陆疆疆域中，有众多的名山大川，其中许多已成为闻名世界的自然风光。这些人文的和自然的景观，构成了极具价值的旅游资源。

但资源丰富仅是从绝对数量而言，若考虑到中国巨大的人口需求，则相对数量很少，资源相对紧缺。中国人均国土面积 0.8 hm^2，为世界人均水平的 29%；人均耕地面积 0.11 hm^2，为世界平均水平的 33%；人均草地面积 0.33 hm^2，为世界平均水平的 50%；人均森林面积 0.1 hm^2，为世界平均水平的 17%；人均水资源约 2 300 m^3，为世界平均水平的 25%；人均可开发水能资源 0.31 kW，为世界平均水平的 75%；各类矿产资源的人均储量也大多低于世界人均水平；具有大学以上文化程度的人口仅占总人口的 1.4%，文盲半文盲占到 16%左右。上述数字表明，按人均水平计算，中国是一个资源小国，社会经济可持续发展的资源压力很大。

2. 系统要素分布不均，区域组合错位，但也有较好的配合现象

中国幅员辽阔，自然和社会经济条件地域差异大，形成了不均衡的资源地区分布，所有资源均具有地区分布的差异性，如水资源南多北少，能源资源北多南少等。资源空间分布的不均衡一方面利于集中开发利用，另一方面造成了长途运输的浪费。另外，各类资源组合的特点，在很大程度上影响着资源开发利用与经济建设的发展。从中国各类资源区

域组合特征总体上看，既有配合较好的现象，也有不理想的现象。从宏观上考察，中国的自然资源与社会人文资源在地域上具有分离性，东部和南部地区人口密集，经济和科技教育基础雄厚，自然资源贫乏；西部和北部地区人口稀少，经济和科技教育基础较为薄弱，自然资源丰富。自然资源和社会人文资源的这种逆向分布特点，决定了中国资源开发利用的难度较大，成本较高。这种资源配合状况，给中国的资源开发利用和社会经济发展带来了诸多不便。

在各类资源的内部构成上，也不乏资源匹配关系优良的方面。南方地区水热资源均较丰富，有利于提高农业生产水平。南方地区化石能源贫乏但水能资源较为丰富，这在一定程度上弥补了能源不足的缺陷。北方地区的林牧业在农业中占相当大的比例，相对于耕作业而言，它们对水热资源和人力、科技资源的要求较低，这也在一定程度上缓解了当地水热资源、科技资源及人力资源较少的紧张状况。北方地区煤、铁资源丰富，减少了钢铁工业的原料运输量，对发展冶金工业十分有利。

3. 系统要素绝对数量变化较大，相对地位稳定

随着区域自然和社会人文系统的变化，中国资源系统也处在不断变化之中，有的要素发生了较大的绝对变化。这种系统要素的动态变化，对中国的社会经济可持续发展有着重大影响。中国资源系统要素总的动态变化趋势，是自然资源逐年减少而社会人文资源逐年增多。自然资源数量的减少，使中国面临着日益严峻的资源供应形势，尤其是耕地和水资源的锐减，已成为举世瞩目的重大问题。同时，耕地面积的迅速丧失，也引起了世界多方人士对中国未来粮食安全问题的忧虑。中国的水资源量虽然没有太大的变化，但随着人口的增长，人均淡水量明显减少，水资源不足的问题自 20 世纪 80 年代开始全面暴露出来，已成为影响经济发展的决定性限制因素之一。中国的教育和人才资源均有较大幅度的增加，其他社会人文资源也有着与之相似的变化情况。虽然各种资源的数量均有变化，且变化幅度的绝对数值都较大，但是相对数值变化不大，在世界各国中所处的位次无大的变动。

4. 系统与外界环境存在着要素成分的交换，具有很强的开放性

受到资源形成背景条件的影响，世界各国的资源都有其盈余种类和短缺种类，这就促进了各国之间的资源交流，通过互通有无来实现资源的优势互补。各国间资源系统要素的交流，使得各国的资源系统都明显地具有开放性的特征。中国与外国的自然资源交易金额巨大，其中以纺织原料及制品、皮革及制品、活动物和动物产品的出口量为多，以机电和电子设备及零附件、塑料和橡胶及制品、矿产品的进口量为多。在社会和人文资源方面，中国与外国也有较大的交流量，2005 年实际利用外资达 638.05×10^8 美元，国际旅游收入 292.96×10^8 美元，国外、华侨、港澳台同胞来华旅游人数达 $12\,029.23\times10^4$ 人，这些指标在世界上均居前列。

2.6.2 区域资源系统的结构

1. 土地面积辽阔，类型多样，山地多而平地少

中国地域辽阔，陆地总面积达 960×10^4 km^2，约占世界总面积的 1/14 和亚洲面积的

1/4，与欧洲面积大致相当，跨越从北部寒温带到南部赤道带的各温度带和从东部湿润区到西北内陆干旱区，拥有从山地到盆地的各种地貌形态，土地类型复杂多样(表 2-4)。中国的土地以温带、暖温带和亚热带的面积为大，湿润、半湿润和半干旱区面积也较为宽广，有利于进行生产和生活活动。然而，疆域内有大面积的青藏高寒区和西北干旱区，不利于社会经济的发展，而且从地貌形态上看，山地面积所占比例大，平原面积过小，对多种社会经济活动均有较大制约作用。

表 2-4 中国土地类型面积构成

温度带	面积/10^4 km^2	占全国/%	水分区	面积/10^4 km^2	占全国/%	地貌形态	面积/10^4 km^2	占全国/%
热 带	16.32	1.70	湿润区	307.20	32.00	山地	320.00	33.33
亚热带	246.72	25.70	半湿润区	144.00	15.00	丘陵	164.34	17.12
暖温带	184.32	19.20	半干旱区	211.20	22.00	高原	180.00	18.75
温 带	252.48	26.30	干旱区	297.60	31.00	盆地	180.66	18.82
寒温带	11.52	1.20				平原	115.00	11.98
青藏高寒区	248.64	25.9						

注：引自中国自然资源丛书编撰委员会，中国自然资源丛书(综合卷)，中国环境科学出版社，1995

中国耕地的 90%以上集中分布于东部地区，尤其集中于东北、华北、长江中下游、珠江三角洲等平原、山间盆地以及广大的丘陵地区。这里水热条件优越，地势平坦，有利于农业生产的发展。林地主要分布于东部山地，其中东北林区和西南林区是主要的原始林地，其次是南方山区的林地，西部一些山区也有小片林地分布。草地主要分布于西部内陆的干旱、半干旱地区，包括东北西部、内蒙古、宁夏、甘肃、青海、新疆和西藏的广大草原、山地和盆地，东北三江平原和四川甘孜、阿坝两个自治州，此外，在各地的低地上也有零星分布。沼泽湿地主要分布于黑龙江三江平原、四川西北部若尔盖高原、青藏高原河源区及长江口以北滨海地区。冰川积雪主要分布于青藏高原和西北地区高山带，沙漠戈壁主要分布在西北干旱地区，盐碱地主要分布于西北及河套平原、华北平原和北方滨海地区。由此可见，中国的耕地、林地和草地的分布主要受水分等自然因素和人为因素的制约。

2. *水资源总量多，相对量少，时空分布极不均匀*

中国陆地多年平均降水总量约 61 889×10^8 m^3，地表水资源总量 27 115×10^8 m^3，地下水资源总量 8 288×10^8 m^3，扣除重复计算量，水资源总量约为 28 124×10^8 m^3，平均产水模数 29.46×10^4 m^3/(km^2·年)，居世界各国前列。我国人均水资源占有量为 2 632 m^3，单位面积耕地水资源占有量为 27 000 m^3/hm^2，与其他国家相比，名次偏后。

中国水资源时空分布极不均匀，这是造成水资源供需矛盾的最重要因素。水资源的年际变化可用年径流极值比 K_m(最大年径流量与最小年径流量之比)来表示。全国 K_m 值多在 2～8，具有自东南向西北增大的趋势。秦岭以南广大地区多为 2～4，东北地区为 3～5，华北地区为 4～6，西北大部分地区达 5～8。径流量年内分配极为不均，汛期 6～9 月或 5～8 月的径流量一般占全年径流量的 60%～80%，特别是 7～8 月，径流量往往占全年的 40%左右。水资源地区分布极不平衡，北方特别是西北与华北地区地多水少，缺水严重；南方水多地少，水有盈余。东部淮河以北地区面积 270×10^4 km²，占国土总面积的 12.3%，耕地 5 867×10^4 hm²，占全国耕地的 57.3%，人口 4.48×10^8，占全国的 43.5%，而径流量只有 3 343×10^8 m³，仅占全国的 12.3%；相反，西南地区耕地占全国的 1.8%，人口占全国的 1.5%，而径流量占全国的 21.6%。极大的水资源时空分布差异，不仅增加了水资源开发利用的难度，而且还常导致严重的洪涝和干旱灾害的频繁发生。

3. 矿种齐全，总体储量大，贫矿、综合矿和中小型矿产多

中国目前已发现矿床 162 种，其中探明储量的 149 种，已开发利用的 136 种，有 20 余种探明储量在世界上具有明显优势，可谓矿种齐全。按照 45 种主要矿产储量潜在价值计算，中国的矿产储量总值占全世界的 14.64%，居第 3 位；但人均占有量不及世界平均水平的一半，居第 80 位。

虽然中国拥有一批规模大、品位高的矿床，如煤、锑和优质冶金辅助原料及建材非金属矿，但大部分矿产贫矿多，组分复杂，选冶难度大。中国铁矿石探明储量居世界第三位，但直接入炉的高炉富矿石所占比例不足 3%；铜矿品位大于 1%的富矿仅占 30%；铝土矿储量居世界第五位，但主要是一水型矿石，铝硅比值低，冶炼困难，经济效益差。有相当多类型复杂的矿产，如胶磷矿、赤铁矿、细粒白钨矿、难熔铬铁矿等，选冶困难，综合利用难度大。中国主要矿产中小型矿多，大型和超大型矿少。全国矿区数和资源总量煤分别为 5 334 个和 9 544×10^8 t，其中大型矿为 472 个和 8 183×10^8 t，分别占 8.8%和 85.7%；铜铁矿为 1 971 个和 501×10^8 t，其中大型矿为 98 个和 315×10^8 t，分别占 4.9%和 62.8%；铜矿石为 939 个和 6 154×10^8 t，其中大型矿为 22 个和 3 558×10^8 t，分别占 2.3%和 57.8%。这种状况虽然具有适合农村经济和乡镇企业发展的优点，但毕竟不易形成和发展高效益、有竞争力的大型、特大型企业，对我国矿业乃至整个社会经济的发展有不利的影响。中国的矿产分布具有明显的地域差异，煤炭储量 90%分布于长江以北，其中晋、陕、内蒙古三省区占全国保有储量的 68%，而南方 10 省区缺煤；铁矿集中分布于辽、冀、晋、川四省，占全国保有储量的 60%，而西北、华南分布很少；磷矿的 80%以上分布于滇、黔、鄂、川、湘五省，而广大的北方和华东则短缺。矿产集中分布有利于建设大型基地，但大宗矿产过分集中于边远地区，其开发必然受到交通条件的制约。

4. 光、热、水资源地区差异大，但配合较好

中国的光照资源比较丰富，年太阳总辐射量约 3 300～8 300 MJ/m²，分布规律是东多西少，其中＞6 000 MJ/m² 的面积约 390×10^4 km²，占国土总面积的 41%；4 000～6 000 MJ/m² 的面积约 510×10^4 km²，占国土总面积的 53%；资源贫乏的＜4 000 MJ/m² 的面积仅约 60×10^4 km²，占国土总面积的 6%。热量资源数量较为丰富，年平均气温在－5～－25℃之间，≥0℃积温大体在 3 000～8 000℃之间，生长期大体在 250～365 天，均呈自东南向西北递减的变化趋势。热量资源丰富的≥0℃积温＞6 000℃的面积约 130×10^4 km²，仅占国土总面积的 14%；植物生长期短、只能种一季喜凉作物的≥0℃积温＜2 500℃的热量资源贫乏地区面积达 290×10^4 km²，占国土总面积的 30%，≥0℃积温在 4 000℃以上，作物 2～3 熟地区的面积约 380×10^4 km²，占国土总面积的 40%；≥0℃积温在 4 000℃以下，作物一年一熟或不足的地区面积近 580×10^4 km²，占国土总面积的 60%。水分资源较少，年降水量大体介于 20～4 000 mm 之间，自东南向西北递减。年降水量＞900 mm 的水分资源丰富地区面积约 240×10^4 km²，占国土总面积的 25%；年降水量<200 mm 的水分资源贫乏地区面积达 280×10^4 km²，占国土总面积的 29%。年降水量 400 mm 以上的湿润、半湿润地区面积约占国土总面积的 53%，年降水量 400 mm 以下的干旱、半干旱地区面积占国土总面积的 47%。全国平均年降水量约 648 mm，较全球陆地的 800 mm 偏少 19%，较亚洲的 740 mm 偏少 13%。

5. *森林和草地资源种类多样，结构不尽合理，质量较差*

中国自然条件地域差异很大，形成了森林和草原多种多样的类型。森林类型比较齐全，有各类针叶林、落叶阔叶林、针叶阔叶混交林、常绿阔叶林、热带季雨林、热带雨林。森林结构由北向南和由西向东逐渐由简单变得复杂，生物多样性呈递减趋势。草地类型按植物和生境划分，有 17 类之多，即温性草甸草原、温性草原、温性荒漠草原、高寒草甸草原、高寒草原、干旱荒漠草原、温性草原化荒漠、温性荒漠、高寒荒漠、暖性草丛、暖性灌草丛、热性草丛、热性灌草丛、低地草甸、温性山地草甸、高寒草甸和沼泽。森林和草原的地区分布极为不均。全国有林地面积 1.25×10^8 hm²，活立木蓄积量超过 105.7×10^8 m³，居世界前列。但人均有林地面积仅为 0.115 hm²，人均蓄积量 8.4 m³，分别相当于世界平均水平的 20%和 10.1%，森林覆盖率 16.55%，低于世界平均水平的 21.8%。森林集中分布于东北和西南，东北地区有林地面积和蓄积量分别占全国总量的 20.7%和 23.5%，西南地区分别占 23.1%和 42.4%，而面积广大的西北地区分别仅占 6.9%和 7.1%。全国有各类草地 3.93×10^8 hm²，其中近 3×10^8 hm² 分布于西北干旱和半干旱地区。

中国森林资源的结构不尽合理，主要表现在两个方面。① 林种结构不合理。在森林资源中，各类林种所占面积比例为：用材林 67%、防护林 12%、经济林 11.5%、薪炭林 3.8%、竹林 3%、特用林 2.7%。用材林所占比例过大，其他林种面积偏小，影响森林经济效益、社会效益和生态环境效益的发挥；② 林龄结构不合理。在森林资源面积中，幼龄林占 38.7%，中龄林占 31.9%，成熟林占 29.4%，林木低龄化趋势明显，林木蓄积量下降，可采资源量日趋枯竭。中国森林资源的质量也较差，主要表现为：有林地面积占林业用地面积的比重较小，林业用地面积利用率仅为 43.2%，单位面积蓄积量低，约为 90 m³/hm²，林地生产率低，林分生长率约为 2.9%，单位面积生长量约为 2.4 m³/hm²，上述指标均低于世界先进水平的国家。森林生产率低的主要原因，一是大部分林区原始森林已被破坏，次生林林木稀疏，林相残败，全国有疏林地 $1\,720\times10^4$ hm²，占现有林分的 18%，平均每公顷蓄积量仅 31.6 m³；二是人工林管理水平低下，保存率仅 30%左右，每公顷蓄积量不足 10 m³。草场资源结构不合理现象也很突出，主要有四个方面的表现：① 可利用草地比例较低，难利用草地比例偏高，分别占全国草地面积的 94.43%和 5.57%；② 优良草地面积小，低质草地面积较大，按草质和产草量综合衡量(表 2－5)，中质低产草地占比重最大，其次是优质低产草地，占比重最小的是低质高产草地；③ 放牧场面积大，割草场面积小，分别占草地总面积的 80.82%和 19.18%；④ 天然草场多，人工草场少，分别占草地总面积的 98.5%和 1.5%。上述结构不合理性的存在，使得中国的草地资源质量较差，生产力水平较低，载畜能力不高，仅 4.3×10^8 多羊单位，平均每公顷草地载畜量仅为 1.30 羊单位。

表 2-5 中国不同草地质量面积统计表

草地品质	高产		中产		低产		合计	
	面积/10^4 hm^2	占全国/%	面积/10^4 hm^2	占全国/%	面积/10^4 hm^2	占全国/%	面积/10^4 hm^2	占全国/%
优质	2 301	6.1	3 598	9.6	8 008	21.3	13 907	37
中质	2 986	7.9	2 594	6.9	9 359	24.9	14 939	39.7
低质	1 279	3.5	1 660	4.4	5 813	15.4	8 752	23.3
合计	6 566	17.5	7 852	20.9	23 180	61.6	37 598	100

注：引自中国自然资源丛书编撰委员会，中国自然资源丛书(综合卷)，中国环境科学出版社，1995

6. 旅游资源类型多样，开发程度东西差异较大

中国的旅游资源数量多，品位高，特色鲜明，类型多样。依据属性、形态和成因，可将旅游资源划分为八大类，即地文景观类、水域风光类、生物景观类、天象气象类、古迹建筑类、中心城市类、民俗风情类和饮食购物类。在这八类之中，中国都有许多声誉极高的独特景点和项目，吸引力很大。由于历史的原因，旅游资源的开发建设偏重于经济繁荣、文化发达的东部地区，形成了“东重西轻”的分布格局，大部分风景名胜区和历史文化名城集中于东经 110°以东地区。开发较好的城市除西安、桂林外，其余均分布于东部沿海地区，如北京、上海、南京、苏州、无锡、杭州、广州、厦门、深圳、大连、青岛等。东部旅游热点地区过分拥挤，而广大西部地区游人不多，虽经近些年来的宣传和开发建设，状况有所好转，但仍不能彻底扭转冷清状态。目前我国推出的许多旅游热线大多横贯东西或纵穿南北，路程过长，旅游费用高，交通紧张，途中时间长，不利于吸引回头游客。

7. 人力资源丰富，年龄构成轻，人口素质较低

中国人口数量多，增长速度快，居世界各国之首，比解放初期约增加 130%。人口数量的巨大，使得人力资源十分丰富，16 岁以上从业人员达 6.96×10^8 人，占总人口的 56.3%，其中男性占 53.5%，女性占 46.5%。人力资源的年龄构成较轻是一个突出的结构特征。1980～1990 年期间，平均每年约有 $2\,000\times10^4$ 人进入劳动年龄，1990 年以来，平均每年约有 $1\,000\times10^4$ 人进入劳动年龄，使得劳动力年龄偏小，并随着人口增长速度减缓而劳动力年龄有缓慢上升的趋势，劳动力年龄平均数 20 世纪 50 年代为 31.4 岁左右，60 年代为 31.1 岁左右，70 年代为 29.7 岁左右，80 年代为 30 岁左右，90 年代升至 34 岁左右。即便如此，也有一半以上的劳动力属青壮年。虽然人力资源数量丰富，但素质较差，全国从业人员文化程度大专以上占 3.5%，高中占 12.1%，初中占 37.9%，小学占 34.8%，文盲半文盲占 11.6%。其中近 5×10^8农村从业人口中，文盲半文盲约占 30%，小学文化程度约占 40%，初中以上文化水平约占 30%。由此可见，普及农村教育是提高中华民族文化素质的关键所在。

8. GDP 总量大，半数以上集中于沿海各省份

中国 GDP 总量较大，2006 年 33 个省、直辖市、自治区(未包括台湾省)GDP 总额达 $197\,789.03\times10^8$元，平均每省份 $5\,993.61\times10^8$元，其中固定资产投资总额为 $88\,773.6\times10^8$元，社会消费品零售总额 $67\,958.7\times10^8$元。GDP 的地区分布极不平均，各省份之间的差距很大。GDP 总量分布的基本规律是自东向西递减。国家计委在制定“七五”计划时，

曾根据各地的资源和经济发展特点，把全国大陆划分为东、中、西三大经济地带。其中东部地带包括京、津、沪、辽、冀、鲁、苏、浙、粤、闽、桂、琼共12个沿海省、直辖市、自治区；中部地带包括黑、吉、内蒙古、晋、豫、鄂、湘、皖、赣共9个省、自治区；西部地带包括陕、甘、宁、青、新、川、滇、黔、藏、渝共10个省、自治区、直辖市。东部12个省、市、区2006年GDP总量为122 009.4×10^8元，占全国总量的61.69%，平均每省、区、市为10 167.45×10^8元，是全国平均水平的1.70倍。全国GDP总量在10 000×10^8元以上的6个省份有5个位于东部地区，河北、山东、江苏、浙江、广东五省GDP总量达82 723.03×10^8元，独占全国总量的41.82%，平均每省16 544.61×10^8元，是全国平均水平的2.76倍。中部9省、区2006年GDP总量为50 257.62×10^8元，占全国总量的25.41%，平均每省、区为5 584.18×10^8元，稍低于全国平均水平。西部10省、市、区2006年GDP总量为25 522.01×10^8元，占全国总量的12.90%，平均每省、区、市为2 552.20×10^8元，仅为全国平均水平的50.74%。全国GDP总量在3 000×10^8元以下的7个省份，有6个位于西部地区，贵州、甘肃、青海、宁夏、西藏、新疆6省区的GDP总量为7 917.86×10^8元，仅占全国总量的4%，平均每省区1 319.6×10^8元，仅为全国平均水平的22.02%。

9. *高等教育和科技力量较为雄厚，但专业和地区分配不平衡*

2006年中国共有普通高等学校1 792所，教职工1 742 073人，招生8 332 361人，人才培养和科学研究力量较为雄厚。普通高等学校和科研机构之中，存在着明显的专业结构不合理现象，综合大学占7.3%，理工院校占27.3%，农林院校占5.9%，医药院校占12%，师范院校占22.7%，财经院校占7.5%，政法院校占2.5%，体育艺术院校占4.3%，其他院校占10.6%，农林院校偏少而师范院校偏多；自然科学类研究机构占87.6%，社会人文科学类科研机构占5.2%，情报文献类科研机构占7.2%，社会人文类科研机构偏少。这种状况不利于各类专业高等教育和科学研究专业的平衡发展，也不利于中国相关产业的发展。高等院校和科研机构的地区分布也不均匀，主要集中于人口众多和经济发达的东、中部省份，而西北地区相对较少。虽然高等院校和科研机构的绝对数量不能确切反映一个地区的高等教育和科研水平，它还受到相对数量、高等院校和科研机构素质的影响，但也在一定程度上反映了能力的大小。东、中部地区各省份的高等院校多在30所以上，科研机构多在150个以上，北京、辽宁、江苏、湖北、山东等省市更在48所和256个以上，西部地区各省份多在30所和150个以下，西藏、青海、宁夏和海南等省区均在6所和60个以下。这种分布格局对西部地区科学技术和经济的发展极为不利。

2.6.3 区域资源组合的比较

中国资源区划主要是认识和查明我国人类自然环境综合体的地域分异规律和各自然区域的结构特征，总结区域地理的研究成果，揭示新的资源规律性，对我国各区域资源的生产潜力进行数量和质量的评价，因地制宜的发挥区域在生产和其他利用上的优势和潜力，并根据对自然规律的研究提出合理开发和利用自然资源的方向和途径，限制和改造影响生产和其他利用的不利因素，维持和改善有利于人类生产和生活的因素与生态环境，确定各区域的优势资源和劣势资源（表2－6），为制定全国和地区的国民经济建设和发展规

表 2-6 中国不同区域资源特征比较

区域	东北区	华北区	华东区	华中区	华南区	西南区	西北区
土地资源	类型多样，耕地、林地和草地面积大，后备资源较多	平原面积大，耕地比重高，林牧用地少	类型多样，质量好，但数量相对不足	土地利用类型多样，开发利用潜力大	山地面积大，耕地资源短缺	类型多样，耕地总体质量不高，中低产田比重较大	面积大而质量较差，耕地后备资源贫乏
矿产资源	种类多，能源和铁矿资源丰富	种类多，组合条件好，但优势矿产不明显	矿产资源分布广，品种多	矿种类型多，但富矿少，中、贫矿较多	矿产资源相对不足	矿产资源富集区，分布广泛，相对集中	矿产资源丰富，大部分为多组合综合矿床，分布集中
水热资源	热量资源和水资源较贫乏，地区分布不均	光热组合好，雨热同季，降水变率大，旱涝频繁	热量资源和水资源较丰富，且匹配俱佳	水资源丰富	水资源丰富，水能资源丰富	集水面积大，水能资源丰富	水热资源不足，且分布不均匀
森林资源	森林和牧草资源丰富，种类齐全，但结构不尽合理	森林资源分布稀少	森林资源不足，区域差异明显	森林种类繁多，区系成分复杂，是重要植物基因库	森林结构不合理，经营粗放	植物资源丰富、森林面积大，覆盖率高	森林资源少，森林覆盖率低
海洋资源	丰富齐全，开发潜力巨大	资源丰富，且类型多样	资源丰富，且类型多样	—	海洋资源优势明显	—	—
生物资源	生物资源种类较多	自然条件一般，生物资源较少	生物资源种类繁多	生物种类丰富，地理成分复杂多样	生物资源较丰富，种类较多	自然条件优越，生物资源极其丰富	野生动植物种类少，群落结构简单
旅游资源	资源丰富，类型齐全，独具特色	自然风景优美，人文胜迹荟萃，旅游资源丰富	自然与人文旅游资源绚丽多彩，组合好	自然景观与人文景观紧密结合，地域特色显著	自然景观绚丽多彩，人文文化独具一格	动植物种类繁多，类型多样，特色显著	旅游资源丰富
科技教育资源	科技教育事业发达，信息灵通	科技与教育发达，人力和智力优势明显	科技事业发达，教育资源丰富	科技与教育资源总体水平较高	科技与教育总体水平一般	劳动力资源富足，科技与教育资源总体水平较低	科技力量较弱，教育水平落后
经济资源	重工业基础雄厚，交通发达，经济发展基础条件优越	改革开放程度较差，经济增长相对缓慢	经济发达，但产业结构不尽合理	经济水平一般	经济水平较发达，经济基础较好	经济发展水平低下，工业基础一般	经济发展水平落后，工业基础薄弱

划提供科学依据。通过表 2-6,可以清楚地表明我国六大区域中,土地资源、矿产资源、水热资源、森林资源、海洋资源、生物资源、旅游资源、科技教育资源和经济资源存在着明显的差异。

2.7 资源开发和利用前景分析

2.7.1 树立正确的资源观

要做到合理开发和保护自然资源,首先要解决对资源的认识问题,过去,我们在自然资源的开发利用方面,犯了不少的错误,其中一个重要原因,就是对自然资源在社会主义制度下的社会性和有价值认识不足,而发生滥用浪费的现象。树立正确的资源观,有助于我们制定正确的资源开发政策,保证资源的永续利用。

1. 资源的可持续利用观

长期以来,大家都认识到人类把自然界看做是异己的力量,是对立的实体,人类是一边,自然是另一边,双方对立,基于这样的认识,人类对自然就不择手段地进行掠夺、改造和“征服”,只知索取,不知保护,只顾眼前,不顾长远,因此在开发利用资源的同时,带来了对环境的破坏。现在很多人都认识到这种对立的看法是错误的。所谓“征服自然”,实际上是一种政治性的口号,以往把这种提法搬到了科研工作中来,看来也不一定恰当,现在大家理解到人类也是世界生态系统里的一员,人类与自然界是一个整体,如果我们一味地向自然界索取资源,排斥其他生物,最终必将破坏人类本身生存的条件,毁灭人类自己,所以,向自然索取的同时,要创造条件给它以补偿。对自然资源的开发利用,今后要强调合理开发和高效利用,也就是说,在开发利用的同时,要进行保护,开发与保护要同步进行,这一点非常重要。

今后,随着技术的进步,人类开发利用自然能力越来越强,人类与自然界的关系向深度和广度发展,双方关系越来越密切,如果弄得不好,会出现更多的偏差,造成更大的恶果。人类对自然的依赖关系,将越来越密切,而不是越来越疏远。今后的重要问题是要协调好人类活动与自然环境的关系,这样才能共同生存和发展下去。

2. 环境资源观

环境的各项因素是资源,环境的整体是资源的总和。

众所周知,人类社会的劳动过程从来就是生产的消费过程。它从环境中吸取资源变成产品,同时又将生产的排泄物返回环境中去。各类环境因素,都是社会的自然财富和发展生产的物质基础,构成了生产力的要素。环境保护的基本任务,就是在生产过程中,合理地开发资源和有效地利用资源,避免对因资源的不合理利用而导致资源和环境污染,从这个意义上说,“环境污染就是资源浪费”。

保护环境就是保护资源。换言之,环境保护并不是如西方人所主张的那样,只是消极地保持自然环境和生态平衡的天然状态,而是积极地在改造环境中合理利用资源,促进生态演进,建设优美的环境。环境保护搞得好,可以促进生产发展,搞得不好,势必阻碍和破坏生产发展。

环境是指周围的客观存在,它有物质环境和精神环境两大类。物质环境又分为自然资源物质环境和非自然资源物质环境两大类。平常所说的自然环境就是指自然资源物质环境,这是目前我国环境保护工作的重点,但是,作为整体环境科学来说,不应该把环境的概念只局限于自然环境,还应该包括除了自然资源以外的全部特质环境(房屋、建筑、交通、工农业生产、生活等)。实际上,热污染、噪声污染、电磁辐射污染和振动污染等物理污染、化学农药污染、微生物细菌污染等都不是自然资源物质环境存在的问题,这些问题也同自然环境存在生态破坏和自然资源水、土、空气污染一样,越来越引起人们的重视。

3. 自然资源的价值观

(1) 自然资源的社会性

在资本主义国家,自然资源有价格、绝对地租和级差地租,有明显的社会性,是国民财富重要组成部分。在我国这样的社会主义国家里,自然资源是否也有社会性、有价值、绝对地租、级差地租? 回答这个问题首先必须从自然资源的基本属性分析开始。

自然资源是在一定时间一定地点条件下,能产生经济价值以提高人类当前和将来福利的自然资源环境因素和条件,自然环境因素和条件转化为自然资源取决于人类科学技术水平。对自然资源的认识、评价,都受一定时间、一定地点制约,人为利用资源的范围和深度不断扩大。许多过去排除在自然资源以外的要素,逐渐成为自然资源;许多过去无法勘探和采取的深层资源、海洋资源,现在都可成为工业开采的对象。

如果说自然资源的认识、评价、利用是自然环境因素转化为自然资源的条件,那么,社会性还体现在自然资源机制的内部,这就是在自然资源中附加的人类劳动。目前,地球上的自然环境或多或少都有人类劳动的印记,人类"不仅变更了植物和动物本身,使他们活动的结果只能和地球的普遍死亡一样消失。"今天,在一块土地上耕耘或建筑,很难区分土地有哪些特性是史前时期遗留下来的,哪些是人类附加劳动的产物。有一点是可以肯定的,史前的土地决不是现在这个样子,深埋在地下的矿产资源,山区的原始森林,付出了大量的劳动,勘探石油的费用常以亿为单位计算,这些都是特殊形式的附加劳动,按照马克思的提法,人类自然资源的附加劳动是"合并到土地中"了,合并到自然资源中与自然资源浑然一体。自然资源附加的人类劳动是人类世世代代利用自然、改造自然的结晶,是自然资源中的社会因素。

(2) 自然资源使用价值的剖析

自然资源必须具有一定的使用价值。大体可以把构成自然资源使用价值的因素分成三大类:

1) 自然资源的丰度　　自然资源丰饶度是其自然属性的总和,不是它的个别自然属性。例如,一个矿藏资源的自然丰饶度应该包括下列方面:储量、品位、有益伴生矿、有害伴生矿、可选程度、矿层厚度与倾斜度、矿体周围岩体性质与水文地质情况等。又如,森林资源的丰饶度应包括木材蓄积量、木材质量、木材生长速度等因素。每一个因素对于丰饶的影响有大有小,然而,在评价它的丰饶时,都不可忽略。

自然资源的丰饶度是自然的客观属性,纯粹属于自然的属性。例如,油田的油气蕴藏量、金属矿的品位、温泉与地热资源的蕴藏量等反映自然资源的某些丰饶度。这些,都是大自然赋予人类的礼物,是人类的主观努力难以改变的。

每一种自然资源都必须具有一定的自然丰饶度。自然资源的丰饶度与它的使用价值成正比例。自然资源的自然丰饶度越高,它的使用价值越高。对经济活动的影响越大。波斯湾产油国跻身于富国之林,全仗油田的自然丰饶度。波斯湾油田每口油井一般每天喷 1 000 t;美国每口油井每天产原油 2.5 t,还要用抽油泵抽取。因此,波斯湾石油开采的劳动生产率和利用率是美国和世界大多数地区所无法比拟的。

2) 自然资源的位置　对于大多数自然资源来说,位置的作用不可忽视。有时,位置的作用甚至比自然资源的丰度更重要些。一些自然丰饶度很高的矿产资源,由于位置偏僻,交通不便,至今无法利用,按照国际惯例,含铁 30%以上的铁矿才有工业价值,可是在南京附近,含铁 18%的铁矿已经投入工业开发,因为那里交通方便,接近消费中心,附近又缺乏新的铁矿资源。

自然资源与山脉河川、海岸线等自然要素的相对位置关系是自然地理位置,它是相对稳定的,是位置的客观方面,是位置的自然基础。

自然资源对于城市、道路、消费区的相对位置是经济地理位置,是历史性的,经常发生变化的。经济地理位置的变化大体有两个相反的趋势:① 加剧了差异,大城市和消费中心的形成,使得各地区自然资源和经济地理位置差别加剧,接近大城市和自然资源具有更优越的经济地理位置。② 缩小位置差异的平衡化的趋势。生产的发展,特别是交通工具的发展,会创造出新的消费中心和便利的运输条件,对经济地理位置起着平衡的作用。在生产的不同发展阶段,这两方面的趋势是不相同的。

3) 在自然资源上附加人类劳动　人类对自然资源的附加劳动有直接附加和间接附加两类。排干沼泽中的水分,修筑防洪工程和灌溉工程,填平崎岖的地面等是对自然资源的直接附加劳动。修筑道路,铺设给水、排水设施等对自然资源的间接附加劳动。以河流的水为例,水是天生的没有消耗人的劳动。所以单从这一点看,水是没有价值的。但水是在河流里流的,河流是要消耗勘测劳动的,河道和河岸的整治修建也是要消耗劳动的,是有价值的;再以空气说,天然空气没有经过人的劳动,所以没有价值,但是现在许多地方的空气污染越来越严重,被污染的空气光靠天然净化已经不够,需要人工净化,所以也需要消耗劳动,另外,整个大气是有专门机构和人管理的,还有各种大气监测分析,它们也要消耗劳动的;再以土地为例,天然土地是没有消耗劳动的,所以没有价值,但是农村土地经过劳动加工,城市土地也是经过劳动加工的,而且这些土地都有人管理,需要消耗劳动;矿产资源的勘探、保护和管理都在消耗大量的劳动,因此,它们都有价值。严格地说,只有那些原始存在在那里而人们从没消耗过任何劳动(包括管理它们的劳动)的自然资源(比如太阳能)才是完全没有价值的。但是,现在的领空、领域的领土都是有专门机构的人管理的(包括国土部门和环境保护部门等),它们消耗着大量的劳动。从这个意义上说,作为环境存在的一切对人类消费有用的自然资源都是具有使用价值和价值的。

4) 自然资源的商品性　对于这些既具有使用价值又凝结社会必要劳动的自然环境资源可以看成为商品,当然,也应该看到这些商品和一般商品的不同,它有自己的特点:① 它本身是天然生成的,具有自然的性质。② 有的自然环境资源(如空气)数量太大,价值很小,甚至难以精确计量,并且是公共消费品,不好分割包装供应。价格是价值的货币表现，既然自然环境资源具有价值，也就有价格。现在，在环保工作中收废水、废气的排污费，实际上就是收取自然资源的费用，就是承认自然资源有一定的价格。有的自然资源（如空气）价格甚小，而且有些用途的使用量比较小（人需要空气），所以国家是“免费供给的”。这从表面上看似乎没有价格，实际上是有价格的。因为，同样的空气如给工厂大量使用，而且污染了，那就应该“有价供应”，视空气使用量的多少和被污染的程度，收取空气的费用。与一般商品不同，自然环境资源的价格计算和处理形式可以有自己的特点，但这不等于说它们没有价格。综上所述，在现代社会，真正没有消耗过任何劳动的自然环境资源是非常个别特殊的，一般地说，对于人类消费有用的自然环境资源都是既有使用价值，又有价值，也有价格的。③ 自然资源与价格的因素在构成自然资源使用价值的主要因素中，凡是纯属大自然的产物，如自然的丰饶度、自然地理位置是没有价值的。因为它们不是人类劳动产物，而自然资源中附加的人类劳动显然是有价值的。附加的人类劳动越多，价值越大，经过人类劳动改善了经济地理位置也是有价值的。在崎岖的山地，修筑一条铁路，改变了那里的矿产资源和森林资源的运输条件，这显然是人类劳动的结果。因此，承认自然资源的价值，实质上就是承认人类利用、改造自然的历史，承认人类世世代代积累的劳动财富。

4. 自然资源利用价值的辩证观

我国有一部分地区经济发展较快，其中相当部分地区是依靠开发当地矿产资源（如煤、铁及有色金属等）而致富的。这种以自然资源为劳动对象，并对劳动对象进行初级加工的“资源型”经济、生产技术要求的宽容度比较大，既可适应技术水平低、投资小的劳动密集型生产，也可适应技术水平高、投资大的技术密集型生产。

相对而言，那些一直以农业生产为主，特别是以粮食生产为主的地区，却不如上述地区经济发展得快。这就产生了一种误解，即只有矿产才算得上真正的资源，而土地资源虽称资源，但经济价值不高，种田难以致富，要解决这种错误思想，首先要树立正确的资源观认识各地区的资源优势；其次要认识到一个地区的资源优势和劣势也不是一成不变的。随着生产技术条件和经济条件的变化，优势可能转化为劣势，劣势也可能转化为优势。这就要求我们必须辩证地看待资源的优势与劣势。

2.7.2 可持续利用资源的原则

要想积极开发和合理利用自然资源，必须不断探索和掌握资源的特性和变化规律，因势利导，扬其所长，避其所短，才能充分发挥资源的潜力，以便取得事半功倍的效果。其主要原则是：

1. 经济、社会和生态效益相结合的原则

资源的开发利用是一种社会资源现象，因此，必须考虑经济效益问题——即为了达到一定目的，采用某些措施和办法，投入一定的人、财、物力之后，所产生的效果和收益。在资源开发利用中，力争以最少的劳动和物化劳动消耗，为全社会提供更多的使用价值，这是进行资源开发利用研究的根本目的。

开发利用资源必须与资源的性质相适应，这样才能有较高的生产力，做到低成本、高收入。各个地区的现有经济基础、交通运输状况、劳动力多寡、民族构成等社会经济条件不同，这些都影响和限制着地区资源的开发利用。因此，要立足本地资源，选择已有一定开发基础，并有较大潜力的种类进行利用。这样可做到投资少、见效快、收益大。开发利用过程中，应该不断地向开发利用的深度和广度进军。做到既能充分利用资源，又能取得更大经济收益。如耕地产量开发利用，应考虑采用什么利用方式，种植哪种作物产量高、质量好，怎样做最能充分的发挥土地的生产能力，不断提高单位面积产量。与此同时，大力提高土地的利用率，把一切宜农土地都开发利用起来，做到多产多收。当前，随着商品生产的发展，广大农村可大搞工业副业，对大宗农副产品进行多层次的加工增值，提高收入水平。

开发资源要注意社会效益，一些资源是工农业生产和尖端技术不可缺少的，一些资源与人民的生活戚戚相关。资源开发的重点首先是那些社会急需的，影响国计民生的资源，如能源等。开发资源要把经济、社会效益与生态环境效益相结合起来，尽管经济效益高，社会效益大，但如果对生态环境影响较大的资源开发，也是不可取的，如果以满足当代人的经济增长和社会需求，却破坏了子孙后代的利益，是得不偿失的，因此，资源的开发应遵循经济效益、社会效益和环境效益相统一的原则。

2. 生物资源开发量应与其生长、更新相适应的原则

对生态系统中生物资源的开发利用，其开发量要小于资源的生长、更新量，才能保持生态系统的平衡稳定。每个生态系统都有其特定的、大小不同的能量流动和物质循环的规律，其生态平衡关系也有差异。因此资源更新的速度、规模、完整性皆有差异。例如在荒漠草原生态系统中，植被的光能利用率只有0.1%～0.3%，而高产玉米可达4%～5%。它们之间的物质循环的规模就有很大差别，可是不管各生态系统之间能量流动的规模相差有多大。只要其系统内部各个组分上能年复一年的保持这一水平，那么这个系统就是稳定的，或者说是保护了生态平衡；如果每年从该系统取走大量物质和能量，超出了维持资源更新的界限，而得不到适当的补偿，则必然引起该系统能流物流规模的持续降低，从而失去平衡；如果这个过程长久持续下去，则导致该系统退化，直至崩溃，也就无法保持永续利用。据美国科罗拉多州试验，当牧畜采食量超过牧草植株产量的40%～50%时，就会引起牧草产量降低，草质变坏，并导致畜产品降低及经济收入减少，只有在这一限度内实行合理放牧，最终报酬才是最高的，一旦草地生态平衡破坏将很难恢复，有时甚至是完全不可能恢复的。澳大利亚的荒漠草原，过去曾因为超载而失去生态平衡后经禁牧后才勉强恢复。越是生境条件恶劣的地方，其生态系统越脆弱，也最难忍受环境的压力，就越要注意保护。

3. 当前利益与长远利益相结合的原则

由于受现在生产力发展水平的限制，目前人们开发利用资源的广度和深度是有限的，同时，生物、土地、矿产资源的数量、面积、质量也是有限的。而现代社会正用20世纪90年代的科学技术手段，以前所未有的速度和规模来开发利用资源，一部分用于生产和生活；另一部分则因为利用不当而损失和破坏了，使资源种类不断减少，数量逐渐不足，质量日趋下降。因此，开发资源要有规划，要与国民经济的发展速度相适应，还要与当地资源蕴藏量相一致，而不可为了一时的经济快速增长，而极大地开发资源，这种短期发展行为，

只能导致资源的枯竭。因此，开发利用资源也要有长远的观点，既要考虑资源的开发利用，又要考虑资源的保护改造；既要考虑开发利用的经济效益，又要考虑开发利用的生态效益，使得资源的开发利用得以永续进行，裨益当代，造福后代。

只利用不保护，只顾当前，不顾长远，搞索取大于给予的掠夺式开发利用，就会扩大资源供求之间的差距，导致资源变质、退化、灭绝，甚至出现恶性循环，给人类生存造成威胁，使之长期处于贫穷落后的状态。相反，如果对资源合理利用，认真保护，大力改造，就能使整个环境之间不断改善，形成良性循环，提高环境提供资源和人类利用资源进行生产的能力。

4. 因地制宜的原则

由于地域分异规律的作用和影响，各个地区所处的地理位置、范围大小、地质形成过程，开发利用历史等在空间分布上的不平衡性，使得每个资源的种类、数量、质量等，都有明显的地域性。如矿产资源的分布，主要取决于地壳内部的物质在不同地质时期的成矿活动。

因此，首先在按照本地区资源的种类、性质、数量、质量等实际情况，采取最适宜的方向、方式、途径和措施，来开发利用本地区的资源。重点发展与本地区资源优势相适宜的生产部门和产品，使其成为地区经济的主导部门和拳头产品，并以此带动地区经济的发展，澳大利亚大陆蕴藏了极为丰富的矿产资源，于是该国大力发展采矿业，现已成为世界上出口铁矿石最多的国家。

假若无视资源的地域差异，任意开发利用资源，轻者投入多，产出少，劳民伤财；重者破坏资源，甚至受到大自然的惩罚。美国在 1930 年以后，分别在东部和西部地区砍伐森林，盲目开荒，酿成 1934 年席卷 2/3 美国大陆的黑风暴，竟把多于 3×10^8 t 表土刮入太平洋，不仅使当年的冬小麦减产 50×10^8 kg，而且毁坏了得克萨斯等十多个州的农场。

如果一个地区某一资源不足，满足不了生产生活的需求，就需要采取一系列的措施加以补救。如缺少矿产，则一是“开源”——扩大矿物原料来源，寻找新的矿种，在保护好环境的基础上，开发利用品位低的贫矿，搞人造代用等。二是“节流”——提高采矿，选矿冶炼的技术水平，最大限度地挖掘生产能力。加强综合利用，使人为损失减少到最低限度等。

5. 统筹兼顾、综合利用原则

一个国家或地区的资源，都在一定的范围内组成互相促进、互相制约的综合体，有些资源(如矿产资源)还有共生特点(我国有 1/4 的铜矿伴生在其他矿体中，而单独存在的钨矿则仅占总蕴藏量的 3%)。因此对资源必须综合地开发利用，不能单打一。比如，土地资源是农业的最基本的生产资料，从物质交换和能量转化角度来看它的农业利用，应组成一个统一的整体。农业可以生产牧业所需的饲草料，畜牧业可以供给农业有机肥料；林业除本身能发挥综合作用外，还可以保护农牧业生产的顺利进行。因此，在开发某地区的土地资源时，不仅要考虑耕地资源的作用，而且要考虑林地、草地以及其他土地资源的开发，实现一业为主，农林牧多种经营，全面发展。在土地类型多样的丘陵山区也是如此，就是在类型单一的平原河谷地区也应该是这样，以便充分利用土地，最大限度地挖掘它的生产潜力。

2.7.3 加强资源合理开发利用的研究

我国绝大多数资源都已开发利用，但利用率不高，生产水平很低，许多宜林荒山、荒地、荒滩没有造林或造林不见林；已利用沿海滩涂和内陆水面不到10%；水能资源利用率只有5%；而丰富的太阳能、风能、地热能、潮汐能等利用得更少，因此，我国资源的开发利用还存在极大的潜力，前景广阔，有待于更好地去挖掘，让资源在国家和地区的经济建设中发挥更大的作用。

1. 自然资源开发利用研究的目的、对象和内容

(1) 研究目的

自然资源研究的主要目的是有计划、有步骤的保护和开发利用资源，充分发挥资源的潜力，合理布局有关各项生产，促进地区经济稳定、持久、协调发展。同时，在这个过程中处理好人与资源的关系，以便能持久地得到资源，满足社会生产和生活的需要。

通过自然资源开发利用研究，在充分发挥我国资源潜力的同时，大力开发利用西部的资源优势，这有利于调整我国的经济结构；改变资源开发利用和生产力布局的不合理状况；加快现代化建设的进程。

(2) 研究对象

自然资源开发利用研究的对象是地球表面与人类有关的资源及其综合的形成过程、相互关系、发展变化、地区差异和空间分布，这一研究的理论任务为：探索、发现、阐明该地区资源的形成、演变、分布的规律，解决所开发利用的各种资源之间、资源与生产部门之间和地区之间资源开发的各种矛盾，确定地区经济的合理结构，其实践任务是在大量调查研究，进行各种资源或资源综合体的自然和经济评价的基础上，根据国家经济建设的需要以及现有经济实力，正确处理资源与生产、投入与产出、利用与保护之间错综复杂的关系，做到资源的积极开发和合理利用。

(3) 研究内容

资源开发的全过程包括考察、开发、利用、改造、保护五个方面，以及为此所进行的立法和管理，这些构成密不可分的统一整体。其中利用是关键，也是我们的目的；余者都是为了达到利用这个目的而采取的手段和所创造的条件，考察主要是通过实地工作对资源的状况进行调查研究，确定有无开发利用的可能性。所谓保护，一是指不允许破坏资源和环境，特别是对珍贵的野生动植物和优良的农作物、林木、牧畜品种资源加以保护；二是防止在资源的开发利用中所造成的破坏和污染。开发就是按着资源开发利用和人口增长相适应的长期战略目标，对资源进行有计划的开发，使自然物质成为有用之才。所谓改造，则是指人们在有限的范围内，运用先进的科学技术，使不能利用的或质量差的资源转变为可供利用的或质量较好的资源，以便充分发挥资源的潜力，保护资源经常可存在于良好的环境之中。资源开发利用的历史，特别是近百年来各国经济的发展的历史已经表明，一个国家或地区必须从战略高度出发，制定出包括上述五个方面在内的一整套方针、政策、法令，并建立相应的机构和管理体制，才能保护资源开发利用的顺利进行。

2. 自然资源开发利用研究的方法

资源开发利用研究要为现代化建设服务，必须数据化、定量化、系统化，需要科学的研究方法。

资源的形态、特点、变化，只有通过野外考察才能掌握。就是采用其他先进方法，也需要进行实地验证，了解资源开发利用的动态变化，搜集第一手准确的资料和数据。因此，野外考察方法在开发利用研究中是必不可少的。同时，应该在实践中不断发展和完善。

地区资源的开发利用不仅要研究资源本身提供的可能性，而且要研究地区开发利用的经济技术条件及其合理性。因此，技术经济论证方法在选择和确定开发方案中可以广为使用。

根据一系列的评价标志和指标，参照有关的专业图件，结合航空照片判读和实地考察，编制反映地区自然资源种类、数量、质量及其分布规律的图件，是资源调查和评价的常规方法，它直观性强，一目了然。

为了探讨资源的合理利用，了解在不同利用方向和不同利用方式下资源的周围生态系统的变化，掌握能量流动和物质转化规律，可建立必要的观测点、实验站等，进行深入研究。实地观测方法可以借助各种现代化的测度仪器和其他手段，探讨资源开发利用的新途径，同时，能够积累科学资料，进行预测、预报工作，用以指导资源的开发和利用。

自然资源开发利用研究内容多、涉及面广，只有借助电子计算机，使用数学方法，才能计算和处理大量野外调查，实地观测和室内统计、化验的资料，模拟和比较各种开发利用方案，分析和测定地区内各种资源及其周围环境的变化，否则将不可能及时正确地完成研究工作。

资源开发利用是一个复杂的系统，可以使用系统分析的方法进行研究。如旅游业是由人才系统、风光、古迹等资源系统，宾馆、饭店、出租汽车等服务设施系统，邮电、通讯、供水、供电、旅游商品生产等关系系统所组成，进行旅游发展研究时，可针对存在的限制接待国内外游客的功能问题，通过建立旅客人数预测多目标规划模型，经过对模型的优化和系统平衡，就可得到一个旅游业配套发展的理想方案。

对资源进行定量分析，识别不同地区资源综合体差异时，也可使用系统理论和系统分析方法。这可使资源综合体的结构和功能研究更为简化，也是进行预测、预报的主要手段。研究地区资源综合体的地域分异规律，还可使用空间模式、动态模式，即数理统计中的相关分析、回归分析、多元分析、聚类分析等。

研究资源的互相制约关系，可使用相关矩阵。选取地貌、气候、水、土壤、植被等自然子系统和工业、农业、居民点、娱乐点等社会子系统作为代表要素，加以论证。

近年来还使用信息论中的熵变值来研究自然资源综合体的结构，并预测资源的变化，把熵变系统作为资源区划的标志，使用拓扑学定律，来研究资源分异的界线，对生物资源与环境因素之间的关系进行定量分析，可采用一元回归、逐步回归和主成分分析的方法。而对耕地资源的用地结构进行定量分析，可采用投入生产模型、线性规划、多目标规划等方法。若划分资源开发利用的地域类型，或进行资源区别，为使其指标化、定量化、系统化，可使用聚类分析和判别分析的方法。

3. 新技术在资源科学研究中的应用

我国长期以来自然资源研究多以传统的线路调查和定性描述为基本特征，因而，绝大部分的研究是定性分析多于定量研究；考察手段也比较落后，工作周期拖得很长，难以满足国家经济建设的急需；对某一个地区的资源综合考察虽具有多学科综合研究的优点，但学科之间的渗透和联系还不够紧密；同时，资源动态监测和预测、预报的分析研究开发更少。因此，探索新技术在自然资源研究中的应用途径，寻求自然资源综合研究的科学理论和方法已成为十分紧迫的任务。

（1）遥感技术应用研究（以遥感技术在土地资源研究中的应用为例）

卫星遥感技术是20世纪60年代蓬勃发展起来的一门综合性探测技术，与其他手段相比具有某些独特的特点：① 成像范围大，宏观性强，山川地势，江河湖泊的分布，气候、植被、土壤的差异，土地利用状况及人类活动因素等尽收眼底，概缩于图像上，客观地反映了各地理要素的空间结构、时间变化和区域分布规律，为土地资源评价和清查提供了有利条件；② 资源收集方便，不受地形限制，对于某些荒无人烟的沙漠地区及人迹罕至的山区，利用其他手段不易获得地面资料，而卫星遥感则轻易获得，对南方山区土地资源调查是很方便的；③ 资料新颖，能监测土地资源动态变化。可将同一地区不同时期的影像进行对比，能发现土地质量的变化；④ 成图速度快，经济效益高。基于上述优势，遥感技术在世界各国得到广泛应用。

（2）系统分析的应用

在工程设计、科学研究、规划决策中，都可采用系统分析方法，取得优化的结果，尤其是在错综复杂的问题面前，更要全面分析，研究每一个因素的作用和影响，做出正确的判断。自然资源的研究对象是极其复杂的事物，为了合理地利用自然资源，保护环境，就必须将自然资源与社会环境结合在一起分析研究，从系统论的角度出发，系统地分析自然资源的特点、资源开发利用与社会环境的关系和相互影响，寻求最佳利用方案。无疑，系统分析的理论与方法是开发这种研究必不可少的技术手段。20世纪70年代末80年代初，我国已开始进行这方面的探索和实践，首先从理论上研究探讨，并结合实际考察任务，进行实验性研究。1980年又与“人与生物圈”国际委员会联合陆地生态研究所的系统分析专家来华讲学，举办了全国性系统分析培训班，对推动该项研究工作起了积极的作用。

（3）资源数据库的研究和建立

数据库技术是20世纪60年代崛起的新技术。由于它所显示的功能，使这项新技术成为自然资源科学工作者十分关注的研究课题之一。“资源数据库”系指存储于电子计算机存储器中的资源各要素的特性及其分布位置的数字信息集合，它是相当严密的资源数据库管理方式，以实现资源数据共享和快速存取、修改与更新，通过计算机，用户可以迅速检索到所需要的有关国土资源的数据，并按自己要求的形式输出资料（数据、表格和各种图件），回答各种咨询，提供可选择的各种方案，用于资源综合分析评价。由于数据库技术能够对庞大的数据信息用科学方法进行系统地整理、保存、更新和为社会所共用，世界各国对资源数据库的建立和应用非常重视，各类形式的资源数据库在日本、美国、墨西哥、加拿大、澳大利亚等许多国家相继出现，并且正在显示出其优越性。我国解放以来，采用多种形式对自然资源进行调查，获得了大量具有时间序列和空间分布特性的资源与环境信息，然而由于管理水平落后，不能及时准确地为国家经济建设服务。现代资源开发、利用的范围广泛，对所形成信息的质与量，处理信息的效率与技术的要求也大大提高，特别是航空、航天遥感技术的发展，由于遥感获取的地面信息大增，人们应接不暇，传统的工作方法不能适应现代化的要求，出现了所谓“信息爆炸”的局面，现代数据库应运而生。建立国家的或地区的资源数据库，不仅可以处理数量庞大的数据，而且可以对已有资料进行系统整理，使分散的资料系统化，使独享的资料变为共享的资料，使杂乱的数据标准化，使单要素资料变成综合的资料，可以及时获得动态信息，这就大大增加了数据资料的使用频率，使资源数据变成国家的宝贵财富。

(4) 计算机辅助制图的研究

在自然资源综合考察研究中，地图的重要性是不言而喻的，但是采用传统的编图方法，效率低、周期长，无法满足实际应用的需要，因此，计算机技术较早地进入了制图领域。早在20世纪60年代开始，世界上就开展了计算机自动制图的研究工作，我国也在70年代初把此项研究列为重点课题，开展硬设备研制和软件研究，到70年代末80年代初，这项新技术也在资源综合考察研究中引起了重视。有关专家已对资源研究中常用的几种图形进行了研究，如电子计算机符号图、等值线图、剖面图、立体图等数学模型和计算机基本软件的研究，取得了有用的成果，并在计算机制图的基本理论和方法上进行了初步的探讨。

(5) 资源信息系统的研究和建立

信息系统比数据库有更强的综合分析研究和决策的功能，因此，在资源数据库建立的基础上发展成资源信息系统是必然的趋势，也是一些国家已经成熟的经验。它实际是在数据库支持下，把系统理论、系统分析、资源信息采集、自动制图等新技术综合在一起应用的综合性技术系统，为了赶上世界技术发展的步伐，中国科学院自然资源综合考察委员会(下简称“综考会”)在数据库研究的基础上，于1985年又投入资源信息系统的研究，目前正在洛阳经济区建立区域性的国土资源信息系统，它包括资源数据库、决策数据库、模型库、图形数据库等几个主要部分，为我国地区级区域性国土资源信息系统的建立摸索经验，现已投入运行。另外，在山西雁北地区开展了资源经济决策系统的研究和建立，为资源开发与经济建设提供决策支持系统。“资源与环境信息系统”被列为国家“七五”科技攻关项目。

(6) 中国国土资源文献库的建设

为了充分利用前人在资源研究中所积累的宝贵经验，每一位资源研究人员都必须查阅若干文献资料，现在的困难是这些文献资料流散于各处，检索、查找十分不便，而且不一定能查全，何况我国目前每年大约有1万篇有关资料的文献发表，面对浩如烟海的文献和遍布全国各地的资料，要想全面、及时、准确地获取本专业、本课题的有关文献唯一有效的办法就是借助电子计算机进行情报检索。综考会于1984年6月筹建资料文献库，1986年已投入使用，库中存储有关国土资源开发与利用等的文献资料和中文摘要及作者、刊物名称等。可作脱机输入和联机检索。中文资料文献库的建立，将为资源研究工作者带来极大的方便。

2.7.4 自然资源的持续利用策略

1. 编制自然资源开发利用规划

(1) 资源开发规划具有战略意义

在我国，随着社会主义经济建设事业的发展，在自然资源的开发和对江河大地的整治方面取得了显著的成绩。但由于缺乏统一规划作指导，以致一些地区在开发建设过程中出现了对资源的破坏、生态恶化、环境污染等一系列问题。随着生产力的社会化和现代化，自然资源开发规划已成为从宏观上指导生产建设布局和协调经济发展与人口、资源、环境相互关系的重要手段。资源的开发利用过程，就是生产发展的过程和进行经济建设的过程，也是人类为了满足自身的需要而改变自然环境的过程。因此，资源的开发利用和人口增长、社会经济发展、环境保护之间有着相互制约、不可分割的内在联系。国土规划的核心就是协调它们的相互关系，达到变资源优势为经济优势的目的。确切地讲以资源开发利用为基础，以生产力布局为核心，发挥各地区的综合优势，促进国民经济持续、稳定、协调地发展，取得最大的社会效益、经济效益和生态效益。

自然资源开发规划具有一定的战略地位。因为国民经济发展的重大问题，诸如发展速度、生产结构和生产力布局等都与资源开发有着密切的联系，自然资源的开发速度、规模等对国民经济发展往往具有全局性和长远的影响。此外，自然资源也具有总体性的特点。因为各种资源不是孤立存在的，而是相互依存，共同组成自然界这个有机的整体。开发利用任何一种资源都会在一定地域范围内引起自然生态平衡的变化。开发利用得合理，可以形成良性循环，长期受益。如只从一时一地的需要出发，违反客观规律，开发利用不当，将会顾此失彼，甚至造成严重恶果，贻害于子孙后代。

(2) 资源开发规划

资源开发规划一般由三部分组成：国家总体规划、地区规划和专项规划。国家总体规划是将国土作为一个有机的整体，提出全国的自然资源开发的规划设想和总蓝图。总体规划是一种长期的、宏观的战略性规划，具有纲领性的特点。因此，还需要结合各地区的实际情况，编制更加具体的地区规划。自然资源既有跨地区的特点，又自成系统，因此还需要编制专项规划。上述三种规划既有各自的特点，又有共同的目标。它们彼此衔接，相互补充，共同组成一个完整的自然资源开发的规划体系。

(3) 实现资源开发规划的措施

资源规划的实施，首先取决于规划的科学性和体系的完整性。资源规划的内容要符合实际，符合客观规律，这是能否贯彻落实规划的基本前提。此外，国家总体规划、地区规划和各种专项规划虽各具特点，功能不一，但应彼此衔接，互相补充，构成一个协调完整的规划体系。若规划缺乏全盘化，内容又相互矛盾，则很难组织实施。

资源开发规划的实施一定要和国民经济计划、城乡建设规划和环境保护规划相结合，使资源开发的任务进一步落实和具体化，并与有关业务主管部门通力合作，共同完成。

资源开发规划的实施要靠政策。要相应地制定一系列政策，调动各个方面实施资源规划的积极性。有不少资源开发任务，如治山、治水、改土、造田、草原建设、植树造林等，都要靠动员千百万群众来完成，资源开发、基础设施建设等重大工程虽然要靠国家的力量来实现，但也要有正确的投资政策、布局政策来指导，协调各方面的经济利益，促其相互协作，共同完成。随着经济管理体制的改革，还要通过政策启动各种经济杠杆，并将经济手段和行政、立法手段结合起来综合运用。

资源开发规划的实施还要和宣传教育结合起来。因为资源规划具体地反映着一个国家经济建设的美好前景。在我国，资源规划的内容和社会主义现代化的总目标是完全一致的。要结合爱国主义和社会主义教育广泛地进行宣传，使全国各族人民都认识到，资源规划的实现关系着自己切身的利益，关系着社会主义现代化建设和祖国的未来，从而把物质文明和精神文明的建设结合起来，依靠千百万人民热爱祖国、建设社会主义的积极性来保证资源开发规划的实施。

2. 利用价值规律保护自然资源

(1) 资源合理价格的意义

价值规律是商品经济中的首要规律。合理的价格，是价值规律的体现。符合价值规律的价格，无论是理论上的完全竞争价格，还是用数学方法计算出来的影子价格，都是反映社会必要劳动量和资源稀缺程度的价值尺度，都是反映资源和最终产品优劣、余缺的信息载体；都是给不同生产者以各自应得报酬的合理分配手段；都是使生产者按价格信息和报酬大小调整自己生产方式和投资方向的调节动力；都是调动生产者积极性和消费者选择性，使资源配置得以优化的最有活力的经济因素。

资源价格合理与否，对资源的开发利用有重大影响。在一定的范围内，价格上升，会导致需求减少，促使人们珍惜、节约资源；价格降低，会导致需求增加，促使人浪费甚至破坏资源。这种情况，在经济生产过程中看得最清楚。一般的经济生产过程是：资源(原料和能源)、劳力、资本等生产要素，经过一定的生产过程，生产出产品，同时产生一些废弃物。产品对经济和社会来说是好的结果；废弃物如果排放出去，就会污染环境对经济、社会来说是坏的结果。但如果对其治理，使之变成有用之物，重新作为资源投入生产过程，就会将坏的结果变为或部分变为好的结果。在这整个过程中，价格的作用表现在：价格合理，资源在生产过程中得到充分利用，产出的产品就多，废弃物就少，而且人们对废弃物资源化工作感兴趣，从而使排放到环境中去的废弃物减少，污染情况就会减轻。如果价格不合理(主要是偏低)，资源就得不到充分利用。产出的产品就少，废弃物就多，而且人们对废弃物资源化工作不感兴趣，从而导致严重的环境污染。过去西方国家的发展模式大都只把注意力放在资本和劳力两个方面，忽视在资源要素方面下工夫，从而导致资源浪费和环境污染。

(2) 资源价格研究的目标

资源价格研究的目标有3个：节约资源、减轻污染、提高生产率。目前，许多国家的现行经济政策，包括资源的价格、补贴和税收，存在不少偏差，它既不能鼓励经济效益的提高，也无助于资源和环境的保护。因此，必须通过正确确定资源价格，合理调整这些经济手段的水平，使资源、环境和经济、社会发展得到协调。为此，需要对资源的现行价格水平进行科学的分析和计算，正确反映出它们的真实价值和对国民经济产生的效果，包括生态环境效益和社会经济效益。只有这样，资源和环境的保护才有牢固的科学基础。

3. 可更新资源的合理开发和保护策略

土地资源、水资源、生物资源和气候资源因其具有可更新性而统称为可更新资源，在土地肥力的周期性恢复，生物体不断死亡和繁殖，水分的循环，气候按一定的季节变化。但是，可更新资源能不断更新，处于周而复始的良好状态，必须以合理开发和保护为前提，否则就会不可避免地趋向退化，乃至枯竭。由于这类资源的可更新特点，其合理开发与保护在自然资源保护与利用策略方面显得尤其重要。

如前所述，我国由于过度利用可更新资源，已造成自然资源和自然环境的严重破坏，严重影响了自然生态系统的结构和功能，甚至导致了一定范围自然环境的恶化，使许多地区的可更新资源质量下降，数量减少，如黄土高原、辽西地区、海河流域、长江流域、山地丘陵区的水土流失；西北干旱区的沙化，华北平原、南北疆、河套平原的土地次生盐渍化，海南岛和西双版纳的森林砍伐引起小气候的不利变化，湖泊围垦和不合理开发等问题，直接关系着这些资源是否能更新，并关系到人类在社会是否能继续生存繁衍。因此，必须制定我国可更新资源的合理开发和保护的相关策略。

主要参考文献

《2007中国能源发展报告》编辑委员会. 2007. 2007中国能源发展报告. 北京：中国水利水电出版社

包浩生，彭补拙等. 1999. 自然资源学导论. 南京：江苏教育出版社

蔡运龙. 2000. 自然资源学原理. 北京：科学出版社

陈传康. 1988. 自然地理学、地球表层学和综合地理学. 地理学报，43(3)

陈永文. 2002. 自然资源学. 上海：华东师范大学出版社

封志明. 2004. 资源科学导论. 北京：科学出版社

简明不列颠百科全书(中译本). 1986. 北京：中国大百科全书出版社

景体华，陈孟平. 2007. 2006～2007年：中国区域经济发展报告. 北京：社会科学文献出版社

李春芬. 1982. 地理学的传统与近今发展. 地理学报，37(1)

李润田. 2003. 中国资源地理. 北京：科学出版社

联合国可持续发展：21世纪议程. http：//www.un.org/chinese/events/wssd/agenda21.htm

刘成武，黄利民. 2004. 资源科学概论. 北京：科学出版社

刘盛佳. 1990. 地理学思想史. 武汉：华中师范大学出版社

马建华. 2002. 现代自然地理学. 北京：北京师范大学出版社

潘玉君. 2004. 地理学基础. 北京：科学出版社

彭补拙，濮励杰，黄贤金. 2007. 资源学导论. 南京：东南大学出版社

任美锷，包浩生. 1992. 中国自然区域及开发整治. 北京：科学出版社

万天丰. 2005. 中国大地构造学纲要. 北京：地质出版社

吴传钧. 2002. 地理学. 福州：福州教育出版社

伍光和，蔡运龙. 2004. 综合自然地理学. 北京：高等教育出版社

武吉华. 1999. 自然资源评价基础. 北京：北京师范大学出版社

于连生. 2004. 自然资源价值论及其应用. 北京：化学工业出版社

曾珍香，顾培亮. 2000. 可持续发展的系统分析与评价. 北京：科学出版社

张军涛，刘锋. 2000. 区域地理学. 青岛：青岛出版社

赵其国. 1991. 中国土壤资源. 南京：南京大学出版社

郑度. 1991. 90年代的地理学. 地理研究，10(2)

中国大百科全书编委会. 中国大百科全书-经济学I. 1988. 北京：中国大百科全书出版社

中国地理学会. 2007. 地理科学发展报告. 北京：中国科学技术出版社

中国科学院可持续发展战略研究组. 2006. 2006中国可持续发展战略报告. 北京：科学出版社

中国科学院可持续发展战略研究组. 2007. 2007中国可持续发展战略报告. 北京：科学出版社

中国资源科学百科全书编辑委员会. 2000. 中国资源科学百科全书. 北京：中国大百科全书出版社

中国自然资源丛书编撰委员会. 1995. 中国自然资源丛书. 北京：中国环境科学出版社

中国自然资源研究会. 1991. 自然资源研究文集. 北京：科学出版社

第三章 资源生态学

3.1 资源生态学的产生与发展

3.1.1 资源生态学的产生背景

资源是人类赖以生存和发展的物质和能量基础。人类社会的发展史在某种意义上可以说是人类认识资源和开发利用资源的历史。资源开发利用一方面促进了人类经济和社会的不断发展;另一方面由于人们在观念和意识上对资源的认识不足,在开发利用过程中也带来了一系列的生态环境问题,资源生态学的产生与人类社会对资源的不合理利用密切相关。总体来看,人类与资源的关系大致分为三个阶段。

1. 工业革命以前:人类与资源的"和平相处"

原始社会由于人口数量很少、人类认识资源和利用资源的能力十分有限,人类对其周围生物和环境的影响是局部的、微小的。人与自然关系总体带有纯粹的"原始性"。

农业革命使人类的生产力水平逐渐提高,人类认识和改造自然的能力不断加强,人类开发利用资源的种类大幅度增加,需求规模也在扩大。随着生产的发展,世界上出现了一些文明古国,人类在长期的农业实践中积累了丰富的经验,产生了许多有关资源利用和保护的朴素而深邃的思想。在这一阶段,人类与资源的关系总体上仍是"和平相处"。

2. 19 世纪中期到 20 世纪中期:人本位的资源无限史观

19 世纪中期的工业革命大大解放了生产力,也使得人类在开发利用资源的深度和广度上达到史无前例的地步。人类对自然界资源的认识也因此具有明显的人本位特征,认为人类是自然的主人和占有者,自然界的一切必须服从于人类的利益和需求,"取之不尽,用之不竭"的思想较为普遍。其实践结果是构建了整个现代文明,但也带来了今天人类面临的一系列以人口、资源、环境与发展关系为核心的全球性问题。

3. 20 世纪中期以来:"资源有限论"和可持续发展思想的启示

20 世纪中期由于人类对资源的大规模开发利用以及由此带来的一系列生态环境问题逐渐引起了人们的注意,人类开始意识到资源合理利用与有效保护的重要性。人类对人口、资源、环境与发展问题日益觉醒。随后,"资源有限论" 和以资源可持续利用为核心的"可持续发展"思想得到普遍认同,也正是资源生态学产生的现实背景。生态系统理论的发展与完善也为资源科学的发展起到了积极的推动作用,也促成了资源生态学这一边缘学科的诞生。

自然资源生态伦理观反映的是人与自然之间整体协调发展关系的行为准则，其核心就是“天人合一”，是资源生态学形成的思想基础。

3.1.2 资源生态学的形成与发展

资源生态学是随着自然资源的调查、保护和利用工作的开展而发展起来的。20 世纪 30 年代起有关生态系统、生物圈、食物链、金字塔营养级等概念和理论研究成果及其广泛应用，促进了资源生态学的产生和发展，并为资源生态学的发生发展奠定了理论基础。

20 世纪 60～80 年代是资源生态学的建立时期。其中 1974 年英国地理学家 I. G. Simmons 的《自然资源生态学》成为资源生态学学科诞生的最重要标志。进入 80 年代以后，更多著作相继出版，资源生态学研究领域日趋活跃。

中国的资源生态学研究始于 20 世纪 70 年代末。起步虽晚，但一开始便具有鲜明的中国特色，在生态工程、生态农业、生态林业、小流域综合治理与开发、资源开发和国土整治等方面的工作，都为资源生态学的形成与发展提供了广阔的社会舞台。这些工作密切结合生产实际，为提高中国的农业发展水平和改善生态环境发挥了巨大作用。进入 90 年代以后，特别是随着区域可持续发展和资源可持续利用与管理研究的不断深入，资源开发与利用更多地引入系统的思维与生态学的思想，人口-资源-环境-发展（PRED）系统成为资源科学研究的主要内容，并极大地丰富了资源生态学的理论与方法。

资源生态学目前的研究主要集中于自然资源生态学领域的研究。Ramade 教授发表的《自然资源生态学》（*Ecology of Natural Resources*）较为全面地阐述了自然资源开发、利用和保护中的生态学理论问题。但作为一门独立的学科，资源生态学仍处在发展的初期阶段，尤其是其理论体系和方法论等都有待进一步发展完善。如何用生态学理论指导资源开发和利用是资源生态学的一个重要问题，但同样重要的是还需要从更加广泛的资源范畴来研究资源开发利用过程中的生态问题和生态学理论。

3.1.3 资源生态学的应用前景

1. 制定国土规划和区域开发规划

资源生态学是研究资源综合开发及生态环境变化规律的一门科学。其基本理论和方法可广泛应用于国土规划和区域发展规划。制定一个地区的综合发展规划，首先要对该区自然资源系统和社会经济系统进行全面系统分析，在判定优势资源和资源利用存在问题的基础上，提出该区域资源开发和经济发展的总体战略，进而对产业结构进行调整，制定各产业发展规划，最后提出一批优先发展的重点项目，为区域发展提供可靠依据。

2. 指导贫困地区发展

贫困是一个综合征。总体看，贫困地区的资源是匮乏的或资源的总体组合不佳，因此，贫困地区的发展实际就是在充分利用和开发优势资源、保护和治理恶劣自然生态环境的基础上实现生态与经济的协调发展。这方面资源生态学大有可为。

3. 指导现代农业建设

现代农业建设要求对农业资源进行合理开发与综合利用，要求按照农业发展目标建立良性循环的农业生态经济系统，而不是单一的农业自然资源系统，资源生态学学科综合性的优势在这方面可得到充分发挥。

4. 制定正确的资源生态环境战略决策

如何正确认识并解决经济发展过程中所出现的生态环境问题，进而建立符合各国、各地实际情况的生态战略离不开资源生态学。因为这需要从生态经济系统的高度分析资源及其过程特点、分析资源过程与生态环境产生演化的关系，研究资源开发过程中经济与生态代价及其阈值范围，预测不同社会经济资源作用于某种自然资源时可能产生的生态环境效应及问题的类型与性质等。

3.2 资源生态学内涵与研究范畴

3.2.1 资源生态学的概念

资源生态学是研究资源内部、资源之间以及资源与环境因子之间相互关系的学科，是资源科学和生态科学的交叉学科。作为应用生态学的分支，资源生态学侧重于研究自然资源开发利用及其对生态环境的影响。它是研究在人为干扰下资源生态系统内在的变化机制、规律，寻求资源的开发利用和保护对策的科学，即运用生态学理论，阐明人与自然资源的关系，可持续发展的生态途径。资源生态学以单项或整体的自然资源为研究对象，研究随着资源数量、质量、时空变化及其开发利用所产生的生态环境效应，探讨其规律性，评估资源开发利用对生态环境的影响，为合理开发利用自然资源与环境保护提供科学依据。

3.2.2 资源生态学的研究对象

资源生态学的研究对象是资源生态系统，也就是研究资源的开发、利用、保护和管理的生态过程，以使资源发挥其更大的效用，并尽可能减少其负作用。

3.2.3 资源生态学的研究内容

1. 资源生态系统

(1) 资源分布规律

自然资源分布规律的研究主要集中在以下方面：

1) 单项资源分布规律　主要研究某一资源的分布与其他资源或环境因子的关系以及分布的数量和质量特征。

2) 整体资源分布规律　研究农业、林业、矿产资源等亚系统的分布特征及其与产业发展的关系。研究自然资源空间分布的整体性以及局部自然资源的变化对整个区域自然资源系统的影响。

(2) 资源生态系统结构与功能

1) 资源生态系统结构　包括空间结构和时间结构，如农业资源系统中生物群落具有成层现象，呈聚集状态分布于特定的区域中，并按照季节的变化完成其生长发育过程；降雨、温度、辐射等的年际、季节与日变化等。因此在开发利用资源时应充分考虑资源的结构特点，采取相应对策，以获得良好的开发效益。

2) 资源生态系统功能研究　包括物流、能流与信息流研究。如研究物质在资源生态系统中的循环途径、方式、数量、质量、速率、效率等。按循环介质可分为大气、水循环和沉积循环，按循环范围可分为系统内部循环与系统间循环，在自然界中这些循环总是同时进行着。生态系统内能量的转换服从热力学第一定律和第二定律，但生态系统是一个开放的能量系统，不同于封闭系统，倾向于保持较高的自由能而使熵变小，通过不断地输入能量和排出熵，从而维持一种稳定的平衡。资源类型不同其功能特点也不同。在自然资源的开发利用中，应根据研究的目的和开发利用的需要，选取不同的开发方式与方法，以提高资源利用率。资源系统的信息除了系统所显示出的动物迁徙、鸟类鸣叫、植物开花等自然信息外，还包括资源的外在信息，即表征资源特征的数字、文字、声音、图件、影像等。

3) 资源开发的生态效益和经济效益评估　在资源开发利用中，除了根据资源生态系统的物流、能流及信息流对其生态效益进行评估以外，还要进行经济流及社会效益的评估。首先要求人们根据经济学的原理和自然资源的基本属性合理地开发利用资源，优化资源配置，减少资源开发的盲目性；其次是根据资源的稀缺性和流动性等特征，提高资源的开发利用率，实现资源的可持续利用；再次是根据边际效益递减及机会成本等经济学原理，适量、适时投入资本，控制资源运作的风险，取得最佳的经济效益。

(3) 自然资源与社会资源关系的研究

资源生态系统是由自然资源、社会经济资源构成的复合生态系统，相互间存在紧密的内在联系。特别是在资源问题不断涌现的情况下，从社会、经济角度出发，充分考虑资源的可塑性，把生态经济平衡的基本理论作为支点，开展社会需求下的多宜性功能评价和抉择，通过综合分析，最终对资源开发利用和治理保护方案做出优化决策。

2. 资源开发利用与生态环境的关系

自然资源是人类赖以生存和发展的物质能量基础，人类在利用资源，使人类得以生存发展的同时，也使自然生态环境不断地发生深刻变化，又对人类生存状况和持续发展产生影响。因此，深入研究资源开发过程中生态环境问题的产生、积累等客观规律，进而提出切实可行的生态策略，是资源生态学研究的又一主要课题。

概括地讲，资源开发的生态效应有以下几种。

扰动效应：某种资源在一定范围的开发对(原生)环境及其生态关系产生一定的扰动，但并未导致环境“破坏”及生态失调，经过短暂调整，生态系统重新达到动态平衡。比如，草地的适度放牧，会导致原草地环境及草地生态系统中各种物种关系的变化，但最终达到新的平衡。

连锁效应：指一种(类)资源的开发会促进或抑制其他资源的开发，或者引起环境的一系列变化。如煤炭资源的开发会产生一系列煤烟污染。因此，资源开发中一定要考虑某种资源开发后所产生的各种连锁效应，充分利用正连锁效应而抑制负连锁效应乃基本原则。

正、负效应：许多资源的开发往往对环境会产生正、负两方面的效应，而且在现实社会中，正、负效应总是有主有次，在资源开发中，我们要充分发挥资源的正效应而尽可能地减少负效应。

滞后效应：有些资源的开发所引起的环境变化并未在资源利用初期表现，而是在开发中后期才表现出来，如农药造成地下水污染，地下水资源开采造成地下水位下降或漏斗出现等。

累加效应：许多资源开发造成环境的变化是渐进的，通过数量的不断累加而导致环境的质变。

3. 资源与生态环境理论问题

世界对资源危机及生态环境恶化已达成共识，但就危机和恶化原因以及怎样共同对待愈发严峻的问题，认识不够，争论较大。固然原因较多且复杂，但有一点很值得注意，那就是对资源与生态环境问题特殊性理论研究不够。

(1) 资源危机原因

资源危机一般归结为以下 5 方面：人口爆炸使资源消耗剧增；经济发展太快使资源消耗呈高指数增长；资源开发不合理造成巨大浪费；环境恶化、生态破坏使可用资源大为减少以及发达国家与地区对资源的无休止挥霍。比如，占世界人口不到 20%的富国消耗着 80%以上的世界资源，占全球人口只有 4.7%的美国，却消耗世界资源总量的 30%等。

(2) 生态环境的经济属性

生态环境问题的实质是经济问题。因为：生态环境问题产生于人类社会经济发展过程之中；处于不同经济水平的人们对生态环境问题的认识不同，敏感性不同，要求改善和治理的能力不同；生态环境问题的治理和改善最终依赖于经济发展。

(3) 生态环境问题具有阶段性和不可跨越性

这种阶段性与资源开发和人类社会发展的阶段性相一致。很难想像在以生物能资源开发阶段会有化石能资源和核能资源开发所造成的生态环境问题。因此，考察生态环境问题必须要与资源开发和经济发展阶段性相联系。同时，对于一个独立完整的生态经济系统而言，生态问题的解决不能跨越经济发展阶段。就是说某一社会经济发展阶段只能解决某一类相应的生态环境问题，企图迫使处于低级阶段的国家或地区解决高级阶段的生态环境问题是徒劳的，甚至是灾难性的。

(4) 生态环境问题是无限滋生的

只要有人类经济活动，就必然会产生相应的生态环境问题：一种(类)生态环境问题消除的同时可能会伴随另一种生态环境问题的生产；在某一阶段(时期)内不被作为生态环境问题的问题可能在下一阶段成为生态问题；即使某种按照生态原理设计的多级循环系统仍然有可能产生设计时未曾预科到的某种生态环境问题。

(5) 生态环境问题具有不同类型、不同性质等属性

实际上，资源开发和经济发展必然引起生态环境的某些变化，关键是这种变化的幅度是否超过某一阈限或是否造成生态关系失调。而且，资源种类多样，其开发造成的生态环

境问题的类型、性质等也多样，如可逆性与不可逆性、暂时性与长久性、可消除性与致死性、必然性与非必然性等。正确的生态策略应该是通过选择资源开发的种类或资源产业的发展或者采用先进替代技术来杜绝那些不可逆的、长久的、致死的及非必然性的生态环境问题；并不是要根除一切生态环境问题。

3.2.4 资源生态学的学科特点

资源生态学就是资源科学和生态学交叉而产生的一门边缘学科。具有以下显著特点：

1）学科的综合性　资源生态学的研究内容涉及自然科学和社会科学的多个分支学科、多个范畴和多个层次，它不仅是自然科学的一个重要分支，同时又具有明显的社会科学的属性。

2）广泛的应用性　资源生态学的研究对象是资源生态系统，人类要生存发展，就要利用资源，就要设法解决资源开发利用中出现的一系列生态环境问题，保证资源的可持续利用，因此它回避不了现实问题，也正是因为大量现实问题的存在而使其具有极强的学科生命力。

3）鲜明的时代性　资源开发利用是人类认识自然、改造自然的有意识的活动，不同的时代对自然资源开发的类型、强度均不相同，资源开发利用的效应及所面临的问题也有很大的差异，从而使得资源生态学研究需要根据社会经济的发展及所面临的生态环境问题及时调整自己的研究内容。

4）内容的转换性　这是资源生态学与一般生态学的根本区别。例如，温度、降雨等气候条件，在生态学中是作为影响生物生长、发育、迁移、繁殖等生命活动的生态因子来处理的，但在资源生态学中，则将这些气候因子所形成的自然资源（气候资源）作为研究对象。

3.2.5 资源生态学的学科体系

资源生态学的主要分支学科按照其研究对象和研究内容的差异，可简单地划分为三种类型：

1）学科性的理论研究，即综合资源生态学，包括理论资源生态学、应用资源生态学和资源生态方法论。

2）以研究区域资源开发利用及其生态环境效应与生态系统管理为主要目的的区域资源生态学。

3）以某一种资源系统为主要研究对象的实践研究，可分为农业资源生态学、林业资源生态系统、水体资源生态学等。

资源生态学已在资源开发、生态建设和经济建设方面发挥重要作用。可以预计，随着资源开发利用程度的加深和人口、资源、环境问题的日益尖锐，资源生态学将在解决诸如资源安全、资源优化配置与可持续管理、区域可持续发展等方面大有作为。伴随着资源生态学在国民经济主战场上的作用，其学科体系将逐步趋于完善。

3.3 资源生态学基本理论

3.3.1 资源过程理论

人类开发利用资源的真正目的在于通过一系列功能过程把资源转化为能满足人类生产生活需要的各种产品，也就是资源在系统中不断进行物质和能量循环与转化的过程。在资源循环与转化的过程中，人类建立了相应产业部门，这些部门的发展又反过来促进资源开发的深度与广度。资源过程论的第二个论点是资源的不断发展与替代，包括可更新资源本身通过更新、循环及世代繁衍等得到永续利用；人类由于科技进步发现可替代的非再生资源（相对于人类开发的速度而言），比如能源。资源过程论提醒我们，要注重资源在转化过程中的效率提高和新的替代资源的发现。

3.3.2 资源的生态经济平衡理论

资源开发具有双重效应，资源开发推动经济增长是要付出生态环境代价的。但由于现实社会的复杂性，导致许多具有典型意义的、生态代价甚小的资源开发和经济发展模式在推广时就失去了原来的意义。这提醒我们，在资源开发利用过程中应寻求生态与经济的最佳平衡。如对于农村秸秆的资源化、生态化利用，要充分考虑多层次利用可带来的经济效益变化，只有提高了经济效益该利用方式才具有生命力，才能被自觉推广应用。

3.3.3 资源生态系统理论

在资源生态系统中，社会资源作用于自然资源，两者的物质与能量投入经过基本的生态功能过程得以循环转化，最终以一定的产品满足特定的人类需求。按系统论基本原理，一方面资源系统自身的动态平衡是维持该系统可持续存在的基础，另一方面各资源系统之间彼此释放的功能要互相耦合，建立良性的互馈机制。在人与自然这个巨系统中，人类社会系统对资源环境系统提供给人类社会系统的功能要符合人类社会维持生存发展的基本要求。

3.3.4 资源流动论

当今世界，资源始终在不同地域范围频繁、强烈地流动，环境污染与生态问题也呈现出类似的趋势。然而，因资源流动的趋势、后果、格局等而出现的一些环境污染与生态危机问题并未引起资源学者的高度重视。如西方一些发达国家对木材资源丰富的一些发展中或不发达国家木材的大量需求，促使大量森林被砍伐，导致严重水土流失等生态破坏现象出现。这为资源生态学的发展提供了广阔的研究领域和范畴，也有助于正确分析区域差异，为国家或地区的公平发展和可持续发展提供许多具有重要意义的战略决策依据。

3.3.5 资源价值与产权理论

资源有价已成为共识。除了常规的商品价值外，有些资源还表现在审美价值或精神文化价值上。因此，资源成为财富的象征，拥有资源就等于拥有财富，开发资源就等于财富增值。自然资源决定了经济增长的潜力和格局，即潜在财富。这种潜在财富的实现，取决于社会资源是以何种方式和何种强度作用于自然资源的。这就隐含着资源价值核算问题和产权问题。也就是说，资源价值核算和产权对资源开发和经济发展具有十分重要的作用，尤其是对于正处于体制转轨时期资源廉价、产权界定不清的中国，更具有现实的理论意义。

3.3.6 资源配置理论

自然资源是人类的共同财富，人类应公平享受自然资源。这种公平性包括代际公平和代内公平。自然资源分配的代际公平包括三层内涵：① 指规则公正，包括产权是否充分界定，产权的权利、义务关系是否清晰，社会的激励机制及约束机制是否健全等；② 指自然资源在各代人之间的分配是否公正，又包含两层含义：一是现代人对自然资源的消费是否适度，即现代人的经济活动是否破坏了后代人的发展基础，二是现代人对自然资源的投资是否与他们所消耗的资源量相匹配，包括修复、改善自然条件的投资，保护自然资源的投资等；③ 指现代人对自然资源基础及后代人的补偿行为能否实现。代内公平则主要指自然资源在不同国家或地区间分配的公平性和在同一国家或地区内部资源分配的公平性两个方面。

3.4 资源开发利用中的生态评价

对人类而言，资源既具有经济价值和功能，同时又具有生态作用和功能。过去人们比较重视资源的经济价值和功能，而忽视资源的生态作用和功能。随着资源开发力度的加大，伴随出现的生态环境问题越来越多、也越来越严重。因此，对资源进行生态评价，全面认识资源以及资源与环境、社会、经济作用的过程、机制与规律，是实现资源的可持续开发利用的重要基础。

3.4.1 资源生态评价及评价目的、意义

1. 资源生态评价概念

资源生态评价是指应用资源生态学的有关理论和方法，对资源的组成、结构、功能与

主要生态过程、稳定性与敏感性、系统发展演化趋势等进行综合评价。如土地资源生态评价就是对土地生态系统的结构、功能、价值及其生态环境质量等进行评价分析，为科学地评价和衡量人类活动对土地的影响及其生态效应提供评价方法，从而为达到土地资源的可持续利用提供一条途径。

20 世纪 60 年代中期以来，人口、资源与环境矛盾日益尖锐，生态问题更加突出。为解决这些问题，人类需要更深入地理解生态系统结构、功能和过程，因而逐步在全球范围内开展了资源生态评价研究。生态评价对象上从最初多为农田生态系统、森林生态系统等，扩展到城市、湿地、流域、湖泊、山区、干旱区、森林公园、自然保护区、行政区等，空间上从小尺度扩展到多尺度，类型上从单一生态系统扩展到复合生态系统，评价方法上则从传统生态学方法扩展到各种数学模型、计算机技术及"3S"手段等的广泛应用。

2. 评价目的与意义

进行资源生态评价是协调社会经济发展与环境保护、生态建设关系的需要，资源生态评价的目的与意义主要有以下几方面。

1）了解资源的生态状况及生产能力高低，全面认识资源开发利用现状所出现的生态环境问题。

2）通过生态评价，有助于认识资源生态系统发展的潜力与制约因素，评价不同的活动和措施可能产生的结果。

3）通过生态评价，有助于从生态系统的角度全面认识资源与社会、经济、环境间的相互关系及其发展变化规律，为科学合理地开发利用资源、保护资源、分清生态治理的轻重缓急，为人类实现调控和管理资源生态系统决策方案的制定提供重要依据，促进人类当前面临的资源、生态问题的解决。

4）通过研究对象的历史和现状的评价，有助于预测未来可能发生的生态环境问题，尽早做好防范对策与措施。

3.4.2 资源生态评价指标体系

1. 指标体系构建原则与要求

资源生态评价指标体系的建立属于多属性评判问题，必须建立多目标的评价体系，而且评价体系要在系统中具有评价、预测和控制的功能，指标体系的基本要求应满足以下几个方面。

1）相对完备性　评价指标体系能在生产、生活、社会进步与环境保护方面反映大系统整体性。

2）代表性　反映系统时空变化特征，同时各指标应具有一定程度的独立性和稳定性。

3）层次性　根据评价的需要和详尽程度对指标进行分层分级，满足系统预测、结构、功能分析要求。

4）统一性　在计量范围、统计口径、含义解释、计算方法上协调一致。

5）合理性　可测、可操作、可比较、可推广，在较长时间和较大范围内都能适用。

2. 指标体系内容

资源生态评价的指标体系可按评价对象及评价目的来确定。以下仅以土地资源生态评价为例说明生态评价的指标体系内容。由于各学者的学科背景以及评价目的的差异，建立的评价指标体系也不同。傅伯杰等提出了农用地生态评价的常用指标，包括5个一级指标和16个二级指标(表3-1)。

表3-1 农用地生态评价指标

指标分类	指标属性
1. 气候条件	
太阳辐射	辐射强度、季节分布、日照天数、日均辐射时间
温度	年积温、年平均温度、年际变化
降水量	年均降水量、季节分配、年变率
气象灾害	风沙、暴雨、霜冻、冰雹等
2. 土壤条件	
土壤肥力	有机质含量，有机质盈亏，年、季变化，有效N、P、K
土壤结构	颗粒组成、孔隙度、透水性、持水性
土壤污染	污染面积、污染强度、污染趋势
土壤侵蚀	侵蚀面积、强度、变化趋势
土地退化	沙化、盐碱化的面积强度和过程
3. 水资源	
水资源量	水域面积、总量，年、季变化，供需平衡等
水质	水化学特征、混浊度、BOD、COD、有机酚等
4. 立地条件	
地貌特征	地貌类型、坡度、坡向等
5. 生物资源	
生物	动物个数、自然增长率、灭绝率、分布密度
植被	植物覆盖率、生物量、生长率、人工/天然植被组成
生物组成	生物种类、受威胁程度、生物年龄结构、空间结构、生物数量分布
生物多样性	基因多样性、物种多样性、生物系统多样性、景观多样性、优势种、破碎度、隔离度等

引自：傅伯杰、陈利顶、马诚，土地可持续利用评价的指标体系与方法，1997

3.4.3 资源生态评价的程序

资源生态评价的程序如图3-1所示。

1. 生态调查

摸清评价资源的组成、结构与功能特征。调查的基本内容包括自然、社会和经济环境以及面临的生态问题。自然环境调查的内容可以分为生物因子和非生物环境因子；社会经济环境调查内容包括行政区划、人口数量和结构、土地面积和利用现状、产业布局、经济发展等方面；生态问题调查根据不同的评价对象实际内容也不同。但是对评价地区存在的重大的、敏感的或者存在长期不利影响的生态问题必须进行调查。调查的参考内容如下。

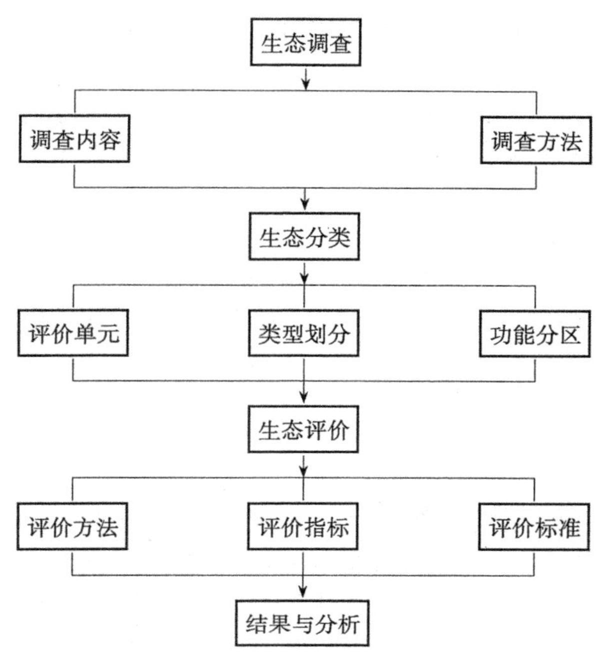

图 3-1 生态评价的一般程序

1) 生物因子　　植被类型(包括面积、位置与数量)、建群种、珍稀物种、生物量、生物多样性等。

2) 环境因子　　地形地貌、土壤、气候、水文、土地利用类型、环境污染指标等。

3) 生态问题　　水土流失、荒漠化、沙尘暴、生物入侵、稳定度、脆弱度、生态健康等。

可以用于生态评价的调查方法很多，比较通用的有生态样方调查法、遥感调查法、资料收集法(主要是收集长期监测的数据)、访问座谈法等。

2. 生态分类

生态分类是确定评价方法、评价指标和质量标准的必要准备。一般生态分类包括生态评价单元的确定、生态类型与生态功能区域的划分等工作内容。评价单元和生态类型是确定评价模式和评价指标的基础，生态功能区域的划分是制定生态质量目标的最根本依据。

(1) 生态评价单元的确定

根据研究区范围的大小和评价的目的与要求可采用不同的方法。常用的有两种方法，一种是将土地单元或地块作为最小评价单元；另一种是采用网格法，按需要将评价地区划分为网格(如 500 m×500 m、5 km×5 km 等)，以网格作为最小评价单元。

(2) 生态类型划分

生态分类的重要表征就是在空间上划分出相对均质的景观生态类型。其划分标准主要考虑生态系统空间结构的相似性及评价的尺度。划分指标主要考虑水热条件、植被类型、土壤类型和地形等因子。

(3) 生态功能分区

生态功能区的划分考虑的是生态功能的基本一致性，由于同一生态系统具有不同的生态功能，而不同的生态系统又可能具有相同的生态功能，所以通常需要在更大的尺度上根据主导生态功能的不同特点划分出不同的功能区，用以表明该区的主要生态功能特征。

3. 生态评价

生态评价就是运用选取的一定的评价模式、评价指标和评价标准，对生态系统的组成、结构特征、功能优劣程度和生态过程的畅通性等进行定量或定性的判定。以下以土地整理生态评价为例说明生态评价。

(1) 评价指标与评价单元选取

评价因子的选取需要结合区域的主要生态问题，选取最能反映土地质量差异和生态功能强弱的因子作为评价指标。评价单元是具有专门特征的土地单元并用于进行制图的基本区域。确定评价单元以保证评价结果落实到一定的区域上。综合考虑下，选择坡度、地下水资源、植被类型和土壤有机质作为评价因子，土地利用现状的地块作为土地整理生态评价的评价单元。

(2) 评价指标的量化分级

量化分级反映每个评价指标在数量上与评价对象质量差异的对应关系。评价指标值的确定遵从以下规则：① 分值为 0～100，随着生态稳定性增加分值增加，分值差异的大小不强求诸指标一致；② 评好关键分值。例如，在西部地区土地整理着重保护生态环境，地下水资源量在中等程度，沙化的可能性就高，可评定为 60 分。坡度＜5°时，发生水土流失的可能性小，也不会因坡度而明显地使农业土地利用产生不良后果，可评为 100 分；当坡度在 25°左右，发生水土流失的可能性增大，发展农业需要有水土保持措施，只能赋予及格分 60 分，超过 25°的土地赋予 0 分；③ 根据国家西部地区退耕还林还草和防止毁林开荒的有关规定，凡现为森林和天然草地的土地利用类型一律保持原状，为保护生态环境，评为 100 分。据此，确定土地整理生态评价中土壤有机质、地下水资源、坡度和植被类型评价因子的量化分级评分值。

(3) 评价因子权重的确定

权重是指评价指标对评价单元综合分值高低的影响程度。通常采用特尔斐(Delphi)法。即约请有经验的专家对所设定的各项指标的权重进行判别，按重要程度由小到大排列。

(4) 评价模型的构建

根据确定的各因子不同级别的得分值(S)与权重(W_i)，可建立评价模型：

$$C = \sum_{i=1}^{n} S_i \cdot W_i \quad (i = 1, 2, \cdots, n)$$

式中，C 为评价对象生态稳定性的综合得分值，根据前面对得分值与权重的定义，C 值也将处于[0, 100]；S_i为第 i 个指标的得分；W_i为第 i 个指标的权重值；n 为评价指标的个数。

(5) 评价结果分析

根据评价指标、标准和模型，对评价对象的采集数据进行计算与分析，客观评价研究对象整体以及内部不同空间或类型所处的生态状态、存在的主要生态问题，为资源的合理利用与开发提供基础依据。

3.4.4 资源生态评价的主要方法

资源评价的方法很多，如多线性加权法、景观生态评价法、系统动力学方法和神经元网络评价法等。下面介绍四种基本的生态评价方法。

1. 因子综合法

该方法是一种简单的定量生态评价方法，也是最常用和最实用的方法。首先是根据生态评价的目的，选取有关的自然、社会、经济要素指标，给出各个参评要素的具体指标值，再按照各要素（或因子组）的相对重要性赋予不同的权重，求出总的综合指数值，最后按评价标准综合指数值划分不同的评价等级。其计算公式为：

$$I_{cp}=\frac{1}{n}\sum_{i=1}^{n}W_i\cdot l_i$$

式中，W_i为参评要素的权重；n为参评要素的数目；l_i为第i类要素（指标）的具体数值。

如果该要素是由一组因子构成的，其计算方法为

$$I_{ij}=\frac{1}{k}\sum_{j=1}^{k}W_k\cdot p_j$$

式中，W_j为该类要素中第j因子的单因子权重；p_j为第j个因子的实际数值；k为评价因子数量。

根据计算结果，参照一定的评价标准，即可得到评价结果。

由于加权加和法具有补偿性，个别指标下降会因其他指标上升而使总和不变，故该法仅适用于同类型指标评价。如果是进行综合评价，或考虑最小限制因子的作用，可采用连乘法来计算。

$$I_{cp}=\prod_{i=1}^{n}W_j\cdot l_j$$

2. 层次分析法

层次分析法是把复杂问题中的各个因素通过划分相互关系的有序层次，根据对一定客观现实的判断就每一层次的相对重要性给予定量表示，利用数学方法确定每一层次要素的相对重要性的权值，并通过排序来分析和解决问题的一种方法。其基本思路是按照各类因素之间的隶属关系把它们分成从高到低的若干层次，建立不同层次因素之间的相互关系，根据对同一层因素相对重要性的相互比较结果，决定层次各因素重要性的先后次序，以此作为决策的依据。基本步骤如下。

1）建立层次结构模型，划分目标层、准则层、指标层等。

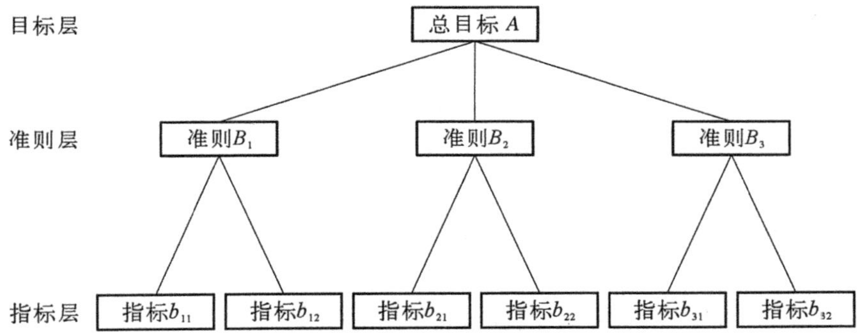

2）构造判别矩阵是层次分析方法的关键一步，矩阵内数据反映各因素相对重要性，可由客观数据、专家意见或分析者的综合获得，采用1～9或倒数表示。前例中，A层对B层构造判断矩阵为：

A	B_1	B_2	B_3	W
B_1	1	2	9	0.60
B_2	1/2	1	7	0.35
B_3	1/9	1/7	1	0.05

3）排序及检验。

求上述矩阵特征根和特征向量　$A \cdot \omega = \lambda_{max} \cdot \omega$

式中，A为上述判断矩阵；λ_{max}为最大特征根；ω为最大特征根所对应的特征向量。

有了ω后，即得该层因素对上层的单权重，用$CI = \frac{\lambda_{max} - n}{n-1}$进行检验，当$CR = CI/RI < 0.10$时，效果满意。对于1～9阶判断矩阵，$RI$的取值如下：

矩阵阶数	1	2	3	4	5	6	7	8	9
RI值	0.00	0.00	0.58	0.90	1.12	1.24	1.32	1.41	1.45

其中，1、2层无需进行一致性检验。

4）求层次总排序。

B \ A	A_1 a_1	A_2 a_2	… …	A_m a_m	总排序权重
B_1	b_{11}	b_{12}	…	b_{1m}	$\sum_{j=1}^{m} a_j \cdot b_{1j}$
B_2	b_{21}	b_{22}	…	b_{2m}	$\sum_{j=1}^{m} a_j \cdot b_{2j}$
·	·	·	·	·	
·	·	·	·	·	
·	·	·	·	·	
B_n	b_{n1}	b_{n2}	…	b_{nm}	$\sum_{j=1}^{m} a_j \cdot b_{nj}$

5）层次总排序一致性检验。

$$RI = \frac{\sum_{j=1}^{m} a_j \cdot CI_j}{\sum_{j=1}^{m} a_j \cdot CR_j}$$

层次分析中赋值说明：

标度	含义
1	两因素相比，同等重要

3	两因素相比，一个比另一个稍微重要
5	两两相比，一个比另一个明显重要
7	两两相比，一个比另一个强烈重要
9	两两相比，一个比另一个极端重要
2,4,6,8	为两相邻值的中间值
倒数	i 与 j 比较得 b_{ij}，则 j 与 i 比较为 $b_{ji}=1/b_{ij}$

3. *主成分分析评价法(PAC法)*

主成分分析法是因子分析法的一种类型，其原理是将多维复杂关系的信息压缩到少量维数上，构成综合变量的线性组合(主成分)，并尽可能反映最大信息量，且第一轴携带信息最多。应用主成分分析方法进行生态评价的步骤如下：

1) 原始数据的整理和数据的标准化。设生态评价研究对象有 N 个实体，每个实体都包含了 P 个变量，从而得到了 $P\times N$ 的原始数据矩阵。一般情况下，各个评价要素具有不同的量纲，在分析计算中需要进行数据处理，以消除因量纲不同而造成的干扰，常用的方法有数据转换和数据标准化两种形式。

数据转换一是为了改变数据的结构，使其能更好地反映生态关系，或更好地适合某些分析方法；二是为缩小变量之间的差异性，由于变量之间的量纲不同，不同变量之间的数据值差异很大，通过数据转换可以使数据值趋于一致；三是从统计学角度考虑，抽取的实体如偏离正态分布太远，可进行适当转换。数据转换常用对数转换、平方根转换、立方根转换、倒数转换等方法。

数据标准化是为了消除补贴要素或不同实体间的不齐性，或使同一实体内不同要素间或同一要素在不同实体间的方差减少，或限制数据的取值范围而采用的方法。标准化常用的方法有：

① 数据中心化　即用原始数据减去平均值，如对要素中心化，就分别减去各要素所在实体中的平均值，对 $P\times N$ 矩阵就是每一行的平均值；若对实体进行中心化，就减去每个实体内所有要素的平均值，也就是短阵每一列的平均值。用公式表示为：

$$\hat{X}_{ij}=X_{ij}-\overline{X}_{ij}$$

式中，$i=1,\ 2,\ \cdots,\ P$(要素)；$j=1,\ 2,\ \cdots,\ N$(实体)。

② 离差标准化　该方法用中心化的数据再除以离差，对要素的标准化为：

$$\hat{X}_{ij}=\frac{X_{ij}-\overline{X}_{i}}{\sqrt{\sum_{j=1}^{n}(X_{ij}-\overline{X}_{i})^{2}}}$$

对实体标准化为

$$\hat{X}_{ij}=\frac{X_{ij}-\overline{X}_{i}}{\sqrt{\sum_{j=1}^{p}(X_{ij}-\overline{X}_{i})^{2}}}$$

③ 数据正规化　用标准差进行标准化，其对要素的正规化公式为：

$$\hat{X}_{ij}=\frac{X_{ij}-\overline{X}_i}{\sqrt{\frac{\sum_{j=1}^{n}(X_{ij}-\overline{X}_i)^2}{n-1}}}$$

对实体数据正规化为：

$$\hat{X}_{ij}=\frac{X_{ij}-\overline{X}_i}{\sqrt{\frac{\sum_{j=1}^{p}(X_{ij}-\overline{X}_i)^2}{p-1}}}$$

2）计算内积矩阵 $R=X\cdot X^{\mathrm{T}}=(r_{ij})\ (i,\ j=1,\ 2,\ \cdots,\ P)$。

3）求 R 的特征根与特征向量。

$|R-\lambda I|=0$ 的 P 个根。$\lambda_1\geqslant\lambda_2\geqslant L\geqslant\lambda_p$

由 $R\cdot U^{\mathrm{T}}=U^{\mathrm{T}}\cdot A$ 求出 P 个特征向量，得到矩阵 U

4）求贡献率和累积贡献率。

$\frac{\lambda_i}{\sum_{i=1}^{p}\lambda_1}=\frac{\lambda_i}{p}$ 为 i 个特征根占信息比，取前 K 个，$\sum_{i=1}^{K}\lambda_1/P>85\%$ 时即可满意。

5）计算实体的坐标：$Y=U\cdot X$。

6）估计各要素对主成分的作用。

虽然所有的要素在排序中共同起作用，但各要素的贡献是不同的，可用负荷量表示，即：$L_{ij}=\sqrt{\lambda_1}\cdot U\quad(i,\ j=1,\ 2,\ \cdots,\ p)$

L_{ij} 是第 i 个要素对第 j 个主分量的负荷量。

3.5 资源开发利用中的生态问题与解决途径

3.5.1 土地资源开发利用中的生态问题与解决途径

1. 土地资源利用的生态环境问题

土地资源开发利用引发的生态环境问题日益严重，主要表现在以下方面。

(1) 土地数量变化

耕地数量锐减。由于人口不断增加，城市化急剧地占用土地，必然不断地要求更多的空间。因此对土地的冲击越来越严重，城市的发展扩张不得不越来越多地占用耕地，由于开发建设占地造成耕地永久性流失，以及产业结构调整或灾毁等原因，耕地数量急剧减少。尤其对我国来说，在人口数量激增的同时，赖以生产食物的土地面积却在急剧地减少是一个十分严峻的问题。据统计，1996 年我国耕地面积为 19.51 亿亩(1 亩≈666.7 m^2)，但到 2005 年已减少为 18.27 亿亩。其原因主要有：建设尤其是城市建设占用、生态退耕占用、灾毁和农业结构调整。

林地面积小，覆盖率低，人均占有量更少。我国目前森林覆盖率16.55%，只相当于世界森林覆盖率(27%)的61%，全国人均占有森林面积0.128 hm^2，相当于世界人均占有量(0.6 hm^2)的21.3%，人均森林蓄积9.05 m^3，也只有世界人均蓄积(72 m^3)的1/8。对森林资源的过度砍伐和破坏导致生态环境进一步恶化。

草场严重退化，数量急剧减少。我国草地面积有43.44亿亩，面积虽大但生产力低、退化严重，数量呈急剧下降的趋势。湿润草原、大部分半湿润草原都已被开垦。半湿润、半干旱地区的草原只有3亿亩，大部分分布在远离海洋的大陆腹地的荒漠草原和处于世界屋脊青藏高原的高山、亚高山草原或草甸草原由于超载过牧，又缺乏对草场的抚育，导致草场严重退化，数量急剧减少。

(2) 土地质量恶化

人类对土地的不合理利用，导致土地质量恶化，引发生态环境问题，如不合理的垦殖和对土地的超负荷利用引起的土壤侵蚀问题、土壤次生盐碱化问题，以及过度砍伐森林引起的土壤荒漠化问题、草地和森林不断退化和生物多样性遭到破坏等。

水土流失。在自然状态下，纯粹由自然因素引起的地表侵蚀过程速度非常缓慢，常与土壤形成过程处于相对平衡状态。在人类活动影响下，特别是当人类严重破坏坡地上的植被后，自然因素引起的土壤侵蚀就会扩大和加剧，进而造成严重的生态环境问题。水土流失也称土壤侵蚀，是世界上最主要的灾害之一。它引起耕地破坏、泥沙淤积、灾害加剧、生态恶化，造成土地资源枯竭，导致土地质量下降。

我国是世界上水土流失最严重的国家之一。据20世纪90年代全国第二次水土流失遥感调查，全国水蚀和风蚀面积达356万 km^2，占国土面积的37%，其中水力侵蚀面积165万 km^2，风力侵蚀面积191万 km^2。全国每年流失的土壤约50亿t。其中最严重的是黄土高原地区，这除了黄土本身是疏散沉积物、抗侵蚀能力很低以及其垂直节理发育、易发生崩塌和黄土地区降水强度大外。还与人类无限制地开垦放牧、毁林挖草、地面失去保护、加剧侵蚀有关，根据黄河输沙量计算，折合土壤侵蚀模数4 000 t/(km^2 · 年)，即每平方公里地面上每年有4 000 t土壤被侵蚀掉。

土壤污染。环境污染和污水灌溉导致了土壤污染。土壤污染的污染源主要来自工业、生活、农业和交通。大量污染物质随"三废"排入河流、农田；堆存的大量垃圾不但占用了大量土地，也对水体和土壤等产生了污染，甚至发生了十分严重的污染事件；工业所排放的废气、烟尘等所引发的酸雨也直接或间接地污染了大片土地。大量不合理施用的化肥和农药也直接或间接地污染土壤，进而影响农作物的产量和质量，并最终随食物链进入人体。此外，矿产的开采、尾矿的不合理堆积等也会直接或间接地破坏大量的土地。

随着工业化进程的加快，土壤受重金属、农业化学品、酸雨、放射性物质、矿物油和致病微生物等因素所污染的面积达3亿亩，约占总耕地面积的1/5。土壤的自然形成过程极其缓慢，一般一百年才形成0.5～2 cm的厚度，如不及时采取科学有效的防治措施，受污染面积将进一步扩大，生态环境压力将处于极其危险的境地。

土地沙漠化。土地沙漠化是指因气候变化和人类活动所导致的天然沙漠扩张和沙质土壤上植被破坏、沙土裸露的过程。在我国北方地区其发展过程有两种：① 风力作用下沙漠中沙丘的前移，造成沙漠边缘土地的丧失，如沙漠边缘地区一般均属此种情况；② 由于强度土地利用破坏了原有脆弱的生态平衡，使原非沙漠地区出现类似沙漠的景观，如过度农垦、过度放牧、水资源利用不当以及建设活动破坏植被引起的沙漠化。其中，由于人为原因造成的沙漠化土地占 90%以上的比例。

目前我国北方约有沙漠化土地面积 20 万 km^2，潜在的沙漠化土地面积 16 万 km^2，近年来以年平均 2 460 km^2 的速度扩大，相当于每年损失一个中等县的土地面积。每年的春季沙尘暴频繁发生，严重威胁着整个北方的生态环境安全，甚至对长江以南的地区造成影响。

土地盐碱化。土地盐碱化是指土地盐化或碱化，以及由于灌溉不良引起的次生盐渍化。土地盐碱化严重时植物尤其是作物很难成活。人类的生产灌溉活动对土地的盐碱化有很大的影响，正确的灌溉方式可以达到改良盐碱地的目的，反之，不正确的灌溉可以引起或加剧盐碱化。土地盐碱化是干旱区土地资源农业利用中最易产生的重要环境问题之一。

我国由于在一些地区实行不合理的灌溉，也造成了大面积的土壤次生盐碱化问题，尤其是在华北和西北地区。我国盐碱地总面积有 2 700 万 hm^2，其中次生盐渍化耕地约 670 万 hm^2，占我国耕地面积的 7%左右。此外，估计我国尚有 1 733.3 万 hm^2 潜在盐渍化威胁的土壤，如果在大力发展生产的同时，不注意灌区排灌工程的配套、用水的管理和调节以及当地地层和地下水的变化状况，则土壤次生盐渍化将仍是我国土地保护的一大隐患。

土地破坏。土地破坏是指在生产建设和资源开发利用过程中，因土地挖损、塌陷、沉降、压占等情况致使土地原有用途丧失和土地环境效能受损的现象。土地破坏也造成土地的生态功能丧失，生物群落和生态多样性被严重破坏。在建设活动日益频繁并且规模迅速扩张的今天，土地破坏也成为影响土地生态环境的重要原因。

在我国矿产和石油开采过程中，由于生态环境破坏而造成的土地损失已达 200 万 hm^2，环境污染和生态破坏带来的经济损失多达数百亿元。

其他土地生态问题还有如土地沼泽化、土壤侵蚀化、土壤养分贫瘠化、土壤潜育化等。

(3) 土地利用不合理

土地浪费。土地浪费是指由于土地的粗放经营、闲置、抛荒等造成的土地利用效率低下。由于我国土地利用经营规模偏小、比较效益低下，造成土地资源利用效率低。在我国人地矛盾较为突出的情况下，土地浪费问题应引起足够重视。

土地利用结构不合理。工业用地比重偏高，生活用地、道路、绿地和公园比重偏低。随着经济的快速发展，城镇、工业、交通等非生态用地不断扩张，农用地的下降速率不断加快。土地生态动态变化趋势不利于土地生态安全性的提高，生态用地的不足导致对环境污染的净化能力减弱。

土地利用方式不合理。土地利用重用地而轻养地，忽视了土壤肥力的保持和提高，耕地掠夺式经营现象严重。例如，为增加粮食产量，追求经济效益，在对农用地的开发利用中，化肥投入量增加，忽视了有机肥的施用。化肥的长期大量施用造成农用地用养失调，土壤有机质含量减少，使土壤的物理化学性质不断恶化，导致耕地资源生产力的下降。

土地生态环境正面临着恶化范围不断扩大、程度加剧、危害加剧的局面。

上述问题的产生与人们在开发利用中过度重视土地的经济价值或市场价值而忽视土地所固有的生态学意义，采用不合理的开发利用方式或过度开发利用是分不开的。土地资源作为一种最重要的自然资源，不仅为人类提供直接的生产资料、生活资料，还为人类提供赖以生存的环境空间。

2. 解决途径

(1) 建立健全完善的法律体系保护土地资源

在土地资源的利用中遵循土地生态系统的客观规律，充分利用现有的《土地管理法》、《环境保护法》、《水土保持法》、《森林法》、《水法》、《草原法》等土地生态环境相关法律，依法管理土地利用与开发行为，增强土地生态功能。针对耕地锐减、土地利用结构失调、土地资源退化严重(如水土流失、土地沙漠化、水域污染、地面沉降)等生态问题，补充制定法律法规，建立有效的法律法规体系。同时，对土地利用继续实行国家控制的法律制度：① 按照土地利用总体规划的用途管制规则来开发土地，在规划许可下转用土地用途；② 划定农田保护区、园区、林区、禁止采伐区等生态用地，优先保护耕地、园地等各类农用地以及水域用地；③ 实行城乡用地增长管理，有效控制城市、农村建设盲目扩张而滥占耕地；④ 加强土地整理复垦规划与制度建设，整治土地损毁与污染，严格控制在生态脆弱地区开垦土地，积极防治土地退化；⑤ 继续完善土地生态环境影响评价制度，迫使用地单位在决策中重视其行为的生态环境后果。

(2) 运用生态经济手段保护土地资源

如今，人们已经认识到土地资源的重大价值，由于土地资源的承载性、生态性和稀缺性，其价值内涵也不断地得到拓展，并得出一般自然资源的生态价值是其物质性价值的数十倍乃至数百倍的结论。这提醒人们要对土地资源的生态环境价值给予足够的重视。只有包括物质性价值和生态环境价值的价值量，才是完整的土地资源价值量。所以，应该进行土地生态价值核算，建立土地生态补偿机制。在土地利用的实践中，尊重自然生态环境的客观规律，合理利用土地资源，约束人们的不合理乃至非法的资源利用行为，保护和加强土地生态系统的生产与更新能力。

(3) 编制以生态理论为指导的土地利用规划体系

土地利用规划要强调生态合理性，遵循自然生态规律，以达到人与自然协调的长远利益。在土地利用规划中，要深入分析土地生态系统的结构、能流、物流特征，以及规划实施后的生态风险等，维护和改善土地生态系统的生态完整性，达到生态合理性。土地规划要依据生态原理去调节系统内部各种不合理的生态关系，提高系统的自我调节和抗干扰能力，实现因地制宜的持续发展。

通过土地利用规划改变不合理的土地利用结构和方式，实现土地利用结构的优化，保证各种用地具有合理的比例，特别是要留有足够的生态用地，并且加强土地生态恢复和重建工作，这是提高环境与资源承载力的重要途径。

我国各行政部门和地方政府虽然都已根据本业务需要制定了一系列规划，比如土地部门的《土地利用总体规划》、水利部门的《水土保持总体规划》、建设部门的《城市总体规划》、《城镇建设规划》等。虽然这些部门的规划相互之间有较强的联系，但也很难保证这种联系具有相互衔接和相互促进的作用。究其原因，是因为没有形成一套科学完整、相互衔接的规划体系。鉴于此，将全国土地作为一个生态系统形成一个从高到低、从上到下、从大区域到小区域、从多要素到单要素的规划体系已显得非常重要。在这方面，国外已有不少宝贵经验。

(4) 全面而持续开展土地(土壤)修复整治

随着工业化、城市化进程加快，在今后相当长时间里，不仅再增加耕地总量几乎已不可能，而且还会继续减少，由于遭到多种因素的破坏，耕地整体素质趋于恶化。土地整理是实现土地生态化的一个非常重要的途径。土地整理的目的是促使土地用途从单一向复合方向发展，提高土地的利用率，产生较大的社会、生态和经济效益。土地整理是因为依据土地利用规划，对田、水、路、林进行综合整治，调整土地关系，改善土地利用结构和生产条件，不仅增加可利用土地的面积，提高土地的利用率和产出率，同时使土地利用结构向适宜性的方向发展，提高土地质量。而对土壤损坏的修复难度很大、成本很高，所以应积极预防土地资源开发利用过程中的土壤损坏，并建立耕作层土壤储备制度。

3. 案例：延寿县黑土地生态修复工程

延寿县位于黑龙江省东南部、张广才岭西麓、蚂蚁河中游，降水集中，温热而湿润，根据遥感技术调查，全县水土流失面积达 110 923 hm^2，占全县总土地面积的 35.2%，1993～2003 年治理水土流失面积 25 333 hm^2，按这样常规的治理速度全部治理完尚需 40 多年。生态自我修复则创造性地提出以小的投入获得大面积生态效益的一种措施，水利部党组提出依靠大自然的自身修复能力恢复生态，实施生态修复试点工程。

试点工程以县域《水土保持生态修复试点工程实施方案》为技术指导。县政府出台了项目区《关于水土保持生态修复封育保护的通告》，流域所在行政区镇政府颁布了《乡规民约》，建章立制，成立了执法监督专职队伍，实行县、乡、村三级监督管护网，健全执法监督体系。项目区建立了醒目的项目碑，永久性和临时性宣传牌，利用媒体采取多种宣传形式，促使广大群众对保护生态的认识认可，达到家喻户晓人人皆知，关心理解生态建设对人们生产、生活的长远效应，建立自觉的保护生态的理念意识。

生态修复中最好的保护措施是工程围栏，用硬性工程措施将需保护的面积封闭式围起来。围栏内设专人看管，优点是自然修复效应快、可靠，有利于保护，管理费用低，破坏可能性小，有利于植物的自然生长，缺点是一次性投资大。采用的工程围栏有 3 种：钢桩围栏、水泥桩围栏、木桩围栏，用刺线做栏栅。植物围栏优点是自然状态建设，有利于可持续发展，既保护了生态又美化、绿化了环境，缺点是见效慢，需要生长过程 3～6 年才能挡住人畜破坏。植物围栏树种因地制宜地选用灌木刺沙棘，既保护了围栏内生态，又有些经济收益。对项目区的疏林地、残林地进行补植。对脊薄地种植灌木，采取宜灌则灌、宜乔则乔，实地适种的方针。干旱地带种植带土球树苗或塑料营养盒树苗。

通过生态修复试点工程的实施，项目区内林草覆盖率产生了显著变化，黑土层流失得到有效遏制，林草地含蓄径流量明显增加，为改善农村生产生活条件增加农业后劲，创建生态农业奠定了基础条件，生态系统结构生物多样性也日趋合理，林下植被覆盖率逐渐提高，乔木林的郁闭度明显增大，土地生态环境得到有效改善，同时当地生产生活也得到了有效改善，取得了可喜的成效。

3.5.2 水资源开发利用中的生态问题与解决途径

1. 水资源开发利用中产生的生态问题

近年来由于人们对水资源的不合理开发，用水远远超出了水资源及水环境的承载力，水资源及其所依赖的生态系统面临着多种威胁。我国水资源开发利用主要存在以下几方面生态问题。

(1) 水资源短缺

我国幅员辽阔，但人均水资源占有量很少。据统计，全国年水资源总量约为 2.8×10^{12} m^3，人均年水量不足 2 400 m^3，仅为世界人均水量的 1/4，在世界排序中居 121 位，而水资源总量中可用水量仅 1.1 亿 m^3。由于人口的增加和经济的迅速发展，需水量持续增加，目前已达 5 600 亿 m^3，快速逼近可供水资源总量的极限。并且由于水资源时空分布不均衡、与经济发展的不匹配，水资源供需矛盾越来越突出。水资源紧缺形势严峻，且是导致其他水生态问题的根源所在。

1) 河道断流　随着河流上中游地区水利工程的不断修建，极大地改变了河流的天然水文情势，上游引水量急剧增加，下游地区的来水量越来越少，致使不少河流发生了断流，并由此产生了一系列严重的生态问题。如全国七大江河中，海河是最早发生断流的大河。目前流域多年平均水资源开发利用率已接近 100%。过度开发利用导致河流长时间断流。20 世纪 80 年代到 21 世纪初，流域内 21 条河流全部出现断流，断流时间平均超过 200 天，河道内基本的生态用水无法保证；华北平原历史上大片洼淀、湖泊几乎消失殆尽。水文过程的彻底改变导致该流域整体生态环境趋于干化。影响最为深远的还是黄河断流。从 1972 年以来黄河下游频繁断流，90 年代以来年年断流，而且断流时间逐年提前，断流期不断延长，年内断流次数增多，断流河段由下向上发展。1997 年主汛期断流，2 月 7 日利津站开始断流，累计断流 221 天，上至开封以西，有逼近郑州之势，断流河长达 704 km，占下游总河长的 80%以上，均创历史之最。断流结果造成黄河两岸地下水位下降、气候干燥、土地干旱、生物多样性减少、入海口海水入侵、下游河道特别是主槽淤积加剧，威胁防洪安全，而且使黄河三角洲地区的生态环境趋于恶化。

2) 地下水位下降　由于地表水资源贫乏，地下水超采现象十分严重，浅层地下水的含量持续下降。严重超采地下水使水位持续下降，地下水降落漏斗扩大，部分地面出现沉降。据不完全统计，全国目前已形成地下水区域性降落漏斗 149 个，面积 15.8 万 km^2。多年平均超采地下水 67.8 亿 m^3。目前全国有 57 座地级以上城市不同程度出现地下水降落漏斗。漏斗中心水位平均下降约 35 m，最大已超过 120 m，漏斗区总面积达 7.2 万 km^2。海河流域内地下水长期处于超采状态，河北地下水累计超采超过了 1 000 多亿 m^3。地下水特别是深层地下水的补给是一个自然而漫长的过程，由于地下水过量开采导致资源枯竭和地面沉降等，所造成的危害是长期的、不可逆转的。

(2) 水污染严重

由于人口增加和经济增长，大量废水、污水直接排放，面源污染严重，加上固体废弃物和大气沉降的影响，形成大范围的水体污染，不同水体中水的质量和数量发生劣变，更加剧水资源紧缺局面，加大了水资源的开发难度，对人类的生存和发展构成严重的威胁。

1）大范围地表水水质恶化　我国污水的年排放量仍呈大幅度增加的趋势。2004年颁布的水资源公报显示，2004年全国污水排放总量693亿t，比1997年增加了276亿t。根据10个水资源一级区1 300条河流的3 200个监测断面的水质资料，采用《地表水环境质量标准》(GB3838—2002)对全国13.36万km河流水质进行了评价。得出全年期水质总体状况是：Ⅰ类水、Ⅱ类水、Ⅲ类水、Ⅳ类水、Ⅴ类水和劣Ⅴ类水河长分别占6.3%、27.2%、25.9%、12.8%、6.0%和21.8%，符合和优于Ⅲ类水的河长占总评价河长的59.4%，比2003年减少了3个百分点。全国江河水体主要呈现为有机污染，主要超标项目是氨氮、高锰酸盐指数、化学需氧量、五日生化需氧量和挥发酚等。

随着黄河流域的经济发展，废污水大量排放造成了地表水和地下水的水质恶化。按照现行的国家地表水环境质量评价标准，黄河干支流12 550 km河段长度中，在20世纪90年代初，水质满足Ⅲ类标准以上的河段长度已不足总河长的1/3，而且水质优良的河段大多分布在干支流的源头与上游河段。水质呈明显恶化趋势，进一步加剧了黄河流域的水资源危机。

据2004年水资源公报，全国50个湖泊全年期水质符合和优于Ⅲ类水的湖泊有18个，部分水体受到污染的13个，水污染严重的19个；全国322座水库全年水质符合和优于Ⅲ类水的水库有265座，占评价水库总数的82.3%。我国东部绝大多数天然湖泊已达富营养化水平，太湖、巢湖、滇池和洪泽湖目前均为重富营养化，鄱阳湖、洞庭湖氮、磷含量较高；总体上看，全国大部分水库水质良好。以Ⅱ、Ⅲ类为主，污染水库的主要超标项目为总磷、总氮和高锰酸盐指数。城郊水库的富营养化问题也很严重，给城市供水带来严重危害。

2）地下水污染相当普遍　过量开采地下水改变了地下水的流场，加剧了地下水系统的水分循环。人为的环境污染物质通过大气、土壤、地表水系统轻易进入地下水环境，使地下水特别是浅层地下水受到了有毒、有害物质的严重污染。地下水污染与地表水污染相比，具有隐蔽性和难以逆转性，一旦污染，很难治理和恢复。近20年来城市地下水水质普遍呈恶化趋势，1992年的调查显示北方90%以上的城市地下水受到不同程度的污染，其中28%已不适合作为饮用水源，对饮用水安全构成重大威胁；南方地下水水质虽好于北方，但也呈下降趋势。近年来，我国沿海城市由于过量开采地下水，出现不同程度的海水入侵问题，全国地下咸水分布面积5 992 km^2，比1975年扩大了593 km^2。海水入侵严重的城市有大连、秦皇岛、青岛、烟台、福州、广州等，多为经济高速发展、人口高速增长的开放城市和经济特区，海水入侵已给这些城市的经济建设与社会发展带来严重危害。

3）近岸海域污染日趋严重　近海海域环境质量正在逐年退化，表现在污染范围有所扩大，突发性污染事件频率加大等。据“国家环保总局近岸海域环境检测网”1997～1998年全国551个测点监测结果，我国近岸海域污染严重。东海海区污染最为严重，局部海域有继续恶化的趋势。劣于Ⅲ类海水水质标准的比例达53.4%，主要污染指标为无机氮、活性磷酸盐和重金属。污染的来源包括陆地污染源和海洋内部污染源。受陆源污染物的影响，河口和部分海湾污染严重，赤潮发生频率增加、泛滥范围扩大。据报道，20

世纪 60 年代以前，我国渤海海域曾发生过 3 次赤潮，70 年代赤潮次数为 9 次，80 年代增加至 74 次，1990 年更猛增至一年发生了 34 次，1998 年赤潮次数略有下降，但也发生了 22 次，1999 年 7 月间，渤海出现了前所未有的赤潮大爆发，赤潮面积达 6 300 km^2，延续时间达 9 天之久，不仅给水体生态环境造成危害，也给渔业资源和生产造成重大的经济损失，而且还给旅游业和人体健康带来危害。主要原因除气象因素外，工业废水、生活污水直排入海、网箱养鱼、滩涂开发和围垦等是重要的人为因素。

(3) 水土流失及河流、湖库淤积问题

中国面临因过度开采、利用而导致的水土流失问题，这是头等重要的环境问题，与生态安全密切相关。据 1990 年遥感普查，中国水土流失面积为 367 km^2，占国土总面积的 38.2%，是世界上水土流失最严重的国家之一，年土壤流失量高达 50 亿 t 以上，每年因水土流失而损失土地 7 万 hm^2，土地"石化"、"沙化"面积超过 33 万 hm^2。黄土高原成为我国水土流失最严重的地区，造成河道和湖泊水库的淤积是黄河下游洪水泥沙灾害的主要根源。黄河河床以每年平均 10 cm 速度抬升，各地黄河河床分别比新乡市、开封市、济南市地面高出 5 到 20 m，形成举世闻名的"地上悬河"，防洪风险加大。

由于破坏性砍伐，长江上游森林覆盖率由解放初的 30%～40%下降到现在的 10%左右，森林面积的减少和地被层的退化降低了土地持水能力，雨水直接形成地表径流，加剧了土壤的水力侵蚀，长江流域目前也面临着大量的水土流失，约有 56 万 km^2 的区域产生水土流失，每年土壤流失量 22.4 亿 t，并且存在多种形式的水土流失。水土流失使得有效土地资源减少、洪峰加大，严重地区出现泥石流和山体滑动等地质灾害，许多山地土壤流失后形成范围广大的石漠地貌，这种情况在南方岩溶区非常突出。我国石漠化形势严峻，以每年 2 500 km^2 的面积在扩张。石漠化地区生态极其脆弱，环境容量小，抗干扰能力弱，水土流失极易发生，自然灾害频繁，成为制约该类地区可持续发展的主要障碍之一。

(4) 绿洲、湿地生态退化

在干旱的内陆河流域，因中上游发展高耗水粗放经营的绿洲农业，下游生态环境几乎无一例外地遭受破坏。下游都处于极端干旱区的沙漠中心，两岸天然绿洲和向荒漠过渡的植被都依赖河流径流补给地下水，河湖干涸断绝了地下水的补给，造成植被衰败以至死亡。如石羊河流域最下游的民勤绿洲历史上是个水草丰美的滨湖绿洲，上中游过度开发使下游来水锐减，终端湖泊消失，绿洲迅速萎缩，成了"十地九沙、非灌不殖"的脆弱生态区，荒漠化面积目前已占 94%，成为中国四大沙尘暴最严重源区之首。民勤绿洲地表来水减少造成过量抽取地下水及地下水质急剧恶化、植被大面积枯死、荒漠化日趋严重及风沙危害加剧。石羊河水资源由于开发利用过度，目前已经基本丧失其河流的生态功能，民勤绿洲的水资源已无法维持绿洲的生存和发展，甚至对整个流域的生态安全构成威胁。

湿地在防洪抗旱、调节气候、保持生物多样性、控制污染等方面具有其他生态系统不可替代的作用，被誉为"地球之肾"。由于盲目的围垦、泥沙淤积、污染、过度开发利用等，直接造成了我国天然湿地面积消减、功能下降甚至丧失。我国沿海地区湿地总面积的 50%已经消失，全国近 1 000 个中小湖泊因围垦而消失，丧失的容积高达 350 亿 m^3 以上，相当于我国五大淡水湖的总蓄积量，这就大大加重了江河湖泊调蓄洪水的压力，增加了洪涝灾害风险。东北地区是我国湿地分布比较多的地区之一，也是生物多样性最富集的地区。由于大规模农业开垦使天然湿地被农田取代,使得天然湿地面积锐减,即使残存的天然湿地也被道路、农田、渠系分割而破碎化,水源难以保证,湿地功能退化。根据2000年遥感调查数据显示,2000年松辽流域沼泽湿地面积为2.9万km^2,与建国初期相比,50年间松辽流域沼泽湿地面积减少了75%,平均每年减少1 711 km^2。

2. 目前主要的解决途径

(1) 转变观念,合理配置水资源,促进人与自然和谐发展

水生态水环境的突出问题是生态水短缺问题。在水资源配置中,必须扭转"重社会经济,轻生态环境"、"重开发利用,轻节约保护"的观念,在充分考虑水资源、水环境承载力和生态环境需水的前提下,合理配置社会经济用水,产业结构、生产力发展模式与布局要与当地自然环境相协调。社会经济发展必须考虑水资源的条件,以水定发展,量水而行,从建设和谐社会的观点出发,未来社会经济用水比重应进一步降低,还水于生态。顺应水自然循环的规律,实现人水和谐,在防止水对人的侵害的同时,也要避免人对水的侵害。

(2) 节水优先、治污为本、多渠道开源,建设节水防污型社会

推行循环经济,坚决贯彻我国水资源可持续发展的战略:节水优先、治污为本、多渠道开源。人对水资源的开发利用的循环主要包括:蓄水—供水—排水—治理污水—再生水利用,把握好这一循环,实施水资源的减量开采—高效利用—无害化处理—再生利用。

节水即减少水资源量的消耗,同时减少水质污染,保护水资源,是一箭双雕的举措。农业生产中推广节水灌溉,控制用水总量;工业企业实施节水技术改造,提高水的重复利用率,在水资源严重短缺地区,严格限制高耗水、高污染项目;建设节水型社区,市民生活用水全面推广节水器具。污染控制要从源头做起,推行清洁生产、节水减污和高效利用资源和能源,大力提倡再生水回用,不断提高污水资源化水平;特别加强对农业面源污染的防治,发展生态农业,加强对畜禽养殖业的污染控制;大力推广使用复合肥、有机肥;推广测土、精准施肥技术;推广使用低毒、低残留农药,提倡农药使用和生物防治相结合。合理开发多种资源,即加强非传统性水资源的利用,包括洪水资源化、雨水集蓄利用、人工增雨、微咸水利用、海水利用、污水处理回用等。

(3) 加强水源地的保护与建设,确保饮用水安全

改善饮水水质,防污、治污,保障饮水安全,已成为当前经济社会发展急需解决的问题和紧迫任务。加强水源地保护,统筹做好全国城乡饮水水源地保护规划及基础设施建设,优先保护城市集中饮用水源地,推进城镇水污染防治,改善上游水体的水质;采取措施修复水源地水质,促进水源涵养;加强水源地保护及水质监测的力度;建立水质预警、预报和应急处理制度。特别重视对微量有机物和有毒有害污染物的防治。

(4) 重视水生态系统保护和修复,实现人水和谐

深刻理解"人水和谐"的先进理念,高度重视水生态保护和修复,限制不合理的人类活动对水体的污染和对水环境的破坏,并有针对性地采取生物的和工程的补救性保护措施,以减轻对水环境的压力,给水体以休养生息的机会。强调充分发挥自然界自我修复能力,综合考虑生态、环境系统中水循环的连续性,依据水与生态的相互关系,进行生态保护与修复,这些生态联系包括河流、湖泊、流域自身的生态水利平衡、河流上下游、左右岸、河道内与河道外、地表水与地下水等。生态恢复需要科技支撑,加强生态恢复的关键技术研

究，包括生态需水研究、生态系统的结构和功能研究、地下水恢复技术等。

(5) 加强制度建设，实现经济发展和环境保护的双赢

导致环境污染与生态破坏问题日益严重主要并不是技术不过关，而是制度不健全。要不断完善环境保护制度，引入激励与约束机制，大力发展绿色经济和环保产业，将环境保护纳入经济发展体系。使经济主体能够从治理污染、保护环境中受益，达到生产、消费与环境保护的和谐一致，以实现经济发展与环境保护的双赢。环境保护继续坚持“预防为主，谁污染谁治理，强化环境监督管理”的基本原则，以及环境影响评价制度、排污收费制度、排放污染物许可制度、环境保护目标责任制度等。

3. 实例：南京秦淮河流域生态环境综合整治

(1) 秦淮河流域概况

秦淮河水系流域面积 2 631 km^2，平面呈蒲扇形，长宽各 50 km 左右，丘陵山区占流域面积的 80%，地势为一完整的山间盆地，周高中低，腹部低洼圩区占总面积的 20%。秦淮河有南北两源，南源溧水河源自溧水县东庐山，长约 35 km，集水面积 680 km^2，其上游有方便、中山等水库，并有支流经天生桥河与石臼湖相连；北源句容河源自句容县宝华山和茅山，河长约 41 km，集水面积 1 260 km^2，其上游有北山、茅山等水库及赤山湖。两河在南京市江宁区西北村汇合后成为秦淮河干流，长约 35 km，以下北流至南京市下关区三汊河入长江，流域面积 2 631 km^2，其中江宁占 40.1%、溧水占 17.7%、南京市区占 8.8%、句容县占 33.4%。在东山与武定门闸之间有长约 17 km 的人工分洪道—秦淮新河入长江，其入江口有秦淮新河枢纽控制。秦淮河干流在武定门闸附近分为两支，一支由东水关入城，经夫子庙一带出西水关，为内秦淮河；另一支经武定门闸、绕中华门城堡、汉中门至三汊河口入长江，习惯上称秦淮河干流自运粮河口至三汊河口段为外秦淮河，长 15.6 km。南京城区面积大部分都属于秦淮河流域，秦淮河是南京的母亲河，南京城的发展同秦淮河息息相关、相存相依，秦淮河下游地区一直是最繁华的区域之一，沿河有明城墙、“石头城”等多处历史文化遗迹。

(2) 秦淮河流域的水环境问题

长期以来，由于水质污染，河水变黑发臭，水面垃圾漂浮，沿河违章建筑多，河岸杂乱无序，严重影响沿河居民生活质量及南京城市景观形象。随着城市规模的扩大及沿河地区建设和经济的发展，该河的现状与城市总体发展的要求已很不适应，改善秦淮河水质与环境，进行水环境综合治理已迫在眉睫。

秦淮河干流及上游河道水质已有不同程度的污染，只能勉强满足工农业用水标准，不能作为饮用水源，局部河段污染比较严重。目前，秦淮河水污染相对集中在上游的句容县城、溧水县城，中下游的江宁区东山镇和南京城区。据环保部门的监测资料，外秦淮河水系污水总排放量约为 3 440 万 t/a，其中生活污水排放量与工业废水排放量之比约为 2.3∶1，生活污水是其主要污染源，工业废水以有机污染为主，支流中以南污染最为严重。据省水文局 2000 年二、三季度的监测结果，重点污染河段，属城区范围的有：三汊河口、凤台桥、西水关闸、武定门闸、上坊门桥，水质劣于Ⅴ类；属江宁区的有：东山桥、方山洋桥，水质Ⅲ～Ⅳ类；江宁与溧水交界处的乌刹桥水质Ⅲ～Ⅳ类；溧水县的一干河、珍珠桥水质劣于Ⅴ类；句容河水质劣于Ⅳ类。

南京水利部门水环境现状评价结果为(2000年7月)：① 长江水质：丰水期基本达到Ⅰ类水；枯水期Ⅱ～Ⅲ类水。② 秦淮河水质：句容河水系为Ⅳ类水；溧水河水系除氨氮超标达Ⅴ类外，其他监测指标为Ⅰ～Ⅲ类，汛期水质优于枯水期水质。③ 石臼湖水质：除溧水县渔歌监测断面氨氮超标达Ⅴ类外，其他监测断面均为Ⅳ类水。

(3) 秦淮河流域水生态环境综合整治

南京秦淮河环境综合整治工程项目包括水利、环保、路网、景观、安居工程等五项建设内容。其整治实施范围为南京城区秦淮河沿线两侧的环境，并对秦淮河上游的句容河、溧水河的整治提出治理要求及建设应对措施。项目分二期实施，其中，一期工程为主城段(三汊河—运浪河)16 km，2005年完成；二期工程为中游段(运粮河口—江宁区西北村段)18 km，2010年完成。这里就一期工程中的生态措施进行讨论、阐述。

1) 治理目标和思路

在工程启动之初，南京市市委、市政府即提出了把秦淮河建设成为一条“美丽的河、流动的河、繁华的河”的建设目标。2003年消除河水黑臭，适应创建环保模范城要求；2005年消除黑臭，达到一般景观用水要求(Ⅴ类水体)；2010年河水变清，达到景观娱乐用水要求(Ⅳ类水体)。具体建设思路为：通过防洪工程，消除洪涝隐患；通过排水工程，实现碧水长流；通过环保工程，达到河清岸绿；通过景观工程，展示山水城林；通过安居工程，调整土地利用，实现人与自然和谐共处。

2) 具体生态工程措施

a) 水利工程措施　　水利工程主要任务是在确保行洪安全的前提下，通过复式河岸的建设，便于亲水，并通过调水和建闸蓄水，保证景观水位的相对稳定。具体措施有：① 通过降低现有防洪墙墙体超高，因地制宜地将防洪安全超高后移，改造硬质河坡，建设复式河岸，兼顾景观、美观，实现亲水。② 通过闸站建设和改造，解决长江水位与外秦淮河水位的落差，改善外秦淮河的水质，以保证水位常年可以稳定在5.50～6.50 m，实现蓄水和调水。流域调水，保持河道水体流动是改善河道水质的重要措施，就本流域而言，可以利用的水源有：引石臼湖水，自流入秦淮河；抽长江水。③ 通过河道清淤、清障及局部河道束窄段的拓宽，清除有污染的底泥，进一步改善水质，实现调水通道的通畅。

b) 景观工程措施　　主要通过规划的土地利用功能调整，把低效能的、污染严重的工厂企业以及与秦淮河不相容的功能区转变为滨水绿地、旅游休憩空间和公共活动空间。通过沿河景观、景点打造，改善生态环境，实现人和自然的和谐相处。秦淮河环境综合整治工程建成后两岸将新增122万m^2的景观绿地，并根据不同段落的资源环境特点，形成运粮河口、中华门、西水关、石头城、三汊河江河口5个各具特色的风貌段，特别是运浪河口占地2 hm^2的生态公园，既具有作为一处公共场所的独特景观，又可以设计成为旅游的休憩地，还可以与科研和教育课题相结合，安排一些滨水和生态环保系统课题的研究，对于改善生态、研究生态极具意义。

c) 环保工程措施　　主要是通过完善污水收集系统和控制污染源来实现。① 完善污水收集系统。根据南京市排水总体规划，市区老城区近期沿用合流制排水体制，污水按合流式截流制收集，远期逐步向分流制过渡，工程建设期间，沿河两岸将建设污水截流管道，确保污染物不再进入秦淮河。② 污染源控制。对秦淮河上游的污染物排放进行严格控制；拆除沿河码头，取消货运功能；流域内工业污染源应优先考虑产品结构调整、工艺改造，实行清洁生产；对一些废水排放量大、治理困难、难以做到达标排放的企业，进行搬迁改造。目前秦淮河环境综合整治工程已进展过半，在工程建设过程中充分贯彻了环保生态的可持续发展观念，结合工程实际采取的各项生态措施均取得了预期效果，相信在不久的将来，南京的母亲河——秦淮河将成为一条流动的河、美丽的河、繁华的河，成为充分体现南京古都风貌、展示南京历史文化资源、体现山水城林交融特色、吸引国内外众多游客的景观文化长廊。

3.5.3 矿产资源开发利用中的生态问题与解决途径

1. *矿产资源开发中的生态环境问题*

矿产资源开发有地下开采和露天开采两种形式，无论哪一种均导致了环境要素的变化，有些变化造成不良影响。采矿活动的环境影响及其机制是非常复杂的，不仅取决于被开采矿物的种类、采矿方法、采掘机械的选用，还取决于矿山周围的环境。环境是各要素相互联系、相互作用而构成的有机整体，采矿活动对其各要素的影响不是孤立地发生作用，它在使某一要素发生变化的同时，也直接或间接地使其他要素发生变化。主要会导致以下生态问题。

(1) 对自然景观的影响和破坏

地质地貌景观是地壳长期演化遗留下来的不可再生的地质遗产，是一种宝贵的自然资源。人类对矿产资源的开发利用，势必造成对矿区周围的地质地貌、地面植被、地质构造和其他自然环境的影响和破坏。这种影响和破坏的程度与矿山所处的地理位置相关，矿山越靠近城区、风景区、文物保护区、自然保护区及铁路等交通干线，或与人类活动、生存环境密切相关的地带，其危害性越大；与开发规模相关，开发规模越大，对自然景观的影响和破坏越严重；与开采方式密切相关，开采方式好，影响和破坏就小，乱采滥挖，影响和破坏就大，露天开采比洞采对自然景观的破坏性大。

(2) 对地质环境的影响和破坏

矿山在开采过程中不同程度地引起地表下沉、塌陷、岩体开裂、山体滑坡等地质环境问题。地下开采经常引起地层的变形、裂缝甚至塌陷，此外还有固体废弃物堆砌。把矿物开采出来后形成的地下空间使矿区周围的应力分布发生了变化，导致地下采空区上方的岩层变形、运动乃至被破坏，进而可能产生塌陷，形成塌陷区。我国的煤矿以井下坑道开采为主，地下每开采 1 万 t 原煤，地表将塌陷 0.2 km^2，是煤层开采面积的 1.2 倍。

人类对矿产资源的开发利用，引起局部区域地应力的不平衡，使地质构造遭受破坏。尤其是乱轰乱炸、开山挖石可能引发地面沉降，诱发地震、地面塌陷、地压迅速释放、滑坡、水土流失、地表及地下水流向改变。如过量开采地下水会引发城镇地面沉降、采空区地表塌陷等地质灾害；滑坡、崩塌是露采矿山危害最严重的地质灾害，不仅造成财产损失，而且有时甚至造成人员伤亡。地质灾害对生态环境构成严重威胁，可能造成严重的后果。抚顺煤田频繁的矿震曾造成 40 余名矿工井下死亡、采矿巷道及开采设备破坏、地表建筑损坏等可见的破坏，直接经济损失数以千万计。

(3) 对矿产资源的破坏

目前我国矿山开采企业中，乡镇矿山占相当大的比重，而乡镇矿山企业普遍存在着技术力量薄弱、采矿方法落后等问题，加上多数矿山急功近利、采富弃贫、采厚弃薄、采易弃难，造成资源浪费严重。综合回收利用水平不高或根本没有综合利用，造成本该综合回收利用的贫矿、伴生矿、尾矿成为弃渣直接排放，许多不可再生的矿产资源遭到严重浪费，加速了矿产资源快速枯竭，人为地缩短了矿山寿命，同时加剧了环境的污染和地质灾害的发生。

(4) 对土地资源的破坏

露天矿采掘直接破坏大量土地，而采矿排出的废石、废渣也侵占着大量的土地。因此露天开采造成双重土地破坏。20 世纪 90 年代我国各类固体废弃物占地 5 万 hm^2，其中仅 20 亿 t 煤矸石就占地 8 000 hm^2。由于此前我国在矿产资源开发利用过程中缺乏严密而具体的复垦计划和措施，因此在矿山表土剥离时通常都忽略了需要保存原有地表土、亚层土的问题。此外，由于矿山企业开采造成的酸性废水、尾矿废水、洗煤厂废水、废石堆的淋滤溶浸土壤和烟尘的排放等原因，往往使矿区及周围农田土壤受到严重污染。地下开采也同样破坏土地资源，可能引起地面发生大面积塌陷，同时形成大量废石堆，极大地破坏和占用土地资源。

(5) 对植被资源的破坏

露采矿表土剥离，使原来生长在土层表面的植被遭受破坏，并影响周围植被的生长，固体废弃物(煤矸石、尾矿、废石等)的堆放和塌陷地，毁坏了原生植被，恶化了植物群落的生存条件，使其覆盖率降低且种类、产量减少或永远消失，并造成土地沙化，引起水土流失。如江苏省铜山县利国墓山铁矿闭坑多年，其废弃坑口和废土堆仍寸草不生，雨季坡体堆土严重流失；南京凤凰山铁矿闭坑后近 20 年的自然复绿收效甚微。

(6) 对水资源的破坏

一方面，矿山开采过程中对水源的破坏比较严重，地下采矿破坏了地下岩层结构及地下水循环系统。矿山地下开采的疏干排水导致区域地下水位下降，出现大面积疏干漏斗，使地表水和地下水动态平衡遭到破坏，以致水源枯竭或者河流断流。以华北地区为例，每采 1 t 煤要破坏 10 t 地下水；地面塌陷改变地表水体径流条件，使流动的河水变成死水一潭，水质恶化；另一方面，矿山企业和选矿厂在生产过程中产生了大量的废水，废水的排放，使矿区周围河道淤积、水质污染，采矿也不可避免地要把油污、有机废物等带入地下，从而使地下水系统水质恶化，造成水质型缺水。我国国营煤矿每年排放矿井水 22 亿 t，石油工业部门每年排放废水 5 000 万 t 以上，而我国最大的石油工业基地大庆每年排放污水约 356 t，这些污水以松花江水系为最后归宿，因此松花江已成为我国七大水系中污染比较严重的河流。

(7) "三废"危害

1) 矿业废气污染对人体造成的危害及环境破坏　矿石的开采、加工、选冶过程中形成大量矿石粉尘及工业废气。这些粉尘、废气对人体构成极大危害，如人体吸入含 CO 的空气后，CO 会很快散布到人体的各部分组织和细胞中，导致人因缺氧而引起血液中毒。大气污染导致气候条件发生变异，如大气层中 CO_2 含量增高会破坏臭氧层，产生"温室效应"。大气污染还会危及农作物生长，破坏植被，影响生态平衡。燃煤是我国大气污染的主要原因，空气污染物中 90%的二氧化硫来自燃煤，由于化石燃料的大量使用，我国的二氧化碳排放量在世界上居前列，温室效应明显，酸雨区在扩大。

2）矿业废水对人体造成的危害及环境破坏　首先，矿业废水排泄，经水、土壤、植物传入人体，对人体健康造成危害：废水中含有微生物和病毒，会引起各种传染病和疾病的蔓延。当人们饮用水中含有氰化物、砷、铅、汞、有机磷等超标，会引起中毒事故；其次当矿山水体污染严重时，排入河流、湖泊会影响水生动植物的生长，甚至造成鱼虾绝迹；第三是对工农业生产的危害，尤其是酸性水侵入农田或用于灌溉会导致农作物不能正常生长，甚至枯萎死亡。

3）矿业废渣的危害　矿业开发形成大量的固体废弃物对自然环境形成极大的危害。一方面占有与破坏土地，损伤地苗影响植被生长，改变地形地貌、破坏生态环境和地面风景；另一方面污染水质和土壤，危害生物，影响农作物生长，同时还会经食物链进入人体，危及人体健康；一些固体废弃物还形成地质灾害，造成废石滑动塌方，引发泥石流，堵塞道路、摧毁居民区和建筑物，造成生态环境的严重破坏。

2. 解决途径

合理开发和利用矿产资源是极其重要的。生态环境保护与矿产资源密不可分、相互依存，同为矿业经济发展的物质基础和必要条件。矿产环境得到很好的治理和保护，必然促进矿产资源的保护与合理利用。针对矿产资源开发利用中对生态环境产生的不利影响，贯彻"在开发中保护，在保护中开发"的方针，可以如下治理对策与措施：

(1) 正确处理矿产资源开发与生态环境保护的关系，强化矿产资源规划与开采管理

要加强规划，合理布局，把矿产资源开发和生态环境保护纳入总体规划之中，使两者同步协调发展。21 世纪的矿产资源开发利用，要始终贯彻环境保护的要求，凡不符合环保要求的矿产资源开发和利用，都将被市场淘汰。目前，全国已建立了国家、省、市、县四级矿产资源总体规划体系，其中包括了矿产开发与环境保护规划。加强规划的实施，可以科学有序地进行矿产资源的开采，全部关停禁采区内的采矿企业，控量开采限采区内的矿产资源。一些矿山环境问题严重地区必须启动矿山生态环境整治、土地复垦、矿区生态环境重建(恢复)工程，为生态矿山建设奠定坚实的基础。

(2) 提高矿产资源开发的科学技术水平，降低成本，保护矿山环境

目前在矿产资源开发利用过程中，面临一个突出问题就是技术水平落后，设备陈旧化，生产规模不经济，要逐步实行改革强制化技术改造和技术革新政策，努力提高矿山开采水平，更新改造设备和生产工艺，提高矿山企业采选三率指标、降低能耗、减少采矿过程的损失，是保护矿区生态环境、减轻破坏的重要措施。

(3) 将矿山环境成本纳入矿业成本，实行生态环境经济补偿政策

本着"谁破坏谁恢复，谁开发谁保护，谁受益谁补偿"的原则，将矿山环境成本纳入矿业成本，实行生态环境补偿政策。对生态环境造成直接影响的组织和个人，征收生态环境补偿费，使矿山开采企业和个人能有效地、自觉地合理开发利用矿产资源和保护生态环境，实现经济效益和生态效益相统一。

(4) 加强矿产资源的综合利用

矿产品资源是有限不可再生的，要加强矿产资源的综合利用或回收利用，积极发展矿

产品深加工业，大力发展环保业，开发污染防治产品系列，努力提高矿产资源的综合利用效益，从根本上减少资源利用中的污染物排放。加强采矿废石、选矿尾矿的二次资源利用。有些暂时不能利用的矿产资源，随着经济、技术水平的提高，采矿废石、选矿尾矿这些原先废弃的物质，将显示出开发价值而成为宝贵的资源。

(5) 加强矿区生态环境恢复治理

矿山生态环境的恢复治理越来越引起世界各国的关注与重视。矿山生态环境遭到破坏后，首要任务就是及时有效地恢复治理，以避免矿区生态环境的进一步恶化。各矿区应设立资源开发、生态破坏活动重建工作的管理协调机构，把生态环境重建工作纳入国民经济发展计划，坚持"谁破坏、谁治理"的原则，加快生态环境破坏的恢复重建的速度，积极推进矿山生态环境恢复重建保证金制度，新建矿山要把环境治理和土地复垦项目纳入建设总投资预算，将生产工艺过程中的生态环境治理费纳入成本，实现矿产资源开发区与生态环境保护区相协调的良性循环发展。

(6) 建立矿山地质环境空间数据库，逐步实现矿山环境的动态监测与预测

充分利用"3S"技术，开展矿山地质环境调查评价工作，建立矿山地质环境"动态"空间数据库，结合各地区的规划总体目标和不同地段的规划功能，编制矿山地质环境的整治规划，从而实现矿山地质环境的动态监控和管理，实现资源开发与环境保护的协调发展。

随着经济的不断发展，人们对各种矿产资源的需求越来越大，采矿活动也随之变得频繁，规模不断增大对环境的影响也必然会加剧，采矿迹地生态重建所面临的任务也更加繁重。

3. 案例：平朔露天煤矿土地复垦与生态重建

平朔露天矿区是我国目前露天煤矿区开展土地复垦与生态重建工程规模较大、时间较长、效果较好的一个矿区。平朔露天矿区地处黄土高原东部、山西省北部的朔州市平鲁区境内，沟壑纵横、植被稀疏，对环境改变反应敏感，维持自身稳定的可塑性较小，属黄土丘陵——强烈侵蚀生态脆弱系统。平朔露天矿区是 20 世纪末我国最大的露天煤炭生产基地。矿区地质储量 127.5 亿 t，建设规模为 6 500 万 t，其中，国家大型露天矿 4 500 万 t，地方煤矿 2 000 万 t。如此大规模的露天煤炭开采，使原本脆弱的生态系统完全破坏。其土地复垦与生态重建的复杂性和艰难程度很大。

自 20 世纪 90 年代初期，多家研究单位对平朔露天煤矿的土地复垦问题进行了十余年的研究，认为平朔露天矿区采煤废弃地的复垦重点是重建的新生态系统。平朔露天矿区采煤废弃地复垦与生态重建的技术框架包括土地重塑、土壤重构和植被重建。经济上可行的操作工艺是，黄土母质可直接铺覆地表，进行土壤熟化、培肥、种植。持久的植被重建模式是"草、灌、乔同时并举，合理配置"。控制水土流失有效的植被覆盖度应大于 85%。实施"采掘、排弃、造地、复垦"一体化，减少岩土污染、重塑地形坡度、地表物质组成，使重塑的土地、重构的土壤符合水土保持、环境保护和土地复垦的要求，给后续的植被重建打好基础。平朔露天矿区采煤废弃地生态重建的效益可分为三个阶段：第一阶段为零效益或负效益为主的生态系统破损阶段。这阶段采矿可获得效益，但对土地、环境、生态来说是破坏；第二阶段以生态效益为主的生态系统雏形建立阶段。包括排土场的建设及水土保持、地面整理、土壤熟化、树草种植等。此阶段需大量投资，建成可利用的土地，主要是投资，而不

是获得效益;第三阶段为生态效益、经济效益和社会效益高度统一的生态系统动态平衡阶段。此阶段土地已建成,树草已生长,农田已可种植农作物,此时才可真正获得稳定的效益。

矿区初步实现采掘生产与土地复垦和生态重建同步进行,改变了我国已有大型露天矿先破坏后治理的模式。完成复垦土地占可复垦土地的60%,达到了国外发达国家的复垦率,大大超过我国目前10%的土地复垦率。经过土地复垦土地利用结构得到了明显的改善,系统结构趋于合理,抗逆能力增强。目前该矿已成为国内研究黄土区大型露天煤矿土地复垦与生态重建以及黄土高原生态脆弱区整治的大型试验基地。

3.5.4 旅游资源开发利用中的生态问题与解决途径

旅游的生态影响研究源于20世纪60年代人们对旅游地过度开发的研究。而大部分的研究成果的出现始于80年代,国内90年代后期开始有旅游环境影响方面的零星研究。这些研究,使人们普遍意识到旅游业不再是以前认为的"无烟工业",对旅游资源的不合理利用和过度开发,同样会导致严重的生态问题。

1. 旅游资源开发利用中的主要生态问题

(1) 对非生物因子的影响

1) 水　旅游资源开发中对水体的开发很重要,水体自身的优美程度也影响旅游活动的质量,其味觉美、视觉美、听觉美往往给游客以高质量的美的享受。人们喜欢亲近水体的同时,也更易对其造成影响。如果把旅游景区看作一个生态系统,由于水在生态系统的物质与能量循环过程中占有重要地位,因此一旦水体污染超过其自净能力,那么带来的可能是一连串的负面效应。比如水体富营养化导致藻类的急剧繁殖、鱼类的死亡,随之水体发生变色、异味或者恶臭,最后水体景观的旅游价值完全消失。

水体污染主要来源于两个方面:① 旅游服务设施造成的污染。旅游区宾馆饭店生活污水的排放,垃圾废弃物的不妥处理,都会造成水体污染,水上交通工具泄漏的油污,以及垃圾直接向水体的倾倒,也对水体造成污染;② 旅游活动污染。主要表现是游客向水中丢弃垃圾造成的污染,因为不是每个旅游者都注意保护生态环境,"过度旅游"的后果往往使生态被破坏。往日优美清洁的水面,经过污染后,则会漂浮着各种白色垃圾及其他丢弃物,并且危及水生生物。

2) 土壤　旅游区的土壤由于旅游开发会产生两种破坏结果:一种是由于游客践踏或车辆碾压而造成的土壤硬化板结、含水量下降,不再适宜植物生长;另外一种破坏是由于污染物造成的土壤成分的变化,如含有污染物的水流入土壤之后破坏其中的化学成分,造成土壤结构的变化,影响其上面植物的生长。

3) 大气　旅游活动对大气的消极作用主要有两个方面:① 交通工具等服务设施排放废气造成的大气污染,其中以汽车和游船未达标准排放尾气的污染最为严重;② 宾馆饭店排放的污染物以及游客在旅游区随地丢弃的垃圾所散发的恶臭和异味对大气环境造成污染。

(2) 对生物群落的损毁

1) 旅游开发建设破坏　旅游资源开发过程中,景区内有适宜充足的旅游服务设施是必须的，兴建这些旅游服务设施必须要毁掉原来地表之上的生物群落。如果选址不当，会造成典型群落的大量损毁，形成不可弥补的损失。另外修建旅游区道路，也会破坏很多生物。目前国内某些旅游区以修建硬化路面到旅游区中心地带为“荣”，宣传这是为了游客的方便，可是这样不但毁坏了生物，又把污染直接带到了生态核心地带。

2）消费型旅游造成的破坏　　有两种情况，旅游区经常会把当地特有的生物资源作为旅游商品来出卖，这会对当地生物资源造成严重干扰甚至是掠夺。如海南珊瑚礁旅游中，可以潜水欣赏珊瑚礁，游客有很多是初学者，对珊瑚礁直接破坏的可能性较大，会碰碎珊瑚。长期开展潜水活动，加上游客受珊瑚礁保护教育的不够，这种海洋旅游业对珊瑚礁资源的破坏是非常危险的。更有甚者直接把珊瑚当做旅游纪念品来出卖，这简直就是掠夺式地毁灭生态环境。在某些森林旅游中，有些旅游区为了满足私利，无视规定，只顾眼前利益，开展狩猎、滥捕等活动，也有景区主动猎捕野生动物做成野味出卖，牟取暴利。比如娃娃鱼（中国大鲵）是国家二类保护动物，可是现在在某些景区，成了餐桌上的食品，本来其数量就很少，照这样下去，其灭绝是不可避免的。

另一方面，旅游者的不自觉行为，如在景区内钓鱼、捕猎、挖掘采摘也同样直接造成了生物资源的破坏。

(3) 对自然景观价值的破坏

在生态学上，景观是指一个由不同生态系统组成的镶嵌体。在美学上，讲究景观的自身美和组合协调美。旅游资源利用对景观的破坏包括以下两方面。

1）直接破坏景观　　许多景区的核心景观，如古老的树种、奇异的石景，如果保护不当，会被游客乱画乱刻，甚至完全破坏。另外，兴建的各种旅游服务建筑设施，尤其是在旅游核心景观地带，也会破坏到景观。

2）增加不协调的景观　　景区建设中，不当的设施或者设施选址不当，会影响到景观的组合效果，造成景观冲突的尴尬局面。泰山索道建设在世界遗产保护核心区域，位于从中天门眺望南天门重要景观的视域之内，破坏了风景区内神圣的氛围。又如张家界的“世界最高”电梯，极大地破坏了自然景观的协调美，降低了环境质量。

2. 解决途径

(1) 加强大众旅游开发管理

大众旅游是依赖于现代化服务和设施，以旅游企业的经济利益为主要目的的旅游方式。由于其追求利益最大化，所以其特点是人数多、规模大，对环境的冲击力大。有人认为大众旅游中出现的问题可以通过加强管理进行改良，然而，这些问题背后更大的原因是权利分配与利益协调机制不合理。

在我国，旅游资源的所有权是全体公民，国家代表人民行使所有权。而具体的行使权又在地方政府手中，地方政府又通过招商引资把经营权转让给开发商。开发商注重的是经济利益，所以要尽量减少成本。旅游开发中是有外部成本的，包括生态环境的破坏、当地居民的搬迁以及土地资源利用方式的转变。这些外部成本目前没有或很少让开发商来承担，实现外部成本内部化。开发商追求短期利润最大化的同时，不会主动去承担外部成本，除非所有开发商都这样做。他们的权力和责任的不对等造成对旅游资源的泛滥开发。如在风景区进行房地产开发，满足了少数人的私利，破坏生态环境的损失却由当地居民和政府来承担。

但是,从目前来看,外部成本内部化还不是太可行。比如其具体的成本是多少是很难计算出来的,因为旅游对生态的长期影响还是不确定。而替代旅游,由于中国目前的国情,还需要一个发展阶段,所以,加强大众旅游开发管理是一个比较行得通的方法。

(2) 发展替代旅游

替代旅游是一个统称,其理念是:确保旅游政策不再只注重经济需要,而要更加注意保护生态环境不被破坏,考虑当地居民的生活经济需求。它包括一系列不同的旅游战略,如实行生态旅游、旅游人数规模的控制、对当地旅游社区公平的利益分配等。这对于某些大众旅游过度开发的地方是一种良性的替代形式。其主要优点有:① 考虑了当地的社区利益,能给当地社会成员带来直接收入,旅游业与当地社会成员的利益息息相关,会使他们自觉维护景观完好与生态平衡。并且,避免了大规模兴建住宿设施造成的当地生物的损毁;② 替代旅游对于想深入了解旅游区文化的游客来说无异是一个理想的选择。由于大众旅游的组团规模性,游客想深层次地了解当地文化是不可能的。而替代旅游中,游客可以深入到当地居民中,接触更多的当地文化;③ 对人数实行控制。游客不会蜂拥而至,大规模超过当地居民,避免了当地的社会压力与排斥旅游者现象。并且,替代旅游的游客更加理想化,他们往往抱着一种体验当地文化与景观的心理,对生态的破坏较大众旅游者要小。

(3) 制定旅游开发相关法律

迄今为止我国还没有一部关于旅游资源开发利用的正式法律,截至2006年底,关于自然旅游资源开发利用方面,国家仅颁布了几个条例:《风景名胜管理暂行条例》、《中华人民共和国自然保护区条例》、《野生动物保护条例》、《野生植物保护条例》。对于非保护区旅游开发过程中的生态破坏还没有直接对应的法律予以惩处,亟待通过法律建设制定开发标准,限制有害开发活动,并用经济、行政手段强制执行这些法规。

(4) 加强宣传教育

首先应利用媒体在社会上广泛宣传,提高公民的生态意识、环保意识及可持续发展意识,在社会上形成一种价值观,即人地和谐、充分尊重自然界的价值观。其次是在旅游区对游客进行宣传教育,游客的生态保护意识对于景区的环境保持、可持续发展是非常重要的。国外一般在进入景区之前进行生态环境保护教育,国内在这方面尚显不足。在游玩过程中,利用景区优美的生态环境实例,对游客进行保护生态环境重要性的教育,寓教于乐。

(5) 加强旅游生态环境质量监测

旅游生态环境质量监测的目的是通过对生态环境与生态系统变化的观察与监测,来分析目前的生态质量,从而对旅游资源的开发方式提供意见,对旅游区的生态问题做出及时防治。旅游生态环境监测的主要对象即是:非生命生态因子的变化状况、生物群落的破坏程度、生态系统中能量与物质的循环以及景观格局的变化。

3. 案例:南京中山陵园风景名胜区

(1) 风景区概况

中山陵园风景名胜区地处南京城市东隅,总面积约31 km^2。是1982年国务院颁布的首批国家重点风景名胜区之一"钟山风景名胜区"的主体部分。是全国第一批5A级风景区。该风景名胜区山水相依，陵林辉映，塔阁棋布，园囿纷呈。区内有中山陵、明孝陵、紫金山天文台、谭延闿墓、廖仲恺与何香凝墓、邓演达墓、无梁殿等7处国家级重点文物保护单位。风景名胜区主要由中山陵景区、明孝陵景区、灵谷寺景区、头陀岭景区、白马公园、中山植物园和山北自然生态保护区等组成。风景区主体坐落在紫金山，植物繁茂，种类丰富，森林覆盖率高达80%，为难得的城市森林，是南京市区最重要的城市绿肺，被评为国家森林公园。

(2) 生态环境问题

作为全国乃至世界闻名的风景区，其主景区生态环境优良、环境整洁，成为5A景区名副其实。但在景区外缘存在不少生态环境问题，影响景区旅游形象与可持续发展，主要表现在以下方面。

1) 景区外缘蚕食严重、环境卫生状况差　由于历史原因在景区外围分布有百余个村庄和企事业单位，还有许多违章建筑和耕地。这些单位在不同程度地蚕食景区，与景区形象形成极大反差；同时由于缺乏管理，脏、乱、差现象严重，加上周边乱占地、违建突出，垃圾遍地、污水横流，综合质量极差，是中山陵园风景区卫生环境极其脆弱的区域，若不加以整治还将有蔓延之势。不仅无法与景区功能相联系，而且也与城市整体形象不协调。

2) 景区内部水体存在不同程度的富营养化　由于一部分旅游生活废水处理或未处理就排入景区内部环境容量有限的水体，造成景区内一些水体出现富营养化，个别水体甚至出现使人不快的漂浮物，影响旅游环境与旅游兴致。

3) 众多登山晨练者对景区区登山路径带来生态干扰　据统计每天有上万人登山晨练，上山线路多达10条，对游径和自辟路径造成不同程度大的干扰，造成一部分枝条折损和植物根部裸露、裸地比例上升，垃圾丢弃现象普遍。

(3) 解决对策

针对上述主要问题，景区从加强管理、宣传，规划与建设等方面做了大量工作，尤其是通过科学规划，全面实施，取得了明显成效。具体主要采取了如下解决对策。

1) 加强宣传　完善环保志愿者队伍建设。使他们成为景区旅游环境的监督者和促进者，并倡导真正科学文明的生态旅游方式通过不同方式宣传保护景区环境的重要性，提高市民和游客的环境意识。如发起的"虎凤蝶"行动就是一个非常有意义的活动，市民自觉参与紫金山拣垃圾，通过活动不仅减少了丢弃的垃圾，更重要的是市民和游客基本不再随意丢弃垃圾。

2) 生态修复　针对景区外缘存在的问题，提出开展退耕还林、退村还景工程，将景区外缘大部分土地通过市场化运作方式进行新景区建设，增加景区旅游内容与旅游环境容量。同时对现有登山线路进行整合，拓宽人流量大的线路并注意道路的硬质化，减少水土流失；对少数人流量小的线路进行引导和封闭。

3) 水环境整治工程　对景区进行污水管网规划，规划将景区所有污水纳入管网并接管城市污水管网。

4) 景区内交通流量减量化、停车规范化工程　即控制景区外来交通工具的进入；对旅游车辆实施停车规范化；景区内部采用环保车辆。

5）加强景区林相改造　重点加强特色、改造林相，提高森林旅游观赏价值。

通过上述对策与措施，目前外缘景区生态环境得到了明显改善，也大大提高了整个景区的旅游环境容量。

主要参考文献

白中科等. 2003. 黄土高原大型露天采煤废弃地复垦与生态重建——以平朔露天矿区为例（1986～2001）. 能源环境保护，17(1)：13～16

蔡运龙. 2000. 自然资源学. 北京：科学出版社

常云昆. 2001. 黄河断流与黄河水权制度研究，北京：中国社会科学出版社，4

陈国栋. 2004. 论矿产资源开发与环境保护. 资源调查与环境，25(1)：1～5

陈新国. 2006. 浅议矿产资源开发与环境保护的协调发展. 西部探矿工程，11：275～276

陈永文等. 2002. 自然资源学. 上海：华东师范大学出版社

成升魁，闵庆文，高谢地等. 2006. 资源生态学. 见：石玉林主编. 资源科学. 北京：高等教育出版社，139～155

楚泽涵等. 2003. 矿产资源开发和生态环境问题. 古地理学报，5(4)：508～516

崔凤军. 2001. 风景旅游区的保护与管理. 北京：中国旅游出版社，9

封志明，王勤学. 1994. 资源科学论纲. 北京：地震出版社，166～181

封志明. 2004. 资源科学导论. 北京：科学出版社，347～365

封志明等. 2004. 土地资源学研究的回顾与前瞻. 资源科学，26(4)：2～10

傅伯杰，陈利顶，马诚. 1997. 土地可持续利用评价的指标体系与方法. 自然资源学报，12(2)：113～118

郭春华等. 2007. 我国土地生态安全管理对策建议. 环境与可持续发展，1：17～20

郭秀红等. 2005. 我国地下水质量分布特征浅析. 水文地质工程地质，(3)：51～54

国家防汛抗旱总指挥部办公室，水利部南京水文水资源研究所. 1997. 中国水旱灾害. 北京：中国水利水电出版社

姜建军等. 2005. 我国矿产资源开发的环境问题及对策探析. 国土资源情报，(8)：22～26

兰卓. 2005. 我国自然保护区旅游开发存在的问题与对策建议. 青海环境，6

李飞，张莉. 1999. 资源生态学及其应用. 生物学通报，34(3)：5～7

林松良. 2004. 土地资源开发利用可持续发展的最佳途径. 中国西部科技，7：20～22

刘昌明等. 2003. 浅析水资源与人口、经济、社会和环境的关系，自然资源学报，18(5)：635～644

刘杜娟. 2004. 中国沿海地区海水入侵现状与分析. 地质灾害与环境保护，15(1)：31～36

刘康等. 2004. 生态评价原理与应用. 西安：西安地图出版社

刘胜华. 2004. 我国土地生态安全问题及其立法. 环境与生态，21：53～56

刘水良. 2005. 自然保护区生态环境保护问题探讨. 华南师范大学学报，4

刘肖梅. 2002. 生态旅游开发的外部性问题研究. 泰安师专学报，4

钱易等. 2002. 中国江河湖海防污减灾对策，北京：中国水利水电出版社

饶会林. 1999. 中国水环境问题与对策思考，东北财经大学学报，(4)：31～34

水利辉煌 50 年编委会. 1999. 水利辉煌 50 年. 北京：中国水利水电出版社

孙雪涛. 2004. 民勤绿洲水资源利用的历史、现状和未来，中国工程科学，6(1)：1～9

孙艳丽等. 2003. 中国南方岩溶地区脆弱的生态环境及石漠化过程，贵州师范大学学报（自然科学版），21(2)：80～83

王军，罗明，龙花楼. 2003. 土地整理生态评价的方法与案例. 自然资源学报，18(3)：363～367

王万茂等. 1999. 关于土地资源持续利用问题的探讨. 中国土地科学,13(1): 15～19,23
王湘. 2001. 旅游环境学. 北京: 中国环境科学出版社,7
王星等. 2000. 影响中国可持续发展的水环境问题. 中国人口·资源与环境,(10)专刊: 50～52
韦玉梅等. 2005. 浅谈土地资源开发利用中存在的问题及对策. 中国环境管理干部学院学报,15(3)
吴次芳,徐保根. 2003. 土地生态学. 北京: 中国大地出版社
杨桂华等. 2000. 生态旅游. 北京: 高等教育出版社,1
易舜益. 1996. 略论矿产资源开发与环境保护. 矿产保护与利用,6～7
原振雷等. 2005. 矿产资源开发区生态环境问题及其防治. 矿产保护与利用,(1): 40～44
曾海等. 2007. 我国矿产资源开发利用中的问题及对策分析. 国土资源科技管理,2: 72～75
张建萍. 2001. 生态旅游理论与实践. 北京: 中国旅游出版社,6
张建萍. 2003. 旅游环境保护学. 北京: 旅游教育出版社,8
张金屯,李素清. 2004. 应用生态学. 北京: 科学出版社,359～366
张金屯等. 2003. 应用生态学. 北京: 科学出版社
赵士洞,成升魁,丁贤忠. 2000. 资源生态系统//孙鸿烈. 中国资源科学百科全书. 北京: 中国大百科全书出版社,东营: 石油大学出版社,89
赵士洞,成升魁,肖平. 2000. 资源生态学//孙鸿烈. 中国资源科学百科全书. 北京: 中国大百科全书出版社,东营: 石油大学出版社,89
赵永春等. 2006. 延寿县黑土地生态修复工程剖析. 黑龙江水利科技,39(4): 123～124
周海林[译]. 1990. 自然资源生态学的基本理论. 自然资源译丛,3: 51～70
周连碧. 2007. 我国矿区土地复垦与生态重建的研究与实践. 有色金属,59(2): 90～94
Ramada F. 1984. Ecology of Natural Resources. New York: John Wiley & Sons Ltd.
Simmons I G. 1974. The Ecology of Natural Resources. London: Edward Amold Ltd.

第四章　资 源 经 济

本章主要对资源供给、资源需求、资源价值与价格等加以介绍，分析影响资源需求和资源供给的主要因素，并对资源供求平衡问题加以分析。

4.1　资 源 需 求

从宏观层次来说，任何一个社会的生存和发展，都离不开资源消耗，从微观层次来说，任何一项经济活动都需要利用资源，因此，资源需求是资源经济分析中的重要内容。

4.1.1　资源需求的概念及其影响因素

所谓资源需求就是指在一定的时间内，资源需求主体愿意而且能够购买的资源数量或价值。这里强调资源需求有两个必要条件：一是有购买意愿，二是有购买能力，这两个条件必须同时具备才能成为需求。

微观主体需求通常要受到资源价格、替代资源的价格、消费者收入等的影响，具体表现是：

1）资源价格对资源需求的影响　　一般来说，资源价格与资源需求之间是反向变动的关系，即资源价格上涨，资源需求量下降。资源价格变化对资源需求变化的影响可以用资源需求的价格弹性来测度。资源需求的价格弹性就是资源需求量变化百分比与资源价格百分比的比值。资源需求的价格弹性越大，资源价格变动对资源需求的影响就越大；反之，则越小。

2）收入对资源需求的影响　　微观主体需要可以是无限的，但是购买能力是有限的，通常购买能力受到收入的影响。收入对资源需求的影响程度可以用资源需求的收入弹性来表示。资源需求的收入弹性是指资源需求变化的百分比与收入变化百分比之间的比例。资源需求的收入弹性越大说明收入变化对资源需求的影响就越大。一般来说，消费者收入的提高会增加资源需求，但也存在相反的情况，即消费者收入提高反而会导致需求的下降。例如，当消费者的收入提高，消费者倾向于用天然气或者液化气带代替煤炭作为燃料。

3）替代资源价格对资源需求的影响　　资源用途的多宜性使得不同资源之间具有不同程度可替代性。在功用上相似的资源可以看作是相互替代的资源。替代资源价格对被替代资源需求的影响是这样的：替代资源价格的提高会增加被替代资源的需求。替代资源价格对资源需求的影响可以用交叉价格弹性来表示，即资源需求变化百分比与替代资源价格变化的百分比之间的比例。

4）消费者偏好对资源需求的影响　消费者偏好的改变也会改变资源需求，消费者的偏好主要是受到消费者所处的社会环境的影响。例如，一些农村区域将居住地所在地的山，称之为"龙山"，从而使其免于砍伐而林木茂盛。

5）人们对资源价格的预期　例如人们预料到某种资源的价格会上涨的时候会增加对该种资源的购买量，以便通过资源储备进行投机或应对风险，对某一资源价格的预期还可能影响替代资源的需求量。

资源的区域社会需求可以看作是区域内单个微观经济主体资源需求的加总，但是，从区域层次来理解资源的需求的话，与微观经济主体的资源需求的影响因素不同，资源的区域社会需求则主要受到以下一些因素的影响：

1）人口数量与结构　在一定的消费能力情况下，人口总量多少直接决定着对区域资源消费或占用的需求，当然不同的人口结构、文化差异等，也将影响资源需求数量。

2）技术水平　资源利用技术水平决定了资源利用效率，不同的技术选择对区域资源需求有着重要的影响。资源利用技术水平高，则同样的社会经济发展水平下，资源利用总量相应地较低。

3）区域产业结构　不同产业资源消耗特征不同，不同产业组合形成一定区域内特定的产业结构，在技术水平保持一定的情况下，区域产业结构的变化会对资源需求产生重要的影响。例如，重工业产业形态要比轻工业经济形态有更大的资源需求。

4.1.2　资源需求的趋势与特征

从总体来看，当前我国经济运行状态呈现高投入、高消耗、高排放、不协调、难循环、效率低的状态。我国资源需求趋势也相应地表现为：需求总量不断增大，资源形势短缺将日益严峻，但经济组长的资源边际占用量总体下降；由于资源经济杠杆和技术进步的作用，资源利用效率将不断提高；随着核能、风能以及其他新能源的开发利用，资源消耗结构将趋向合理，耗竭资源的压力将有所缓解；资源占用与产业结构调整及宏观调控发展态势的关系日益密切；资源开发利用中的污染问题在较长一段时期内仍将十分严重；储备型资源占用将呈现增加态势。这里结合我国社会经济发展来阐述资源需求的趋势与特征。

1．人均资源需求变化呈非线性关系

对人均资源需求进行分析可以发现，人均资源需求并不是恒定不变的，而是随着时间逐步改变。人均资源需求的变化并非一种线性变化，而是以非线性变化为特征。例如，图4－1显示我国人均生活能源消费量的变化趋势就是一个三次曲线。

2．资源需求总量以非线性轨迹逐年增加

由于人口增加以及经济快速增长，生活水平的提高以及经济活动量的增加是以消耗更多的资源为代价的。从能源来看，1978年我国能源消费总量为57 144万吨标准煤，而到2005年，我国能源消费总量达223 319万吨标准煤，呈现递增趋势，年平均增长5％左

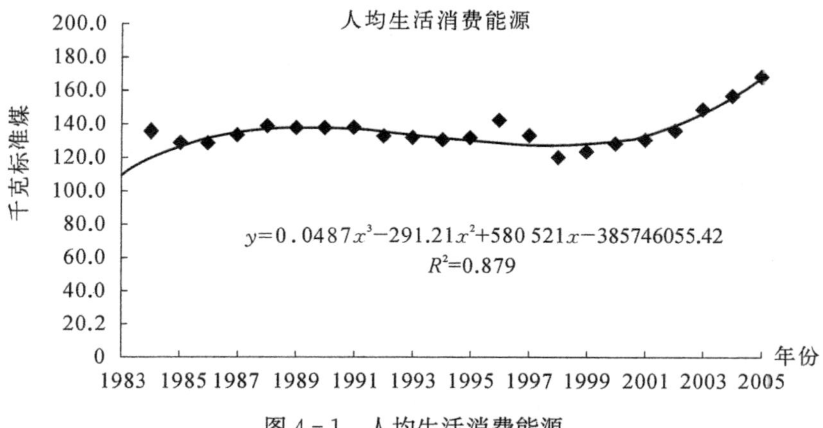

图 4-1　人均生活消费能源

右，对能源消费总量变化的分析可以发现，能源消费总量是沿三次曲线的轨迹进行变化的。生物资源的需求也呈增加趋势。1978 年，我国木材产量为 5 162.30 万 m^3，1999 年为 5 236.8 万 m^3，但是期间产量是以波浪形轨迹变化(图 4-2)。

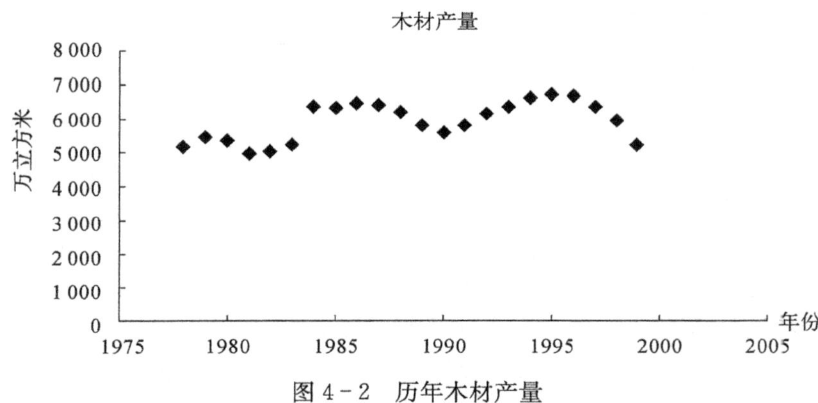

图 4-2　历年木材产量

3. 资源需求的增长与生产性拉动有直接的关系

经济活动总量的增加需要一定的资源投入，因此，经济增长直接拉动资源需求的增长。从表 4-1 可以看出，江苏省煤炭消费与 GDP 增长、固定资产投资有很强的相关性。从总量来看，GDP 增长对于能源消费总量具有明显的拉动作用，两者之间可以用三次曲线来拟合；同样的，固定资产投资对于能源消费的拉动作用也是十分明显的，固定资产投资与能源消费总量之间近乎线性关系。

表 4-1　GDP、固定资产投资与能源消耗

年份	能源消费总量/万吨标准煤	GDP/亿元	单位 GDP 能源消耗/(t/万元)	全社会固定资产投资/亿元	单位固定资产能源消耗/(t/万元)
1989	96 934	16 992.3	5.70	4 410.4	21.98
1990	98 703	18 667.8	5.29	4 517.0	21.85
1991	103 783	21 781.5	4.76	5 594.5	18.55

（续 表）

年份	能源消费总量/万吨标准煤	GDP/亿元	单位GDP能源消耗/(t/万元)	全社会固定资产投资/亿元	单位固定资产能源消耗/(t/万元)
1992	109 170	26 923.5	4.05	8 080.1	13.51
1993	115 993	35 333.9	3.28	13 072.3	8.87
1994	122 737	48 197.9	2.55	17 042.1	7.20
1995	131 176	60 793.7	2.16	20 019.3	6.55
1996	138 948	71 176.6	1.95	22 974.0	6.05
1997	137 798	78 973.0	1.74	24 941.1	5.52
1998	132 214	84 402.3	1.57	28 406.2	4.65
1999	133 831	89 677.1	1.49	29 854.7	4.48
2000	138 553	99 214.6	1.40	32 917.7	4.21
2001	143 199	109 655.2	1.31	37 213.5	3.85
2002	151 797	120 332.7	1.26	43 499.9	3.49
2003	174 990	135 822.8	1.29	55 566.6	3.15
2004	203 227	159 878.3	1.27	70 477.4	2.88
2005	223 319	183 084.8	1.22	88 773.6	2.52

资料来源：根据《中国统计年鉴》整理得到

4. 资源需求的变化与收入变化有密切关系

一般来说，收入增长会提高居民的购买力，进而增加对资源的需求。罗马俱乐部的报告认为人均资源利用率并非恒定不变而是随着人口变得更为富裕，每人每年趋向于消耗更多的资源。对收入变化与人均资源需求之间的关系进行分析可以发现，人均可支配收入变化可以在很大程度上解释资源需求的变化。人均可支配收入对资源需求的拉动作用是很明显，但是，这种拉动作用是一种非线性关系，例如，1989 年到 2005 年之间，我国城镇居民人均可支配收入与人均能源消费量之间具有明显的相关性，两者之间的关系可以用三次曲线加以拟合。

4.1.3 人口增长与资源需求

如果把资源需求最终归结为人的需求的话，那么人口增长就是资源需求增长的终极诱因了。可以把资源需求总量表示为：

$$资源需求总量=人均资源需求量\times 总人口$$

根据上式，如果人均资源需求量保持不变的话，资源需求总量就是总人口的一个函数，资源需求总量可以表示为关于人口的一个线性函数。资源需求总量函数的形状由人口增长函数来决定，如果人口增长是指数型的那么资源需求总量也是指数型的。然而，人口并非一个简单的消费因素，人口的增长会影响人均财富的变化，人均财富的变化又影响人均资源需求。因此，人口增长对资源需求的影响不会是线性关系的，而是一种非线性关系。从图 4－3 可以清楚看出人口增长对于能源消耗的拉动作用。

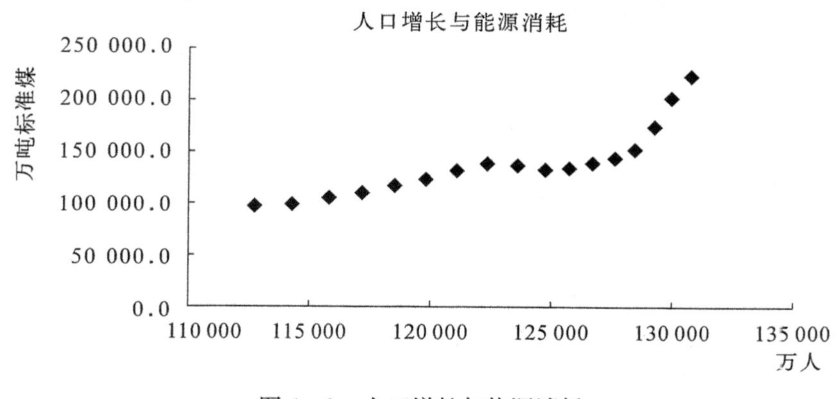

图 4-3 人口增长与能源消耗

人口增长对资源的压力具有双重作用，一方面，人口的增加会增大某些资源压力，尤其是耗竭资源；另一方面，人口的增加又意味着劳动力的增加，对于某些资源而言可以扩大利用程度而减轻其他资源的压力。人口增长对于财富同样也有双重意义：① 分配的意义，如果财富总量保持不变，人口增长即意味着人均财富的下降；② 创造财富的意义，即人口的增长意味着劳动力的增加，可以创造更多的财富。基于以上分析，人口增长对人均资源的需求的影响也应当是非线性关系。由于人口增长本身还受制于资源可获得程度，因此，人口增长与资源需求之间的关系不是单向的，而是存在反馈路线。正因为如此，人口增长对资源需求的作用就变得错综复杂。

4.1.4 经济发展与资源需求

经济发展主要体现在两个方面：一是经济总量的增长，二是产业结构的高级化。经济发展的这两个方面对资源需求的影响是不一样的。在产业结构固定不变的情况下，在一定技术支撑下的经济总量增长通常意味着需要消耗更多的资源。那么，经济增长与资源需求之间的关系可以表示为：

$$Q_d^1 = f_1(GDP_t)$$

式中，Q_d^1 为资源需求量；GDP_t 为 t 时期的 GDP；f_1 为函数关系。

库兹涅茨通过实证研究的方法解释产业结构变动的趋势，即农业部门的相对比重不断下降，工业部门和第三产业部门的比重不断上升。在库兹涅茨的分析中，产业结构的变动用产值结构以及劳动力结构来反映，即用不同产业的产值比重和不同产业的劳动力比重来反映。把产业划分为三次产业，即第一产业、第二产业和第三产业。第一产业主要是农业，第三产业则主要是服务业。对比三次产业对资源的消耗，一般来说，农业离不开土地的占用，在农业技术既定的情况下，农业的发展主要是由劳动力的投入和土地投入来决定的，当然，技术进步可以提高农业用地的产出水平；在三次产业中，工业发展消耗资源最多，而第三产业通常被认为是资源消耗最少的。

按照库兹涅茨的理论，产业结构的演进是沿着农业产值和劳动力比重下降的方向进行的。那么产业结构升级则对资源消耗具有双重的作用。后来的研究证明，产业结构的研究具有一定的顺序，即农业产业首先是向工业部门演变，然后再向第三产业演进。如此，产业结构的演变对资源需求的影响应当是这样的：

1）农业的发展需要扩大耕作土地面积，因此，农业的发展对于土地利用结构具有调整作用，但是，相比较而言，无论从资源种类还是从资源数量来说，农业对资源的消耗要比工业少。

2）工业部门比重上升意味着资源需求的增加，而工业产业的发展通常又带动第三业的发展，等第三产业发展到一定程度，产业结构演进会逐步减轻对资源的依赖程度。

产业结构变动的度量有多种方法，一种简单明了的方法就是用结构变异度来度量，产业结构变动度的定义如下：

$$K = \sum_{i=1}^{n}(q_i - q_0)$$

式中，K 表示结构变异度；q_i 表示考察期时 i 产业在全部经济中的比重；q_0 表示基期时 i 产业在全部经济中的比重；N 表示全都产业分类数。

有了产业变动的测度之后，就可以考察产业结构变化对资源需求的影响，产业结构与资源需求之间的关系可以用下式表达：

$$Q_d^2 = f_2(K_t)$$

式中，Q_d^2 为资源需求量；K_t 为 t 时期的结构变异度；f_2 为函数关系。

那么，经济发展与资源需求之间的关系则可以通过分析经济增长以及产业结构演进对资源需求的影响来判断，经济发展与资源需求之间的关系可以表示为：

$$Q_d = f(K_t, GDP_t)$$

式中，Q_d 为资源需求量；K_t 为 t 时期的结构变异度；GDP_t 为 t 时期的 GDP；f 为函数关系。

那么资源需求与产业结构之间的关系可以用图 4－4 来表达：

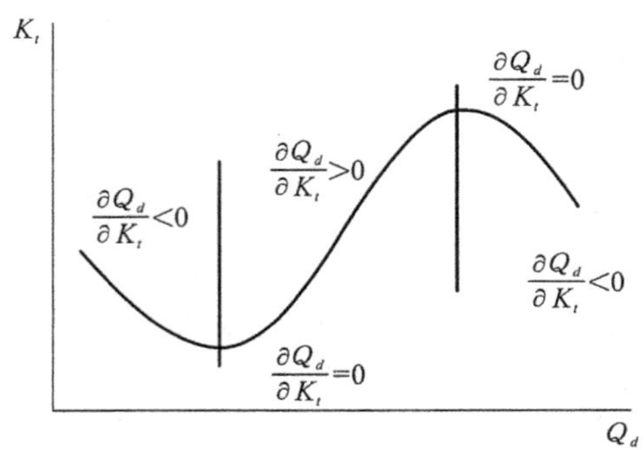

图 4－4　产业结构演进与资源需求

在产业结构保持不变的情况下，经济增长与资源需求之间的关系可以表示为：

$$\frac{\partial Q_d}{\partial GDP_t} = A$$

式中，$\frac{\partial Q_d}{\partial GDP_t}$ 为一阶导数；A 为常数。

4.1.5 技术进步与资源需求

从总体上来说，技术进步对资源需求的影响具有两面性：一是减少资源需求，二是增加资源需求。那么技术进步对资源需求的最终影响要看技术进步增减效应的对比情况了。就某一具体技术进步来说，技术进步对资源需求的影响可能是确定的，有的技术有助于减少资源需求，例如，农业生产技术的进步可以提高土地单产水平，进而节约土地资源，再如节育技术的出现可以为人口控制提供技术手段从而减少资源需求总量；有的技术则可能增加资源需求，比如，乘坐飞机尽管旅行速度大大提高，但是需要消耗更多的能源；而有的技术进步本身就可能有双重作用，例如，建筑技术进步，一方面由于建筑技术进步——用钢结构替代砖木结构，使得在单位土地面积上获得更多的建筑产品成为可能，由此可以节约土地资源，也可以节约林木资源，另一方面，又增加了对铁矿资源的消耗。

在某种资源利用上技术进步不仅对该种资源需求产生影响，还可能对其他资源需求产生影响。由于人类经济活动对资源的利用是组合式的，因此，一种资源利用上技术进步对其他资源需求的影响也是双重：增加他种资源需求和减少他种资源需求。

4.2 资 源 供 给

资源供给可以分为资源的自然供给和资源的经济供给，资源的自然供给是指资源天生可供人类利用的部分，而资源的经济供给是指可以直接用于人类生产和生活的资源供给。经济学意义上的资源供给是指在一定价格条件下资源占有者愿意提供一定质量资源的数量。资源的自然供给是由天然因素决定的，人为努力不能改变；而资源的经济供给则是通过人类的经济活动可以改变和调节的。

4.2.1 资源供给及其趋势与特征

就一定区域来说，资源供给来源可以分为两部分，一是本地区自给部分，还有就是从外地区调入部分，这两部分构成一定时间内区域资源供给总量。对于一个国家来说，一定时间的资源供给就是国内自给加上进口部分。资源贸易只能改变一个地区资源的经济供给而不能改变资源的自然供给。

资源的供给受到多种因素的影响，自然条件、技术水平和经济发展对资源的供给都会产生影响，尽管资源的自然供给不受社会经济因素的影响，但是，资源经济供给则主要受到经济因素的影响，与社会经济的发展离不开。资源供给具有以下的趋势与特征：

1）耗竭资源的自然供给固定不变，但是经济供给富于弹性　由于耗竭资源的形成是漫长的时间过程，因此，耗竭资源的自然供给保持不变。尽管耗竭资源的经济供给受到自然供给的制约，但是，相对于耗竭资源自然供给的刚性而言，耗竭资源的经济供给富有弹性。对资源勘探使得每年都有一批新矿产地发现，再加上采掘技术的进步，资源的经济供给量逐步增加，能对资源需求和资源及其产品价格变化做出反应。

2）资源开发利用总量逐年增加且与经济增长关系密切　　经济增长、人口增加以及人口生活水平的提高，社会生产和消费对资源的需求都不断增加，受到资源需求增长的驱动，主要经济资源的开发利用量逐年增加。

3）资源循环利用程度逐步提高　　资源循环利用程度提高主要是指对可循环利用耗竭资源和部分再生资源的循环利用。对资源循环利用目前最明显的主要体现在水资源、金属矿物的循环利用方面。目前对金属矿物的循环利用逐步得到重视，主要是废钢、铜和铝等的回收再利用。

4）再生资源的再生能力受到严峻威胁　　由于工业发展导致大量的污染排放，水体污染、空气污染以及温室效应，导致生物资源等受到严重危害。耕地资源被大量占用，土地退化等问题突出。

5）资源供给与资源需求不相适应，供需矛盾突出　　以我国煤炭资源供给为例，从表 4－2 可以知道，从 1980 年到 2005 年，我国煤炭资源消费量都基本持平，但煤炭供需在空间上不平衡，从地区来看，江苏、浙江、广东、广西、海南、江西、辽宁、吉林、福建、湖北和湖南等迫切需要煤炭资源，但是这些地区又较为缺乏煤炭资源。从原油供需来看，在 1980 年，原油消费量低于生产量，而 1999 年之后，原油消费量高于生产量且缺口越来越大。

表 4－2　我国煤炭、原油生产与消费量对比

年　份	原油生产量/万 t	原油消费量/万 t	原油消费量与生产量比值	煤炭生产量/万 t	煤炭消费量/万 t	煤炭消费量与生产量比值
1980	10 594.6	9 205.0	0.869	62 015.0	61 009.5	0.984
1985	12 489.5	9 509.5	0.761	87 228.4	81 603.0	0.936
1990	13 830.6	11 762.2	0.850	107 988.3	105 523.0	0.977
1995	15 004.4	14 886.4	0.992	136 073.1	137 676.5	1.012
1999	16 000.0	18 949.5	1.184	128 000.0	130 000.0	1.016
2000	16 300.0	21 232.0	1.303	129 921.0	132 000.0	1.016
2001	16 395.9	21 342.7	1.302	138 152.0	135 000.0	0.977
2002	16 700.0	22 541.1	1.350	145 456.0	141 600.5	0.973
2003	16 960.0	24 922.0	1.469	172 200.0	169 232.0	0.983
2004	17 587.3	28 749.3	1.635	199 232.4	193 596.0	0.972
2005	18 135.3	30 086.2	1.659	220 472.9	216 722.5	0.983

资料来源：《中国能源统计年鉴 2006》

6）国内资源供给有限，资源对外依赖程度将越来越高　　根据有关资料显示，我国战略性资源缺口将越来越大，见表 4－3。从表 4－3 中得知 2010 年之后我国战略性资源将面临全面缺口越来越大的问题。

表 4-3　中国战略性资源供需缺口：2000～2050 年

资源种类	2000 年	2010 年	2020 年	2050 年
石油/亿 t	0.5	1.0	1.4	5
天然气/万 m^3	0	100	500	900
铁矿石/亿 t	275	315	199	1 000
铜矿/(金属，万 t)	60	80	95	156
钾盐/t	405	540	677	1 290
粮食/亿 t	0.1	0.3	0.5	4
水/亿 m^3	300	450	560	700

资料来源：根据《2002 年中国资源报告》整理得到

对矿产资源的分析表明：到 2010 年，稀土、锡和煤等 23 种资源可以保证我国经济建设需要，铀、铅、锶、耐火黏土、磷和石棉 6 种矿物基本保证我国经济建设需要，石油、天然气、铁、铜、汞和铝等 11 种资源不能保证我国经济建设的需要，而铬、钴、铂族、钾盐和金刚石 5 种矿产资源处于资源短缺状态。

4.2.2　资源的自然供给

资源的自然供给是相对稳定的，对于耗竭资源来说，在一定的地域范围内，耗竭资源的自然供给是固定不变的，不受任何人为因素或者社会经济因素的影响；对于再生资源来说，由于受到资源再生能力的限制，在一定的时间和空间范围内，再生资源的自然供给也是一定的，但是人类活动可能破坏部分再生资源的再生能力，从而在一定程度上减少部分再生资源的自然供给。

资源的自然供给主要受到以下因素的影响：

1）生物资源的自然供给主要受到生物资源繁殖能力的限制　在一定的时间内，生物资源的最大自然攻击是由生物的繁殖能力大小来决定的。

2）非生物再生资源的自然供给的影响因素很复杂　其中的土地资源的自然供给主要受到气候条件、交通条件等限制；而水资源等则受气候条件等限制。

3）耗竭资源的自然供给主要受到技术因素的影响　例如矿产资源勘探技术对于探明储量具有决定性的影响。

资源的自然供给具有以下两个特点：

1）资源自然供给的区域差异大　对于可耗竭资源来说，资源的形成受到成矿条件影响，矿产资源的分布具有明显的空间特征，以煤炭资源为例，我国大陆地区除上海市外，其他省份都有分布，但主要集中在新疆的准噶尔盆地，吐鲁番—哈密盆地，内蒙古的海拉尔—二连盆地群，晋、陕、内蒙古三省（自治区）境内的鄂尔多斯盆地，豫、鲁、皖交界的平原区和川、滇、黔边界地区等六大片，其他地区资源量少而零散，保有储量则主要分布于山西、内蒙古、陕西、贵州、新疆、宁夏、安徽、河南和山东等地。对于可再生资源来说，无论是生物资源还是非生物资源，自然供给水平都有明显的区域差异性，例如水资源、气候资源等。

2）不同资源自然供给的时间特性不同　对于耗竭资源来说，相对于人类历史而言，耗竭资源的形成时间非常长，因此，可以说，耗竭资源的自然供给是不随时间改变而改变的。但是，再生资源的自然供给则不同，例如，水资源和气候资源等具有明显的时间特征，在我国，降水具有明显的时间分布特性，由于受季风的影响，我国大部分地区降水集中在一年中的几个月。

4.2.3　资源的经济供给

资源的经济供给是指可以直接用于人类生产和生活的资源供给，也就是说资源的经济供给本质上是由于社会经济因素决定的。因此，可以把资源的经济供给定义为在一定的时期内与一定的价格水平上，资源生产者能够而且愿意供给的资源数量。和资源的需求一样，资源的经济供给也有两个必要条件，一是有供给能力，二是有供给意愿。和资源的需求一样，资源经济供给对价格的反应程度可以用资源经济供给的价格弹性来表示，所谓的资源经济供给的价格弹性就是指资源经济供给变化的百分比与资源价格变化百分比的比值。

资源的经济供给主要受到下列因素的影响：

1）资源价格　和其他商品一样，由于资源稀缺的存在，资源的经济供应实际上是价格的函数，通常，资源经济供给与资源交易价格呈正相关关系，即随着资源价格的提高，资源的经济供给会增加。

2）替代资源的可得性与价格　由于资源用途的多宜性，资源之间具有不同程度的可替代性，例如，作为燃料，石油和煤炭是可以相互替代的，如果石油的价格上升，便会有更多的资本流入石油生产而增加石油供应，但是，替代资源可得性往往会限制资源实际可替代程度。

3）资源生产技术和成本　技术进步可以使资源生产更为容易，会改变资源的生产成本，使得同样的成本投入可以得到更多的资源。在资源生产技术既定的情况下，资源的生产成本还受到许多其他因素的影响，比如，政府的税收水平等都有可能对资源生产成本产生大的影响，进而影响资源的经济供给。

4）资源的自然供给量　资源的经济供给是在资源的自然供给基础上形成的，因此，不管技术如何进步和资源价格如何变化，资源的经济供给都不可能突破资源自然供给的上限，资源的自然供给从根本上限制了资源的经济供给。

4.2.4　资源承载力

资源承载力又称为资源容量，起始于土地承载力的研究。土地资源承载力又称为土地资源承载潜力，在较为早期的研究，土地资源承载力的研究主要集中于分析土地供养人口的能力，即计算区域范围内土地资源所能养活的人口数量。土地承载力的计算主要是根据土地资源的食物生产能力和人口消费计算出区域土地资源的人口载量，即土地人口承载潜力就是单位面积土地的生产潜力与一定生活水平下的人均消费标准之比。当然，土地人口承载潜力的计算是以一定条件为前提的。正因为土地资源人口承载潜力是土地生产潜力与人均消费标准之比，因此，土地资源人口承载潜力的主要影响因素是土地资源的数量、土地资源的质量状况、投入水平、生活水平、时间尺度这几个方面，其中，土地资源的质量、投入水平和土地资源数量决定区域土地资源的总产出，是分子项，而生活水平则为分母项，土地资源人口承载力同时也是一个具有时间意义的概念，因此，时间尺度也是重要的影响因素。在目前的研究中，尽管土地资源承载力的研究仍然是资源承载力研究中一项极为重要的内容，但是，目前资源承载力的研究不局限于土地资源承载力，而且还包括其他资源的承载力，例如水资源承载力和矿产资源的承载力等。在计算区域资源承载力时，需要通盘考虑各类资源的承载力，然后根据资源之间的相互关系确定区域资源承载能力；在计算区域资源承载力时，“木桶原理”往往有重要影响，在计算各类资源承载潜力之后，根据承载力最低值来确定区域资源承载潜力。在后来的研究中，资源承载力的概念不仅不再局限于土地资源，而且资源承载的含义也不再局限于承载人口，还将资源承载的概念扩展到经济活动等，因此，资源承载力分析的内容变得更为丰富。在资源承载力的研究中，不仅有绝对承载力的概念，还有相对承载力的概念，“相对资源承载力是指通过选定资源承载力的理想状态作为参照区，以该参照区人均资源拥有量为标准，将研究区与参照区的资源存量进行对比，从而确定研究区内资源相对可承载的适度人口数量”。除此之外，由于对于资源概念定义的不同，资源承载力的定义也有所不同，例如在有些研究中，资源的概念不仅限于自然资源。

4.2.5 资源稀缺

从微观经济学的角度来说，只要是资源都是稀缺的。在资源经济学中，资源稀缺与资源的自然供给有限是联系在一起的，然而，在大多数资源经济的论著中，在强调资源自然供给有限的基础上，更为强调经济供给意义上的资源稀缺。

对于稀缺性的认识有不同的看法，例如，一种观点认为生产资源的稀缺性既不是指这种资源不可再生产或者可以耗尽的，也与这种资源的绝对量的大小无关，而是指在给定的时期内，与需要相比较，其供给量是相对不足的。这个表述强调资源稀缺性的相对性，即资源稀缺性是资源的供给相对人类的需要而言。回顾前面的内容可以知道，资源的供给可以分为资源的自然供给和资源的经济供给。在西方微观经济学中，在没有特别说明的情况下供给的概念通常与我们所说的资源的经济供给的概念是同一含义。然而，在资源经济学中，研究资源的供给不仅是研究资源的经济供给而且极为关注资源的自然供给。有学者认为，目前对于资源稀缺概念还没有严格的定义，的确，在欧美资源经济学的论著中大多没有对资源稀缺性加以定义，但是，对资源稀缺度量方法的讨论并不缺乏。西方资源经济学家认为只要存在竞争性利用的资源就是稀缺的。国内有学者对资源稀缺定义为：指资源绝对数量有限或相对价值随着时间递增的一种状态。综观国内外资源经济学的论著中对资源稀缺的论述，可以发现，资源稀缺与资源的自然供给有限是联系在一起的，然而，在大多数资源经济的论著中，在强调资源自然供给有限的基础上，重视资源经济供给意义上的资源稀缺的意义。

资源稀缺的度量有不同的方法，通常把这些不同的方法分为两类，一是物理度量，二是经济度量。有的学者在资源稀缺度量的问题上则采用相反的概念，即用资源的可得性来反映，例如，朱迪·丽丝用资源基础、探明储量、条件储量、远景资源和最终可采资源来表示储存性资源的可得性，用最大资源潜力、可持续能力、吸收能力和承载能力来表示流动性资源的可得性。

汤姆·泰坦伯格认为，一个理想的资源稀缺性指标应当具备三个条件：一是预见性，二是可比性，三是可计算性。然而汤姆·泰坦伯格经过分析认为，期望用一个单一指标来提供资源稀缺性的满意信息是不现实的，而要用各种指标在具体问题具体计算分析的基础上做出判断。

在资源稀缺问题上，有两种经济模型值得一提。一是所谓的边拓模型，边拓模型是相对于资本和劳动的供给来说自然资源非常充裕的一种经济状态。在边拓经济中，自然资源的供给不随时间、目前利用情况等的改变而改变。显然，在边拓经济中，自然资源丰富不存在竞争性使用的问题，因此，在边拓经济中，自然资源是不存在稀缺问题的，存在稀缺的是劳动和资本。另外的一个模型就是李嘉图模型。用李嘉图模型表示为：

$$G_t = f(L_t^1,\ R_t)$$

$$R_t = g(L_t^2)$$

$$L_t^1 + L_t^2 = \overline{L}_t$$

式中，G_t 表示 t 时期国民生产总值；L_t^1 表示 t 时期用于生产 G_t 的劳动数量；R_t 表示 t 时期用于生产 G_t 的自然资源数量；L_t^2 表示 t 时期用于生产 R_t 的劳动数量；$\overline{L}_t$ 表示 t 时期可用的劳动数量；f 和 g 表示函数关系。

用不同数量的自然资源 R_t 和劳动 L_t^1 数量组合可以得到相同数量的 G_t，将这些 G_t 相同的点连接起来即得到等产量曲线；一定的自然资源 R_t 和劳动 L_t^1 数量组合存在一个生产的可能性曲线，等产量曲线和生产的可能性曲线相切的点即为最优的自然资源 R_t 和劳动 L_t^1 数量组合。将所有等产量曲线和生产的可能性曲线相切的点连接起来即得 G_t 的扩展路径。那么，自然资源的稀缺可以根据李嘉图模型应用下式得到：

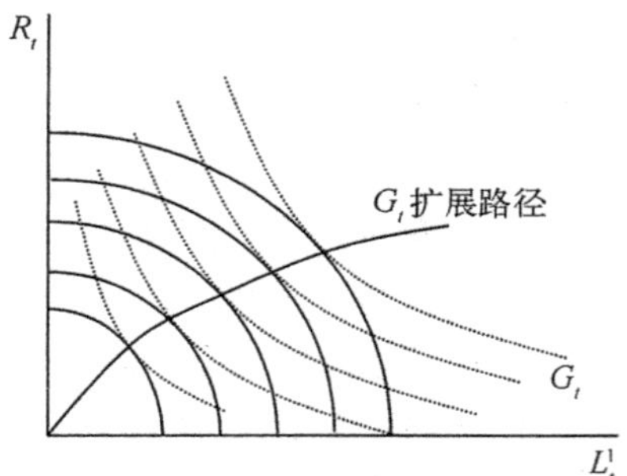

图 4－5 李嘉图模型的投入变化曲线、生产扩展路径

$$S = \frac{\partial R_t}{\partial L_t^1}$$

式中，S 表示自然资源的稀缺程度；$\frac{\partial R_t}{\partial L_t^1}$ 表示 R_t 对 L_t^1 的导数。在图 4－5 中 S 即为 G_t 的扩展路径曲线的斜率。

可见，在李嘉图模型中，自然资源的稀缺程度是用自然资源和劳动之间替代率来表示的，S 越小，即图 4－5 中 G_t 扩展路径的斜率越小，表示自然资源越稀缺。

4.3 资源供求分析与优化配置

4.3.1 资源供求关系分析

将资源供给和需求结合在一起考虑的时候，资源供求之间的关系不外乎有以下三种情况：① 供不应求，即资源供给小于资源需求；② 供求平衡，即资源供给与资源需求正好相等；③ 供过于求，即资源供给大于资源需求。第一种和第三种状态统称为资源供求失衡状态，比较而言，资源供给正好等于资源需求的情况是很少见到，而资源供求不平衡才是常见的情况。如果资源供给大于资源需求，那么资源利用的问题主要是如何进行开发利用富裕的资源，在不少情况下，资源利用的问题还主要是资源供给小于资源需求，也就是说，资源稀缺才是资源利用中主要问题。

从前面的介绍可以知道，资源的供给可以分为资源的自然供给和资源的经济供给，因此，对于资源供求关系的理解，也需要从两个不同的角度进行。

1）从自然角度的理解　即分析资源的自然供给与需求之间的关系，主要分析资源的自然供给与区域资源需要之间的关系，同样，资源的自然供给与区域资源需要之间的对比关系也有三种状态，即资源的自然供给大于资源需要、资源的自然供给等于资源需要和资源的自然供给小于资源需要三种情况。从自然角度来理解资源供求关系的话，资源供求平衡与否主要取决于资源禀赋、人口数量和技术水平等。

2）从经济角度的理解　即分析资源的经济供给和需求两者之间的关系。从经济分析角度理解资源需求的话，资源需求和资源需要是两个不同的概念，这在前面已经做了交代。由于资源的经济供给是与价格联系在一起的概念，需求也是与价格相联系的概念，因此，从经济角度来分析资源供求关系的话，资源供求的平衡与否主要受到资源经济供给、资源价格、政策和制度等的影响。

由于资源供给小于资源需求是资源利用中主要的和常见的问题，因此，有必要介绍一下资源稀缺的度量。正因为资源供求关系可以从自然角度和经济角度两个方面加以理解，因此，对于资源稀缺的度量也就有物理度量和经济度量之分：

1. 资源稀缺的物理度量

(1) 耗竭资源稀缺性的物理度量

对于耗竭资源稀缺性度量通常和储量的概念联系在一起，认为资源稀缺可以用资源耗尽年数来表示：

$$Y=\frac{S}{r}$$

式中，Y 为资源耗尽年数；S 为资源储量；r 为资源开采速度或者利用速度，t/年或 m^3/年。

在资源耗尽年数的公式中，S 和 r 都具有不确定性。资源开采速度或者利用速度在事实上不可能是一个常数，有可能是一个递增的函数，也有可能是一个递减的函数。

对于 S，储量有几个不同的概念：① 资源基础——地球系统中物质或者财富的总量；

② 探明储量——指已查明并已知在当前的需求、价格和技术条件下具有经济开采价值的矿产资源藏量；③ 条件储量——已查明但是在当前价格水平下以现在的采掘技术或生产技术是不经济的藏量；④ 远景资源——是个未知的藏量，但可望在将来在目前仅作了部分勘察和开发的地区发现的藏量等。

因此，在使用资源耗尽年数的计算公式时，必须指明分子和分母的具体含义，否则，采用不同含义计算出来的资源耗尽年数不具有可比性。

对于不可循环耗竭资源采用资源耗尽年数的概念来表达资源稀缺是合适的，但是，对于可循环利用耗竭资源来说，显然不是一个合适的指标。要衡量可循环利用资源的稀缺性，必须考虑循环利用的情况，对资源耗尽年数的计算加以改进即可：

$$Y' = \frac{S+R}{r}$$

式中，Y'为可循环利用资源耗尽年数；S 为资源储量；r 为资源开采速度或者利用速度，t/年或 m^3/年；R 为资源循环利用速度，t/年或 m^3/年。

(2) 再生资源稀缺性的物理度量

对于再生资源稀缺性物理度量的一个有用概念就是最大可持续产量，最大可持续产量就是指资源利用速率控制在资源再生能力范围内能达到的最大产量。最大可持续产量越小说明资源越稀缺。下面用渔业活动的一个例子来说明，当捕捞活动维持在 Y 点以内的时候，渔业活动为可持续，一旦超过该点，则为不可持续的渔业活动，在超过 Y 点继续捕捞的话，有可能导致渔业资源枯竭成为耗竭资源。因此，Y 点捕捞活动对应的每年鱼产量即为最大可持续产量。对于再生资源来说，尤其是生物资源来说，资源的稀缺程度的度量主要从资源可持续利用能力的角度来考察。

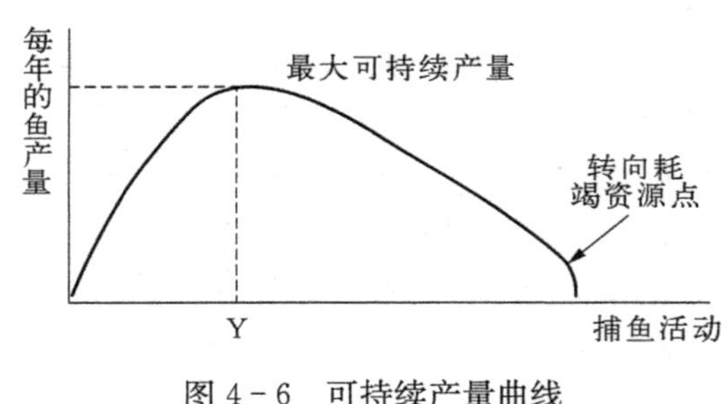

图 4-6　可持续产量曲线

2. 资源稀缺的经济度量

对资源稀缺的经济度量主要是借助系列经济指标来反映资源的稀缺程度，资源稀缺的经济度量主要是从获得资源的代价大小的角度来考虑资源稀缺的问题，目前对资源稀缺经济度量指标主要有：资源的价格、资源稀缺性租金、边际发现成本和边际开采成本。

1) 资源价格　　许多资源耗竭资源的价格变动一般遵循“U”形变化轨迹，即起初由于技术相对落后，开发规模小而开发成本高，后来，由于技术进步，开发成本下降，价格下降，再到后来，成本难以下降甚至上升导致价格上升。由于资源价格变动具有“U”形的变动轨迹，因此，资源价格与资源稀缺之间的联系就不是一个单值函数，用资源价格来度量资源的稀缺性在可比性方面难以满足要求。另外，资源开发利用还存在外部性问题，外部性的存在往往使得资源市场价格难以真实反映资源的真实稀缺程度。

2) 资源稀缺性租金　　资源稀缺性租金又被称为资源使用者成本，是指资源产品现价与资源边际开采成本之间的差值。资源稀缺性租金能否真实反映资源的稀缺程度，与资源产品的现价以及边际开采成本相关，然而，稀缺性租金只是一种不够准确的测度，例如公共产权资源的稀缺性租金在任何时候都为零。

3）边际发现成本　边际发现成本是发现新资源的增加成本。通常认为，资源的边际发现成本是可以观测到的，即通过对资源的勘探费用的观测得到。

4）边际开采成本　一般认为人类对资源开发利用的顺序是先易后难，随着资源开发利用数量的增加，低等级的资源逐步进入开发利用范围，资源的边际开发成本逐步上升，因此，资源的边际开发成本能够较好地反映资源的稀缺程度。但是，资源边际开发成本是建立在过去的成本计算的基础上，在汤姆·泰坦伯格看来，资源边际开发成本不具备预见性。

4.3.2　资源配置理论

资源配置就是要解决在什么时候、什么地点以及什么用途方面使用多少资源的问题，还要解决在一定时间以及一定空间范围内不同类型资源使用结构的问题。具体来说，资源配置问题包括以下几个方面。

1）资源配置的结构问题　所谓资源配置的结构问题就是指不同资源使用数量的对比关系。对于一个地区或者一个企业而言，不同资源利用结构所带来的效益是不同的，为了获得资源利用的最大效益，就需要合理搭配使用各种资源。当资源利用效益达到最大了，同样满足以下两个条件：① 资源使用的边际成本等于资源使用的边际收益；② 各类资源使用的边际收益与边际成本之比值相等。

2）资源配置的空间问题　可以将不同空间看作不同的用途，当资源使用的空间效益最大化时，满足不同空间范围资源使用的边际收益与边际成本之比值相等的条件，并且在所有空间都满足资源使用的边际成本等于资源使用的边际收入的条件。

3）资源配置的时间问题　从时间维度上来看待资源使用的话，资源配置就是要解决在不同时间阶段资源使用数量的问题，同样可以把时间看成不同的分配单元，在一定时间阶段内，当资源配置效益取得最大值时，满足不同时间阶段资源使用的边际收益与边际成本之比值相等的条件，并且在所有时间阶段内都满足资源使用的边际成本等于资源使用的边际收入的条件。

概括来说，在分析资源配置时，通常会用到边际分析的手段，当然，资源使用的优化问题不仅仅是线性规划问题也可能是非线性规划问题甚至可能是其他形式，但资源配置问题的本质就是求解在一定约束条件下，资源利用效益的最大值。

4.3.3　资源产权及其制度

不同学者对于产权有不同定义，要对产权给出一个一致认同的定义并非易事，不过，产权有以下几个基本的特征：① 产权的可分解性，即产权是可以细分的，产权的可分解性对增加资源配置的灵活性和提高资源配置的效率有着重要的意义，当然也意味着产权要受到一定的约束和限制；② 产权的排他性，产权的排他性表明产权的拥有者具有确定性，特定的产权其主体只能是唯一的，产权的排他性与产权的明晰相关，产权界定不清，产权的排他性将大打折扣；③ 产权的可让渡性，在经济学眼里，交易的本质是产权的转移，而不是物品占有的改变。

对于资源而言，产权是重要的，资源产权之所以重要，是因为产权对于资源利用而言具有以下一些功能。

1）激励功能　资源使用和交易的目的都是为了获得收益，资源产权的激励与产权的明晰状况密切相关，因为产权关系模糊必然导致利益关系的不清楚、利益分配与个人努力的不相称，从而使得利益相关者的行为失去应有的动力、失去生产经营的积极性；

2）约束功能　资源产权的界定使当事人的利益关系明晰，同时也使利益相关者明确自己应该负担的相应责任，从而使他知道自己的行为哪些是被禁止的，哪些是允许的，当实施被禁止的行为时会因受惩罚而付出代价；

3）产权能够使外部性内部化　现实世界是非完全竞争的，非完全竞争的世界存在大量的外部性，而资源产权的一个重要作用"就是在收益大于成本的前提下，尽量将外部性内部化"；

4）资源配置功能　资源产权安排的改变对资源配置发挥调节作用。

资源产权的界定和交易等都是依照一定的规则进行，这些规则就形成了资源产权制度，资源产权制度对于产权运行有着重要意义。在资源产权制度中，有些制度是具有法律意义的规定，通常称为正式制度安排，而有些制度则不是法律意义上的，这些包括习俗等，这些通常称为非正式制度。无论是正式产权制度还是非正式产权制度，对于资源产权的行使都会产生影响。资源产权制度并非一成不变，利益相关者之间的博弈可能导致资源产权制度的改变，资源产权制度也有可能因为政府立法而改变。

4.4　资源价值与价格

4.4.1　资源价值

价值的经济学概念又是以福利经济学为基础的。福利经济学的基本前提是：经济活动的目的是为了增加社会中个人的福利，而且每个人能够绝对正确地判断自己的福利状况。每个人的福利不仅取决于其所消费的私人物品以及政府提供的物品和服务，而且取决于其从资源-环境系统中得到的非市场性物品和服务的数量与质量，如健康、视觉享受、户外娱乐的机会等。对资源-环境系统变化的经济价值进行计量的理论依据在于他们对人类福利的影响。以人类为中心的经济价值评估并不排除人类对其他物种的生存和福利的关心。人类赋予其他物种以存在价值，不仅是因为人类可以利用他们，还因为人类具有利他精神和伦理关怀。由于对于自然资源的认识，以及不同社会经济发展阶段对于自然资源需求特性的差异性，人们自然资源价值的认识也是在不断发展的。对于资源价值，有以下几种代表性的认识。

1）效用价值论　效用价值论从满足人类需求的能力的角度来考察自然资源的价

值，根据效用论，自然资源价值的大小取决于两个因素，一是效用，二是短缺性，都是基于主观的评价。

2）劳动价值论　马克思劳动价值论的基本观点认为，商品价值由物化在商品中的社会必要劳动量所决定，一切未经人的劳动而由自然界赋予的自然资源，不属于人类创造的劳动产品，没有凝结着人类的劳动，因而它没有价值。

3）收益价值论　收益决定自然资源的价值。这是由美国土地经济学奠基人之一伊利提出来的。如以土地资源为例，把预期的土地年收益系列资本化而成为一笔价值基金，这在经济学上就称为土地的资本价值，在流行词汇中则称为土地的售价。

4）存在价值论　存在价值或非使用价值是现代西方资源经济学或环境经济学对资源价值的认识，存在价值的产生是因为许多自然和环境资源能成为永久财富。存在价值认为资源是一种财富，因为经济学的价值是从人们的选择产生的，把自然资源的存在价值作为财富，是所选择的政策影响这些财富的事实中衍生的。

从不同的角度来认识，可以得出不同的价值构成体系。总体而言，主要从 4 个方面来认识自然资源的价值。

1）按照资源类型来分析　那么资源价值构成可分为两大类：① 实物型资源价值，包括土地资源价值、水资源价值、生物资源价值、矿产资源价值、海洋资源价值等；② 环境型资源价值，主要包括陆生生态系统价值、水生生态系统价值、海洋生态系统价值等。

2）从资源利用角度来看　也有将自然资源价值划分为：实际使用价值、选择价值和存在价值。实际使用价值更直接地表现为自然资源投入社会经济活动过程中所直接或间接创造的收益；选择价值则表现为自然资源的投机价值，如自然资源储备等；存在价值则体现为自然资源系统保护或生物多样性等。

3）从自然资源服务所产生的影响范围来看　可以将自然资源价值划分为：① 对人类的直接影响，如人类健康、气味、能见度、视觉上的美感等；② 对生态系统的影响——生物机制，如对生态系统中经济产品的影响（农业生产力、林地、商业性渔场等），对生态系统的其他影响（如生态系统的娱乐功能——捕鱼、打猎等；生物多样性、生态系统的稳定性）；③ 对非生命系统的影响，如原材料、土壤、生产成本以及天气、气候等。

4）依据资源服务所依赖的经济路径划分　资源服务是通过市场体系，或者那些无法在市场中进行正常交易的物品和服务的价值变化来显现他们的影响。环境经济学家将自然资源价值称为总经济价值（TEV）。认为资源的总经济价值分为使用价值和非使用价值两大部分。使用价值可以进一步分为直接使用价值（DUV）、间接使用价值（IUV）、选择价值（OV）；而非使用价值可以分解为遗赠价值和存在价值。因此，可以写成：TEV＝UV＋NUV＝（DUV＋IUV＋OV）＋（HV＋EV）。

4.4.2　资源价格及其评估

任何一项物品，其价格的存在是因为具有对该物品的需求，资源价格的形成本质上也是因为资源的稀缺与资源需求之间的矛盾造成的。有不少经济学者在论述资源价格时，并没有把资源和其他商品区分开来，认为资源价格的形成和其他商品价格的形成在本质上并无不同，资源价格是由资源供给和资源需求决定的，也就是说，资源供给曲线和资源需求曲线的交叉点所对应的值即为资源价格（图 4－7）。

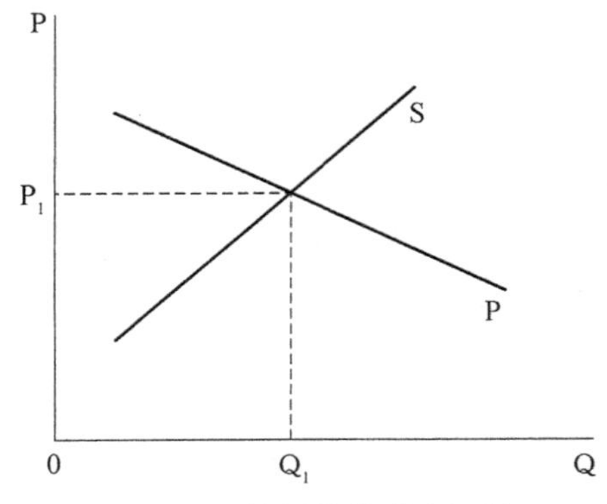

图 4－7 资源价格形成机制

在马克思有关土地价格和土地租金的论述中，认为土地资源的价格就是土地租金的资本化，即在某一时点上，土地资源未来的租金贴现值即为土地资源的价格。其计算公式如下：

$$P=\frac{a}{r}\left[1-\frac{1}{(1+r)^n}\right]$$

式中，P 为土地资源价格；a 为土地资源租金；r 为贴现率；n 为年数。

当 n 为∞时，P 即为土地资源所有权的价格，当 n 为有限年期时，即可视为土地使用权的价格。尽管有不少分析把马克思的论述与前面的论述区分开来，认为马克思不直接从价格入手论述，而是从租金入手论述价格的形成机制，事实上，两者之间并没有本质的区别，在马克思论述中使用了租金，而租金的形成也是由市场的供给和需求之间的对比关系和相互作用形成的，从某种意义上来说，租金就是价格，只不过是一年期的价格，即在马克思的土地价格公式中，当 n 等于 0 时，价格与租金是相等的；另外，租金本身也是由租赁市场形成，租金的形成机制与前面提到的价格形成机制本身并无不同。因此，资源价格就是资源供给和资源需求相互作用的结果，是反映资源供求关系的一个指示器。

对资源价值和价格进行评估并非易事，弗里曼对资源价值评估的方法进行了总结，认为资源价值评估方法可以划分为直接的和间接的方法（表 4－4）。

表 4－4 资源价值评估方法

	观察行为	假　定
直接的	直接观察	间接假定
	竞争性的市场价格	投标博弈
	模拟市场	支付意愿问题
间接的	间接观察	间接假定
	旅行费用法	权变排列
	内涵资产价值	权变活动
	防护支出	权变投票
	复决投票	

资源价格评估在不少情况下与资源价值评估等同，但是，在某些场合资源价格与资源价值有一定的区别。在有些场合下，可以通过资源的市场价格来推断资源的价值。由于价格与价值两者之间是相互联系的，因此，当资源的价值确定后，可以根据资源价值来确定资源价格，因此，资源价值评估方法中的不少方法可以适用于资源价格评估，例如，采用支付意愿法，即可以评估资源价值也可以评估资源价格。

4.4.3 资源价格管理与政策

资源价格管理主要包括对资源成本核算管理、资源定价管理和资源价格监测等。资源成本核算就是确定资源获取成本、资源恢复成本等;资源定价管理主要是对资源生产企业的资源定价以及政府定价行为进行规范与管理;资源价格监测就是指对资源市场运行进行跟踪,获得资源价格数据,并对资源价格变化及其趋势等进行分析。资源价格管理的目标是为了促进资源高效利用以达到资源节约、集约利用的要求,并通过资源价格调节实现资源可持续利用。因此,资源价格管理中重要的一项内容就是要理顺资源之间的相对价格,通过资源之间相对价格的变化,引导资源合理利用、提高资源利用效益。

主要参考文献

陈英姿,景跃军. 2006. 吉林省相对资源承载力与可持续发展研究. 人口学刊,(1):41~45.
成升魁,谷树忠,王礼茂等. 2003. 2002年中国资源报告. 北京:商务印书馆
丹尼斯·米都斯. 1997. 增长的迹象——罗马俱乐部关于人类困境的报告. 长春:吉林人民出版社
龚仰军. 2002. 产业结构研究. 上海:上海财经大学出版社
何维达,杜仕辉. 1998. 现代西方产权理论. 北京:中国财政经济出版社
黄贤金. 2005. 资源经济学读本. 南京:江苏人民出版社
金世雄,姜瑗. 1997. 中国煤炭资源形势分析及合理开发利用. 北京:地质出版社,4
刘书楷. 1999. 刘书楷论文选集(第一集). 北京:学苑出版社
马凯. 2004. 经济增长方式的转变. 科学决策,(5):2~8
曲福田,王秀清,黄贤金. 2001. 资源经济学. 北京:中国农业出版社
宋承先. 1997. 现代西方经济学. 上海:复旦大学出版社
汤姆·泰坦伯格. 2003. 环境与自然资源经济学. 北京:经济科学出版社
王锡桐. 1992. 自然资源开发利用中的经济问题. 北京:科学技术文献出版社
薛平. 2004. 资源论. 北京:地质出版社
伊利,莫尔豪斯. 1982. 土地经济学原理. 藤维藻译. 北京:商务印书馆
朱迪·丽丝. 1989. 自然资源:分配、经济学与政策. 北京:商务印书馆
A·迈里克·弗里曼著. 2002. 环境与资源价值评估—理论与方法. 曾贤刚译. 北京:中国人民大学出版社
Freeman, A. M. 1979. The Benefits of Environmental Improvement: Theory and Practice. Baltimore: The Johns Hopking University Press.

第五章　资源伦理

随着人与资源之间矛盾的日益激化，人类对于人与资源关系的认识也日益深刻，业已将伦理观点融入其中，从而将资源作为一个生命体，形成资源伦理观。为此，本章在界定资源伦理的内涵、特征及功能的基础上，阐述了资源伦理的哲学基础——自然权利和自然价值问题，介绍资源伦理评价的内涵、标准与资源伦理规范等有关内容。

5.1　资源伦理的内涵、特征及功能

资源伦理是从伦理学的视角揭示人与资源的相互关系，并研究资源保护及其持续利用问题，是伦理学理论与方法在资源科学中进一步拓展和应用的结果，是人类生态文明意识的突出体现。

5.1.1　资源伦理的内涵

伦理意为人伦之理，是处理人与人之间关系的一系列行为规范的总称。早在中国古代先秦时期，各流派的哲学家就把伦理思想运用到资源利用和保护问题中。到19世纪晚期和20世纪早期，在美国，也萌发了资源伦理的思想。1864年，G. P. Marsh在出版的《人与自然》(*Man and nature*)著作中，就从伦理学的角度探讨了自然资源保护问题。美国环境伦理学之父A. Leopold(奥尔多·利奥波德)超越了传统功利主义和人本主义资源保护运动的局限性，通过对多年从事自然资源保护工作经验的总结，在1933年发表了《资源保护伦理》一文，首次提出了“资源伦理”一词，并在1949年出版的《沙乡年鉴》(*a sand county almanac*)专著中从“共同体(community)”的角度指出人是大地共同体中的一个普通成员，从而确立了人对大地共同体的义务(理论前提是人对其所属的共同体负有义务)，为资源伦理研究提供了理论根基。非人类中心主义价值论者J. B. Callicott(克里考特)提出把“满足人类需求和保护生态系统功能”作为人类对待自然的伦理规范。自然价值论的代表人物H. Rolston(霍尔姆斯·罗尔斯顿)面对当时盛行于西方社会的主观主义工具价值论者，提出“自然具有内在价值和系统价值”，因此，人类对自然负有道德义务的论断。1994年，T. Beatley出版了《土地利用伦理》(*Ethical Land Use*)，在专著中从“人类对待后代的责任和义务”的角度分析论证了如何解决资源利用和保护问题。

从早期的研究可以看出，资源伦理研究的基本问题是“如何处理人与自然之间的关

系"以及"这种关系存在的理论依据是什么"。后来学者通过对这些问题的研究，形成两类代表性的资源伦理观点：

狭义上，资源伦理是指人类需要遵循资源特征及其演变规律，合理利用和保护自然资源，即从资源关系的内在规律，规范人类利用资源的行为规则。但是，人与自然的关系是相互作用的，因此，资源伦理调整的是人与资源的相互关系，以及由此所引起的人与人之间的关系，其核心是人与自然的和谐。如，当今国际上的资源霸权问题实质就是发达国家和发展中国家之间的协调问题；同样，一个国家或区域内部，资源分配不公，也将导致人与人对于资源利益分享的不平等性。因此，广义上，资源伦理是指人与资源(系统)和谐以及有利于维系这一和谐关系的人与人关系相协同的行为规则，是为了保障人类平等、持续地享有自然资源，从伦理学的角度制定的用来调整人与资源之间的开发、利用和保护关系及由此引起的人与人之间关系的一系列行为规范的总称。其内涵着重体现在：

1. 资源伦理研究的前提是承认人类平等的自然资源享有权

资源伦理是在资源开发利用过程中的弱势群体的资源享有权被部分或全部剥夺、资源安全等资源持续利用问题加剧的背景下提出的，因此，资源伦理必须在"人类拥有平等的资源享有权"这一框架下进行研究。只有在这种前提下，借助于伦理来解决资源加速耗竭、过度开发和资源安全问题才能找到具有说服力的理论基础。资源保护主义也提出人类拥有平等的生存权和同等的享有自然资源的权利，并提倡运用伦理文化实现资源在代内和代际公平合理有效的配置。显然，资源问题的解决必须在这种前提下进行。如当前一些国家霸占着丰富的自然资源，在一些发展中国家没有解决温饱问题即生存权没有保障的条件下，在本国运用谷类粮食生产生物燃料，一定程度上上加剧了国际粮食危机；此外，我国经济发展方式还处于转变时期，在 GDP 的政绩效应引导下一些地区过度占用资源，也造成了资源的不当利用和浪费。这需要通过树立正确的资源伦理观，加以规范与引导。

2. 资源伦理的研究对象是人与自然资源之间的关系及由此引起的人与人之间的关系

资源伦理研究的对象是狭义的人与资源之间的关系，这一关系中，人是主体，资源是客体，因此，人与资源之间的关系实质上是指人类在资源开发利用过程中要承担起保持适度、适当的开发与保护关系的道德责任和义务，这一关系最终要落实到人与人之间的关系上。具体涵盖两个方面的内容：一方面，是当代人与后代人之间的关系，另一方面，是同代人之间的关系。前者要求当代人有责任和义务保护资源并保证后代继承到的资源在相对数量上至少不比当代人继承到的少，在质量上至少不比当代人继承到的差；后者要求同代人享用自然资源的权利和保护自然资源的义务要对等，如发达国家要为自己在工业化进程中对自然资源的过度开发支付更多的补偿用于保护资源和促进资源循环利用。

3. 资源伦理的归宿是谋求人与自然的和谐

资源伦理虽然是以人与资源关系为基础的，但资源是自然界的重要组成部分，也是人类社会来自生存与发展的基础，因此，人与资源(系统)的和谐，也是人与自然和谐的基础，是建立在生物中心论和生态系统论基础上的人与自然资源、环境和生态乃至一切自然存在之间的和谐，这也是资源伦理的最高规范和归宿。这是因为，人与资源、环境和生态的关系虽有不同，但有相互交叉的地方。如不当的资源开发利用行为，不仅会危及到资源安全问题，而且可能带来一系列生态和环境问题。因此人与自然资源之间关系的改善可以在一定程度上缓解人与环境、人与生态之间的关系，最终达到人与自然之间的和谐。

5.1.2 资源伦理的特征

根据资源伦理的提出背景、发展历程和概念内涵，可以把资源伦理的特征归纳如下：动态发展性、内在性、非功利性、层次性、和谐性。

1. 动态发展性

资源伦理作为一种道德规范，是伴随资源问题的出现逐渐进化形成的。从规范的演化过程来看，本身就是从非规范的伦理关系逐步向规范的伦理关系演化和发展，因此，具有明显的动态发展性。比如，随着人类对人与资源之间关系认识的不断深化，资源伦理的理论研究先后产生了动物权利论、生物权利论、生态中心论、深层生态学论、自然价值论等资源伦理观。

2. 内在性

不同于资源行政、法律、经济和技术手段，资源伦理具有指向人内心世界的改造和提升的能力，是生态文明的内在基础。通过在个体身上内化，有时不需外界的强加干预，就能使人们主动地、自愿地约束自己的资源开发利用和保护行为，促进资源的持续利用。因此，资源伦理具有很强的内在性特征，这一特征使人意识到哪些资源开发利用行为是道德的，可为之；哪些不符合资源伦理规范，不可为，从而培育出能够促进人与自然和谐的伦理文化，并在全社会形成一种公德。

3. 非功利性

资源伦理研究的前提是承认人类代内和代际平等的资源享有权，这体现出资源伦理是为了维护后代等弱势群体的利益，而非主体自身的利益。从资源伦理的研究对象看，资源伦理是用来调整人与自然资源之间的关系，是为了促进资源保护和持续利用以及整个自然生态系统平衡。资源伦理的最高规范和根本归宿是为了促进人与自然的和谐，并不只是人类自身的发展，在强调人的发展的同时，注重自然的发展。这些都体现出资源伦理具有明显的非功利性特征。

4. 层次性

资源伦理具有层次性上的差异，既有全社会共同遵循的资源伦理规范，也有体现不同区域社会及文化基础的资源伦理规范，还有社区、企业、家庭、个人等多层次的资源伦理规范。如一些山区，村庄住宅所依靠的山为“龙山”，村民不得上山砍伐树木以及做其他被认为伤风败俗的事，从而有效地防止了因为不当开发所导致的水土流失以及可能对村庄安全的影响；此外，具有节俭品德的家庭或个人，则会更加注重少使用资源，包括节电、节能、节水以及循环使用水资源等。

5. 和谐性

资源伦理一方面要求人类在资源开发利用和保护过程中不能为了眼前的经济利益而不顾子孙后代以及落后国家与地区等弱势群体的利益而对资源进行掠夺性开发，加速资源枯竭，因此，需要建立让不同区域、不同群体乃至不同代人分享资源收益的机制；另一方面要求人类不能为了保护资源而停滞当前的发展，人类必须在尽可能小的或不造成环境负面影响、生态破坏、资源持续再生能力的前提下不断发展。因此，资源伦理兼顾了人和自然的和谐发展，具有明显的人与自然和谐性；同时也有利于协同人与人之间的关系，从而促进社会和谐。

5.1.3 资源伦理的功能

为了维护资源安全，人类已经采取行政、经济、法律和技术等手段抑制资源的过度消费和掠夺式开发。但是，资源危机依然愈加严峻。资源伦理作为一种道德规范，通过影响人类的资源开发、利用和保护观念，促使其遵循既定的伦理原则，从而实现资源在代内、代际之间的公平、公正和高效配置，以及人与自然的和谐。因此，资源伦理具有激励约束功能、资源配置功能和保障功能。

1. 约束功能

资源伦理的约束功能体现在运用道德的约束力，依靠内心信念和社会舆论的作用，运用道德原则或规范调节人类的资源开发利用行为，使人们能够正确处理人与自然之间的关系，谋求人与自然的和谐。如资源伦理的“人与自然平等”、“生态整体主义”、“自然的价值”及“自然的权利”等理念均可以从内心深处约束人类不当的资源开发利用行为。

2. 激励功能

激励功能体现在内在激励和外在激励两个方面。资源伦理通过规定人类资源开发利用和保护行为应遵循的道德规范，指出哪些是“善”的行为，哪些是“恶”的行为，引导人类选择合乎道德的行为。因为这样良心能得到肯定和安慰，引起情感上的满足，从而达到内在激励的目的。在外部社会舆论的约束下，人类也会选择合乎道德的行为对待自然，因为这样会受到社会舆论的称赞和尊重，引起自我实现的满足，从而促使人类在外在激励下主动尊重自然，保护生态环境。

3. 资源配置功能

资源配置功能包括资源在代内、代际之间公平、公正和高效的配置。人类作为“经济人”，为了实现自身利益最大化，会规避资源保护的政策、方针，并尽可能多的从自然界中索取资源，导致经济、技术实力强大的实体主宰资源的开发利用权。结果是弱势群体看着资源被强势群体占有。把伦理应用到资源开发利用中来，实质上是把人类由“经济人”驯化成“社会人”的过程。使人们意识到后代及落后国家和地区等弱势群体的资源开发利用权不可剥夺，他们具有和自己同样的资源享有权。因此，资源伦理有利于实现人类平等的资源享有权，促进资源在代内和代际之间公平、合理配置。人类意识到资源的稀缺和人类拥有平等的生存权、资源享有权后，会主动地用伦理规范约束自身的行为，促进资源的节约、集约和循环利用，以提高资源的利用效率，从而实现资源的高效配置。

4. 保障功能

资源伦理作为一种道德规范，通过对人类行为的约束、激励以及对资源的公平合理配置，可在一定程度上促进自然生态系统的良性循环、稳定和平衡，促进了资源的持续利用，增强了人类对于资源需求的保障程度，从而为建设资源节约型、环境友好型社会提供思想保障。

5.2 自然价值与资源伦理

价值是道德哲学研究的主题。A. Leopold 在《沙乡的沉思》(1949)中写到,“我不能想象,在没有对土地的热爱、尊敬和赞美以及高度认识它的价值的情况下,能有一种对土地的道德关系。所谓价值,我的意思当然是某种涵义,我指的是哲学意义上的价值。”显然,只有认识到自然的价值,才能伦理地对待之。因此,自然价值是资源伦理的理论基础,也是更为全面地认识资源价值的前提。

5.2.1 自然权利的产生

自然保护主义者认为,“自然”是现实世界的全部,是大自然赠与人类的遗产,是一堆有待人类开发利用的资源。而自然权利是指自然具有的和人类平等的生存和发展的权利,是自然保护主义者为自然保护提供理论依据而提出的。自然权利的产生则可以追溯到 1215 年英国《大宪章》中提出的只关心人类特定群体的“天赋权利”,即人生来就有的权利。从天赋权利到自然权利,经历了动物权利论、生物中心论和生态权利论。首先是英国的仁慈主义把道德关怀的范围扩展到动物,并呼吁赋予动物与人相同的天赋权利;与此同时,生物权利论把道德扩展到所有生物;而生态平等主义的主要代表人物奥尔多·利奥波德和 Naess(奈斯)从生态学的视角把道德赋予整个生态系统,提出生态权利论;继而,一些环境伦理学家又提出自然的权利。自然权利论的典型代表人物 R. F. Nash(纳什)通过对环境伦理学史的研究,在《大自然的权利》(The right of nature)这一经典著作中,系统地阐述了自然权利的产生和发展历程。

5.2.2 自然权利与人类环境权

自然权利论者提出自然具有“权利”的目的是将人与自然的关系纳入到社会范畴中,促使人类尊重自然。但是,在道德实体中,权利和义务是对等的,即使承认“自然权利”的存在,自然也无法行使和维护自己的权利并履行相应的义务,这还要依赖人的自觉性,正如婴儿和弱智需要监护人一样。因此,自然权利的提出只能说明人类是其代理人,对其负有道德责任和义务。鉴于此,一些哲学家提出“人类环境权”这一新词来取代自然权利,以要求人类道德地对待自然。1970 年,尼克松总统曾指出每一个美国人天生拥有一个不受污染的环境的权利。1974 年,美国学者布莱克斯通在《哲学与环境危机》一书中就提出,把环境伦理问题理解为拥有“一个可生存的环境”的人权问题。因此,人类环境权可理解为从人权角度提出的公民有在良好、适宜的环境中生存的权利。

5.2.3 自然价值的内涵及特征

自然主义环境伦理学家罗尔斯顿认为,“权利”概念在大自然中是不起作用的,环境伦理学家最好停止使用权利一词，并提出自然主义价值论这一新的论断，试图通过确立生态系统的客观的内在价值，为人类尊重和保护自然生态系统提供一个客观的、独立于人类主观偏好的道德依据。

1. 自然价值的内涵

自然价值是个颇具争议的问题。有关自然价值的研究是在对传统自然资源价值观反思的基础上展开的。传统人本主义伦理学派把自然视为仅具有严格功利性工具价值的原材料，认为人与自然之间不存在伦理关系。以罗尔斯顿为代表自然主义伦理学派认为自然不仅具有工具价值，而且大自然的每一部分及整个自然系统都拥有人类必须予以尊重的内在价值，以及超越于工具价值和内在价值的系统价值。因此，人类要从道德上尊重和爱护自然，维护自然的状态、完整、稳定和美丽。现代自然保护主义者则认为，有无内在价值并不能成为自然资源保护和持续利用的唯一依据，自然资源还具有更多的其它价值可以作为人类伦理地利用资源的理论基础。正如我们所知道的，自然创造了一切生物及其生存所需的资源与环境，这些创造物凝聚了超越于人力的自然力。据此，可以从以下几个方面来理解自然价值：

(1) 自然价值是主体对自然客体的真实反映

价值是主体与客体的统一，是主体对客体的真实反映，价值不可能脱离于主客体而独立存在。在大自然中，并非只有人类才是自然价值评价的主体，从资源伦理的观点来看，所有的资源都是生命体，都可以从自身的角度评价、选择并利用一切自然资源，而成为自然价值的主体。因此，人类利益并不是价值评价的唯一尺度。以人的需要为目的的主体对客体的反映称之为工具价值；自然界中自然物之间相互的需要和利益的满足关系为目的的主体对客体的反映称为内在价值，如草对羊的价值，羊对狼的价值，这种内在价值不以人类社会的意志而转移。

在整个自然生态系统中还有一种超越于工具价值和内在价值的系统价值。这种系统价值并不完全浓缩在个体身上，它弥漫在整个生态系统中，由于具有叠加效应，其不能仅仅理解为部分价值的总和。它与人类的需要无关，是系统内所有自然物相互依赖的功能价值，其主体可视为整个自然生态系统，即深层生态学中的“大我”，这也是人类社会难以完全认知的。

(2) 自然价值是自然本身固有的属性

自然内在价值和系统价值是自然界固有的属性，不是人类创造的，也不是人类赋予的，而是自然本身固有的。对内在价值和系统价值进行评价的过程就是把自然的属性标识和反映出来，这些价值在大自然形成之初就已经存在，这些价值是自然创造的结果。

(3) 自然价值的存在意味着人类对自然负有道德责任和义务

自然内在价值和系统价值的存在表明，自然创造的一切不仅对人类有价值，而且对其它的非人类生命实体乃至整个自然生态系统也同样具有价值。为了维护人类的繁衍、生命的延续和整个自然生态系统的平衡，这些价值必须得到有效的保护。人类作为自然界中最高级的生命形式和意识主体，必须承担起保护自然价值的责任和义务，维护和促进具有内在价值和系统价值的生态系统的完整和稳定。人类不仅要对自然界中工具价值与内在价值之放置点的个体负有道德责任和义务，而且要对系统价值之放置点的整体——自然生态系统负有道德责任和义务。

2. 自然价值的特征

从自然价值的内涵可以看出，自然价值具有客观性、创造性和义务性。

(1) 客观性

不同于以人类社会为贺信的传统价值观，自然价值论认为，在人类发现价值之前，价值(内在价值和系统价值)就业已存在于大自然之中，价值的存在先于人类对它的认识。大自然是各个进化的生态系统，人类只是一个后来的加入者，地球生态系统的主要价值在人类出现以前早已各就其位，因而，自然价值是客观存在的。

(2) 创造性

价值就是自然物身上所具有的那些创造性属性。国际自然主义环境伦理学家和自然价值论的创始人罗尔斯顿认为，价值的重要特征就在于它的创造性。他明确指出，“自然的创造性是价值之母，……凡存在自发创造的地方就存在着价值。”并罗列出自然创造的13类价值。RudolfS. de Groot 在《自然的功能》(Functions of Nature)专著中指出自然具有调整、承载、生产和提供信息四个方面的功能，这些功能产生了生态、社会和经济等三个方面的价值。这一观点也强调，自然价值实质上是自然(功能)创造的价值。

自然作为一个进化的生态系统，先是在太空中，然后是在地球上，它创造了宇宙中的星球，又在地球上创造了陆地和海洋，以及物种，这些天文及地质过程又创生了生命及其依赖的生存环境。因此，自然的价值创生了万物，其最重要的特征就在于她的创造性。

(3) 义务性

自然价值最初提出的本意就是为人类伦理地对待自然提供理论依据，强调人类对自然负有义务。自然价值的义务性具体体现在对工具价值的主体——人类自身、内在价值的主体——有生命的动植物个体和无生命的资源环境、系统价值的主体——自然生态系统整体的义务。因此，自然价值的存在要求人类不仅要伦理地对待自然中的每一个个体，而且要善待整个自然生态系统，维护自然平衡和循环。

5.3 资源伦理评价与规范

传统的伦理评价表现为自省和社会舆论，评价的标准是在长期的历史文化传统中逐渐形成的“善”与“恶”、“肯定”与“否定”。资源伦理评价是要打破传统伦理评价的局限，使伦理评价由定性走向定量。本节主要从资源伦理评价的内涵、标准和规范这三个方面提供资源伦理评价的初步研究框架。

5.3.1 资源伦理评价的内涵与标准

根据资源伦理的内涵，资源伦理评价可以表述为，依据一定的资源伦理标准，选用一定的评价方法，对人类对待资源的行为进行量化和道德评判的过程。资源伦理评价的内涵就是指具体从哪些方面来评价人类对待资源的行为。本节主要从个人或家庭层面、社区层面和社会层面三个视角界定资源伦理评价的内涵和标准。

1. 资源伦理评价的内涵

(1) 个人或家庭层面

个人或家庭是组成整个社会的基本单元。个人或家庭层面资源伦理评价是指从伦理道德的角度对社会中的个人对待资源的行为进行的评判。个人或家庭节约和保护资源的习惯是个人或家庭层面资源伦理评价的核心内容。由于个人或家庭会出现在不同场合，因此个人或家庭层面资源伦理评价主要从个人或家庭行为、工作单位或社区活动中的个人行为三个方面展开。

资源伦理的个人行为评价，主要涉及个人资源伦理认知在工作单位、社区等场所的外在行为表现。如，出行乘坐的交通工具是否节能减排，外出旅游是否能够做到无污染、在宾馆是否使用一次性制品，在外就餐是否打包，是否食用野生动物制品，对动植物资源的爱护程度、洗车水是否循环利用、是不是资源保护志愿者等，以及注重个人行为对于家庭其他成员、同事的影响与传导性。

资源伦理的家庭行为评价，主要包括家庭对于资源伦理的认知，以及具体的行为表现，涵盖节能设备使用和节约粮食、衣物等方面，如使用低耗能的空调、冰箱、洗衣机、照明灯具等，使用节水型洗衣机、抽水马桶、淋浴喷头和水龙头，节气燃气灶，自备购物袋，少用清洁剂，选无磷洗衣粉、购买节能减排车、少开空调，一水多用、阻止滴漏，垃圾分类整理，尽量不用一次性餐具和口杯，利用可再生能源、不买珍稀木材用具等，以及注重家庭行为对于社区其他家庭的影响和传导性。

工作单位资源伦理的个人行为评价，主要包括能耗、水耗、公务车辆、办公用品的节约使用。如，少开空调、下班前半小时关空调、空调不低于26度，随手关灯、电脑不用时随手关机、不空运行，随手关紧水龙头，别让水空流，不用一次性纸杯，少买公车、不随便使用公车，珍惜纸张和笔墨、双面打印、笔壳再次利用，废纸回收利用，以及注重个人行为对于其他人员的影响性。

(2) 社区层面

“社区”是指聚居在一定地域范围内的人群所组成的社会生活共同体，是建立在个人和社会层面的服务性公益组织。社区层次资源伦理评价主要体现在社区对于资源伦理的认知以及具体的行为表现，如节能省地建筑设计、家庭节能设备普及率、社区居民人均能耗水平、雨水回收、垃圾分类和节能习惯等方面。节能省地主要体现在节能、节水、节材和节地四个方面。节能设备普及率主要体现在节能电器普及率、节能节水器普及率、节能煤气/燃气灶普及率，公共建筑照明节能标准，公共绿地节水和循环用水率，废物的回收利用率，新型和可再生能源使用率等方面。人均能耗反映在人均用水量、人均用电量、人均用气量、人均垃圾产生量。节能习惯体现在随手关灯、关水龙头，尽量少开空调或把空调设定在合理温度范围，按规定做好分类回收，每个人都能做到，就基本上达到节约型社区的要求。

(3) 社会层面

社会层面资源伦理评价主要包括社会对于资源伦理的认知以及具体的行为表现，如对整个社会系统开采、利用和保护资源的行为进行的评判，涵盖开采、节约利用、减少资源开发利用中废气物的排放以及资源循环利用四个方面的内容。适度开采涵盖现有资源高效利用和不超出资源生态承载力以及种群恢复能力，节约资源涵盖节能、节地、节水、节材，具体可用万元GDP的各种类型资源占用来度量，减排可用万元GDP的COD、SO_2排放量度量，循环利用可用各种类型资源的循环利用率度量。资源保护可用整个自然生态系统的完整性和多样性度量。

2. 资源伦理评价的标准

资源伦理评价的标准是一个全新的研究课题。传统伦理学的道德评价仅用“善”、“恶”来度量，但对善的程度和恶的程度没有进一步划分。资源伦理评价的标准就是定量的资源伦理衡量尺度，这个尺度可以把伦理行为分为几个等级。从而把传统的定性伦理评价转化为量化的结果，以推进资源伦理迈向更高标准。

资源伦理评价的标准需选取一些可以量化的指标来描述，比如标准为“伦理”时各指标的状态如何，标准为“不伦理”时各指标的状态又是怎样的。需要注意的是，在经济发展程度不同的地区，其资源伦理评价的标准具有一定的差异。在此，仅给出资源伦理评价标准的宏观指标：资源安全、均等配置、高效利用、人与自然和谐。

(1) 资源安全

资源安全是指一个国家或地区可以持续、稳定、及时、足量和经济地获取所需资源的状态和能力，是资源对经济发展和人民生活的保障程度。人类在开发资源时不仅不能威胁到本国或地区的资源安全，同时不能危及其它国家和地区的资源安全，即全球资源安全是资源开发行为必须遵循的最高标准。

(2) 资源代内、代际均等配置

资源代际均等配置指，资源配置带来的福利应随着时间推移不断增长，至少不降低，主要强调对后代的义务。为了达到这一标准，当代人有义务阻止资源的过度开发。代内均等体现在区域或国家的资源开发利用不能降低其他地区或国家的福利水平。如工业化国家过度开发利用自然资源应该对发展中国家进行补偿；资源低效利用地区或国家适当抑制资源利用行为；资源高效利用地区或国家对于低效利用地区或国家的技术支持；上下游水资源利用的合理分配等。

(3) 资源高效利用

A. Leopold在《沙乡的沉思》中就提出“要把合理的土地使用当成一个单独的经济问题来考虑。”这一独到的论断暗含要把合理的资源利用问题视作经济问题对待，用经济可行检验资源利用伦理问题。但是，值得注意的是经济标准并不能决定所有的资源利用伦理，还有生态、社会等道德标准。资源的稀缺决定资源必须得到高效利用。理论和实践表明，资源的循环利用不仅能够促进经济增长，而且可以减少对资源的开发，使不可更新资源的储备持续更长的时间。因此，若能够最大程度的提高资源利用率，减少资源的投入和不必要的浪费，节能减排，循环利用，则是伦理地利用资源。

(4) 人与自然和谐

早在1800年前，Marcus Aurelius就指出“人与自然的和谐”是“good and just”(好的和正义的)，应该得到强烈支持。人与自然的和谐，是指人类把自身当作自然界中的一个普通成员看待，在开发利用和保护过程中遵循自然规律，保持自然界中物种资源完整性和多样性，维持自然资源生态系统自身正常自我调节和更新功能，维护自然生态系统平衡，实现人与自然的协同发展。这也是资源伦理评价的最高标准。这一标准也要求人类要认识到自然界的整体性和系统性，以及自身与自然的联系，并根据自然的规律和要求来重新调整自己的行为，以求达到与整体和系统得重新和谐。

在对资源伦理进行评价时，这几种标准要同时满足，人类对待自然资源的行为才是道德的。人类不能单纯追求资源的安全，而不顾经济发展和资源的均等配置，也不能发展经济不顾资源安全和人与自然的和谐。

5.3.2 资源伦理规范

资源伦理规范就是在具体生活层面上对人类所提出的道德要求。为了保障资源安全、均等配置和高效利用，实现人与自然的和谐发展，必须采用一系列伦理规范来约束人类的资源开发、利用和保护行为。比如，适度开发、节约利用、维护世界和平、尊重自然等。

1. 适度开发

T. Beatley(1994)认为，“资源是大自然赋予人类的礼物，但不是免费的或应得的礼物，而是具有很多约束条件的。这个礼物是暂时的，因此，人类有责任照顾和养育资源以保证资源在相似的或改善了的条件下传给后代。每一代人都有权利用自然系统为了当代人的利益，但是也有义务照顾自然系统以使后代继承到的至少不比上一代继承到的差。”这说明人类可以在满足自身基本需求的前提下限制资源开发，也指出人类不要尽力拥有资源，而是使之永久循环，人类拥有的仅是资源暂时的使用权。

T. Beatley(1994)提出了“土地分配是伦理问题”，这暗含资源利用决策最终是伦理选择的问题。因此，可以把限制资源开发作为首要的伦理规范。为了实现国际公平和正义，要求发达国家和地区因满足其经济高速增长而对资源的过度开发进行经济补偿。同时，为了保证后代继承到的资源相对而言不比当代人继承到的差，而制订严格的定量和定性的自然资源开发计划。并成立世界性的资源限制开发机构，通过制订伦理的资源开发政策，实现对资源开发的伦理限制。

限制资源开发伦理要求，当出现自然资源的占有和消费不均等时，社会需要注重改善资源最为匮乏的那部分弱势群体的利益。针对这一现象，可以通过伦理规范，适当抑制资源低效消耗国家或地区的资源占用行为，实现全球范围内经济与自然的和谐发展。

2. 节约、集约和循环利用资源

资源是自然赠与人类社会的遗产，生活在地球村上的每一个人都拥有平等的资源享有权。由于自然提供给人类可利用的资源是有限的，对资源的浪费意味着对子孙后代等弱势群体资源享有权的剥夺。因此，人们必须把节约、集约利用资源视为一种经济伦理规范和行为准则。节约、集约利用资源具体体现在消费领域和生产领域。在消费领域要反对铺张浪费和奢侈消费，在生产领域必须改变高投入、高消耗、低效率的生产模式，控制资源和能源的过度消耗。但是，在节约、集约利用能源、资源时，不能为了减少一种能源或资源的投入，而增加了其它能源、资源的支出，必须以总能耗最低为目标。

传统的线性资源利用模式(“资源→产品→废物”)增加了资源的投入，降低了资源利用率，造成资源浪费，并增加了废弃物的排放。资源循环利用(“资源→产品→再生资源)模式可以减少生产和消费过程的资源投入量，提高资源的利用率，把废物再次变成资源，减少了新的资源的投入和不必要的浪费。总之，资源是宇宙循环的一部分，循环利用可以使充裕的资源无限利用。如对树木的利用要考虑它参与森林的自然循环，以不打破这一循环为原则。

3. 维护和平

维护世界和平，实现和平是实现人与自然和谐的重要保障条件。一方面在战争过程中，自然资源环境的破坏不可避免，而且战争引发资源的过渡消费和浪费；另一方面则是，对资源的掠夺一直是诱发战争的重要因素，因此，战争会引发资源代内分配不均。显然，只有实现世界的和平才能够保障人类平等地享有地球上的自然资源和使人类在资源危机面前共同地承担保护自然资源的责任和履行义务。只有消除战争，才能真正实现人与人、人与自然之间的和谐。

4. 尊重自然

实现人与自然的和谐必须尊重自然，包括尊重一切自然存在物和自然规律，保持生物区系金字塔稳定和自然平衡。人类不能仅仅把自然视为开发利用的对象，也不能将自然提供的产品和服务当作是仅用于消费的资源，而必须把自然视为一种道德主体对其进行关怀，并尊重之。离开自然，人类将无法生存，更谈不上发展，但是，没有人类，自然依然可以完好无恙。目前，人类对自然的不当行为也遭到了大自然报复，因此，任何实体对自然的干预都必须以不伤害或尽可能小的影响自然生态系统为准则。

主要参考文献

奥尔多·利奥波德. 1992. 沙乡的沉思. 候文惠译. 北京：经济科学出版社

黄贤金，钟太洋. 循环经济学：学科特征与趋势展望[J]中国人口·资源与环境，2005年，15(4)：5—10.

黄贤金. 2006. 区域循环经济发展评价，北京：社会科学文献出版社

黄贤金. 2006. 资源经济学读本. 南京：江苏人民出版社

霍尔姆斯·罗尔斯顿. 2000. 环境伦理学：大自然的价值以及人对大自然的义务. 杨通进译. 北京：中国社会科学出版社

姜文来. 2003. 水资源价值论. 北京：科学出版社

老聃. 2006.《老子》. 张玲，康风琴编. 乌鲁木齐：新疆人民出版社

梁学庆，陈红霞. 2003. 关于资源伦理观的思考. 学习与探索

纳什. 1999. 大自然的权利：环境伦理学史. 杨通进译. 青岛：青岛出版社

潘光辉. 2008. 论社区保障及其发展. 广西社会科学

彭补拙，濮励杰，黄贤金等编著. 2007. 资源学导论，南京：东南大学出版社

王丽，左其亭，高军省. 2007. 资源节约型社会的内涵及评价指标体系研究. 地理科学进展

王玉德. 2007. 试论先秦时期有关环境资源的节约思想. 江汉论坛

曾建平. 2007. 环境正义：发展中国家环境伦理探究. 济南：山东人民出版社

Azqueta D, Delacamara G. 2006. Ethics, economics and environmental management , Ecological Economics

Beatley T. 1994. Ethical land use. Johns Hopkins University Press, Baltimore 转引 David Callies. 1995. our duty to the land. Land Use Policy

Callicott J B . 1999. Beyond the land Ethic: More Essays in Environmental Philosophy. State university of New York Press, Albany

Dobos I, Floriska A. 2007. The resource conservation effect of recycling in a dynamic Leontief model. Production Economics

Ph. Bourdeau. 2004. The man-nature relationship and environment ethics. Environmental Radioactivity

RudolfS. de Groot. 1992. Functions of Nature: Evaluation of nature in environmental planning, management and decision making

Skolimowski H. 1984. Eco-ethics: as the foundation of conservation . The Environmentalist

Wang Q I, Deng H B. 2002. On eco-ethics and sustainable development of natural resources. Appl. Ecol.

第六章　资源遥感与制图

6.1　遥感的物理基础

遥感是以军事为目的的空对地观测技术而逐渐演化为民用的一种高新技术。遥感的主体是将不同性能的观测仪器用不同的载体送入距地球一定的高度实现对地表的空对地观测，并将观测结果发送地面，通过地面接收系统的接收、解码及分析系统的处理、识别，获取观测信息，为进一步认识地球，合理开发利用地球资源和整治地表环境提供强有力的技术支撑和手段。

利用遥感技术，人们能得到对地观测的如下信息：

$$R.S.\,image = f(x,\ y,\ z,\ \lambda,\ t) \tag{6.1}$$

式中，x，y 为空间位置参数；z 为对应于(x，y)的观测值；λ 为传感器所使用的电磁波波长；t 为重复观测周期。

6.1.1　电磁波特性

任何目标物都具有发射、反射和吸收电磁波的性质，目标物与电磁波的相互作用，构成了目标物的电磁波特性，成为遥感探测的依据。物质的这种对电磁波固有的波长特性称为波谱特性。遥感技术系统通过测定特定谱段，选择合适的传感器，就可以探测到云、气溶胶、水蒸气、臭氧等大气成分，也可以探测到植被、水体、雪盖与冰盖、土壤与岩石、水体等地表特征，同时还可以探测到地表温度、海流、能量收支平衡等一些重要地球系统。

目前遥感对地观测的波谱范围主要为可见光、近红外、热红外和微波(图 6－1)。因此，如果按照波段及辐射源来划分，可以将遥感分为可见光和近红外遥感、热红外遥感和微波遥感三种类型。

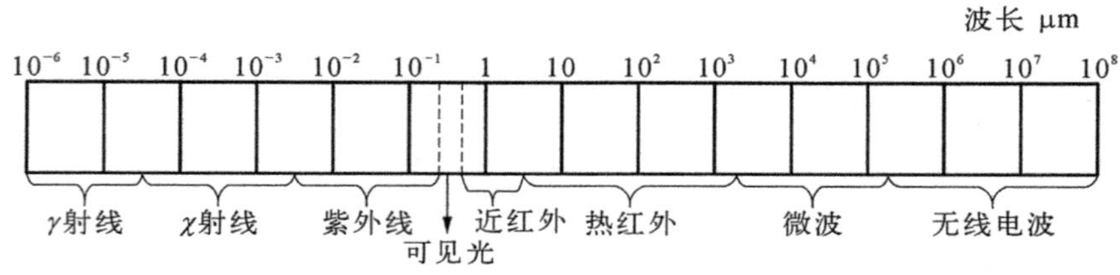

图 6－1　电磁波谱

在可见光和近红外遥感中，所观测的电磁波的辐射源是太阳。太阳辐射的电磁波最高值在 0.5 μm 左右。该波长范围内的遥感数据对地表目标物的反射率有很大的依赖性，也就是说，根据反射率的差异可以获得有关目标物的信息。

在热红外遥感中，所观测的电磁波的辐射源是目标物。常温的地表物体辐射的电磁波最高值在 10 μm 左右。如果不考虑大气吸收的影响，对由太阳辐射引起的目标物的光谱辐射亮度和由地表引起的目标物的光谱辐射亮度进行比较，可以发现两条曲线的交点随着目标物的反射率、发射率和温度而改变，但大约在 3.0 μm 附近。所以，在比 3.0 μm 短的波长范围内，主要是观测目标物的反射辐射，而在比 3.0 μm 长的波段范围内，主要是观测目标物的热辐射。

在微波遥感中，所观测的电磁波的辐射源有目标物（被动）和雷达（主动）两种。被动微波遥感观测目标物的微波辐射；而主动微波遥感观测的是目标对雷达发射的微波信号的散射强度即后向散射系数。

6.1.2 地物反射波谱特性

在可见光与近红外波段（0.3～2.5 μm），地表物体自身热辐射几乎为零。地物发出的波谱主要以反射太阳辐射为主。太阳辐射到达地面后，物体除了反射作用外，还有对电磁辐射的吸收作用，电磁辐射未被吸收和反射的其余部分则是透过的部分。在物体的反射、吸收和透射物理性质中，使用最普遍、最常用的仍是反射这一性质。物体表面状况不同，反射率也不同。实际物体反射则大多处于两种理想模型之间，即介于镜面和朗伯面之间。一般来讲，实际物体表面在各个方向都有反射能量，但大小不同。在入射辐照度相同时，反射辐射亮度的大小既与入射方位角和天顶角有关，也与反射方向的方位角与天顶角有关。

地物的反射波谱指地物反射率随波长的变化规律。通常用平面坐标曲线表示，横坐标表示波长，纵坐标表示反射率。同一物体的波谱曲线反映出不同波段的不同反射率，将其与遥感传感器的对应波段接收的辐射数据相对照，可以得到遥感数据与对应地物的识别规律。地物反射波谱曲线不仅随不同地物不同，而且同种地物在不同内部结构和外部条件下表现形态也不同。但是，地物反射率随波长变化有规律可循，从而为遥感影像的判读提供依据。

1. 植被的反射波谱特性

健康绿色植物的波谱特征主要取决于它的叶子。在可见光波段内，植物的光谱特征主要受叶子的各种色素的支配，其中叶绿素起着主要的作用。由于色素的强烈吸收，叶的反射和透射很低。在以 0.45 μm 为中心的蓝波段及以 0.76 μm 为中心的红波段，叶绿素强烈吸收辐射能而呈现低谷。在两个吸收谷附近之间吸收很少，形成绿色反射峰（0.54 μm）。这一特征是由叶绿素对蓝光和红光吸收作用强而对绿光反射作用强造成的。如果植物在生长时受到某种形式的抑制，比如遭到病虫害的侵袭，导致叶绿素的含量降低，则在蓝、红波段的吸收减少而反射增强，特别是红反射率增强，致使植物的颜色变为黄色。这种现象也发生在植物衰老时，这时候叶绿素逐渐消失，叶黄素和叶红素在叶子的光谱响应中起主导作用，因而秋天的树叶变黄或变红。

在近红外波段，植被的光谱特征取决于叶片内部的细胞结构。叶的反射和透射能相近，而吸收能很低。在 0.7 μm 附近，有一反射的“陡坡”，至 1.1 μm 附近有一峰值，形成植被光谱的独有特征，这是由细胞壁和细胞空隙间折射率不同而导致的多重反射引起的。因为不同类别的植物，叶子内部结构变化很大，所以植物在近红外的反射差异比在可见光大得多。因此，可以根据近红外波段内反射率的测量来区分不同的植物类型。

在短波红外波段内，植物的入射能基本上均被吸收或反射，透射极少。植物的光谱特性受叶子总含水量的控制，叶的反射率与叶内总含水量约呈负相关。由于叶子细胞间及内部的水分含量，绿色植物的光谱反射率受到以 1.4 μm、1.9 μm、2.7 μm 为中心的水吸收带的控制，而呈跌落状态的衰减曲线。其中，1.4 μm 和 1.9 μm 处的两个吸收带是影响叶子短波红外波段光谱响应的主要谱带。1.1 μm 和 0.96 μm 处的水吸收带，虽然强度很小，但在多层叶片下，对反射率仍有显著影响。位于三个吸收带之间的 1.6 μm 和 2.2 μm 处有两个反射峰(图 6－2)。

可见，植物都有近似的光谱特征，其光谱曲线有一定的变化范围，总的“峰-谷”形态是基本相同的。但是也存在差异，这种差别与植物种类、季节、病虫害影响、含水量多少等有关系。因此，根据这种差异和变化可以鉴别植物种类和监测植物的生长。

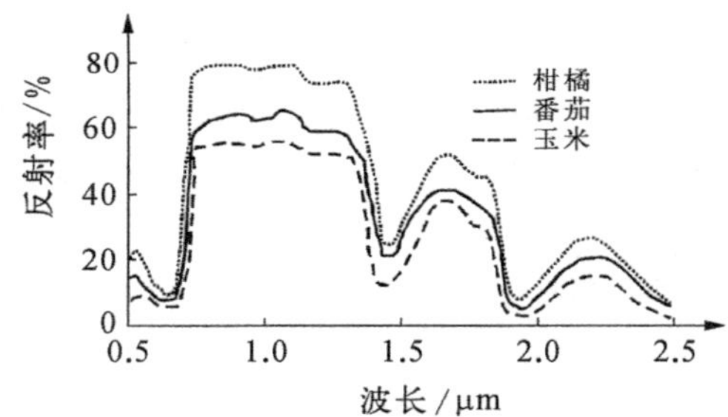

图 6－2 三种绿色植物反射光谱曲线

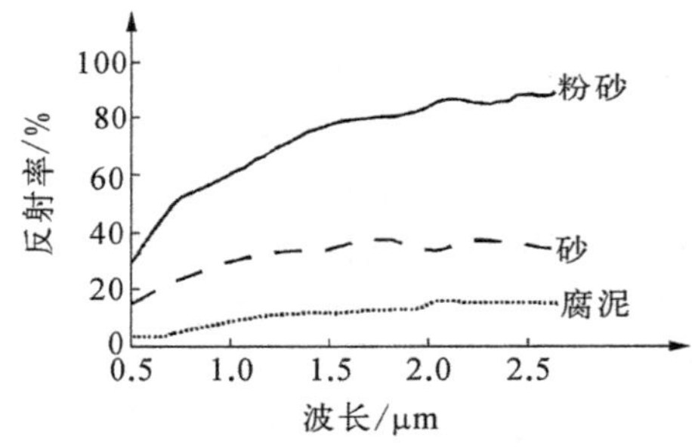

图 6－3 三种土壤的反射波谱曲线

2. 土壤的反射波谱特性

自然状态下土壤表面的反射率没有明显的峰值和谷值，一般都是随着波长的增加而增加，并且此趋势在可见光和近红外波段尤其明显。虽然土壤反射光谱曲线在外形上具有共同的特性，但因土壤是由物理和化学性质各不相同的物质组成，使得不同类型的土壤有着不同的反射光谱曲线。土壤水分含量、土壤结构、土壤颜色、有机质含量以及表面粗糙度等都会对土壤的反射率产生显著影响。这些因素相互作用，很难把其中一种因素的影响贡献从其他因素的影响中分离出来(图 6－3)。

土壤质地之所以能影响土壤的光谱反射率，一方面是由于土壤颗粒大小本身的影响，另一方面是由于土壤质地影响土壤持水能力而产生间接的影响，比如粗砂质因易于排水，水分含量较低；而细结构土壤的排水能力差，水分含量较高。一般来说，含水量高的土壤反射率相对较低，含水量低的土壤反射率相对较高。但是，在水分缺乏的情况下，土壤本身则显示相反的趋势。因此，一种土壤的反射率只能反映土壤在某种状态下的特性。

土壤有机质含量是影响土壤光谱特征的另一个重要参数。有机质含量增加会导致土壤反射率下降。研究证明，有机质含量和整个可见光谱段的土壤反射率是非线性关系。不同的气候环境，以及有机质分解程度等均对反射率有影响。因此，当研究两者关系时，必须考虑到土壤所处的气候区和土壤本身的排水条件。

此外，氧化铁含量也会导致土壤反射率明显下降；土壤表面粗糙度的减少会导致反射率上升，土壤颗粒细会使土壤表面更趋于平滑，使更多的入射能被反射；土壤的颜色也会影响其反射率，随着颜色的变浅，反射率一般都增高。

3. *水体的反射波谱特性*

水体反射光谱的主要影响因素是水体本身的光学性质和水的状态。在可见光部分，水体反射包含水面反射、水体底部物质反射及水中悬浮物质的反射三方面的贡献。在 0.6 μm 之前，水的吸收少，反射率较低，大量透射。水面反射率约 5%左右，并随着太阳高度角的变化呈 3%～10%不等的变化。其中，清水在蓝-绿光波段反射率为 4%～5%，0.6 μm 以下的红光部分反射率降到 2%～3%，在近红外、短波红外几乎全部吸收入射能量，因此水体在这两个波段的反射能量很小。这一特征与植被和土壤光谱形成十分明显的差异，因而在红外波段识别水体是比较容易的。

水的状态是指水体中所含的有机、无机悬浮物质的浓度、类型和粒度大小。悬浮的杂质对入射光有明显的散射和吸收作用。比如，泥沙不仅造成水的浑浊，而且改变水的发射光谱。随着水中悬浮泥沙浓度的增加，水体在整个可见光波段的反射亮度增加，水体由暗变得越来越亮，同时反射峰值波长向长波方向移动，即从蓝向绿向更长波段移动，而且反射峰值变得更宽(图 6-4)。

水中叶绿素的含量对水体的光谱响应影响很大。一般来说，随着叶绿素含量的不同，在 0.43～0.70 μm 光谱段会选择性地出现较明显的差异。在波长 0.44 μm 处有个吸收峰，0.40～0.48 μm 反射辐射随叶绿素加大而降低，在波长 0.52 μm 处出现“节点”，即该处的辐射值不随叶绿素含量而变化，在波长 0.55 μm 处出现反射辐射峰，并随叶绿素的增加，反射率上升。

在清澈的水中，水底的反射光和水中的散射光强度与水的深度呈良好的负相关。据测定，清洁水对 0.47～0.55 μm 左右的光谱散射作用最弱，消散系数最小，即穿透能力最强，故可以认为该波段是遥感探测清洁水深的最佳波段。

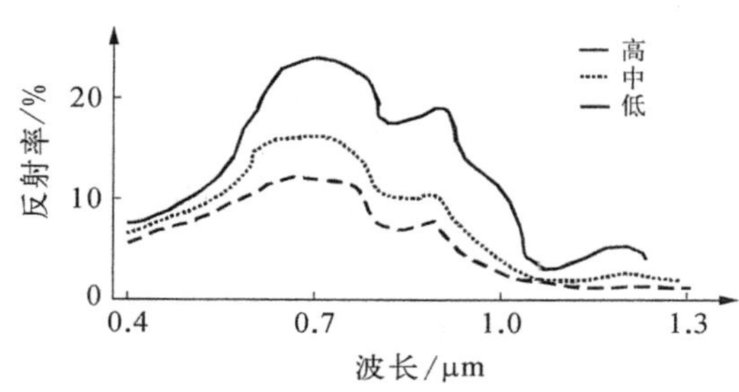

图 6-4　具有不同含沙量的水的波谱曲线

4. *岩石的反射波谱特性*

岩石的反射波谱曲线并无统一的特征，其大概趋势是反射率随着波长的增加而逐渐增加。实验表明，作为岩石主要成分的硅、铝、镁和氧在近红外波段并不产生吸收带。在 0.4～1.3 μm 范围内的光谱特征是由某些阳离子的电子跃迁引起的，比如 Fe^{2+} 离子在 1.0 μm 附近存在着一个吸收带，而 Fe^{3+} 离子最明显的吸收带表现在 0.9 μm 附近，并且使可见光区的反射率曲线的斜率变大。在 1.3～2.5 μm 波段内的吸收谱带是由 OH^-、

H_2O^{2-} 和 CO_3^{2-} 等阴离子震动引起的。另外，只要岩石中有水存在，就会出现特殊的吸收谱带。

实际上，一种岩石的光谱特征可以表示为组成它的矿物颗粒的种类与比例、大小和形状，以及它们的空间分布、组合方式和填充密度的一个复合函数。由于每种岩石都是由几种矿物组成的，因此在一般情况下，岩石的光谱特征就不可能像它的组成成分那样具有可分辨得很清晰的光谱特征(图 6－5)。

火成岩的主要成分是硅-氧四面体，其次是铝-氧四面体，但是它们本身并没有光谱特征，因此，光谱中所出现的任何特征都是岩石内其他成分产生的，它们以构造成分、替代成分或杂质成分的形式存在于岩石中。因此，可以根据火成岩的其他附属成分的反射光谱特征来判定其类型。

沉积岩的光谱曲线通常情况下是十分清晰的，除非有不同的碳质物质而被掩盖。但是，所表现的光谱特征的成因却非常有限，主要是碳酸根的谱带、常见的风化产物黏土的谱带。另外，造成可见光及近红外区光谱扰乱的一个主要来源是三价铁氧化物，三价铁的存在使不同的岩类光谱彼此极为相似。

变质岩的光谱均具有清晰的谱带特征，若是这些谱带消失了，则表明有颇多的不透明物质存在，例如石墨、磁铁矿或最常见的碳质物质。变质岩的光谱特征是由为数不多的几种离子或分子基团的能级跃迁引起的。在多数情况下，光谱特征仅是岩石成分的一种间接标志。由于变质岩可以由许多种不同的矿物组成，其中一些成分对变质环境来说完全是特殊的，所以变质岩具有各种光谱行为。不过，类似的变质相具有类似的光谱行为，这种光谱行为从岩石的矿物学上是很容易推断出来的。

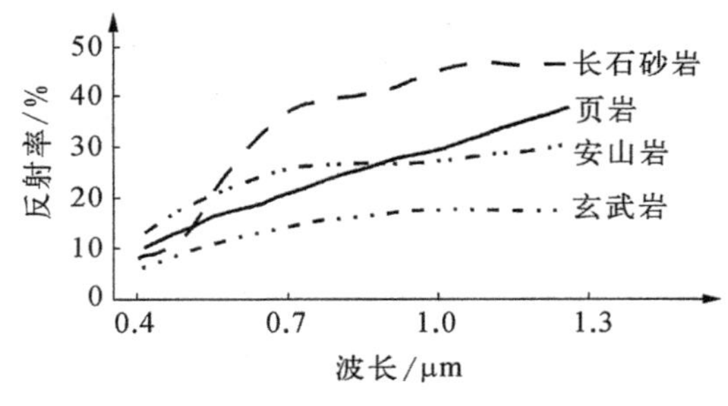

图 6－5　四种岩石的反射曲线

另外，除了岩石本身的组成和结构外，岩石的光谱特征还受到环境、大气等诸多因素的影响。比如，风化往往会对近地表的岩石成分、结构产生改变，从而导致岩石的光谱特征的变异。另外，岩石的表面粗糙度、表面颜色、岩石产状、大气环境、背景地物等都可以改变岩石的波谱反射特性。

6.1.3　辐射传输模型

图像函数 $f(x, y)$ 表示的是二维空间内物质的辐射电磁波能量的分布，是地表覆盖的直接反映，但并不是传感器记录下来的相片或数据本身，传感器所接收的电磁波辐射能量至少还要受到辐射电磁波与大气层的相互作用的影响。因此，遥感平台上的传感器所记录下来的物质辐射特征及几何特征与实际的地物辐射特征之间还有差别。即：作为地物反射光谱函数，$f(x, y)$ 受太阳光照度 $i(x, y)$ 与地物反射率 $r(x, y)$ 的双重影响，因此，其关系式为：

$$f(x, y) = i(x, y)r(x, y) \tag{6.2}$$

式中，$0 \leqslant i(x, y) \leqslant \infty$，取值范围取决于天气条件；

$0 \leqslant r(x, y) \leqslant 1$，取值随不同地物而异。

$f(x, y)$经过大气辐射至卫星传感器的输入端，再从卫星检波器系统的输出，其地物反射光谱能量经过大气及系统产生衰减和畸变，加之各种噪声的影响，实际送至地面接收站的模型为：

$$g(x, y) = H_1(x, y)H_2(x, y)f(x, y) + \eta(x, y) \tag{6.3}$$

式中，$H_1(x, y)$为大气衰减函数，由大气的吸收和散射引起，造成影像辐射值 Z 的衰减，主要表现在分辨率的下降、对比度的下降和信息模糊；$H_2(x, y)$为系统衰减函数，由检测系统的非一致性引起，主要造成像元几何位置的失真。

该模型称为遥感图像的辐射传输模型，其传输过程如下式所示：

$$f(x, y) \Rightarrow \boxed{H(x, y)} \Rightarrow \underset{}{\overset{\eta(x, y)\swarrow}{\oplus}} \Rightarrow g(x, y) \tag{6.4}$$

式中，$H(x, y)$为 $f(x, y)$的传输函数，受大气层大气散射及传感器系统频率响应的综合影响，即 $H(x, y) = H_1(x, y)H_2(x, y)$；$\eta(x, y)$ 为噪声函数，包括系统噪声和随机噪声。

当 $\eta(x, y) = 0$ 时，则传输模型为

$$g(x, y) = H(x, y)f(x, y) \tag{6.5}$$

6.2 资源探测的主要传感器

遥感可以根据探测能量的波长和探测方式、应用目的分为可见光-近红外遥感、热红外遥感、微波遥感三种基本形式。其中前两者可统称为光学遥感，属于被动遥感；而微波遥感有主动和被动两种形式。

6.2.1 可见光-近红外传感器

可见光-近红外遥感记录的是地球表面对太阳辐射能的反射辐射能，也就是说其传感器记录的是目标物体的反射光谱特性。按照采集数据的方式，又可分为摄影系统和扫描系统两种类型。

摄影系统采用的是光学摄影波段，即紫外-近红外波段的电磁波辐射能量。该系统把地物目标反射的太阳辐射能通过相机镜头投射到感光胶片上发生光化学反应，先形成潜影，经显影、定影和放印等过程而获得图像。传统摄影依靠光学镜头及放置在焦平面的感光胶片来记录物体影像；数字摄影则通过放置在焦平面的光敏元件，经光/电转换，以数字信号来记录物体的影像。遥感摄影系统以航空摄影为主，并派生出一门专门的学科——摄影测量学。

扫描系统采用的探测波段为 0.3～1.4 μm，包括紫外、可见光、近红外、中红外、热红外谱区。地物目标的波谱特性直接由与运载工具飞行方向成直角转动或摆动的反射镜或

棱镜组成的光机系统收集，经分光再聚焦到探测器上。探测器由感应可见光与近红外的硅光电二极管、感应短波红外与中红外的铟锑、铟砷或感应热红外的碲镉汞等光敏、热敏元件组成。这些探测元件把接收到的辐射能转换为电信号，经放大、转换等处理形成不同亮度的条带影像。连续不断的行扫描就把条带影像组合成覆盖一块地面的影像。

扫描成像与相机摄影成像的根本区别在于：整个图像不是依赖快门在曝光瞬间使胶片平面上发生光化学反应来记录成像，而是随着运载工具在向前移动的过程中，进行连续横向行扫描来获取地物目标反射或自身发射出的电磁波谱信号，逐行记录成像。典型的扫描成像系统有美国的陆地卫星 Landsat/MSS、TM（图 6－6）、ETM＋和气象卫星 NOAA/AVHRR，法国的 SPOT/HRV，以及我国的 CBERS－1 和“风云”气象卫星等。

图 6－6　绍兴地区 TM 传感器 RGB432 波段合成影像（1997 年 5 月）

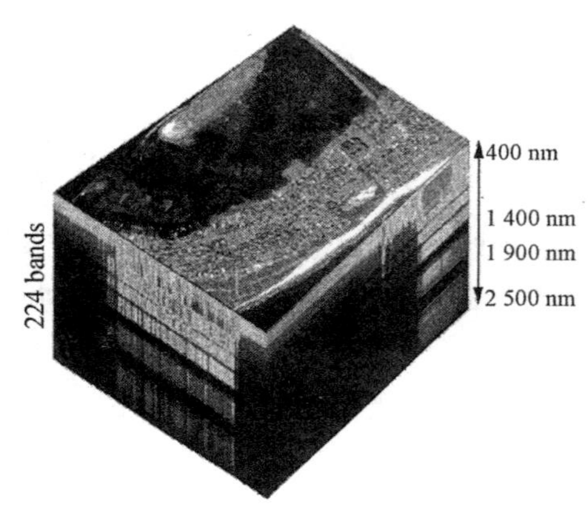

图 6－7　AVIRIS 高光谱影像

虽然多光谱遥感较摄影遥感有许多优势，但是，它们有限的波段（TM 波段最多也仅有 7 个）、较宽的波段间隔（60～200 nm）均难以真实地反映地表物质的光谱反射辐射特性的细微差异，更无法用光谱维的空间信息来直接识别地物的类别，特别是地物的组成、成分等。因此，成像光谱仪（多光谱遥感）应运而生。目前的中等分辨率的航天成像光谱仪 MODIS 即拥有 36 个波段，而 AVIRIS 则拥有 224 个波段（图 6－7），能获得整个可见光、近红外、短波红外、热红外波段的多而窄的近似连续光谱波段，使利用光谱信息直接识别地物成为可能。

6.2.2　热红外传感器

热红外遥感记录的是地球表面的发射辐射能。探测波段在 3～18 μm 范围内，位于可见光和微波之间。热红外遥感的成像是通过热红外探测器搜集地物辐射出来的热红外辐射通量，经过能量转换而变成人眼能看到的图像。从理论上讲，自然界任何温度高于热力学温度的物体都不断向外发射电磁波，其辐射能量的强度和波谱分布位置是物质类型和温度的函数。因此，热红外遥感是一种全天候的遥感手段。热红外遥感器主要包括以下 3 种探测仪器：热探测器、热辐射计和热红外扫描仪。

热探测器将辐射能转化成与红外辐射强度成正比的电信号，探测器由一些对特定波长有能量响应的物质组成，随着热红外探测器类型的不同，在不同波段灵敏度不同。

热辐射计是一种定量测定辐射温度的非成像装置，它用红外敏探测器和滤色镜来测定特定波长的辐射，通常采用 8～14 μm 波段。它的工作原理是从地面接收的辐射能被压缩到一个内部标定源上，通过一个断电器控制使来自目标的辐射与辐射参考源的数据流交替投射到探测仪器上，通过测量两者的辐射差异来估算目标的辐射。

热红外扫描仪是在热红外遥感中应用最多的成像仪器。地面辐射的热红外能量被反射镜聚焦在热红外探测器上，探测器将辐射能转换成正比于热红外辐射强度的电信号。用胶片记录的热红外扫描仪是将放大的信号调制一个小光源的亮度，然后用与扫描反射镜同步的反射镜，将被调制的光源的亮点扫描在记录胶片上，记录胶片前进速率和飞行器的速率与高度之比成正比，这样地面上每一条扫描线在胶片上都有一条扫描线与其相对应，形成地物热辐射图像。常用的星载热辐射扫描图像有 TM6 波段（图 6－8），AVHRR4、5 波段，FY－2 IR 波段等。

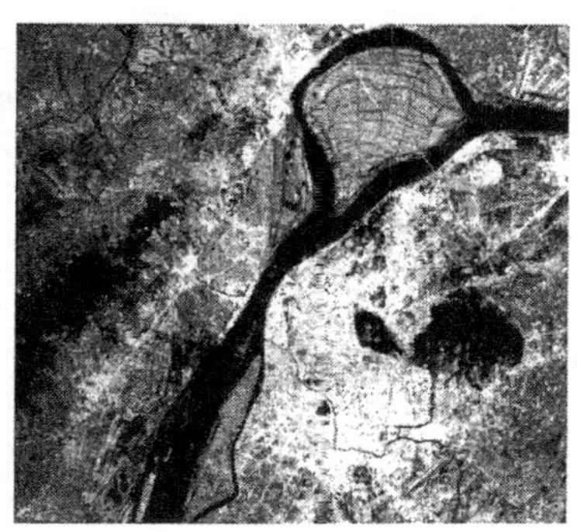

图 6－8　南京地区 TM 传感器第 6 波段热红外影像（2000 年 6 月 12 日）

6.2.3　微波传感器

微波遥感分为主动和被动遥感两类，二者有根本的差异。记录地球表面对人为微波辐射能的反射辐射能的遥感属于主动遥感，其主动在于它自身提供能源而不依赖太阳和地球辐射，最具有代表性的主动遥感器为成像雷达。

雷达成像系统主要包括发射器、雷达天线、接收器和记录器 4 个部分。由脉冲发生器产生高功率调频信号；经发射器以一定的时间间隔反复发射具有特定波长的微波脉冲，这样“照射”到地面的连续微波条带就形成了一个类似于行扫描仪产生的连续视场条幅；如果每个视场条幅照射到不同微波反射、散射特性的地物，那么被同一天线接收记录的雷达反射、散射回波的强弱就会发生变化。与此同时，视场条幅的两侧至天线距离不一，自左向右或自右向左逐渐增大，因此，其回波信号到达天线的时间就会有先后。这种强弱、先后都有差异的信号，与电子钟测定的时基信号相配合，经适当处理，记录下来，就可获得一张反映地面状况的雷达图像。已发射的主要航天合成孔径雷达系统有美国航天飞机成像雷达 SIR（图 6－9），欧洲遥感卫星 ERS－1 携带的主动微波仪 AMI，以及加拿大雷达卫星 Radarsat 等。

图 6－9　美国夏威夷 Maui 地区 SIR－C 雷达影像

而记录地球表面发射的微波辐射能的遥感属于被动遥感。被动遥感是通过传感器，接收来自目标地物发射的微波从而达到探测目的的遥感方式。被动接收目标地物微波辐射的传感器为微波辐射计；被动探测目标地物微波散射特性的传感器为微波散射计，但是这两种传感器均不成像。

传感器的多平台、多波段、多视场、多时相、多角度、多极化等造就了遥感数据的多维特征。这种多维特征可以通过不同的分辨率和特性来描述，主要包括空间分辨率、波谱分辨率和时间分辨率。空间分辨率指像素所代表的地面范围的大小，即扫描仪的瞬时视场，或地面物体能分辨的最小单元。波谱分辨率包含两方面的信息，一是指传感器所用的波段数目、波段波长及其波段宽度，二是指辐射分辨率。时间分辨率是指对同一地点进行遥感采样的时间间隔，即采样的时间频率，也称重访周期。表 6-1 列出了目前几种主要的传感器及其特性。

表 6-1　几种主要传感器及其特性

<table>
<tr><th colspan="2">卫星传感器</th><th>波段范围</th><th>空间分辨率/m</th><th>重访周期/天</th><th>覆盖范围/km²</th><th>主 要 用 途</th></tr>
<tr><td colspan="2">NOAA/AVHRR</td><td>0.58～0.68 μm
0.725～1.10 μm
3.55～3.93 μm
10.5～11.5 μm
11.5～12.5 μm</td><td>1 100</td><td>0.5</td><td>2 400×2 400</td><td>植被、云、冰雪
植物、水陆界面
热点、夜间云
云及地表温度
大气及地表温度</td></tr>
<tr><td colspan="2" rowspan="3">Landsat TM</td><td>0.45～0.52 μm
0.52～0.60 μm
0.63～0.69 μm
0.76～0.90 μm
1.55～1.75 μm</td><td>30</td><td rowspan="3">16</td><td rowspan="3">185×185</td><td rowspan="3">水深、水色
水色、植被状况
叶绿素、居住区
植物长势
土壤和植物水分
云及地表温度
大气及地表温度</td></tr>
<tr><td>10.4～12.5 μm</td><td>120</td></tr>
<tr><td>2.08～2.35 μm</td><td>30</td></tr>
<tr><td colspan="2" rowspan="3">SPOT</td><td>0.49～0.69 μm</td><td>2.5</td><td rowspan="3">26</td><td rowspan="3">60×60</td><td rowspan="3">1∶25 万地形图修测；1∶1 万农村地籍图更新；小流域水土流失治理；工程选线；数字城市；三维模拟仿真；精细农业</td></tr>
<tr><td>0.43～0.47 μm
0.49～0.61 μm
0.61～0.68 μm
0.78～0.89 μm</td><td>10</td></tr>
<tr><td>1.58～1.75 μm</td><td>20</td></tr>
<tr><td colspan="2" rowspan="2">IKONOS</td><td>0.45～0.90 μm</td><td>0.82</td><td rowspan="2">3</td><td rowspan="2">11×11</td><td rowspan="2">大比例尺制图、城市生态、环保、资源调查、紧急事务处理</td></tr>
<tr><td>0.45～0.52 μm
0.52～0.60 μm
0.63～0.69 μm
0.76～0.90 μm</td><td>3.28</td></tr>
<tr><td rowspan="4">CBERS</td><td>CCD</td><td>0.45～0.52 μm
0.52～0.59 μm
0.63～0.69 μm
0.77～0.89 μm
0.51～0.73 μm</td><td>19.5</td><td>3</td><td>113×113</td><td rowspan="4">广泛用于土地利用、水资源调查、农作物估产、探矿、地质测绘、城市规划、环境保护、海岸带监测</td></tr>
<tr><td rowspan="2">IR-MSS</td><td>0.5～0.9 μm
1.55～1.75 μm
2.08～2.35 μm</td><td>78</td><td rowspan="2">26</td><td rowspan="2">119.5×119.5</td></tr>
<tr><td>10.5～12.5 μm</td><td>156</td></tr>
<tr><td>WFI</td><td>0.63～0.69 μm
0.77～0.89 μm</td><td>258</td><td>5 天覆盖全国</td><td>890×890</td></tr>
</table>

（续　表）

<table>
<tr><th colspan="2">卫星传感器</th><th>波段范围</th><th>空间分辨率/m</th><th>重访周期/天</th><th>覆盖范围/km^2</th><th>主 要 用 途</th></tr>
<tr><td rowspan="3">ASTER</td><td>VNIR</td><td>0.52～0.60 μm
0.63～0.69 μm
0.78～0.86 μm</td><td>15</td><td rowspan="3">16</td><td rowspan="3">60×60</td><td>同轨立体观测，测制1：10万地图</td></tr>
<tr><td>SWIR</td><td>1.600～1.700 μm
2.145～2.185 μm
2.185～2.225 μm
2.235～2.285 μm
2.295～2.365 μm
2.360～3.430 μm</td><td>30</td><td>提高对黏土质的鉴别能力</td></tr>
<tr><td>TIR</td><td>8.125～8.475 μm
8.475～8.825 μm
8.925～9.275 μm
10.25～10.95 μm
10.95～11.65 μm</td><td>90</td><td>矿产调查，大气，陆地，海洋的监测</td></tr>
<tr><td colspan="2">MODIS</td><td>0.4～14.5 μm
（36 个波段）</td><td>B1 - B2：250
B3 - B7：500
B8 - B36：1 000</td><td>16</td><td>2 330×10</td><td>陆地和云的分界限以及二者的属性，海洋颜色，水层性质，生物化学，大气水蒸气，地表、大气和云的温度，卷云，臭氧，云顶高度</td></tr>
<tr><td colspan="2">SIR - C</td><td>0.40～12 m
0.75～12 m
0.75～12 m</td><td>标准：20～60
高分辨率：10～30</td><td>在不同纬度，重访周期不同</td><td>15×15～90×90</td><td>矿产资源、水资源、林业、农业</td></tr>
</table>

6.3　遥感图像处理与分析

6.3.1　遥感图像恢复与增强

1. 几何校正

在遥感成像时由于各种因素的影响，使得遥感图像存在一定的几何畸变和辐射量的失真。这些畸变和失真影响了图像的质量和应用，必须进行消除。

几何变形是指图像上的像元在图像坐标系中的坐标与其在地图坐标系等参考系统中的坐标之间的差异 $H_2(x, y)$，消除这种差异的过程称为几何校正。在卫星影像数据提供给用户使用前，有些已经经过辐射量校正和必要的几何校正。

遥感图像的几何变形可分为系统性和非系统性两大类。系统性几何变形是有规律和可以预测的，因此可以应用模拟遥感平台及遥感器内部变形的数学公式或模型来预测。非系统几何变形是不规律的，其原因可以是遥感平台的高度、经纬度、速度和姿态等的不稳定，地球曲率及空气折射的变化等，一般很难预测。几何校正的目的就是要纠正这些系统及非系统性因素引起的图像变形，从而使之实现与标准图像或地图几何整合。图像的几何纠正需要根据图像中几何变形的性质、可用的校正数据、图像的应用目的来确定合适的几何纠正方法。

一般情况下，用户购买的卫星图像数据已经经过初步的几何校正，但是这种图像仍然存在着不小的几何变形，因此需要进行所谓的几何精校正。对这种畸变，通过建立同地点地物的坐标变换式，实现空间关系的对应，然后对空间对应关系的图像灰度值采用一定的插值方法进行恢复。

2. 辐射校正

进入传感器的辐射强度反映在图像上就是亮度值。该值主要受两个物理量的影响，一是太阳照射到地面的辐射强度，二是大气对辐射的影响。当太阳辐射相同时，图像上像元亮度值的差异直接反映了地物目标光谱反射率的差异。但实际测量时，辐射强度值还受到其他因素的影响而发生改变。这一改变的部分就是需要校正的部分，故称为辐射畸变。引起辐射畸变的原因有三个：大气对辐射的影响 $H_1(x, y)$，太阳高度角和地形引起的误差，传感器本身引起的误差。

1）大气校正　太阳光在到达地面目标之前，大气会对其产生吸收和散射作用。同样，来自目标物的反射光和散射光在到达传感器之前也会被吸收和散射。入射到传感器的电磁波能量除了地物本身的辐射以外还有大气引起的散射光。因此，大气对光学遥感的影响是十分复杂的。学者们试着提出了不同的大气纠正模型来模拟大气的影响，但是对于任何一幅图像，由于对应的大气几乎永远是变化的，且难以得到，因而应用完整的模型纠正每个像元是不可能的。通常可行的一个方法是从图像本身来估计大气参数，然后以一些实测数据，反复运用大气模拟模型来修正这些参数，实现对图像数据的校正。

利用辐射传递方程可以进行大气校正。由于在可见光和近红外区，大气的影响主要是由气溶胶引起的散射造成的，在热红区，大气的影响主要是由水蒸气的吸收造成的。因此，为了消除大气的影响，需要测定可见光和近红外区的气溶胶的密度以及热红外区的水蒸气浓度。但是仅从图像中很难测定这些数据，因此，在利用辐射传递方程时，通常只能得到近似的解。

另外，还可以利用地面实况数据进行大气校正。在获取地面目标图像的同时，预先在地面设置反射率已知的标志，或事先测出若干个地面目标的反射率，把由此得到的地面实况数据和传感器的输出值做比较，以消除大气的影响。由于遥感过程是动态的，在地面特定地区、特定条件和一定时间内参照的地面目标反射率不具有普遍性，因此该方法仅适应于包含地面实况数据的图像。

此外，还有一些其他大气校正的方法。例如在同一平台上，除了安装获取目标图像的遥感器外，也安装上专门测量大气参数的遥感器，利用这些数据进行大气校正。

2）传感器的校正　在使用透镜的光学系统中，由于镜头光学特性的非均匀性，在其成像平面上存在着边缘部分比中间部分暗的现象，即边缘减光。如果以光轴到摄像面边缘的视场角为 θ，理想的光学系统中某点的光量与 $\cos^n\theta$ 成正比，利用这一性质可以进行边缘减光的校正。

传感器的光谱响应特性和传感器的输出有直接的关系。在扫描方式的传感器中，传感器接收系统收集到的电磁波信号需经光电转换系统变成电信号记录下来，这个过程也会引起辐射量的误差。由于这种光电变换系统的灵敏度特性通常有很高的重复性，所以可以定期地在地面测量其特性，根据测量值对其进行辐射畸变校正。

3）太阳高度角和地形校正　为了获得每个像元真实的光谱反射，经过遥感器和大气校正的图像还需要更多的外部信息进行太阳高度和地形校正。通常这些外部信息包括大气透过率、太阳直射辐射光幅照度和瞬时入射角（取决于太阳入射角和地形）。在理想的情况下，大气透过率应当在获取图像的同时进行实地测量，但是对于可见光，在不同的大气条件下，可以进行合理的预测。

太阳高度角引起的畸变校正是将太阳光线倾斜照射时获取的图像校正为太阳光线垂直照射时获取的图像，通过调整一幅图像内的平均灰度来实现的。

倾斜的地形，经过地表散射、反射到遥感器的太阳辐射量会依赖倾斜度而变化。进行地形校正就是把在倾斜面上获得的图像校正到平面上获取的图像。因此需要用到与地区相对应的 DEM 数据，以计算每个像元的太阳瞬时入射角。

3. 空域增强

图像增强的目的是对 $H_1(x, y)$所造成的某些信息失真或降质图像进行补偿或增强，以提高图像的识别能力。图像增强可以通过图像中感兴趣的特征或模式，或者利用适合于人类视觉系统特性的图像显示来完成。图像的增强处理不需要定量地知道图像的降质情况，这些降质包括对比度减弱、模糊和噪声，其重点在于提取在原始图像中可能不太明显的信息。图像增强处理的技术方法基本上包含两大类，一是空间域的增强方法，二是频率域的增强方法。

空间域的增强处理主要针对图像的灰度值进行增强处理。可用的增强方法和算法很多，比如灰度增强、边缘增强和彩色增强等。

灰度增强，其主要目的是通过灰度拉伸处理，扩大图像灰度值动态变化范围，可加大图像像元之间的灰度对比度。应用时根据地物的特点，可以采用线性拉伸、分段函数拉伸，以及指数函数、对数函数、直方图调整等方法对影像逐点进行灰度值的改变。

边缘增强主要是通过空间滤波实现。图像滤波增强处理实质上就是运用滤波技术来增强图像的某些空间频率特征，以改善地物目标与邻域或背景之间的灰度反差。例如通过滤波增强高频信息抑制低频信息，就能突出像元灰度值变化较大较快的边缘、线条或纹理等细节。反过来如果通过滤波增强低频信息抑制高频信息，则将平滑影像细节，保留并突出较均匀连片的主体影像。

人眼对彩色的分辨能力要远远大于对黑白影像的识别能力，因此，彩色增强成为遥感图像应用处理的又一关键技术，应用十分广泛。在进行彩色增强时，可从具有三个以上分量的多光谱图像中任选三个分量，即把它的维数减少，使得能够进行确定的彩色指定。常用的方法有密度分割法、彩色合成法、IHS 变换法等。

4. 频域增强

频域增强是在复频率域对图像进行处理，特别是对相乘性噪声（如云和雪）、运动模糊、散焦、纹理特征等信息的衰减作增强或恢复处理。根据傅里叶变换理论，一幅遥感图

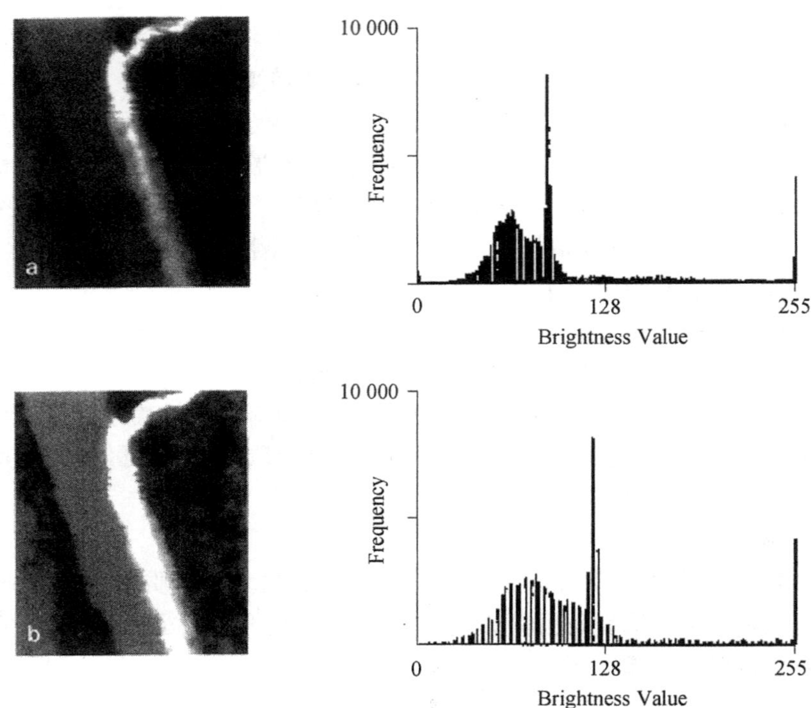

图 6－10 热红外图像的直方图线性拉伸处理

a) 原图像；b) 拉伸后图像

像可以看成是由许多不同频率的正弦波分量组合而成的复式波。原遥感图像上的灰度突变部位(如地物的边缘、水陆交界处等)、图像结构复杂的区域、图形细节及干扰噪声等，经傅里叶变换后，其信息大多集中在频谱的外围高频区域；而原图像上灰度变化平缓的部位，如大片水体、大片平原、区域概貌等信息，经傅里叶变换后，大多集中在频谱的中心低频区。

频域增强的主要思想是在二维频谱平面上设计特定的滤波器，有目的地使滤波后频谱平面上的高低频成分的比例发生变化，然后再经过傅里叶反变换，得到新的图像，从而达到一定的图像增强的目的。频域增强的过程可表述为：

$$f(x,\ y) \xrightarrow{\text{傅里叶变换}} F(u,\ v) \xrightarrow{\text{频域滤波}} G(u,\ v) \xrightarrow{\text{傅里叶反变换}} f'(x,\ y) \qquad (6.6)$$

式中，$G(u,\ v)=F(u,\ v)H(u,\ v)$。$H(u,\ v)$为频域的滤波函数，它限定了$G(u,\ v)$的频率特征，使之与高频或低频响应特征相匹配，产生突出高频信息或突出低频信息的图像$f'(x,\ y)$。滤波函数的选择由频率响应和函数生成难易两方面因素决定。通常在人眼观察的空间频率范围内(0.5 Hz～40 Hz)，选择高斯型曲线作为高频滤波函数，选择易于生成的指数型曲线作为低频滤波函数。只要限定滤波曲线的中心和截止频率，滤波器的形状和范围即可确定，滤波的性能也就被确定了，从而确定了对图像的频谱函数$F(u,\ v)$的修改效果。

频域滤波增强图像的边缘和细节信息时，这类信息在图上反映的连续性较突出，对比度增大，但如果地面没有明显的形状特征，信息反映得相当分散和微弱，则通过频域滤波增强的效果也不一定好，这时往往需要采用多波段图像组合等处理才有可能取得较好的效果。频域滤波除了上述低通滤波和高通滤波之外，还有带通、带阻滤波和同态滤波等，后者是一种在频域能同时压缩图像亮度范围，又增强图像各部分之间对比度的方法，各有不同的适用范围和增强效果。

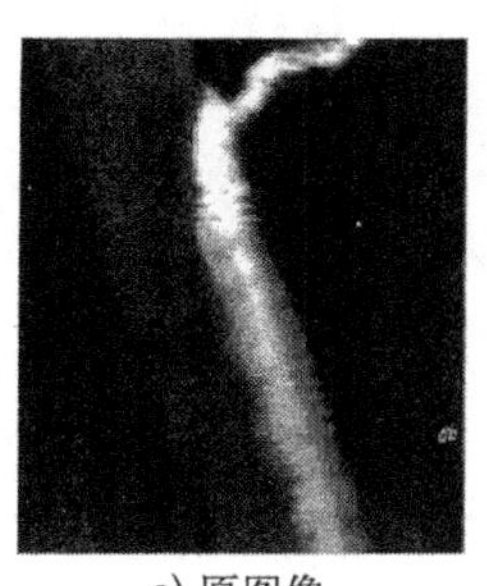
a) 原图像

b) 低通滤波结果

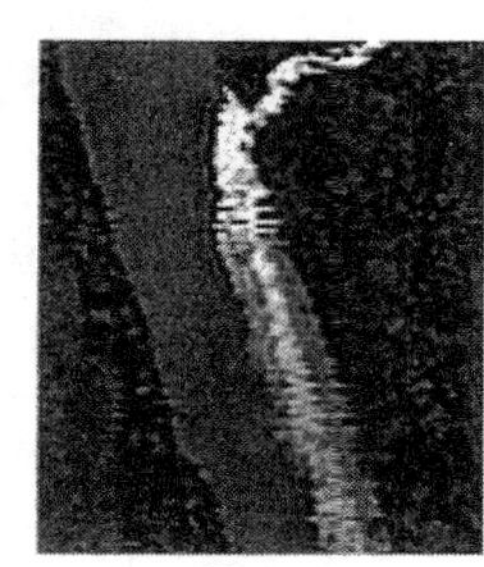
c) 高通滤波结果

图 6－11　热红外图像的频域滤波处理

6.3.2　遥感图像分类

1. 非监督分类

非监督分类是依据每一类型地物具有的相似性，把反映各类型地物特征值的分布按相似分割和概率统计理论，归并成不同的空间集群，然后与地面实况进行比较来确定各集群的含义。它事先对研究区域没有了解。计算机对直接输入的各像元的数据进行运算处理，并分别归纳到与波段数相等的维数的多维空间内的若干个集群中，如图 6－12 所示。

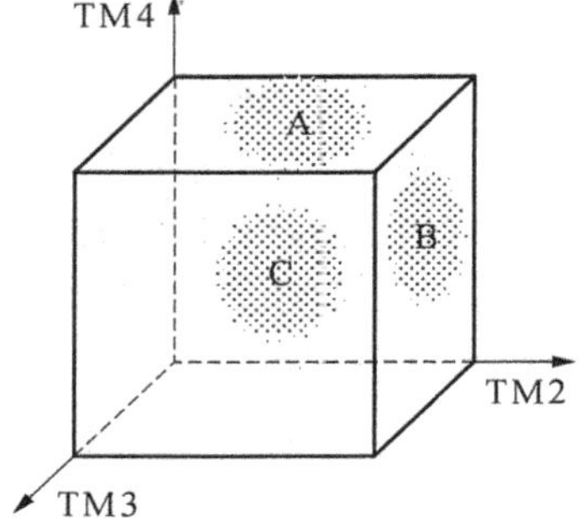

图 6－12　三维空间集群示意图

此方法的出发点是：同一特性的多波段数据，将集群于多维空间的某一确定位置周围；而不同特性的多波段数据，将集群于这个多维空间中的不同位置的区域内。对于 TM 图像中的每个像元来说，都有与 5 个波段相对应的 5 个数据，即相当于五维空间中的一点。同类地物由于具有相似的光谱特性，像元点就会积聚在一定的空间区域内形成集群；而不同类型的地物的像元将散布在不同的空间位置中。图 6－12 中，TM2、3、4 这三个波段组成一个三维空间系统，A、B、C 三点及其附近为 A、B、C 三类地物分布的 3 个空间区域。可采取某种数学方法将集群的分布状态、界限等计算出来，归纳成一定的数学模式，就可以用来自动进行识别和分类。

常见的非监督分类方法有简单集群分类、相似性距离分类、K-Means 分类、ISODATA 分类算法等(图 6－13)。

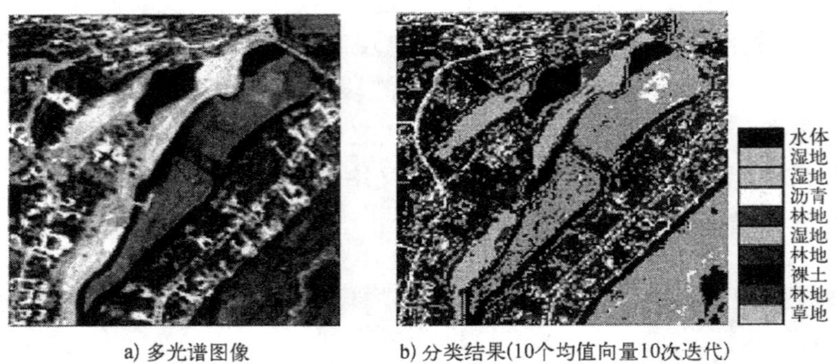

a) 多光谱图像　　b) 分类结果(10个均值向量10次迭代)

图 6－13　美国 North Inlet 地区遥感图像及其 ISODATA 分类结果

2. 监督分类

监督分类的基本过程是：从所研究的图像区域里，选择一些有代表性的训练样区，这些训练样区的地面状况、地物光谱特性已通过实地调查获得资料。然后，让计算机在训练样区图像上"训练"，取得统计特征参数，如各类别的均值、方差、协方差、离散度等，并以这些统计特征参数作为识别分类的统计度量。接着，计算机利用这些来自训练区的统计标准，按照选定的统计判别规则，将图像像元数据一组一组地加以识别分类，将每一像元都纳入一定的类型中，最后得到一张类型分布图(图 6－14)。

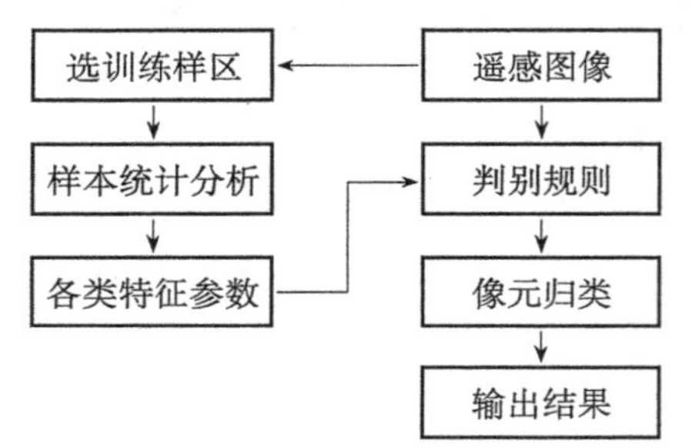

图 6－14　遥感图像监督分类工作流程

监督分类简单实用，运算量少，但事先必须建立各种已知地物的参数(即样本参数)或特征函数。样本参数和特征函数的确定必须具有代表性，要有足够样本的统计数据作基础，这是监督分类的关键之一。另外，由于环境的复杂性以及干扰因素的多样性和随机性，从训练区取得的光谱特征，只能代表一定时间和一定地区的情况。所以必须选择和使用多个训练场地，才能有效地识别分类。

判别规则的确定也是监督分类的关键之一。常用的统计判别规则有：贝叶斯(Bayes)判别规则、最大似然判别规则、最小距离判别规则等。贝叶斯规则以先验概率、条件概率和损失函数这三个特征量为依据。最大似然判别规则指：若要把某个特征归入某一类，其条件概率应大于该特征相对于其他所有类别的条件概率。这个规则应用较广泛，效果较显著。最小距离判别规则是最简单的判别规则，它以各类的均值作为类别空间的集结中心，搜索每个像元，将它归属到中心距本像元的空间距离最小的一类中去。这个规则精度略低，但运算速度快。

由于地物光谱的复杂性、遥感图像分辨率的限制以及成像过程中诸多因素的干扰，非监督分类和监督分类这种单纯依赖光谱特性在单个像元基础上进行的分类，在地形地貌简单、地物较单一和均匀的地区应用效果较好，而在地表状况复杂的地区，"同物异谱，同谱异物"现象比较突出，较难获得令人满意的分类效果。为此，国内外学者一直都在探求能够自动、高效的实现遥感图像解译的方法，其研究思路大体分为两种：① 研究新的分类算法，如人工神经网络方法、模糊数学方法等；② 利用多源数据，将专家目视解译时用到的知识加入到计算机自动解译过程中进行综合分类，称为专家系统分类技术或基于知识的分类技术。

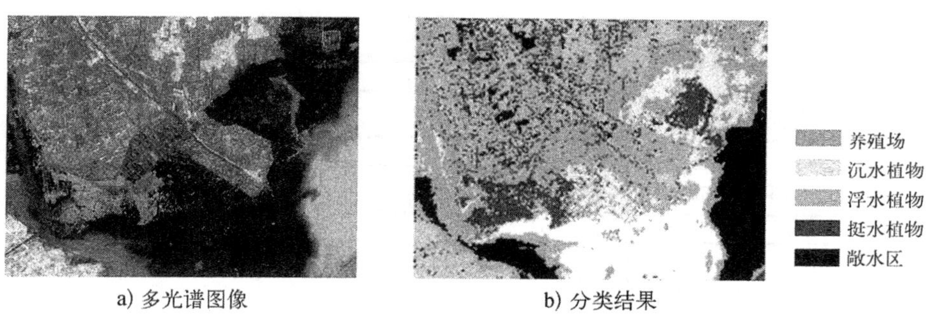

a) 多光谱图像　　b) 分类结果

图 6-15　洪泽湖地区 TM 图像及其最大似然法分类结果

6.3.3 资源遥感制图

遥感技术的发展赋予了古老的地图学以新的生命活力，为地图制作提供了丰富多样的信息源，使地图学从内容到形式以及制作方面发生了全新的变化。

从 20 世纪 70 年代以来，美国陆续发射了系列地球资源卫星（Landsat），为探测地质、矿产、森林、土地资源，进行农作物产量估算与环境污染动态分析和监测等开辟了一个新的途径，人们普遍利用陆地卫星的 MSS、TM 和 ETM+传感器所获取的 30 m 分辨率图像编制各种专题地图，如地质图、地貌图、植被图、森林图、土壤图、土地利用图、土地类型和土地资源图以及各种自然灾害图等。而法国发射的 SPOT 卫星获取的图像分辨率较高，全色波段为 10 m，多光谱波段为 20 m，适合编制 1∶10 万或 1∶20 万地图，为革新普通地图的编绘技术开创了一个新的途径，对于专题解译制图也具有很好的效果。1999 年我国与巴西合作发射了中巴资源卫星，一般可适用于 1∶10 万～1∶25 万的土地利用等专题地图的制图。近些年来，IKONOS、QuickBird 等高分辨率卫星开始得到广泛应用，最高的地面分辨率可达到 0.61 m，经过不同精度的地面控制和 DEM 处理后，可用于编制 1∶2 500～1∶5 万的专题地图，或者修测 1∶1 万的地形图。

表 6-2　各主要成图比例尺对遥感图像空间分辨率的要求

成图比例尺	空间分辨率/m		成图比例尺	空间分辨率/m	
	地形图	专题图		地形图	专题图
1∶500 000	50	100～150	1∶25 000	2.5	5～8
1∶250 000	25	50～100	1∶10 000	1	2～3
1∶200 000	20	40～50	1∶5 000	0.5	1～2
1∶100 000	10	20～40	1∶2 000	0.2	0.4～1
1∶50 000	5	10～20			

利用遥感图像进行资源制图，主要是依据地物对电磁波的光谱响应、空间响应及时间

响应的特性。但是,地物构像是自然综合体集中表征的结果,因此对图像背景参数的研究也是不可忽视的基本环节(图 6-16)。

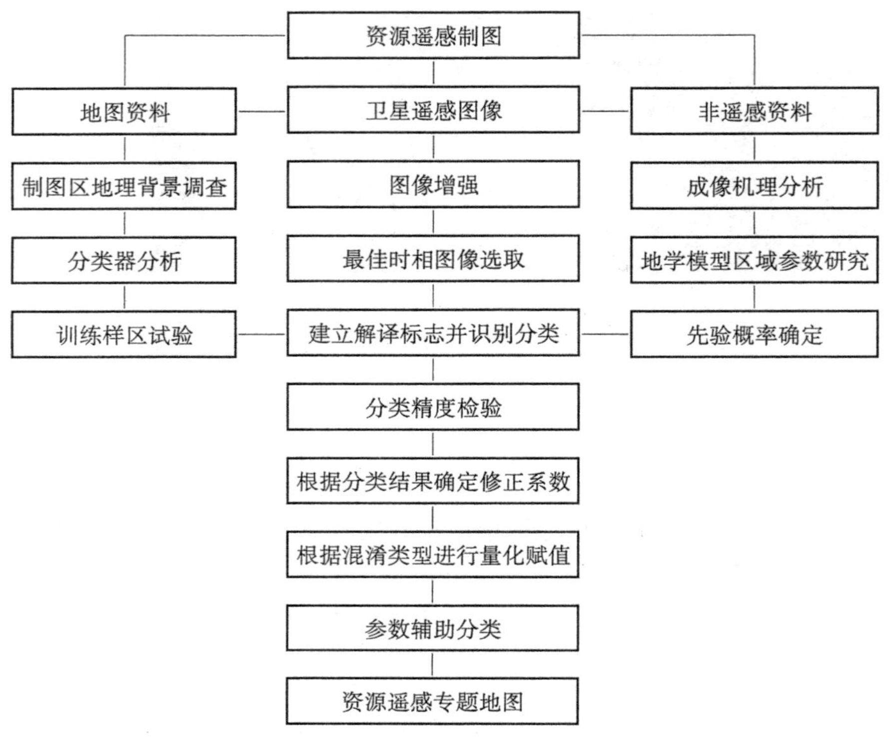

图 6-16　资源遥感制图的主要技术路线

1. 制图信息源的背景参数分析

遥感信息是专题制图的重要信息源。但是,在专题制图中并非所有图像信息都能有效地适用于制图,这与成图的对象、用途与要求紧密相关。因此,选取信息源时应据此作地学相关分析,诸如:

1) 遥感信息的地学表征特性与制图对象的适中尺度研究　　这对于研究光谱成像机理、选择适中制图尺度以及满足成图精度的比例尺都是非常必要的,以达到遥感专题制图的实用、经济的效果。

2) 图像模式识别分类的物候分析　　遥感制图的信息源应依据不同的地物类型及成图的目的,进行地物物候特性的研究,并选取成图的最佳时相图像,以增强图像识别能力,提高可分性。同时也可以运用地物物候成像的时间差,开展资源与环境要素的演变和动态监测研究。

3) 专题制图的波段优化组合分析　　随着多光谱信息和成像光谱(高光谱)技术的发展和应用,在专题制图中进行有针对性的地物识别,波段的选择和组合是至关重要的。比如,针、阔叶林的区别,SPOT 的第 3 波段是主要波段。对于多光谱图像,组合波段的优化是提高图像识别能力的有效技术,一般以三个波段的组合较为适宜。对于成像光谱来说,一般可有更多的波段(如 7～30 个)的组合。当然,组合波段越多,计算处理的数据量就越大，也就越复杂。

2. 分类器分析与训练样区研究

对于资源遥感专题制图，不同的分类目标对分类器的精度要求是不同的，所以分析和选择适合的算法非常重要。比如，最大似然法一般适用于土地利用与覆盖的识别，纹理分析方法适宜于地质构造的分析。因此，有的放矢地分析适宜算法是提高分类制图质量的重要一环。

在考虑算法的同时，研究所分类型的训练样区的选取也是至关重要的，它关系到图像识别与成图的精度。选定样区时，既要分析制图区内所分类型的分布规律与特点，同时也要注意到各类地物的生态环境及其典型代表性。

3. 识别与制图中区域参数的分析应用

以地物波谱特性提取图像有效信息是地物识别分类的重要依据。但在具体分类时，往往受众多因素的影响，难以达到理想的结果，这主要是受区域条件的差异所致。因此，在设计地学、生物学模型时应考虑相关的因素，分类时需考虑区域校正系数，其目的在于最大限度地提高遥感信息识别与制图的精度。对此，通常有如下两种情况。

1) 地理相关辅助分析　　地物成像受到制约因素的影响，故需拟定区域校正系数予以改进。例如，山区草地垂直带的类型分布与其海拔高度有密切关系，这就要求依据不同垂直地带的草地类型，研究其数字高程模型，同时研究其参数量化和模型的赋值问题，以提高识别的准确率。又如，地物因受地形起伏的影响产生图像阴影，于是也可视太阳入射角的关系辅以其值，消除地形的影响，校正辐射亮度值。

2) 模式识别中区域参数的应用研究　　从地物表面现象描述到地理内在规律，乃至提取有效信息，除了对模式识别算法的选用外，分析地物类型的成像机理、确定区域参数，以形成量化修正系数改变其判别函数，是地学分析应用的一条重要途径。因为待分类地物的判别函数不仅取决于各自的统计参量，而且还取决于其先验概率修正值。当若干类地物统计参量甚是相近时，修正系数值的大小对判别像元的归类有着决定性的作用。因此，利用区域参数，确定各类待分类地物的先验概率修正系数值并按模型赋值，是改进遥感图像识别制图的有效技术环节。

6.4　资源遥感的应用

6.4.1　土地遥感

遥感反映的是地表及地下一定深度环境信息的综合特征，是地表景观的缩影。土地这一接口是遥感图像上反映的最直接的环境信息，同时也是研究其他环境要素的基础。土地遥感是研究土地及其变化的最重要的手段之一。遥感对土地的宏观研究，主要包括土地覆盖、土地利用、土地资源评价以及土地覆盖与土地利用动态监测等内容。

1. 土地覆盖遥感制图

(1) 研究综述

土地覆盖是指地球表面当前所具有的自然和人为影响所形成的覆盖物，如地表植被、土壤、冰川、湖泊、沼泽湿地及道路等。虽然土地覆盖也侧重于土地本身属性的研究，但它不仅仅被看作单一的土地和植被类型，而是以土地类型为主体，并具有一系列自然属性和特征的综合体。土地覆盖作为这种综合体，它包括的因素可以很多，如：土地类型、植被类型；植被冠层的密度、植被生长季节的动态特征；生长季节的累积生物量；地表覆盖的生物物理特征量；与土地覆盖类型密切相关的生态环境要素等。这种以土地覆盖类型为核心并具有多维空间信息的综合体概念，不仅可从理论上更准确、完整地刻画地表覆盖和利用特征，而且能为气候、生态环境、生物量、地表能量交换、人类活动及全球变化等方面的研究提供直接信息和有关参数，具有明确的科学性和实际意义。

利用卫星影像进行土地覆盖研究的方法通常有两种：一种是目视解译，该方法着重于土地类型的遥感图像分析解译以及相应的光谱特征描述。通过分类系统的确定、解译标志的建立、图像的判读、绘制专题图等工作流程，完成土地覆盖的分类与遥感制图。目视解译的优点是可以综合利用地物的色调、形状、大小、纹理等影像特征知识，以及有关地物分布的专家知识，并结合其他非遥感数据源进行综合分析和逻辑推理，从而能达到较高的分类精度，是当前业务化生产的主要方式。然而，该方法具有效率低、时效性较差的缺点，而且分类过程中主观性强，解译精度很大程度上与工作人员的经验水平相关。另一种是传统的基于数理统计的计算机自动分类方法，分为监督分类和非监督分类两种。相对目视解译来说，它们具有速度快、投入低的优点，特别是对于大区域的土地覆盖监测。然而，由于受遥感数据光谱分辨率和空间分辨率的限制，遥感影像往往是多种地物波谱特征的综合反映，一定程度上存在着“同物异谱，异物同谱”的现象。因此，这种主要利用光谱特征进行分类的精度往往不高。其他一些新的土地遥感分类的方法有人工智能神经网络分类、分类树方法、多元数据的专家系统识别法等。

(2) 应用实例：基于知识的江南丘陵区土地覆盖分类

以浙江省中北部的绍兴为试验区，该地地处浙西山地丘陵、浙东丘陵山地和浙北平原3大地貌单元的交接地带，地形比较复杂，地域差异明显。境内南高北低，由北部绍虞水网平原与河口滨海平原向南逐渐过渡为丘陵山地。所使用的遥感数据为1997年5月4日的TM影像及1∶5万的地形图。根据TM的RGB743合成影像目视解译并结合实地考察将本试验区土地覆盖类型分为6类：水体(深蓝色)、耕地(绿色)、园地(黄绿色)、林地(深绿色、绿褐色)、裸地(粉红色)和城乡工矿居民用地(紫色、粉紫色)。

1) 地物光谱特征分析　为了获取试验区内各种地物类型光谱特征知识，对试验区内典型地物类型进行采样并加以统计，其中居民地按居民地1(主要为老城区及乡村居民地)和居民地2(主要为新城区及厂矿用地)两类采样，林地分林地1(阳坡)、林地2(阴坡)两类采样。由于存在山体阴影，因此阴影也作为一类采样。根据统计结果，可以看出：水体的波谱特性从总体上讲，反射率较低，而且长波部分比短波部分反射率更低。因此水体在TM4、TM5、TM7上亮度值明显低于其他类型，可以通过设定TM4＋TM5＋TM7＜T1与其他非水类分开，阴影在这三个波段上也表现为低亮度值而易与之混淆。但是水体在TM4、TM5波段间的亮度值关系表现为TM4＞TM5，因此可以根据这一特征除去阴影。

居民地2在TM1、TM2、TM3上明显高于其他地物类型，而且表现出TM3＞TM4，

TM4＜TM5 的特征，因此可以根据 TM1＋TM2＋TM3＞T2，TM3＞TM4，TM4＜TM5 与其他地物分开。居民地 1 表现出 TM1＞TM2＞TM3＞TM4＞TM5＞TM7，只与水体波段间关系相同，但其 TM4、TM5、TM7 波段的亮度值明显高于水体，且 TM4 与 TM5 相近，因此可以设定 TM4＋TM5＋TM7≥T1，｜TM4－TM5｜＜T3 排除水体。

试验区的裸地主要是未耕作的土地和城郊的裸土，土壤在短红外波段有较强的反射，因此裸地在 TM5 波段上表现为高亮度值，而且 TM3＜TM4＜TM5，可以根据 TM5＞T4，TM3＜TM4＜TM5 与其他地物分开。

园地、水田、林地等植被的光谱曲线变化趋势相同，表现为 TM3＜TM4，TM4＞TM5 的特征，但是不同的植被类型的叶片内部所含水分不同，在 TM4 上表现出明显的差异，主要表现为园地＞田地＞林地。根据这一特性对各类地物计算了其仿归一化植被指数 NDVI＝(TM4－TM3)/(TM4＋TM3)，并进行了统计。从该统计结果可以看出，可以通过仿 NDVI 设定恰当的阈值 T5 较好地区分植被与水体和居民地，并且可以通过设定仿 NDVI＞T6 较好地区分出园地。

山体阴影在 TM5、TM7 上与水体一样反射率较低，但阴影在 TM3 和 TM4 上表现为 TM3＜TM4，而且阴影在 TM1、TM2、TM3 上亮度值低于水体，因此可以利用仿 NDVI＞T7，TM1＋TM2＋TM3＞T8 与水体分开。

2) 典型地物地学认知　本试验区海拔在 10～355 m，包括平原、沟谷和丘陵山地 3 类地貌类型。进一步结合 DEM、坡度坡向图分析，试验区内 10 m 以下以平原和沟谷为主，由于水源充足，排灌条件好，主要种植有水稻，也有少量的茶园，土地覆盖类型以水网、城乡居民地和工矿用地、裸地、园地和林地为主，水体和水田较少，城乡居民地一般分布在坡度小于 5°的区域，除非是矿场。50～200 m 主要为园地和混交天然林和竹林，耕地几乎没有，有少量的工矿用地和裸地，但园地主要分布在坡度小于 20°的缓坡上。200 m 以上地势相对较高的区域主要为林地，其他土地覆盖类型几乎不存在。此外，由于地形影响，阴影和少量阴坡林地在光谱特性上会与水相似而发生混淆，亦可以通过 DEM、坡度和坡向数据加以区分。

3) 分类规则构建　综合上述分析经过反复试验得到如下的分类规则。

水体：if(TM4＋TM5＋TM7≤148& 仿 NDVI＜110&160≤TM1＋TM2＋TM3＜220&｜TM4－TM5｜＞10&DEM＜100) then 水体

居民地：if(｜TM4－TM5｜＜10& 仿 NDVI≤110) then 居民地 OR if(TM1＋TM2＋TM3≥220& 仿 NDVI＜140&TM4＋TM5＋TM7＞148) then 居民地

裸地：if(TM4＋TM5＋TM7＞160&TM1＋TM2＋TM3＜220&110＜仿 NDVI＜140&TM5≥60) then 裸地

园地：if(仿 NDVI≥205&DEM＜200&TM4＋TM5＋TM7＞180&Slope≤20) then 园地

水田：if(DEM≤10&140≤仿 NDVI＜205) then 水田 OR if(10＜DEM≤50& 仿 NDVI＜205&TM1＋TM2＋TM3＞170&TM4＋TM5＋TM7≤180) then 水田

林地：if(DEM≥200) then 林地 OR if(DEM＜200& 仿 NDVI≥140&TM4＋TM5＋TM7＜180&TM1＋TM2＋TM3≤170) then 林地

阴影：if(TM1＋TM2＋TM3＜160&TM4＋TM5＋TM7≤148& 仿 NDVI≥110) then 阴影

由于山体阴影掩盖的实际是林地，因此将其归入林地类。

利用专家系统集成上述规则进行分类即可得到土地覆盖分类图。

2. 土地利用变化监测

(1) 研究综述

土地覆盖是指地球表面的自然状态，如森林、草场、农田等；而土地利用主要研究各种土地的利用现状(包括人为和天然状况)，它指地球表面的社会利用状态，如工业用地、住宅地、商业用地等。土地利用状况是人们依据土地本身的自然属性以及社会需求，经长期改造和利用的结果。

由于地球表面，尤其是土地利用状况处于频繁的动态变化中，往往前期的研究成果很快就发生了变化，所获得的数据变得陈旧，因而及时了解其变化就显得尤为重要。利用遥感技术进行土地利用变化动态监测的关键在于多时相遥感数据的选择、不同时相数据的空间及光谱匹配、变化检测方法的选择以及变化信息的提取与制图等。

运用多时相遥感影像进行土地利用变化监测，信息提取的方法总体可分为两类：① 不同时相影像经独立分类后的复合比较分析方法，即分类后比较法；② 多时相影像经复合处理后的变化类型分类法，即多时相光谱数据直接分类。两种方法都有其优势和缺陷，对影像数据的要求和处理不同。第一种方法没有考虑不同时相类别间存在的依赖关系，存在着单景分类误差累积，夸大变化程度的缺陷，甚至会出现不合理的分类错误。第二种方法将变化类型作为一类进行分类，该方法只需进行一次分类，是理想的监测方法。但是，因两个时相数据产生较多的分类特征、类别数目而且需要同时考虑光谱域和时间域两个特征空间使得较难得到合适的判别函数。因此，对第二种方法，采用合适的图像数据预处理和分类方法才能够提高最后的分类精度。

(2) 应用实例：绍兴地区土地利用变化监测

以绍兴为试验区，遥感资料选用该地区 1984 年 6 月和 1997 年 5 月的 TM 影像。试验区其他相关数据为该区 1∶25 万土地利用专题图(1996 年)、1∶5 万地形图(1974 年)及试验区相关文献和统计图表等数据。参照《土地利用现状调查规程》(1984 年)，针对试验区特点，根据影像解译能力并结合实地考察结果，将试验区土地利用类型分为：建设用地(居民地和交通运输用地，其中居民地包括城镇用地、城市用地和农村居民点等)、水体、林地、耕地(水田、旱地)、茶园等 5 类。试验区从 1984 年到 1997 年主要有 5 类土地利用变化类型，即水体变为耕地、耕地变为水体、耕地变为建设用地、林地变为茶园、林地变为耕地。

1) 校正处理　校正处理包括几何校正和辐射校正：① 严格的几何校正、配准。采用标准地理坐标系进行试验区两期影像的几何校正，然后以 1997 年影像为基准，进行 1984 年影像的配准。通过人工选取地理特征明显且两期影像中均有显示的特征点作为地面控制点，并尽可能使控制点在影像中均匀分布，配准影像几何均方差(RMS)被控制在 0.5 个像元之内；② 有效的辐射校正。采用统计回归法，对试验区两期影像进行相对辐射校正。在两时相影像中选择一些有代表性的没有地物类型变化且光谱性质稳定的地物灰度不变样本点，利用两时相影像中样本点灰度值的线性相关关系进行校正，将两时相影像灰度值校正到同一灰度标准。

2）信息复合　为了有效区分各类别，可通过光谱特征进行波段选择和组合来发现并提取土地利用及其变化类型。合理的波段选择和组合可降低波段维数，剔除波段中的冗余信息，提高分类处理速度而不影响精度。① 多光谱变换。本研究进行缨帽变换并取前三个分量，分别将每期影像的 TM1－5 及 TM7 共 6 个波段光谱数据通过变换处理转换为三维数据，即亮度轴（B）、绿度轴（G）和湿度轴（W）。在 BGW 空间中，不同土地利用类型的光谱响应特征不同，如水体湿度值较大，亮度值和绿度值较小；耕地、茶园和林地的湿度值相似，但茶园的绿度值较大等。② 遥感信息复合。通过多时相影像的复合和变化向量分析处理可发现土地利用变化信息，本研究将 1997 年影像的 BGW 减去 1984 年的 BGW 得到变化向量 ΔBΔGΔW，即通过多时相遥感信息的复合利用了光谱特征的时间效应。在 BGW（1984 年影像）空间中，不同土地利用类型的光谱特性不同，当土地利用类型发生转变时，在 ΔBΔGΔW 空间中能够得到良好反映。

3）影像分类　通过复合处理的试验区影像包括土地利用类型变化区域和不变区域。在变化区域中，不同的土地利用变化类型在 ΔBΔGΔW 空间中的光谱响应特征不同。不变区域中土地利用类型在 BGW 中的光谱响应特征不同，但在 ΔB、ΔG、ΔW 中灰度值分布在 0 左右。① 变化阈值的确定。设时相 1、2 图像的像元灰度向量分别为 $g=(g_1, g_2, g_3, \cdots, g_k)^T$ 和 $h=(h_1, h_2, h_3, \cdots, h_k)^T$，则采用差值运算产生包含了两时相影像中所有变化信息 ΔB、ΔG 和 ΔW 变化向量，其变化强度由 $\|\Delta g\|$ 决定：$\|\Delta g\| = \sqrt{(g_1-h_1)^2+(g_2-h_2)^2+\cdots+(g_k-h_k)^2}$，$\Delta g$ 指向决定了某点土地利用向另一特定类型的转变。当像元 $\|\Delta g\|$ 超过某一阈值时，则标志着发生了变化，而 Δg 的不同方向则表示不同的变化类型。因此选取土地利用发生变化的样本区，对照 $\|\Delta g\|$ 的数值大小确定变化阈值。② 土地利用变化信息提取。为了进行土地利用及其变化研究，对试验区 1984 年影像进行最大似然法分类获得 1984 年影像的 5 类土地利用信息。同时，通过确定的最佳阈值分割 ΔBΔGΔW 复合影像，结合两期 TM 影像、土地利用专题图和相关辅助信息选取 5 类土地利用变化类型样本点，由最大似然法分类得到试验区 1984 年到 1997 年 5 类土地利用变化信息。将土地利用分类结果与土地利用变化分类结果叠加处理，即可得到试验区土地利用及其变化信息。

3. 土地资源综合评价

（1）研究综述

土地资源评价是关系到土地资源管理和有效利用的一个十分重要的问题。土地资源评价是以土地质量评价为核心，以土地类型和土地利用现状为基础，主要借助土地的性状与利用类型对土地条件的要求来鉴定各类土地的质量等级。它包括质量鉴定和数量估算两个基本内容。利用遥感来进行土地资源评价的核心思想是基于遥感快速获取和处理有关评价因子，并在土地资源评价科学理论与模型的基础上，结合地理信息系统数据库与系统分析功能的支持，来达到快速、客观、科学评价的目的，为决策服务。主要包括以下内容：评价因子的选择，评价指标体系的建立，评价指标的数量化，建立土地资源评价模型，土地合理利用空间配置。

(2) 应用实例：用数字元环境模型进行中国土地资源生态环境质量评价

数字元环境模型是基于数字元地面模型的基础上发展起来的，我们把着重反映生态环境特征的数字元地面模型叫数字元环境模型。数字元环境模型可以采用矢量数据结构，也可以采用栅格数据结构。数字元环境模型主要应用于环境的评价分析，采用栅格结构更易于其应用。虽存储时数据量大，但栅格数据的叠加容易，逻辑代数运算简单，恰恰满足了环境分析和评价的需要。在土地资源生态环境评价模型中全部采用栅格数据结构，所有的环境因子，经过统一的投影变换，以统一的尺寸转换成栅格数据结构，以栅格结构为基础实现各种代数和逻辑运算。

1) 评价指标的选择　　指标群的选取是为了全面反映研究目标，而指标体系的建立则是为了科学性、系统性实现土地资源生态环境质量评价的目标。人类活动及自然界的许多变化同土地资源的作用，最直接、最集中的体现在水、热两个方面；土地资源是以地形、地貌为其存在的骨架，上覆有土壤、植被、岩石和水体；人类利用土地资源（土地利用）的结果（如建筑物、道路及耕地等）构成土地资源的实体。故在评价指标群的选择中，为了达到土地资源生态环境质量评价的目的，选择了水热、地形地貌、土壤植被和土地利用/土地覆被 4 组指标。

水热：选择了年>0℃积温、年平均温度、年降水量、湿润度 4 个指标。

地形地貌：选择了平均海拔、坡度、坡向、地貌类型 4 个指标。

土壤植被：选择了土壤类型、植被类型 2 个指标。

土地利用/土地覆盖：选择了土地利用程度指数、土地垦殖率、植被指数（NDVI）3 个指标。

2) 评价模型的构造　　用数字元环境模型法对中国土地资源生态环境进行全方位的评价，涉及水热、地形地貌、土壤植被、土地利用/土地覆盖 4 个方面 13 个指标，因影响环境变化的因子是多方面的，因子获取方式也不一样，有矢量数据格式、栅格数据格式以及点数据格式之分，数据的来源及投影方式也各不相同。其中土地利用/土地覆盖中的植被指数 NDVI 数据用的 LCWG/AARS 提供的 CD - ROM1994 年全球 8 km 分辨率的 AVHRR 数据。以上 13 个指标经过处理全部转换为具有 1∶400 万同一比例尺、同一割圆锥投影和同一分辨率（2 km×2 km）、同一行列数（2 075×2 517）的栅格数组形式，每一个栅格即是一个分析单元，代表实地 2 km×2 km。整个中国版图被分成 2 075×2 517 个分析单元。由于采用统一的地理坐标，统一的转换方法，不同专题层面的栅格数据相对实地位置具有良好的空间重合性。每个基本分析单元具有土地资源生态环境评价用的 13 个指标属性，基于栅格单元基础上，可以进行逻辑代数运算，可以满足评价和查询的需要。

3) 权重系数的确定　　在土地资源生态环境评价中，因子系数权重的确定是整个评价过程中不可缺少的一步，它是关系到评价结果是否与实际相符的关键一环。传统的确定权重的方法有两大类，群体方法和个体方法。近年来因数学方法的发展，人们将层次分析法引入了权因子的确定中，避免了以上两种方法的不足。此法理论严谨，便于操作，它是在定性方法基础上发展起来的确定因素权重的一种科学方法，是一种定性与定量相结合的决策方法，它将决策者对复杂系统的决策思维过程模型化、数量化。层次分析法确定因子权重的具体步骤如下：确定目标和评价因子集 U；构造判断矩阵；计算重要性排序；检验。根据以上层次分析法的原理及步骤，获得整个土地利用环境评价因子权重系数。

4) 环境质量的评价　生态环境是一个复杂的系统整体，各子系统相互影响，相互作用，数字元环境模型是基于土地资源利用基础上建立的，将整个生态环境分为 4 个子系统。它们是水热子系统、地形地貌子系统、土壤植被子系统、土地利用/土地覆盖子系统。它们的相互关系为：水热子系统为土地利用/土地覆盖生态系统提供了水分和能源，地形地貌子系统为整个生态系统的演化和相互作用提供了空间和骨架，土壤植被子系统是生态系统作用的实体，土地利用/土地覆盖子系统是土壤植被子系统在自然因子和人为因子作用的结果体现，是生态环境系统相互作用的结果和核心。根据以上各子系统的相互关系，利用各指标的等级量值和权重系数，用模型 $idx=\sum_{i=1}^{n}W_i\times C_i$（其中 idx 为指数值，W 为指标量值，C 为对应指标的权重，i 为某子系统的指标数）分别计算水热子系统指数值 A，地形地貌子系统指数值 B，土壤植被子系统指数值 C，土地利用/土地覆盖子系统指数值 D，之后以 4 子系统指数值为基础，加上 4 个子系统的权重，最后生成土地资源生态环境系统综合环境指数 $enindex$，即 $enindex=Aa+Bb+Cc+Dd$，A，B，C，D 为指数量值，a，b，c，d 为权重系数。最后生成中国土地资源生态环境系统评价综合指数图。

6.4.2 植物遥感

植物遥感研究由来已久。早期的研究主要集中在植物及土地覆盖类型的识别、分类与专题制图。随后则致力于植物专题信息的提取与表达方式上，提出了多种植被指数，并利用植被指数进行植被宏观监测以及生物量估算——包括作物估产、森林蓄积量估算、草场蓄草量估算等。随着定量遥感的逐步深入，植被遥感研究已向更加实用化、定量化方向发展，提出了几十种植被指数模型，研究植被指数与生物物理参数、植被指数与地表生态环境参数的关系，以提高植物遥感的精度，并深入探讨植被在地表物质能量交换中的作用。

1. 植被动态变化分析

(1) 研究综述

遥感图像上的植被信息，主要通过绿色植物叶子和植被冠层的光谱特性及其差异、变化而反映的。不同光谱通道所获得的植被信息与植被的不同要素或某种特征状态有各种不同的相关性，但是对于复杂的植被遥感，仅用个别波段或多个单波段数据分析对比来提取植被信息是相当局限的，因而往往选用多光谱遥感数据经分析运算，产生某些对植被长势、生物量等有一定指示意义的数值，即所谓的“植被指数”。它用一种简单而有效的形式来实现对植物状态信息的表达，以定性和定量地评价植被覆盖、生长活力及生物量等。遥感植被动态变化分析的方法通常是：首先选用同一区域不同时相的多光谱遥感数据，比较选择合适的植被指数进行不同时间的植被信息提取，然后采用适当的分析方法，比较分析植被的动态变化。

(2) 应用实例：福建省长汀县植被覆盖度遥感动态监测研究

长汀县地处福建省西部，为武夷山南段，闽赣边陲要冲，土地面积为 3 099.5 km^2。由于该县的地貌、成土母岩、气候等环境特征决定了该地区坡地资源生态环境的脆弱性，加上其他一些人为因素的长期作用，长汀县形成了比较严重的水土流失，其监测与治理也从 1940 年成立福建省研究院土壤保肥试验区时就开始了。研究采用的数据资料主要有：1994 年 11 月的 Landsat TM 影像，2003 年 10 月的 SPOT5 影像及 1∶5 万地形图等。

1) 植被指数选择　在研究植被覆盖度时，使用得较多的是归一化差值植被指数 *NDVI*。由于研究区以丘陵山地为主，为了在一定程度上减弱山体阴影、土壤背景、岩石、建筑用地等对植被信息的影响，在试验的基础上，通过对植被指数 *VI*、阴影指数 *SI*、裸土指数 *BI* 的线性组合，构造出 *VBSI* 植被指数，其基本公式为：

$$VBSI = f(VI, BI, SI) = VI + n \cdot BI + SI$$

式中 $VI = NDVI = (B_{ir} - B_r)/(B_{ir} + B_r)$，$BI = (B_{sr} + B_r - B_{ir})/(B_{sr} + B_r + B_{ir})$，$SI = ((256 - B_g)(256 - B_r))^{1/2}$，$n$ 为修正系数，根据实际情况和实验，这里取 $n = -0.1$；B_{ir}，B_r，B_{sr}，B_g 分别为近红外波段、红波段、短波红外波段及绿波段。实验表明，采用 *VBSI* 进行植被覆盖度的估算，影像阴影信息的干扰作用可以削减为 *NDVI* 的 50%，这对于山区提取植被覆盖度有重要的意义。

2) 植被覆盖度估算　混合像元法是将遥感影像的像元信息 S 简化为植被信息 S_v 和非植被信息 S_n 两部分，即 $S = S_v + S_n$。设一个像元中有植被覆盖的面积比例为 f_c，此即该像元的植被覆盖度，则非植被覆盖的面积比例就是 $1 - f_c$。如果全植被覆盖的像元信息为 S_{veg}，则混合像元的植被部分所贡献的信息 S_v 可以表示为 S_{veg} 与 f_c 的乘积：$S_v = f_c \cdot S_{veg}$。同理，如果完全无植被覆盖的像元信息为 S_{non}，混合像元的非植被信息 S_n 可以表示为：$S_n = (1 - f_c) \cdot S_{non}$。于是可得 $S = f_c \cdot S_{veg} + (1 - f_c) \cdot S_{non}$，对该式进行变换得到计算植被覆盖度的公式：$f_c = (S - S_{non})/(S_{veg} - S_{non})$。

在遥感软件平台上构建 *VI*、*VI*、*SI* 和 *VBSI* 各指数。通过对研究区土地利用/覆被的研究和分析，从全植被覆盖的林草地中确定 S_{veg} 值，另外从裸土地和沙石地中确定 S_{non} 值，再利用植被覆盖度计算公式求得研究区植被覆盖度。

3) 植被覆盖度分级　为了直观地表达研究区植被覆盖度的空间分布情况，研究中对植被覆盖度的结果进行了分级和制图。分级的原则是将植被覆盖度从 0～1 按每 0.1 为一变化区间，共分 10 级输出，输出时每级设定不同的颜色。对两期植被覆盖度的差值图像进行分级和设色，可以表达研究区的低、中、高植被覆盖面积相互之间的转变关系。

4) 动态变化分析　从输出的图件可以看到，高植被覆盖(植被覆盖度>0.8)主要分布在长汀县的西部和北部区域，中植被覆盖(0.4≤植被覆盖度≤0.8)和低植被覆盖(植被覆盖度<0.4)则主要分布在长汀县的中部和东南部，尤其是沿汀江两岸地区。从动态监测结果可以统计出长汀县从 1994 年至 2003 年，低植被覆盖面积增加了 41.24 km^2，占

国土面积的比例提高了 1.4%，这主要是由于火烧山和铁路、公路等建设用地导致；高植被覆盖面积增加了 150.47 km²，占国土面积的比例提高了 4.9%，究其原因，主要是由于近年来长汀县加大了水土流失治理力度的结果。在此期间，研究区的植被覆盖类型变化总面积有 552.75 km²，占国土面积的 17.83%；而且，变化主要发生在相邻的类型间，如高植被覆盖与中植被覆盖之间的相互转变达到了 419.8 km²，占到所有变化面积的 76%。其中，中植被覆盖转变为高植被覆盖的面积为 287.88 km²，主要分布在长汀县中部，根据长汀县水保局提供的数据，这部分地区正是近年来长汀县水土流失治理的重点。

2. 大面积作物估产

(1) 研究综述

农作物卫星遥感估产研究始于 1974～1978 年的美国"大面积作物估产试验"(LACIE 计划)。他们在取得初步成果的基础上，于 1980～1986 年组织实施"农业和资源的空间调查计划"(AgRISTARS 计划)，结果在许多方面都获得了成功，其中小麦卫星遥感估产获得了极大的成功，取得了良好的经济效益和社会效益。我国从"六五"计划开始，开展了农作物遥感估产研究，并在区域尺度上开展产量估算试验。1983 年起农业部先后组织北京近郊小麦、浙江杭嘉湖地区水稻及北方 6 省市小麦遥感估产。1984 年开始，国家气象局组织北方 11 省市开展冬小麦气象卫星遥感综合测产技术研究，组建了全国冬小麦遥感综合测产地面监测系统，开展了气象卫星监测冬小麦长势的研究，建立了不同类型的气象卫星遥感面积测算与估产方法；"八五"期间，遥感估产成为国家科技攻关内容，开展小麦、玉米和水稻大面积遥感估产试验研究，在 1993～1996 年的 4 年间分别对 4 省 2 市(河北、山东、河南、安徽北部和北京市、天津市)的冬小麦，湖北、江苏和上海市的水稻，吉林省的玉米种植面积、长势和产量开展监测预报。

农作物遥感估产是指根据生物学原理，在收集分析各种作物不同生育期不同光谱特征的基础上，通过遥感影像上记录的地表信息，辨别作物类型，监测作物长势，并在作物收获前预测作物的产量的一系列方法。它主要包括两个内容：① 作物识别和面积估算；② 作物长势分析和单产模型构建。一旦获得作物种植面积和粮食单产就可得到总产量：总产量＝种植面积×单产。其中农作物长势监测指对作物的苗情、生长状况及其变化的宏观监测，主要利用遥感数据的红波段和近红外波段得到植被指数(NDVI)，而植被指数与作物的叶面积指数和生物量正相关。作物的叶面积指数是决定作物光合作用速率的重要因子，叶面积指数越高，单位面积的作物穗数就越多，或作物截获的光合有效辐射就越大。

(2) 应用实例：小麦产量的遥感动态预估研究

1) 数据获取　小麦遥感试点区位于黄淮海中部的禹城县，该县面积为 990 km²，夏粮主要为小麦，局部地块间种少量的棉花，为了取得第一手真实可靠的小麦单产数据，为遥感估产提供最基础资料，地面数据资料的获得步骤之一为：小麦单产实测样方的布设工作。首先将该县当做总体，采用数理统计学中的机械布点方法，每一样方的距离为 1.5 km。样方布设好之后，便是测产样方的抽样组成"样本"工作。具体做法是在布设好样方的地图上，以南端的第一样点为始点，然后从南向北以每隔一样点抽取一样点的方式，这样全县总共抽取了 113 个"样方"组成"测产样方"样本。对抽取的 113 个实测样方在 1992 年夏收前 10 天进行了测量，得到 113 个实测样方的小麦亩产量数据。对抽样结果进行统计学方面的抽样精度计算，结果表明：以 95%的可靠性对禹城县 1992 年小麦单产（平均公顷产量）进行抽样估计，其精度达 97%。

遥感数据是利用接收到的 NOAA 气象卫星的信息，运用遥感图像处理系统在微机上对卫星信息采用通道 $(CH_2 - CH_1)/(CH_2 + CH_1)$ 形式使小麦“绿度”形成分辨率为 1 km^2 的数字化图像后，再对 NOAA 气象卫星“绿度”数字图像进行整理、分析得到的。为了使“绿度”值尽可能地接近小麦收割时的真实状态，选定了 1992 年 4 月 19 日和 5 月 22 日 1∶50 万的 NOAA 气象卫星绿度图片为本次研究的遥感信息源，因为这两阶段的小麦分别处于拔节中后期与“乳黄”期之后，从时间而言，小麦在两时期均处长势的关键阶段，特别是“乳黄”期的麦穗颜色已接近于成熟期，另外，这时影响小麦产量因素的“干热风”期已过，离收割只有 11 天左右，即使发生灾害因素也不至于影响其最终产量。同时也符合“在小麦收割前 10 天预估产量”的课题研究技术要求。另一方面是设法消除“绿度”不纯的问题，即为了解决其他绿色植被对“绿度”产生的影响，采用了准确定点定位和以多样点产量平均的方法来加以解决。

2）模型建立　从原理上分析而言，地面上小麦如果长势（或者产量）是同样的话，它们在卫星相片上的信息也应是同步的反应，并且它们之间也应存在着某种相应的关系。基于以上原理，为了研究小麦生长中（拔节中后期及成熟期）的绿度指数与产量间关系，寻求和探索一条能直接利用卫星遥感信息从宏观上进行估测小麦产量的途径，分别以 1992 年 4 月 19 日和 5 月 22 日的 NOAA 气象卫星绿度图像为遥感信息源，以定点定位的小麦样方实测产量为地面信息依据，建立了绿度值与小麦单产（公顷产量）的相关关系。

根据 1992 年 4 月 19 日遥感数据与实测产量得到的绿度值与小麦单产之间的二次抛物线回归方程为：$y = 2\,914.643 + 765.000G - 56.070G^2$，式中 y 为小麦单产（kg/hm^2），G 为 NOAA 卫星图像绿度值。二次抛物线回归方程的相关系数 $r = 0.62$。验证二次抛物线回归方程的相关程度的 T 检验如下：$F = n - 2 = 8 - 2 = 6$，$p = 1 - a = 1 - 0.1 = 0.9$，当 $F = 6$，$a = 0.1$ 时，$F_{0.1} = 0.621\,5$，则 $r_a = 0.621\,5$，而 $r = 0.623\,4$，故 $r > r_a$，即只有当可靠性指标为 0.9 时，相关才显著。这样，方程的回归关系不是很紧密，这可能与小麦生长中期时产量还不完全稳定有关。从以上的分析可算出，利用 NOAA 气象卫星信息在小麦生长的中期（拔节中后期）对其产量进行预测是可行的，但绿度值与产量之间的相关关系并不十分紧密，只有在降低可靠性指标的情况下，方程的相关关系才能达到紧密的程度。

根据 1992 年 5 月 22 日遥感数据与实测产量得到的绿度值与小麦单产之间的二次抛物线回归方程为：$y = -1\,890.429 + 1\,946.598G - 125.544G^2$，式中 y 为小麦单产（kg/hm^2），G 为 NOAA 卫星图像绿度值。二次抛物线回归方程的相关系数 $r = 0.91$。T 检验证明在 $a = 0.05$ 的水平上，通过显著性检验。即相关显著，故回归关系是紧密的。从拟合的结果看，利用 NOAA 气象卫星数字图像的绿度值，结合野外准确定点的实测小麦单产数据，也即直接利用 NOAA 气象卫星绿度数字图像的遥感信息从宏观上对小麦单产在乳黄期进行提前预估能够达到良好的效果。

3）产量估算　为了分析和验证各种预测小麦单产及总产量的研究结果，我们结合利用卫星影像计算得到的小麦面积（32 507 hm^2）对小麦单产及总产量推算、统计及模拟。利用 NOAA 绿度值分级得到的禹城县 1992 年的小麦平均产量为 5 343 kg/hm^2，总产量为 17.369 万 t，而利用绿度值与小麦单产回归模型模拟的小麦平均产量 5 340 kg/hm^2，总产量为 17.359 万 t，两种结果很接近。从直接利用机械布点后实测样方的数据统计而得到的小麦平均单产量（5 460 kg/hm^2）及总产量（17.749 万 t）来比较相差也不大。因此，直接利用 NOAA 卫星绿度数字图像（或其他类似的卫星绿度图像）的遥感信息在生长中后期对小麦单产进行提前预估，无论从时间上还是空间上都是完全可行并且能达到精度要求的，从预测的结果看以成熟期预测的精度为高。

3. 植物病虫害监测

（1）研究综述

应用遥感技术监测植物病虫害，主要通过以下 3 条途径：① 应用遥感手段探测病虫害对植物生长造成的影响，跟踪其发生演变状况，分析估算灾情损失；② 应用遥感手段监测病虫孳生地，即虫源寄主基地的分布及环境要素变化来推断病虫害爆发的可能性；③ 应用遥感技术直接研究害虫及寄主的活动行为。

病虫害对植物生长造成的影响主要有两种表现形式：① 植物外部形态的变化；② 植物内部的生理变化。外部形态变化特征有落叶、卷叶，叶片幼芽被吞噬，枝条枯萎，导致冠层形状起变化。生理变化则可能表现于叶绿素组织遭受破坏，光合作用，养分水分吸收、运输、转化等机能衰退。但无论是形态的或生理的变化，都必然导致植物光谱反射与辐射特性的变化，从而使遥感图像光谱值发生变异，在高分辨率、大比例尺遥感图像上有时还可以直接识辨遭受病虫害袭击的异化影像，有时甚至可以看到害虫副产品如蚂蚁堆、昆虫蜜露等物的存在。

正常生长的植物，无论是草本或木本，一般都有很规则的光谱反射曲线，即在绿光区（中心波长约 560 nm 左右）有一小反射峰，反射率 10%～20%；在蓝光和红光区各有一吸收带，反射率平均约为 8%，在 670 nm 处达最低点；进入近红外区，则反射率急剧上升，达 30%～70%不等，形成极鲜明的反射峰，也称绿色植物的近红外陡坡效应。由于植物种属、生育阶段、养分状况、所处地形部分等因素的不同，上述各波段反射值的具体数据会有些差异摆动，但这种光谱曲线的总形状特征都保持一致。只有当植物遭受病虫害侵袭时才会发生变化。首先是近红外反射率明显降低，即陡坡效应明显削弱甚至消失；接着绿光区的小反射峰位置逐渐向红光区漂移，叶色由绿变黄、变褐，以至枯死。如果害虫吞噬叶片或引起叶片卷缩、掉落，生物量减少，同样会导致近红外与绿光区反射率的降低和红光区反射率的升高。健康植物和受害植物光谱反射特性的这种变化过程，就是遥感技术能够探测植物病虫害的理论依据。

（2）应用实例：使用连续的 MODIS 遥感数据监测东亚飞蝗的发生

研究区位于河北省黄骅市东北部，包括两个区域，即北面的黄灶和南面的南大港，总面积约 8 100 hm^2，区内植被 90%以上为芦苇。研究区为东亚飞蝗的“常发地区”，历史上经常遭受蝗灾，仅在 1991～2000 年间就发生了 6 次大规模的蝗灾。2002 年，黄骅市蝗虫成灾区域达 2.2 万 hm^2，蝗虫最密集区域其密度高达 8 000 头/m^2，远高出国家规定的 0.5

头/m^2的防治标准。

本研究选用了研究区2002年5月下旬至6月上旬的逐日MODIS数据。选择此遥感数据的主要依据是：① 2002年是研究区蝗灾发生较为严重的一年，植被受蝗虫危害变化明显；② 5月下旬蝗虫的幼虫(蝗蝻)正处于2龄盛期至3龄始期，食量开始增大，植被变化在遥感图像上可得到明显反映。而在6月中旬，一般在6月10日左右，当地即开始灭蝗。根据上述情况和所获得的MODIS遥感数据本身的质量状况，最后选定了5月23日至6月8日之间的MODIS数据。在5月22日之前和6月9日之后的几天，研究区MODIS遥感数据存在较多云层覆盖，故无法使用。

1）遥感数据处理　利用经过几何校正、大气校正及太阳高度角校正后的MODIS图像，分别提取出研究区范围内MODIS图像数据中的红色波段(R)和近红外波段(NIR)的平均值。从理论上讲，植被在生长期内其生物量应该是逐渐增加的，然而所提取的R和NIR值存在高低跳跃现象。由于遥感图像的大气校正、辐射校正及太阳高度角校正是按照统一的方法进行的，因此出现上述现象的原因可能是遥感图像获取时天气状况不尽相同所致。为了排除这种干扰，对遥感图像数据进行了“时间滤波”处理，以减少外界要素(如薄云等)的干扰，使R和NIR数值更趋合理。进行时间滤波处理时采用了“二天均值”、“二天方值”、“三天均值”、“三天方值”、“三天中值”等5种数学模型。

2）植被生长趋势模型构建　基于经过时间滤波后的红色波段(R)和近红外波段(NIR)数据，计算DVI、RVI、IPVI、NDVI、SAVI、RDVI、MSR、MSAVI等8种植被指数，进而得出各植被指数的趋势模拟模型。未经时间滤波处理(原始值)的R与NIR值所模拟出的趋势模型中，其相关系数的平方R^2值最低，为0.469 0。但经过时间滤波处理后R^2值均有不同程度的增加，其中“三天方值”的R^2值最好，达0.711 3。经“三天方值”滤波处理后各植被指数的趋势模拟模型中，NDVI和IPVI的R^2值均为0.711 3，在8种植被指数中最好，基本上能够满足实际应用的需要。根据“三天方值”的NDVI值，得到以下以时间为变量的二次方程式：$VI=-0.004T^2+0.0582T+0.205(R^2=0.7113)$，式中$T$为时间变量，为正整数，其取值范围为1，2，…，15，即本研究的起始监测日5月24日取1，5月25日取2，…，6月7日取15。

3）植被生物量与东亚飞蝗危害关系分析　根据“三天方值”的NDVI值拟合的趋势模型进行了研究区在研究时段内的VI值的逐日计算。结果表明，在研究时段的较早时候，VI值呈现出缓慢上升状态，表明在此期间，研究区植被(蝗虫食料)的自然增长量超过了蝗虫对植物的消耗量；随后，蝗虫个体逐步增大，食物消耗量也随之增加，在某个时段，植被的自然增长量与蝗虫对植物的消耗量两者之间基本趋于平衡状态；在这之后，蝗虫对植物的消耗量超过了植被的自然增长量，而且随着蝗虫的不断发育，两者之间的差别日趋增大。进一步研究，利用以下数学方程对T进行求导：$dVI/dT=-0.008T+0.0582$，令该式等于0，得出$T=7.275$天。换言之，于5月31日，植被的自然生长量与蝗虫对植物的消耗量两者之间大致达到平衡；过了这一日期，蝗虫对植物的消耗量则超过了植被的自然生长量。

上述研究结果与野外实地调查所见是基本相符的。据黄骅市植报站提供的资料，5月下旬东亚飞蝗的蝗蝻正处于2龄盛期至3龄始期，其食量开始增大；6月上旬则为3龄盛期至4龄始期，蝗虫的食量继续增大。也就是说，在整个研究时段内，蝗虫的食量一直处于不断增加的过程中。然而，植被的自然增长量不是无限制的，到一定阶段会出现负增长情况，在5月24日至5月31日之间尚有余额，而在5月31日之后，植被的自然增长量已小于蝗虫对植物的消耗量了。

对研究区正常年份(即去除了蝗虫的影响)相应时段的植被指数NDVI进行趋势拟合，然后与受蝗虫严重危害的2002年的变化趋势比较，发现正常年份的NDVI明显高于2002年的NDVI。因此可以认为，利用连续的MODIS遥感图像，并通过计算其植被指数及其变化，可在一定程度上对东亚飞蝗的发生和危害状况进行定量监测，从而有助于对蝗情进行及时和有效的控制。

6.4.3 水体遥感

水体的遥感监测多是对地表各种水体进行空间识别、定位及定量计算面积、体积或模拟水体动态变化。随着遥感基础研究的进展，对水体本身的光谱特性有了深入研究，同时进行许多水质光谱数据测试，对水体的遥测也转换到水体属性特征参数的定量测定，如水深的探测、悬浮泥沙浓度的测定、叶绿素含量的测定以及污染状况的监测等。

1. 湖泊资源调查

(1) 研究综述

湖泊是大气圈、生物圈、土壤圈和陆地水圈相互作用的连接点，它的形成与消失、扩张与收缩及其引起的生态环境的演化过程都是全球的、区域的和局部的构造与气候事件共同作用的结果。湖泊是全球环境变化的敏感区域，是全球环境变化研究的典型地区，特别是内陆湖泊是湖区气候变化、环境变异的指示器。20世纪以来，由于气候变迁，人类活动等因素的影响，产生了湖泊萎缩、湖泊富营养化、湖泊污染等一系列的湖泊生态环境问题。

人类对湖泊的考察和定点观测实验研究的范围毕竟是有限的，遥感技术的诞生无疑给大范围的、全面深入的湖泊环境变化研究带来了巨大的福音，对我国人迹罕至的青藏高原湖区尤其如此。应用遥感技术可以探测湖泊萎缩、古湖泊的环境演化；可以监测湖区的洪涝灾害，评价洪涝灾害的损失；可以获取湖泊的温度场、湖流等湖泊物理参数；同时可以获取湖泊藻类等生物体内的叶绿素信息；通过遥感信息还可以获取湖泊中的悬浮物、浑浊度、有机物等参数的信息，进而了解湖泊的水文与水质状况；当然还可以通过遥感信息来了解湖泊的冰情状况，为冬季湖泊的通航与生物生长状况提供决策依据。

(2) 应用实例：射阳湖湖沼环境的动态变化

射阳湖位于江苏省中部，介于长江和黄河之间，其范围北起苏北灌溉总渠，南至通扬运河，西达里运河，东到通榆运河。由于数据所限，本文以32°50′～33°40′N，119°20′～120°00′E的范围为研究区，也就是古射阳湖的所在地。现今的射阳湖其实是一片湿地，包括湖泊、水塘、水产养殖区、沼泽等。射阳湖地区地势的总体格局是四周高，中间低，是一宽浅的碟形洼地，有“锅底”之称。四周高程多在3.0～5.0 m，中部地区为1.5～3.0 m，腹部湖荡区仅0.8～1.0 m，约93%的地区地面高程低于3.0 m。该地区水系的基本特征是河网密集，纵横交错，小型湖荡点缀其间，河流比降普遍较小。水面约占该区总面积的1/3，是苏北著名的水网圩区。

本研究使用遥感影像和地形图两类信息源。根据收集到的资料及分析的需要，遥感影像：1996 年 2 月 Landsat TM 图像。地形图有 1920 年的 1∶5 万地形图，1958 年的 1∶5 万地形图，1974 年的 1∶5 万地形图。并且以大比例尺的土地利用图作为辅助信息源。由于选用的数据时间跨度比较长，因此能够很好地反映湖沼环境的动态变化。

1）数据处理　对不同年代的地形图用扫描仪扫描录入，并用软件进行几何纠正，根据图例对水体、沼泽进行专题信息提取与数字化。对所获取的卫星遥感数据进行预处理，影像合成方式(RGB)为 TM452 三波段假彩色合成，利用 1974 年的 1∶5 万地形图对其进行几何配准。为了突出水体、沼泽等地物信息，对经过几何纠正的 TM 图像再进行边缘增强等处理，使用这些处理方法的结果，突出了地物轮廓，产生了色彩饱和度、对比度及色调等均比较令人满意的数字图像，以利于进一步的专题信息提取。

2）影像分类　主要选择水体、沼泽等能反映湖沼环境变化的地物，对其动态变化进行分析。对经过预处理的遥感图像通过监督分类中的最大似然法进行水体和沼泽的专题信息提取。由于该区域没有大的河流，水体主要指现代湖泊、水塘以及水产养殖区，沼泽主要是指水体周围有湿生芦苇等草本以及灌木植被的区域，有时也混生一些天然或人工片林。这两类地物在遥感图像上比较容易区分，其专题信息也比较容易提取。对于难以确定的地物经过实地考察，再最后确定其地物类别。

3）变化分析　① 射阳湖区水体与沼泽面积的动态变化。从 1920 年到 1958 年的 38 年里，射阳湖的面积(水体与沼泽)减少了 141.093 km^2，减少了总面积的 12.3%，年均递减 3.713 km^2。从 1958 年到 1974 年的 16 年里，射阳湖的面积减少了 153.245 km^2，减少了 1958 年总面积的 15.2%，年均递减 9.578 km^2，年均递减率 0.95%，这两个时期之间的减幅最大。从 1974 年到 1996 年的 22 年里，射阳湖的面积减少了 143.514 km^2，减少了 1974 年的 16.8%，年均递减率 6.52 km^2；1996 年的射阳湖湖沼湿地面积与 1920 年相比，减少了 437.852 km^2，占总面积的 38.1%，也就是近 2/5 的湖沼湿地面积消失了。其中沼泽面积过去 70 余年是持续大幅递减的；而水体面积的变化是波动的，1920～1958 年间是减少的，尔后是持续增加，这主要是由于地方经济发展的需要，在沼泽区或者农田开挖水塘，大力发展水产养殖业所造成的。然而天然湖泊水体的面积却是减少的。② 射阳湖湖沼环境动态变化的景观指数分析。从 1920 到 1996 年，水体的斑块数量依次为 16，48，60，188，平均斑块大小依次为 6.907，2.057，1.838，0.966，反映空间异质性程度的斑块密度依次为 0.145，0.486，0.544，1.036，这些指数表明随着时间的向后推移斑块趋小趋多，也就是说水体越来越破碎化，空间异质性越来越高。与水体的面积变化相反，沼泽的面积变化趋势是持续减少的。斑块的数量总是变得越来越多，而且越向后增幅越大；然而平均斑块的大小变得越来越小，相应地斑块密度变得越来越大。这表明随着时间的向后推移，沼泽的破碎化程度越来越高，空间异质性也越来越大。

2. *湿地资源调查*

(1) *研究综述*

由于近几十年来人类活动不断加剧，使得我国湿地资源日益减少，以有效监测与合理保护湿地为目的的遥感监测及其相关研究已成为一个重要的研究领域。湿地多处于偏远地区使相关监测和研究工作难以展开，这使得遥感信息定量化、多时相、多平台、信息量大、可比性强的优点对于湿地研究显得十分突出。遥感技术在湿地研究中的应用主要包括两个方面：① 湿地识别提取；② 湿地变化探测。尽管湿地植被由于其复杂性和不确定性而存在普遍的“同物异谱”和“异物同谱”现象，但是由于近年来 GPS 和 GIS 技术的飞速发展与普及、“3S”技术的融合以及图像处理技术的不断提高使遥感技术在湿地研究的有效性大大提高，定量提取和分析湿地信息的能力大大增强。湿地遥感信息的应用分析已经从单一遥感资料向多时相、多数据源的复合分析过渡，从静态分析向动态监测过渡，从对资源与环境的定性调查向计算机模型的定量分析过渡。遥感技术本身的飞速发展也使得其研究领域与技术方法发展出许多新特点和新趋势。高分辨率影像的逐步普及使得遥感技术在湿地应用研究中正在从传统的大尺度研究区域向中观和微观方向发展，高光谱遥感技术的逐步成熟使得相应的研究从湿地识别与分类为主的遥感技术转向景观特征和生态系统结构与功能等更深层次的定量遥感研究。湿地资源丧失严重，湿地景观破碎化和功能退化则是这些研究特点变化的深层次现实基础。

（2）应用实例：洪泽湖试验区湿地变化遥感研究

以江苏泗洪洪泽湖湿地省级自然保护区为试验区，此保护区主要保护对象为湿地生态系统和珍稀鸟类。研究中主要选取的遥感影像为 1979 年 8 月 6 日的 Landsat MSS、1988 年 10 月 25 日的 Landsat TM、2000 年 9 月 16 日和 3 月 24 日的 Landsat ETM+。试验区位于临淮头附近，区域大小为 862×658 个像元，面积约为 440 km^2。针对湿地冬春与夏秋季节水文特征的差异，本文采用了 2000 年 3 月 24 日和 9 月 16 日的图像反映湿地水文特征和植被特征的时相差异。

1）湿地信息提取　首先对湿地特征及其遥感图像表征做了深入的分析，提取有利于湿地识别的特征，并在此基础上构建湿地提取的特征集。特征集数据主要包括光谱响应特征、纹理特征、地形特征、形状特征及时相差异等方面的特征。接着利用数据挖掘技术进行湿地提取的最佳特征子集的选择及相应知识规则的生成。然后，利用研究区多季相遥感数据和决策树算法进行试验区湿地信息的提取，并与最大似然法和 BP 网分类结果作了比较。研究表明，数据挖掘技术与决策树分类方法相结合，可以较好地解决湿地自动提取问题。该技术方法易于操作，生成的知识规则具有客观性。

2）湿地变化探测　首先利用 1979 年、1988 年和 2000 年 3 期遥感图像进行主成分分析并目视判别变化区域，并结合实地调查确定试验区湿地变化的主要类型；然后进行多时相遥感图像的多光谱特征与 K－T 变换散布图分析。在此基础上，利用现势遥感图像（2000 年 9 月 16 日 ETM+）的信息推断过去图像的信息类别。最后，利用分类后比较法对试验区湿地变化进行探测研究。在多光谱与 K－T 变换散布图中，类群的标准差在各特征变量轴向上不同，据此得到波谱响应特征空间和其他特征空间聚类类群的分布椭球体。尽管由于太阳辐照度和大气状况等影响而使得这些椭球体在多时相特征空间的绝对位置有差异，但是它们在特征空间中的相互位置关系是一定的，这为由现势遥感信息推断过去图像的信息类别提供了客观依据。将地物在特征空间中的位置关系与它们在地理空间位置关系相结合，对过去图像信息类别进行推断，可以较好地解决在缺乏匹配的地面实况数据情况下的过去遥感数据的解译问题。

3）湿地动态变化及其驱动力分析　首先利用三期专题图分析试验区湿地变化的频度及其时空分布；接着利用三期分类专题图进行斑块的双对数分维度指数计算，并将斑块的双对数分维度指数值赋给斑块内的每个像元，得到三期双对数分维度指数图。通过图像的逐像元相减产生 1979 年到 1988 年和 1988 年到 2000 年的双对数分维度指数变化结果，分析试验区图斑分维度在时间和空间上的变化规律。接着，1979 年到 1988 年双对数分维度指数变化结果与 1988 年到 2000 年双对数分维度指数计算结果结合起来，生成分维度变化序列图，将分维度变化与湿地的动态变化过程联系起来，利用分维度变化序列图对湿地变化的性质、频度、强度、变化方向与变化范围进行分析，为湿地变化的遥感研究提供有关参考依据。另外，还采用挺水植物为指标，利用三个时期的挺水植物分布图进行时间序列分析，探索挺水植物空间分布的扩展、收缩及迁移规律。最后，从自然和人文的角度对试验区湿地变化的驱动力进行了分析。在自然驱动力分析中，利用线性回归分析模型，分析了湿地分布与自然因子之间的关系。在人文驱动力分析中，利用因子分析法进行湿地变化的人文驱动力主因子分析。

3. 雪冰资源估算

(1) 研究综述

冰雪是自然界最为活跃的因素之一，它具有多重属性。首先，冰雪融水是一笔可贵的淡水资源。现已初步查明，我国冰川融水年总量达 540 亿 m^3，相当黄河入海流量；而冬、春季节性积雪水当量可达 1 000 亿 m^3，对我国西部和东北地区的河流起着重要的补给作用。其次，由于冰川、积雪具有高的反射率和低的导热率，大尺度持久的冰雪覆盖不仅改变地表辐射热量平衡状况，甚至波及中、小尺度的环流形势，是影响全球及区域气候变化的重要因子之一。再次，冬、春大范围持久的暴风雪对我国西部少数民族地区的牧业生产来说无疑是莫大的灾难；严重的冰凌、海冰以及突发性的雪崩、冰川阻塞湖溃等，对北方交通、渤海航运、石油开采和军事活动等带来严重的影响并威胁着千百万人民的生命安全。

由于冰雪反射率很高，在可见光影像上很容易与其他地物相区别；因此，早在 20 世纪 60 年代初气象卫星遥感影像在非气象应用方面，人们首先注意到的是地球表面大范围冰雪覆盖状况。经各国科学家数十年的努力，目前冰雪遥感已由实验阶段进入日常业务应用；由可见光、红外遥感向全天候微波遥感方向发展；重视应用地理信息系统与遥感资料相结合进行大范围冰雪覆盖动态监测和融雪径流预报；进一步加强冰雪电磁波谱特性的研究以及冰雪遥感信息提取方法的探讨。

(2) 应用实例：冰雪遥感图像的分类与应用

所用的可可西里湖幅(轨道号 35/149)Landsat MSS 影像的成像时间是 1976 年 11 月 30 日，像幅中心属昆仑山脉东部地区。本区域内，位于青海省和新疆维吾尔自治区交界的新青峰，海拔 6 860 m。发育于其上的新青峰冰川群，是一个小型的冰帽，总面积为 540 km^2，冰川呈放射状流出山谷，冰舌短小并发育有高大的冰塔林。北坡雪线高度约 5 470 m，南坡升至 5 870 m，冰川末端 5 050 m。最大的冰川位于南坡，长 24 km，冰川流出山谷后呈宽尾状展布，末端宽度竟达 3 km。

1）遥感图像增强　为了最大限度地显示冰雪信息量，先对遥感图像进行增强处理，主要内容包括：① 采用直方图正态化进行辐射增强，削弱成像过程的影响，提高色彩分辨力；② 采用分段线性密度变换进行亮度值扩展，拉伸图像反差，增加冰雪层次；③ 采用高通滤波算子进行图像锐化，突出地物界线，准确地圈划图像的冰雪范围。

2）遥感图像分类　拉伸后的图像冰雪信息可以分成3层，其波谱响应曲线也有明显的差异。对于冰雪信息的归并划分，由于受到积雪覆盖和成冰过程的影响，难于准确地给出其训练样本，因此主要采用非监督分类的方法。这种分类方法是基于对冰雪信息的自动识别。为提高分类效果，一般是在增强后的图像上进行，或仅在所提取的冰雪信息图像上进行，其冰雪图像 $g(x, y)$ 按下式得到：

$$g(x, y)=\begin{cases} f(x, y), & 当\ f(x, y) \geqslant T \\ 0, & 其他值 \end{cases} \tag{6.7}$$

式中，$f(x, y)$ 为原图像或增强处理后的图像；阈值 T 的选择，通过对 $f(x,y)$ 的跟踪球线变换（TLM）与 $f(x, y)$ 亮度频率直方图的比较得出。根据上述方法，处理图像的冰雪信息大致可以分成6类：粒雪、粒雪冰、陈雪、冰川冰、裸露基岩和冰雪区地形阴影。

3）冰雪面积估算　冰雪面积的计算是根据分类图像进行的。首先，对用不同处理方法得到的分类结果进行对比分析，并结合冰雪反射光谱特性及1∶10万地形图确定有关类别所表示的冰雪内容，校准分类结果的准确性；其次，根据冰雪各类所含像元的数目进行换算；最后得到面积总和。为验证图像分类结果换算面积的准确性，用透明网格纸两次量得地形图上的冰雪面积，然后取平均值与图像分类结果换算面积进行比较，发现两者基本吻合，其误差在±3.3%以内。由此可见，在冰雪研究中，采用遥感图像的计算机处理进行冰雪资源的调查和冰雪面积的计算是可行的，不但可以提高解译效率，而且还可以提高解译的准确性。

4. 洪涝灾害监测

(1) 研究综述

洪涝水患是全球性的重大灾害。据联合国调查统计，在所有自然灾害中，洪涝灾害出现的频率最高，造成的人畜伤亡、经济损失最大。我国由于所处的地理位置、自然条件特点以及长期人为活动破坏生态环境等影响，更是一个洪涝灾害多发且很严重的国家，并有不断加剧的趋势。20世纪90年代以来，几乎年年都有地区成灾，其中1991、1994～1996年都属重灾年，1998年发生长江、嫩江、松花江全流域性洪水，险情之紧急，洪峰次数之多，全线水位之高，持续时间之长，经济损失之重，都是历史上罕见的。

20世纪80年代后，我国有关部门曾组织力量先后在永定河下游、黄河下游、荆江—洞庭湖等地区进行遥感遥测试验，初步建立了这些地区的防汛抗洪信息系统。国家“七五”、“八五”科技攻关还列了“洪涝遥感监测评估技术系统”专题，建立起以机载侧视雷达为主体的机—星—地实时监测系统。在近年抗洪救灾斗争中，我国遥感卫星地面站配合这套系统，发展了汛前TM与机载SAR图像复合、融合处理与综合分析技术，还开展了直接从洪峰过后接收到的TM数据中快速提取灾情程度的试验，以弥补单纯使用机载SAR图像的某些不足。同时鉴于航空遥感代价昂贵及图像处理繁杂等缺陷，在遥感卫星地面站进行星载SAR数据接收与处理系统的试验研究与建立过程中，就开始探索以星载SAR替代机载SAR监测洪涝的可行性。1998年4月我国地面站正式开始接收、处理与分发当时世界上最先进的雷达卫星数据。这颗卫星不仅具有一般微波遥感所共有的全天候、全天时探测能力，而且可以获取多种波束模式和波束位置、不同分辨率和不同幅宽的图像数据，特别是在中纬度以上地区重复观测的频度可达到2～3天，这样我国就具备了应用雷达卫星为主的多颗遥感卫星对洪涝进行大范围、高频度、准实时的跟踪监测条件。1998年的实践进一步显示了遥感卫星在抗洪救灾斗争中具有多方面的作用，是提高人类抗洪能力、减少灾害损失的先进工具之一。

遥感技术在洪涝灾害监测评估中的主要作用是：① 可以对洪涝灾害的发生、发展到减弱的全过程进行大范围、快速、连续的动态监测；② 在资源环境数据库的支持下对洪涝灾害的损失给出定位(受灾分布范围)、定性(洪涝淹没的各种类型土地)、定量(各种被淹类型土地的数量)的评估结果，包括评估图件和相应的数据表格等；③ 星载和机载雷达系统可以对洪涝灾情进行全天候全天时的监测，做到了重大灾情无漏测；④ 利用灾前、灾中、灾后的遥感数据和地理信息系统中的空间背景数据库相叠加与融合，可以及时地提出不同受灾地区防洪减灾的建议。

(2) 应用实例：长江洪涝灾害遥感监测

1) 淹没信息提取　　1998年7月，长江中下游抗洪救灾形势日趋紧张，我国卫星地面站申请接收到7月26日雷达卫星宽幅扫描SAR图像，覆盖面积达500 km×500 km，包括荆江、洞庭湖至安庆的长江中段主要灾区。雷达卫星图像和其他星载SAR图像一样，原有水面和新淹没区都是暗黑色影像，不能一眼看出洪情状况。戴昌达等依据以前试验研究积累的认识和经验，立即决定选出当时防汛抗洪最紧张的鄱阳湖和武汉地区两景TM数据，开展TM与雷达卫星SAR数据的融合处理，采用无冗余三角网子域图像的几何配准技术，明显提高了配准速度和精度。在少量图像数值分析的基础上，选定了基于代数运算与波段组合相结合的信息融合模型，快速得出以不同颜色反映洪涝新淹没区与原有水面以及土壤滞水区、植物生长正常区等信息的洪涝灾情图。不仅如此，在这份融合图上还把原有的清水与浊水也清楚地区分了开来(前者呈黑色，后者呈蓝色)。在鄱阳湖地区的融合图上可看到红色新淹没区影像主要分布在鄱阳湖东、西两侧的围湖垦殖区与草滩以及鄱阳湖各支流如昌江、信江、抚河等中下游地区；景德镇、乐平、鄱阳等城市进水，至7月26日成像时，积水尚未完全消退；在鄱阳湖周边的广阔丘陵平原区散布着相当面积的品色影像，此为地表无明水但土壤为水分所饱和、水气不协调、植物生长严重受抑制的内涝土壤滞水区，显然这类地区将不同程度的减产减收；其中夹杂分布着不少与图右边呈葱绿色的山林近似的绿色影像，应该是植物生长未受多大影响的水稻田和其他水生植物。在武汉地区的融合图上也清楚看到，当时长江中的绝大部分江心滩与沿江部分低地被淹没，说明江水上涨相当高，两岸大堤未见断口，安然无恙。平原丘陵区土壤内涝滞水面积不小(品红色影像)，还有相当面积的稻田处于苗期(浅蓝色影像)。

2) 洪涝灾情评估　　1991年长江、洞庭湖、淮河、太湖等地发生严重洪涝灾害后，国家防汛抗洪总指挥部组织了遥感评估洪涝灾害的试验研究。戴昌达等承担应用TM图像提取长江中下游两条重要支流——滁河和水阳江流域的洪涝灾情程度研究。结果表明只要在洪水发生后能接收到无云少云的 TM 图像，就可以直接从 TM 数据中提取出灾情信息。因为我国民政部门沿用以农业减产减收幅度为主要标准的灾情等级，重灾指绝产绝收或减产达八成以上的地区，成灾指减产幅度为三至七成的灾区，受灾指减产幅度不超过三成的轻灾区。实践中难以在短期内掌握具体的减产数据，一般是根据洪涝水情和洪水过后作物长势受抑制程度来估测减产程度，划分灾情等级。例如洪水淹没和内涝积水区，房屋建筑坍塌或进水，作物遭没顶之灾，洪峰过后仍一片汪洋泽国，必为绝产绝收的重灾区；曾经洪水淹没或内涝积水，但持续时间很短，作物未死亡，仅生长严重受抑制，至少还有三成以上的收成，为成灾即中灾区；未遭洪水淹没，或淹没时间极短，仅土壤水分过多，水气不协调，影响作物根系正常呼吸，生长发育受抑，减产幅度不是太大，划为一般受灾即轻灾区。由此可见，常规调查方法划分洪涝灾情等级的直接依据实际上是地面水情和作物长势，以此判断减产减收状况。TM 的多光谱遥感数据，正好包含有极丰富的植物长势与地面水分状况信息。如 TM4，3 波段灰度值之比是表征绿色生物量的重要指标，称为植被指数，记为 V，对 TM 数据(除热红外的其他 6 个波段)进行 K－T 变换获得的第 2 个主分量，也是反映植物长势好坏的重要指标，可称为绿度分量，记为 G；第 3 个主分量则是反映地面水分状况的指标，可称之为湿度分量，记为 H。再对典型样区 TM 图像进行数值分析，主要是统计分析 TM 6 个波段的原始灰度值以及变换算出的 V，G，H 等数据的分布范围与变化规律，发现三级灾情与 TM 遥感指标之间存在对应关系(如重灾区 H 远远大于 G，$TM7\rightarrow 0$，$TM5\rightarrow TM7$，$TM4\leqslant TM3$，$V\leqslant 1$)。根据上述对应关系，选定代表重灾、中灾(成灾)、轻灾(受灾)、非灾以及具有定位意义的居民点等类别样本，以 H，G，V 和 TM 各波段原数值为变量进行自动识别分类，自动输出的分类图实质上就是一幅洪涝灾情分布图。重灾区、轻灾和无灾区分别赋以蓝(深水区为深蓝色)、黄和绿色，城镇居民点为红色，色彩十分鲜明，各类面积也自动统计了出来。这两幅图像与数据经当地各级主管部门与部分干部、群众审核未发现任何差错，连顺便提取出的城镇位置都准确无误，受到广泛赞赏。

6.4.4 地矿遥感

遥感技术可以以直观清晰的图像显示地物景观，反映大量地表和浅地表的地质信息，还可以通过那些受地下隐伏地质体、隐伏构造控制和影响的地物的异常信息，来间接识别隐伏地质特征，从而对物探、化探、钻探等勘探手段进行有效的补充，在一定程度上弥补了上述勘查手段的不足，因此被广泛应用于地质研究，在“七五”、“八五”期间，经过科技攻关研究和应用实践，将遥感方法广泛应用于大比例尺成矿预测，获得很大成功：在基础地质方面，遥感应用于岩性识别和地层分类，取得了较好的效果，被广泛应用于遥感地质填图；在矿产地质方面，通过计算机图像处理，识别构造、蚀变等与成矿、控矿有关的地质信息，结合地球物理及地球化学资料，进行综合地质找矿，也取得了丰硕成果。遥感技术在矿产资源勘探中的作用主要集中于成矿信息提取、构建遥感地质找矿模型以及与地、物、化等多元信息的复合，其中成矿信息的提取主要包括基础地质信息(构造信息、岩性地层信息等)的提取和遥感异常的提取两个方面。

1. 油气勘探

(1) 研究综述

油气作为一种不可再生资源，在能源、经济、政治、军事及国防等方面处于十分重要的战略地位。我国是石油生产大国，同时又是一个石油消费大国，随着国民经济的发展，对油气的需求越来越大，油气资源供不应求的局面越来越明显，从 1993 年开始我国已成为一个石油净进口国。目前我国石油需求约 15%靠进口，预计到 2020 年将有 40%靠进口，供应缺口在逐渐增大，21 世纪初期如果供需矛盾得不到缓解，石油将成为制约国民经济发展的瓶颈之一。

埋在地下深部的油气藏与地表存在巨大的压力差(或浓度差)。在巨大压力下，烃类物质及其伴合物势必沿着岩石孔隙、裂隙，或断层等到达地表，使表层岩石、土壤及地植物的理化性质及生态特征发生变化，引起地表岩石矿物的蚀变，反映出土壤烃组分异常、地植物异常、碳酸盐矿物蚀变、放射性异常、红层褪色异常、黏土矿物蚀变、热惯量异常等一系列异常。由于具有宽视域获得地表丰富信息的能力，遥感技术能探测这些由于油气烃渗漏造成的地表异常。因此从 20 世纪 70 年代其发展开始，遥感技术就被油气地质学家广泛地用于油气的勘探和开发。随着遥感技术的发展，特别是高光谱遥感的发展，许多研究者进行了油气信息遥感探测方法的研究和应用。总的来说，这些利用遥感技术进行油气资源勘探的研究可以概括为 3 种：利用遥感技术来解译具有油气指示性的构造(例如环型构造)；利用遥感技术直接探测油气藏烃类微渗漏；利用遥感技术监测烃类微渗漏导致的地表异常。

(2) 应用实例：基于 Hyperion 影像的涩北气田油气信息提取

研究区位于柴达木盆地东部三湖地区，地表主要为盐湖、盐渍土和盐岩覆盖。大部分地段的土壤属超氯盐渍土，部分地段属硫酸盐渍土，成分以粉土、粉细砂土为主，地下水位较浅，易溶盐含量较高。由于土层中毛细水上升和蒸发，盐类富集于地表，形成了 0.1～0.5 m 厚的坚硬盐壳。区内没有植被覆盖。三湖地区覆盖的第四系地层蕴藏着丰富的天然气资源，区内目前已探明台南、涩北一号和涩北二号等 3 个大型气田，盐湖、驼峰山、黄泥滩等中小型气田以及伊克雅乌汝、鸭湖、南陵丘、台吉乃尔等含气构造。2005 年 7 月 3 日和 8 月 11 日分别获取了覆盖柴达木涩北一号、涩北二号气田的 Hyperion L1R 影像。由于其中的一些波段以噪声为主，没有利用价值，因此只保留了信号相对较好的 VNIR 8～57、SWIR 79～120、SWIR 129～166 与 SWIR 182～223 共 172 个波段。

1) 光谱特征分析　从经过预处理的 Hyperion 影像上已知气田区提取 7 种主要地物光谱曲线，可以看出，水体的整体反射率最低，只在可见光范围反射率较高；盐田在小于 1 350 nm 范围内反射率最高，但在大于 1 950 nm 范围内反射率很小；云层覆盖区最主要的特征是在水汽吸收带内反射率呈现尖锐的反射峰，这三类目标特征明显，很容易从影像上提取出来。但主要背景信息(盐碱地、沙地及盐碱化沙地)与已知气田区光谱曲线基本形状相似，难以区分。油气藏中的烃类物质成分垂向微运移至地表是客观存在的，烃类微渗漏使得地表土壤化学成分发生变化，导致油气田上方的光谱特征相对背景区的光谱特征来说发生相应的变异，这些变异是识别油气信息的依据。研究区的特殊环境导致其蚀变信息相对微弱而集中。根据对几种主要蚀变矿物的 USGS 光谱曲线分析，相关蚀变成分的特征谱带主要集中在 2 000 nm 以后和 1 000 nm 左右。对提取的各类地物光谱曲线进行了整体和分段相关分析,结果表明:两处相关性相对较差的分波段区间与前面分析的油气相关蚀变信息的特征谱带所在范围一致,其中 932.64~1 346.25 nm 为二价铁离子矿物特征谱带所在范围,2 002.06~2 385.5 nm 为黏土矿、碳酸根和烃类组分的特征谱带所在范围,说明这两个分波段区间是区分气田区与非气田区的最佳波谱段。

2) 油气信息提取　为了有效地提取油气信息,对从影像已知气田区提取的光谱曲线进行了波段数据剔除,只保留了 932.64~1 346.25 nm 与 2 002.06~2 385.5 nm 两个波长区间内的数据,并以这两段的整体作为提取油气信息的目标参考光谱。同时,选定阈值 $\cos\theta=0.03$ 作为约束变量,利用 SAM 技术进行光谱角识别制图。从输出的图件可以看出,从涩北一号和涩北二号 Hyperion 影像提取的油气信息结果与已知气田均吻合良好。涩北一号的油气信息最显著的部分位于影像的下部和顶部,中间也有显示。下部的油气信息与已知气田涩北一号正好吻合;顶部油气信息区正好是台吉乃尔含气构造的东端,但其左上方没有任何油气显示,而且左上边界没有油气信息逐渐减弱的缓冲带。从涩北一号的 Hyperion 影像 RGB 合成图来看,该范围正好是云区,云区与提取的油气区边缘线吻合良好。因此,该处无油气信息显示是因云层覆盖的缘故。中间部分虽没有已知气田,但可以作为油气远景区进行验证。涩北二号的油气信息主要集中在影像的中下部靠右边,左边界与涩北二号气田几乎一致。

2. 金矿勘探

(1) 研究综述

遥感在金矿勘探中主要有两方面的应用:① 岩矿遥感方法探测金矿,即运用遥感技术研究线形、环形构造与成矿的关系以及提取与矿化有关的热液蚀变信息。主要方法为:首先,采用较小比例尺遥感图像,分析金矿床与区域大型断层系和变形带的空间关系,划分构造类型,探索与金矿化有关的构造;其次,在中、大比例尺的遥感图像上解译出沿深大断裂一定距离范围内的次级线形、环形构造,并通过深大断裂、线形构造、环形构造的解译找到有利于成矿的构造区;再次,通过遥感数字图像增强处理,提取矿化蚀变信息,在遥感图像上划出异常区,与线形、环形构造解译结果结合,圈出有利成矿区及矿靶区。② 遥感与生物地球化学方法相结合探测金矿。矿体上的植物受成矿元素的毒害而发生生物地球化学效应,这些生物地球化学效应,重者出现植物异常,植物群落发生变异,轻者使植物的叶面绿度、水含量、色素含量与结构、细胞结构、叶面温度等出现异常。这些叶体变异引起了绿色植物的叶面光谱反射率和波形呈现异常变化,在各类遥感图像上极易表现为不同的灰度、色度和色彩。可利用遥感技术进行探测或进行信息提取,通过遥感图像的异常色调表现出来。这些影像特征主要受金及伴生元素生物地球化学效应和波谱特征的制约,因而可以用来揭示或推断地下可能存在的隐伏矿藏。在遥感技术中,近紫外波段可探测植物叶面的紫外荧光异常;可见光波段可精确探测植物的色素异常;近红外波段可探测植物叶冠结构和叶子细胞结构的异常;中红外波段可探测植物叶冠的水含量异常;远红外波段可精确测定叶冠表面的温度异常;微波波段可探测植物叶体的水含量、叶冠表面的温度及叶冠结构等异常。

(2) 应用实例:黔东南地区遥感构造研究与金矿的关系

研究区位于贵州省东南部,地势自西向东降低。地面起伏较大,相对高度多为 200~

1 000 m，山高谷深，交通不便，是贵州省最重要的林区。大地构造处于江南地块西南段，西(北)接上扬子地块，向东(南)过渡到南华活动带。区内的金矿主要分布于天柱、锦屏、黎平、剑河等县内的晚元古界地层中，以矿床类型而言，金矿主要为变碎屑岩中脉型金矿和蚀变岩型金矿，次为冲积型砂金矿。

1) 遥感矿化弱信息提取　不同的矿物组合具有其独特的光谱响应，但那些对找矿有指示意义的、反映岩石蚀变信息的遥感信息，常常受地物信息的干扰，加上受遥感图像的波谱分辨率与空间分辨率的限制，结果表现得比较微弱。为了突出矿化弱信息，使用了MPH 方法对 TM 遥感图像进行处理。MPH 主要组合了三种传统的数字图像处理方法：掩膜、主成分变换以及弱信息色度与饱和度调整。处理后提取出三条矿化弱信息带(剑河南嘉—锦屏地娄—锦屏花桥、剑河踊溪—锦屏平秋北—锦屏西、天柱坑头—蓝田—江东和毫西冲—蓝田—渡马)，并且提高了识别岩性的能力。

2) 遥感地质构造解译　遥感图像地质解译的过程，是人们根据自己的知识和经验，利用图像特征，提取遥感地质信息，反演地面原型的过程。① 线性构造。线性构造可表现为一条线性沟谷影像带，在冬季或初春时段的 TM741 波段 RGB 假彩色合成图像上，呈现浅红色色调，如研究区内极为醒目的 NE 向、NNE 向线性构造；由于岩性、植被等的不同，引起的线性构造两盘色调出现明显的差异，如余庆—石阡—松桃大断裂延伸约200 km，其两侧岩性组合、植被的分布、地貌组合等均具有明显的差异，并切穿不同的褶皱带；沿线性沟谷带分布的断崖、断层三角面，主要分布在河流及其主要支流切割区等乌江期地貌叠加发育区，如榕江朗洞—锦屏平秋的 NE 向线性构造；水系和沟谷的线性拐弯或取直，格状水系的发育均是严格受线性构造控制，如剑河溪口地区北东走向的沟谷，沟谷向北西或向南东弯曲的幅度均被限制在一定的距离内，严格受 NE 向线性构造的控制；规模较大的线性构造带，其两盘的景观特征——地貌、水系特征、构造线方向、构造发育程度等往往大不相同，如 NNE 向的从江宰便—榕江寨蒿—剑河踊溪线性构造带，其东西两盘构造线方向、构造发育程度、水系特征、地貌完整性等均表现出明显不同。② 环形构造。环形构造的解译主要依据环状或弧形展布的沟谷和山脊，可以由单一的沟谷或山脊构成环形构造，也可以由两者共同构成。除此之外，色调特征、地貌特征、水系特征的不同，且表现为环状的差异，也是解译环形构造的标志之一。黔东及邻区环形构造的规模大小不等，直径从数百米至数十公里不等。环形构造产出方式多样，有单一环、有大环内发育小环，有环与环相互镶嵌；其形态各异，可以是圆形产出，也可以是椭圆形产出。

3) 地质构造与金矿的关系分析　区内已知金矿点的产出与遥感构造的关系较为密切，在榕江—剑河线性构造带的西侧，几乎没有铜、金矿点，已知的铜、金矿点主要分布在榕江—剑河线性构造带与从江—黎平线性构造带之间。而这两条线性构造带之间的金矿点，又集中产出在 EW 向的锦屏—剑河线性构造带之中。① 金矿点呈 EW 向带状产出，其以断裂、褶皱型式暴露于地表，亦可隐伏于地下，无论暴露与否，其对金矿点产出均有控制作用；② 金矿点的等间距产出，金矿点的等间距产出与构造相关，尤其是与断裂构造的等距发育密切相关；③ 金矿点产于断裂交汇处，尤其是 NE 向、NW 向断裂交汇处；④ 金矿点产出与环形构造尚有一定的关联，金矿点多分布在环形构造的边缘，且多是环形构造与断裂构造交汇处；⑤ 用 MPH 方法提取出的三条矿化弱信息带，均分布于 NNE

向的三穗—剑河—榕江重力异常线性陡变带的东侧，天柱—锦屏 EW 向线性构造带南部及北侧，说明矿化弱信息带可能受近 EW 向的深部构造控制。

根据本区金矿控制因素、其矿床的找矿标志及其遥感特征信息，建立遥感的综合信息找矿模式，即构造信息、蚀变岩石信息、物化探异常信息等综合遥感信息找矿模式，并依此模式对黔东南地区金成矿条件进行了评价，圈定了 5 个金矿成矿远景区，并进一步确定了重点找矿靶区。

3. 煤炭地质调查

(1) 研究综述

遥感技术应用于煤炭地质调查和评价初期，当时只是一种辅助手段，但随着遥感技术方法的不断深入和完善，特别是在煤炭地质填图、构造分析、煤矿区灾害评估等方面的成功应用，证明了遥感技术在煤炭地质中的应用有着其无法替代的作用，因而煤炭遥感应用研究技术得到了跨越式的发展。遥感在煤炭地质调查和评价中的应用领域包括：煤炭资源及煤炭伴生矿产资源调查，如普查找煤、煤田地质填图、煤层气资源调查等；煤炭基地水资源调查；煤矿生产中地质灾害调查预报；煤层自燃监测和矿区环境调查监测。其应用的基本程序为：① 收集遥感及非遥感资料，包括各种遥感资料、岩石矿物波谱资料、地质、物探、矿产资料与地形资料。② 目视解译与图像处理及野外检查，首先分析已有资料，根据遥感资料分析建立解译标志，完成目视解译系列图；同时进行光学处理和图像处理，结果补充到解译图中，在完成系列图之后，对解译图进行野外调查验证工作，在重要地段进行必要的采样、化验工作。③ 深层次图像处理，提取主要控矿构造、成矿信息及环境因子信息，建立综合成矿模式或环境评价模式，为煤炭资源预测和环境灾害治理提供依据。④ 计算机成图及总结报告。

(2) 应用实例：遥感技术在云南中甸地区煤炭调查中的应用

研究区位于云南省中甸县东部及中南部，南起武侯，北至格咱，东至云先乐、宝山一线，西以金沙江为界。南北长 113 km，东西宽 28～60 km，面积约 5 000 km^2，地理坐标为东经 99°25′～100°00′，北纬 27°15′～28°18′，行政区划上属云南省迪庆藏族自治州中甸县管辖，该区严重缺煤，当地居民主要以木材作为主要燃料。中甸地区主要发育大量第四系盆地，其余为高山深沟地貌，工作区基本上属于煤田地质勘探盲区。

1) 含煤目的层遥感解译　　利用 TM4、TM7、TM3 假彩色合成图像对研究区岩性影像单元及可解译程度进行划分，对不同解译区在工作方法和工作重点上分别对待，并从宏观上掌握不同岩石地层和构造发育特征及典型影像标志，然后进行详细解译。通过解译可知，区内地层发育齐全，除侏罗系、白垩系外，从寒武系至第四系均有出露，岩浆活动频繁，岩石类型复杂，出露面积大。在此基础上对研究区大地构造背景进行了分析，划分了构造单元并总结了研究区的构造演化过程，结合野外实勘，认为研究区新生代以前各个时期均不具备形成工业煤层的条件，仅在区外西北、北及东南邻区晚二叠世和晚三叠世形成较不稳定的鸡窝状工业煤层及煤线。研究区内仅新生代盆地中赋存褐煤层，即含煤目的层为新第三系上新统和第四系。

2) 含煤盆地成因遥感分析　　中甸盆地位于研究区中部，在影像图上边界清晰可辨，盆地形态为一不规则菱形。两条北西向右行走滑断裂构成盆地北东、南西边界。盆地基底及周边主要由晚三叠世灰岩及局部夹砂泥岩组成，溶蚀现象普遍，经遥感解译可见盆地内还有北东向、近南北向断裂发育。它们可能是先期形成的隐伏断裂，或者是切过第四系的后期断裂，对盆地的形成没有影响。所以，中甸盆地应为两条北西向右行走滑断裂活动形成的拉分盆地。盆地基底为晚三叠世灰岩夹砂泥岩，岩溶作用发育，故溶蚀作用也是盆地形成的一个重要因素。小中甸盆地由北西—南东向排列的 3 个小坝子组成，北段 2 个坝子连成一片，称为和平村盆地，南段的坝子称为团结乡盆地。从影像图上可以清楚看出盆地北东边界为一条北西向断裂，另外，盆地内可明显分出 3 级河流阶地，褐煤位于团结乡盆地河西的 2 级阶地内。故小中甸盆地应为断裂活动和河流侵蚀共同作用形成。

3）含煤远景区分析圈定　中甸盆地含煤地层属于第四纪间冰期湖相沉积，煤层多分布于湖盆边缘斜坡上，主要出露部位有湖盆北缘五村归保、西北三村达拉、西南二村布伦及东南角一村居都谷一带，煤层厚度普遍为 0.3～2 m，最大者＞3 m，且未见底，煤层多，煤质差，属零号褐煤。北西向主干断裂由盆地内拿帕海东缘通过，线性影像清楚，该带基底地层大多裸露地表或被浅层第四系覆盖，说明湖盆中心位于如今拿帕海的东部，聚煤沼泽则在湖盆边缘环绕基岩小丘陵山包发育。根据影像特征，结合煤层露头分布情况，分析区内煤层聚积和赋存特点，圈定了 4 个含煤远景区，即五村归保含煤远景区、三村达拉含煤远景区、二村布伦含煤远景区和一村居都谷含煤远景区。小中甸盆地含煤地层属河流沼泽相沉积。煤层分布于小中甸盆地南部团结乡盆地河西二级阶地上，野外实勘发现两处煤点，即小中甸甲宋煤点和团结乡煤点。煤层集中分布于甲宋—木纳丁，西部至山前地带，东部以小中甸河为界。煤层厚度最大＞3 m，普遍在 0.3～2 m，北部甲宋一带煤质较好，与中甸盆地相似，属零号褐煤，南段较差。小中甸盆地内北部和平村盆地地势总体呈舒缓波状起伏，说明基底古地形起伏变化大，且两侧地势均向河床倾斜，使得区内地表水及地下水均排泄至小中甸河后径流至区外，因而在和平村盆地难以形成聚煤沼泽环境。团结乡盆地内中甸河两侧河流阶地地势平坦，特别是二级阶地规模最大，地势开阔，说明该盆地内基底地形较平坦。据该区实测地层剖面可知，第四纪含煤地层倾向西，倾角＜5°，在该盆地西部山前因地表及地下水汇集形成聚煤沼泽环境，河东侧地表水和地下水汇入小中甸河后排泄至区外，难以形成聚煤沼泽环境。据此圈定了团结乡含煤远景区。

主要参考文献

戴昌达，姜小光，唐伶俐. 2004. 遥感图像应用处理与分析. 北京：清华大学出版社

戴昌达，唐伶俐，陈刚等. 1993. 从 TM 图像自动提取洪涝灾情的研究. 自然灾害学报，2(2)

邓坤枚，李世顺，陈屹松. 1994. 小麦产量的遥感动态预估研究——以山东禹城县为例. 自然资源学报，9(3)

冯学智，王绪臣等. 2007. “3S”技术与集成. 北京：商务印书馆

冯学智，都金康等. 2004. 数字地球导论. 北京：商务印书馆

冯学智，曾群柱，金德洪. 1986. 青海可可西里湖幅陆地卫星 CCT 数字图像的计算机处理与冰川特征解释. 中国科学院兰州冰川冻土研究所集刊，第 6 号

傅肃性. 2002. 遥感专题分析与地学图谱. 北京：科学出版社

高志强，刘纪远，庄大方. 1999. 基于遥感和 GIS 的中国土地资源生态环境质量同人口分布的关系研究. 遥感学报，3(1)

管仲，田庆久. 2006. 油气光学遥感研究综述. 天然气工业，26(11)
江洪，王钦敏，汪小钦. 2006. 福建省长汀县植被覆盖度遥感动态监测研究. 自然资源学报，21(1)
柯长青，秦年秀. 2003. 过去 76 年来射阳湖湖沼环境的动态变化. 湿地科学，1(2)
卢中正，王飞跃，鲍桂宝. 2000. 卫星遥感在煤炭工业中的应用实践与展望. 地球信息科学，(2)
阮仁宗. 2005. 洪泽湖试验区湿地变化遥感研究. 南京大学博士学位论文
沈宁泽，倪绍祥，查勇. 2005. 使用连续的 MODIS 遥感数据监测东亚飞蝗的发生. 南京师大学报(自然科学版)，28(2)
王向成，田庆久，管仲. 2007. 基于 Hyperion 影像的涩北气田油气信息提取. 国土资源遥感，(1)
王晓鹏，伍跃中，陈守建等. 2002. 遥感技术在云南中甸地区煤炭调查中的应用. 国土资源遥感，(1)
吴炳方. 2000. 全国农情监测与估产的运行化遥感方法. 地理学报，55(1)
徐冠华，田国良，王超等. 1996. 遥感信息科学的进展和展望. 地理学报，51(5)
张廷斌，唐菊兴，刘登忠. 2006. 卫星遥感图像空间分辨率适用性分析. 地球科学与环境学报，28(1)
张友水，徐财江，李志勇. 2006. 基于 TM 影像的绍兴地区土地利用变化监测. 资源科学，28(6)
张友水. 2004. 绍兴典型区土地利用变化信息提取与研究. 南京大学博士学位论文
赵萍，冯学智，王雷等. 2003. 江南丘陵区土地利用/覆被分类. 南京大学学报(自然科学版)，39(3)
赵萍. 2003. 基于知识的江南典型区土地利用/覆被分类研究. 南京大学博士学位论文
赵英时等. 2003. 遥感应用分析原理与方法. 北京：科学出版社
赵震海，况顺达，王成相. 2006. 黔东南地区遥感构造研究与金矿的关系. 中国矿业，15(5)
J. R. Jensen. 2000. Remote Sensing of The Environment: An Earth Resource Perspective. Prentice Hall
J. R. Jensen. 2004. Introductory Digital Image Processing: A Remote Sensing Perspective (Third Edition). Prentice Hall

第七章 物质代谢

自从人类诞生以来，便持续不断地从自然界获取各种各样的资源。资源是发展经济的物质基础。经济发展过程中利用的一切资源(包括生命资源如动植物等资源和非生命资源如光、土、水、气和矿物等资源)均是生态系统的组成部分。生态系统在这些生命物质和非生命物质组分的相互作用下，不停地进行着物质循环和能量转换运动，从而维持着生态系统的动态平衡。现代工业文明以来，人类社会在资源的掠夺性攫取行为以及线性的经济生活模式下，正面临着资源枯竭和环境污染的危机。这种危机归根结底是由于破坏了生态系统的基本代谢功能(即能量流动、物质循环、信息传递)，造成系统的正熵值增加，促使系统无序程度提升，最终导致系统失衡。在开放的社会经济系统中，所有的国家或区域无一例外地均与外界进行着动态的物质交换，物质代谢效应不仅影响本国或本区域可持续发展，同时也影响着全球的可持续发展，因此，本章在介绍物质代谢研究起源的基础上，指出了物质代谢的概念和特征，探讨了物质代谢的原理与分析方法，并从物质代谢与相关问题研究的不同角度指出了当前物质代谢所关注的应用领域。

7.1 物质代谢的提出及概念

7.1.1 物质代谢研究的兴起

正如一些科学家所预言的，造成人类未来的风险将来自物质系统本身而不再是单纯的某种污染物，各类物质使用的总量和物质使用本身引起的整个系统的各种反馈是生态系统面临的最大威胁。随着工业文明的发展，一方面加速对物质资源的利用和开采，大量抛弃工业废物，加重环境负担；另一方面，环境修复能力没有得到人类足够的重视而日渐衰退。

工业革命以前，人类对自然环境的破坏只限于机械的、物理的破坏，表现为对地球疏松表层的侵蚀、搬运和堆积，对空气、水体运动影响；工业革命以来，人类对环境的破坏除物理作用外，更突出地表现为化学作用，合成大量人工化学物质，造成严重的污染问题。据测算，人类活动释放到环境中的化学物质相当于火山和岩石风化所释放的10～100倍。化石能源的大量使用，造成社会经济系统排放的废弃物增加，系统压力加大，从而引起一系列反馈现象。比如，全球温室效应、酸雨现象、土壤重金属污染、水体富营养化。为此，人类在追求自身文明的进步过程中逐步认识到，自然环境是人类社会发展的物质基础，人类不可能任意地改造自然环境和无限地利用资源，其生存和活动必然受到地球自然生态系统的发展及其规律的制约。

20 世纪 50 年代以来，人类所面临的人口激增、粮食短缺、能源紧张、资源枯竭和环境污染等问题，导致全球生态危机逐步加剧，经济增长速度下降，局部地区社会动荡，这就迫使人类重新审视自己在生态系统中的位置。20 世纪 60 年代，美国经济学家鲍尔丁提出“宇宙飞船理论”，非常形象地比喻人与环境的同舟共济的相互依赖关系，即地球是一个封闭系统，资源用一点少一点，经济发展应该重质而不重量。1972 年，罗马俱乐部公开发表了《增长的极限》的研究报告，这一报告迅速唤起了人类对环境与发展问题的极大关注，并经过国际社会的广泛讨论而达成共识，即经济的持续发展必须考虑对自然资源的保护与持续利用。20 世纪 80 年代，用城市代谢的方法研究城市继续作为联合国教科文组织人类与生物圈(MAB)计划的一部分。尤其是 20 世纪 90 年代以后，由于经济社会发展过程中的自然资源稀缺问题日益突出，物质的使用对环境产生的影响引起了众多关注。于是，在欧盟和世界资源研究所(World Resources Institute，WRI)推动下，相继建立了国家物质流账户框架，从此物质流核算体系和物质代谢理论得到迅速推广，物质代谢也被认为是研究可持续发展的有效手段之一。

目前，已完成国家级物质代谢吞吐量研究工作的国家有奥地利、日本、德国、英国、荷兰、意大利、美国、芬兰、瑞典、澳大利亚、波兰、丹麦、中国、捷克、爱沙尼亚、挪威等。2004 年，Stefan Bringezu 等人对这些国家的物质代谢结构和物质投入总需求(Total Material Requirements，TMR)的组成进行了对比分析，发现随着经济的发展，各国的物质代谢结构发生了变化。比如，一些工业发达国家在发展过程中资源的获取途径从国内转向国外；大多数被研究国家的 TMR 都是以化石能源需求为主，德国、英国、波兰、美国、日本和欧盟国家尤其明显；各国的人均物质投入总需求分布在 32～100 t/人范围内。2000 年，北京大学的陈效逑等人分析了 1989～1996 年间我国经济系统的物质需求总量、物质消耗强度和物质生产力，研究结果显示出我国的物质投入需求总量大，经济发展主要依赖国内资源，资源利用效率较低，1994 年单位物质消耗量所创造的 GNP 仅为发达国家的 2%～6%。但是 1995～1999 年间，中国经济系统确在保持自然物质消耗少量增加的基础上实现了经济的高速发展。

另外，国际上从区域层次进行物质代谢吞吐量的研究成果较多。2000 年，Ethan H 等人在已有研究成果的基础上，对比分析了世界上 25 个大城市的物质代谢吞吐量，这些城市均是人口高密度地区，包括卡拉奇、开罗、德黑兰、天津、北京、首尔、莫斯科、纽约、德里、伦敦、布宜诺斯艾利斯、上海、大阪、东京、洛杉矶、墨西哥城、圣保罗、里约热内卢、拉各斯、雅加达、达卡、马尼拉、曼谷、加尔各答、孟买，研究发现这些城市在利月燃料的类型与数量上出现大的变化，朝着越来越清洁的燃料和汽车燃料方向演变。另外，还有一些学者探讨了加拿大多伦多市区、莱茵河盆地区域、澳大利亚的悉尼等区域，以及中国的香港地区、南通、深圳、贵阳、铜陵等地区的物质吞吐量。通过研究发现不同区域的物质代谢特征存在着一定的差异性，尤其是经济发达区域与欠发达区域之间存在着明显的差异性。但是，目前将物质代谢吞吐量与区域社会经济发展水平进行联系，考察物质代谢区域差异性特征的研究成果还比较缺乏。

近年来,"家庭代谢"的概念也逐渐被人们认识到。"家庭代谢"概念最初是在荷兰HOMES(Household Metabolism Effectively Sustainable)项目中提出,主要是从家庭层面研究自然资源的流入与流出通量。1999年,Wouter等人研究了荷兰的家庭代谢,发现不同的家庭生活模式直接或间接的影响着物质吞吐量,甚至影响着整个经济系统的运行,结果表明荷兰目前的家庭代谢状况不利于社会、经济、生态的可持续发展。另外,还有学者探讨了奥地利、瑞士圣加仑市、澳大利亚悉尼市等的家庭代谢情况。国内对于家庭层面的物质代谢研究刚刚处于起步阶段。2000年以来,国内学者也开始从家庭层面考察物质代谢的情况。2003年,刘晶茹等人研究得出近20年中国城市家庭水资源和能源代谢量的一直呈现增加的趋势,并对影响家庭代谢的影响因素进行了分析;而罗婷文等人则以家庭碳代谢为基本思想,考察了1979～1999年北京城市发展过程中家庭食物碳消费的变化趋势和影响因素。随着全球人口的增加,家庭代谢吞吐量的大小对于缓解环境压力具有举足轻重的作用。因此,未来一段时间,应进一步从家庭消费行为和态度等方向来研究家庭代谢的反馈机制。

7.1.2 物质代谢概念

物质代谢是德语stoffwechsel的翻译。在德语中,stoff是物质、质料、素材的意思,wechsel是交换、变换的意思。从字面上讲stoffwechsel显然是一种东西与另一种东西之间物质、质料、素材的交换或变换,但是这一字面意义并不是这一概念的本来含义。这一概念最早是由化学家希格瓦特(G. C. Sigwart)在1815年提出的,并广泛流行于生理学、化学、农学等自然科学领域。其主要含义并不是一般的物质与物质的交换,而是动植物为维持生命所进行的物质代谢和生命循环。可见,物质代谢作为生命的基本特征,最初的概念来自生命科学。1857年,庸俗唯物主义者莫尔肖特(Moleschott)在著作中认为生命是一种代谢现象,是能量、物质与环境的交换过程。因此,从有生命的单细胞到复杂的人体,都与周围环境不断地进行物质交换,这种生物体与外界环境之间物质的交换和生物体内物质的转变过程称为物质代谢。

在社会学和文化人类学方面,马克思是代谢概念的最早使用者。在马克思《资本论》和《经济学批判大纲》等著作中,曾经超越自然科学的范围,多次使用物质代谢的概念来说明人类劳动、生产和商品交换等社会问题,指出劳动通过工具使自然物质转化为人的需求。但是,马克思本人并没有对这一概念作过严格的规定。然而,马克思的物质代谢概念最早被法兰克福学派的施密特(Schmidt)在1962年出版的《马克思的自然概念》中首次讨论,意图说明"自然与社会的相互渗透"。事实上,马克思时代的物质代谢概念基本上包含以下两个层次的含义:① 生命体为维持其生命活动必须在体内或与体外进行物质的代谢、交换、结合、分离活动;② 在自然与生态系统中,包含人类在内的所有动植物、微生物都处于相互联系、相互依存的关系之中,共同构成了一个由自然要素组成的生命循环。可见,物质代谢是人类与自然界最基本的沟通形式和交流界面。

20世纪以后,工业化、城市化速度的加快促使全球经济快速发展,但同时也增加了对自然环境的压力,引起一些学者开始讨论工业化、城市化与物质代谢以及自然环境的相互作用关系，并且相继提出“城市代谢”和“工业代谢”的概念。“城市代谢”概念最早由Wolman于1965年提出，他将城市视为一个生态系统，认为城市代谢就是物质、能量、食物等供应给该系统，然后又从城市生态系统中输出产品和废物的过程；1999年，Newman扩展了城市代谢的概念，他认为在城市物质代谢分析过程中还应该考虑人类居住的适宜程度。过去40多年中，诸多学者撰写了关于城市代谢的文章，但是城市代谢的研究成果很少被用于城市政策的制定。直到20世纪90年代末，澳大利亚、香港才真正尝试将这一理论应用到城市设计与管理中。

物质代谢研究发展至今，其研究重心已经转向工业代谢研究，这是由于工业化过程中伴随着最基本的特征就是社会经济系统的物质代谢发生变化，农业社会以生物性能源为主，而工业社会则从生物性能源向化石能源、核能和矿物资源转变。“工业代谢”的概念是Ayres在1988年提出的，他认为工业代谢是原料、能源和劳动在一起转化为产品和废弃物的物理过程集合。工业代谢研究的目的在于揭示经济活动纯物质的数量与质量规模，展示构成工业活动全部物质与能量的流动与储存及其对环境的影响。与以往的系统分析方法的不同之处在于，它以环境为最终的考察目标，追踪资源从提炼到经过工业生产和消费体系之后变成废物的整个过程物质和能量的流向，给出系统造成污染的总体评价，并力求找出造成污染的主要原因。目前，国际上对工业代谢的研究主要集中在德国、加拿大、美国、日本、荷兰、瑞典等少数发达国家。我国对工业代谢的研究自20世纪90年代末才刚刚起步。

综上所述，从狭义的生命代谢特征扩展到人类与自然环境之间的交流界面，物质代谢逐渐被赋予了更为深刻的内涵。人类从自然界中摄取水、空气、生物性及非生物性资源，经过社会经济系统的代谢作用把废弃的固体、污水、废气等又排放回自然中(图7-1)。

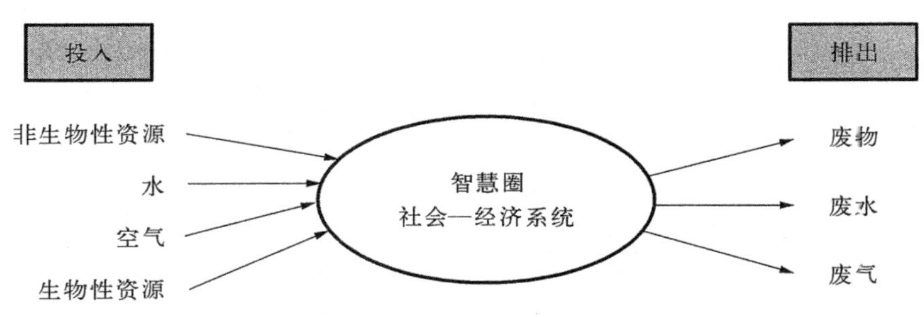

图7-1　人类圈与自然的代谢关系

可见，物质代谢的概念可以归纳为人类改造自然过程中，社会经济系统内部物质消耗及其与外界自然环境之间的物质交换过程的集合。在这个概念中，社会经济系统被视为自然环境系统中一个具有代谢功能的有机体，该有机体对自然环境的影响可以用代谢能力来衡量，其核心在于整个社会的物质吞吐量和能量吞吐量，以及社会吞进的物质/能量(投入)和吐出的物质/能量规模。从生物圈形成的漫长历史过程来看，各种化学元素和化合物在不同层次、不同大小的生态系统中，沿着特定的途径从环境到生物体、再从生物体到环境的反复循环演替。这一漫长历史的大部分时间里，物质代谢是良好的，而人类出现带来的物质代谢在数量上和质量上的种种问题打破了生物圈这一良好的进程。因此，维持人与自然界之间良性物质代谢过程的关键在于合理控制物质吞吐规模。

7.1.3 物质代谢特征描述

为维持人类的生存,人类通过“劳动”完成对陆地生态系统的殖民化,人类社会与自然系统进行着能量与物质的交换或互动,并发现物质的吞吐量决定着物质代谢的规模。从人类社会所经历的三个发展阶段来看,狩猎社会和农业社会代谢规模较小,因为该社会阶段内非再生资源尚未开发,每人每年直接能源投入分别为 10～20 GJ 和 65 GJ、直接物质投入分别为 1 t 和 4 t;工业社会的代谢规模最大,约为农业社会的 10～20 倍,主要是因为非再生资源的开发,工业社会的可持续发展受非再生资源的制约。每人每年直接能源投入和物质投入达到 250 GJ 和 19.5 t。而工业社会的代谢问题不仅表现在投入大量的能源与物质,更表现在排放出大量的导致温室效应的 CO_2 气体以及有害的固、液体废弃物。因此,物质投入越多的国家或地区就越需要减少代谢的物质吞进。

由此可知,社会经济系统中的物质代谢包含 3 个基本特征: ① 人类社会与自然环境之间存在着永恒的且连续不断的物质输入与输出过程;② 人类社会从自然环境中获取物质、能源等原材料,且部分以存量形式在社会经济系统中储存,最终以废物等形式释放到环境中;③ 人类社会物质代谢规模由物质吞吐的绝对量决定,且物质吞进量规模决定着物质吐出量规模。

7.2 物质代谢原理与分析方法

在自然生态系统中有三种不同角色的生命体: 生产者、消费者和分解者。生产者吸收太阳能并利用无机营养元素(C、H、O)等合成有机物质,同时也把吸收的部分太阳能以化学能形式储存于有机物中。生产者主要是指绿色植物及部分进行光合作用的菌类,也称为自养性生物。消费者是指直接或间接利用生产者所制造的有机物作为食物或能源的生物群,他们不能直接利用太阳能或无机态的营养元素。分解者通常以动植物残体或它们的排泄物作为自己的食物或能量来源,通过分解者的新陈代谢作用,有机物分解为无机物并还原为植物可以利用的营养物。以上的食物链循环见图 7-2。

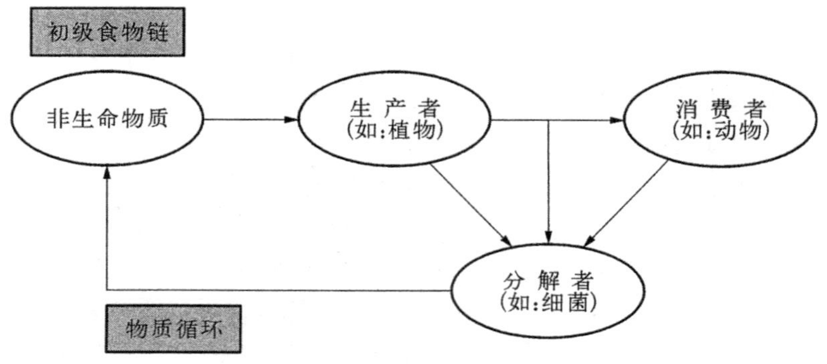

图 7-2 自然生态系统

从物质代谢的概念得知,可以将社会经济系统作为一个有机体来看待。类似地,可以把工业过程中的原料供应、生产制造以及消费和废料三方面的依赖关系,比喻为食物链关系,见图 7-3。从工业生态学的角度研究物质代谢,最主要的问题是整个区域的物质吞吐量(material throughput)和能量吞吐量(energy throughput),即社会吞进物质/能量(投入)和吐出物质/能量(排放)的规模。

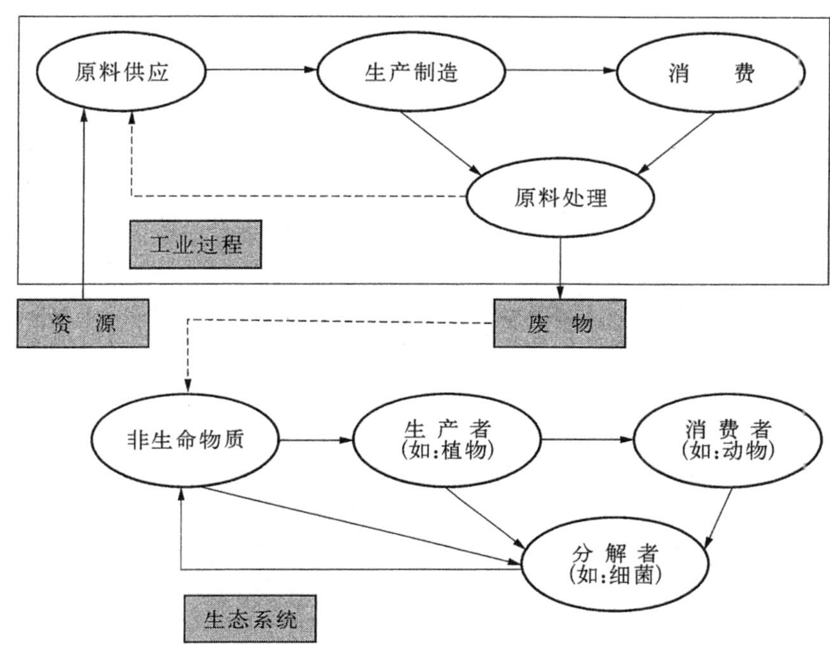

图 7-3 工业与自然结合的人工生态系统

吞吐量的平衡遵守质量守恒定律,即区域系统内输入物质的总量等于输出物质的总量与系统内增量之和。物质代谢过程中吞进的物质越多,吐出的排泄物必定也越多。因此,生态问题从源头上找答案,便是减少代谢所吞进的物质数量。如果人为干预的代谢(社会代谢)的吞吐量与自然生态系统的再生能力一致,物质处于永续循环利用之中,此时成为基本代谢(basic metabolism)。如果社会代谢的吞吐量规模必须借助圈外的“非再生资源”(non-renewable)来维持,比如需要地质圈的化石燃料(石油、天然气、煤)、铁和其他矿物,此时成为“外延性代谢”(extended metabolism)。物质代谢的极限是可持续发展的根本问题。

根据质量守恒定律,区域系统内输入物质的总量等于输出物质的总量与系统内增量之和。1996 年,Douglas 在研究艾伯丁城市代谢时首次提出如下物质与能量平衡方程。

能量平衡方程:

$$Q_S + Q_F + Q_I = Q_L + Q_G + Q_E \tag{7.1}$$

式中,Q_S是接收到的太阳辐射能;Q_F是由于燃烧或机器工作散发出的能量;Q_I是来源于地球内部的能量;Q_L是地表蒸发或植物蒸腾作用损失的能量;Q_G是传导给土壤、建筑物、道路等损失的能量;Q_E是由于辐射散失的能量。

水平衡方程：

$$P + D + A + W = E + R_S + S \tag{7.2}$$

式中，P 是降水量；D 是指地表凝结量；A 是来自人为资源释放的水量；W 是由城市外界输送进来的水量；E 是蒸发损失的水量；R_S是流出城市的水量；S 是水储量的变化。

物质平衡方程：

$$M_S = M_O + W_F + W_A + M_C + M_T \tag{7.3}$$

式中，M_S是供给的物质的量；M_O是输出的物质的量；W_F是固体和液体废弃物的量；W_A是物质利用中排放出的气体污染物的量；M_C是在热的产生或其他过程中转化掉的物质；M_T是区域系统内物质存量的变化。

一般的研究中能量的单位取 J/单位时间，物质和水取 kg/单位时间。方程(7.1)～(式7.3)理论上给出了区域系统内主要的物质与能量的输入与输出。但是建立一个根据可靠数据做出有效分析的系统并不是必要的。比如能量平衡方程并没有将人为能量输入从自然能量输入中区分出来。另外，热能损失的能量通量也很难量化，这部分的影响不大。

现阶段国际上对于分析物质代谢效应的方法主要有 5 种：① 物质流分析(materials flow analysis，MFA)，主要是以质量守恒定律为基本依据，从实物的质量出发，将通过社会经济系统的物质分为输入、贮存、输出三大部分，通过研究三者的关系，揭示物质在特定区域内的流动特征和转化效率。一般采用物理单位(通常用 t)对物质从采掘、生产、转换、消费、循环使用直到最终处置进行的结算，其分析的物质可包括元素、原材料、建筑材料、产品、制成品、废弃物及向空气和水里的排放物等。② 能量流分析(energy flow analysis，EFA)，能量流与物质流是同一个物质代谢过程的两个不同方面，因此 EFA 与 MFA 的系统边界相同。具体是以能量守恒定律为基本依据，跟踪能量在社会经济系统中的流动途径及过程，揭示能量在特定区域内的流动特征、转化效率和总的吞吐量。③ 资源流分析(resources flow analysis，RFA)，是指资源在人类活动作用下，资源在产业、消费链条或不同区域之间所产生的运动、转移和转化。它既包括资源在不同地理空间资源势的作用下发生的空间位移(所谓横向流动)，也包括资源在原态、加工、消费、废弃运动过程中形态、功能、价值的转化过程(所谓纵向流动)。通过对资源“横向流动”问题的研究，评估流动过程中产生的相关效应，包括社会、经济、环境效应；通过对资源“纵向流动”问题的研究，揭示资源系统中的资源利用效率。④ 人类留用的净初级生产量(human appropriation of net primary production，HANPP)，主要是估计地球的净初级生产(光合作用所产生的植物有机质)中人类留作自己用的那一部分所占比例，可以用来反映社会经济系统中物质代谢组成结构和能量利用效率的变化。植物通过光合作用产生的生物物质年总产量是人类社会关键的物质和能量输入，因此 HANPP 与社会经济系统的物质代谢直接相关。⑤ 生态足迹(ecological footprint，EF)，主要是计算出满足城市或者区域社会经济系统物质代谢所需要的土地数量，即计算出化石能源地、耕地、牧草地、林地、建筑用地和水域的生产力。主要用于判断一个区域社会经济系统的物质代谢是否处于生态承载能力的范围内。

可见，以上方法分析和关注物质代谢过程的视角各有千秋。物质流和能量流分析侧重于研究物质和能量在特定区域的流动特征和转化效率，忽略了物质或能量在流动过程中所产生的相关效应(社会、经济、环境效应)的研究,以及各环节内部之间对资源利用效率的影响;资源流分析主要是在物质流分析的结果上,侧重研究资源横向流动产生的社会、经济和环境效应和纵向流动过程中的资源利用效率;人类留用的净初级生产量的计算更关注人类社会代谢过程对能量的利用效率;而生态足迹则从承载人类活动的媒介——土地入手,考察代谢强度。

7.2.1 物质流分析

物质流分析方法主要包括 Bulk-MFA 和 SFA(substance flow analysis),Bulk-MFA 主要研究国家尺度上经济系统物质流入与流出;SFA 主要针对某种特定的物质流进行研究,如砷、汞等对环境有较大危害的有毒物质流,化工等产业部门物质流。目前,对物质流分析的基本内容主要集中在以下几部分: ① 对进出社会经济系统物质流规模和种类进行统计和核算,即物质流账户分析;② 社会经济系统的物质使用强度分析,主要关注在一定生产或消费规模下物质的使用强度、物质的消耗强度、物质循环利用强度等。

1. *物质流分析原则与相关概念界定*

首先,质量守恒定律是物质流分析的基本原则。在进行物质流分析时,均以重量为核算单位。对于一个系统而言,物质的流入总量等于物质的流出总量与系统内物质存量的净变化量之和。就社会经济系统来说,自然环境所提供的输入物质进入该系统,经过加工、贸易、使用、回收、废弃等过程,一部分成为系统内的净存储,其余部分输出物质返回到自然环境中去(图 7-4),而整个社会代谢过程中的输入量等于输出量与净存储量之和,即: 输入=输出+净存量。

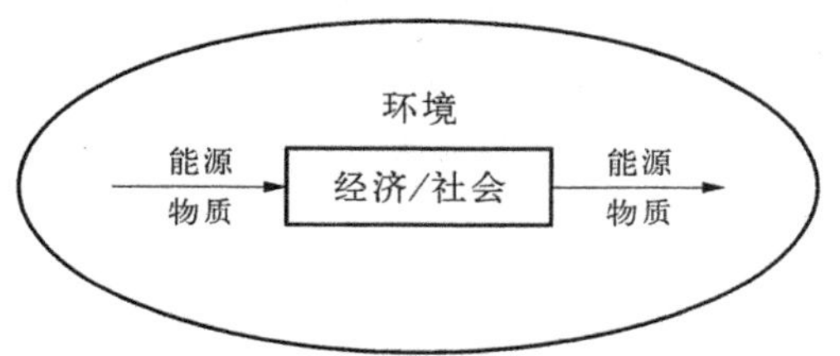

图 7-4 经济-环境系统(EUROSTAT,2001)

社会代谢所定义的物质存量通常是指: 道路、建筑、水坝、运输工具(船舶、飞机、汽车)、机械设备等人造资本和消费性耐用商品,如冰箱、电视和家电。年末与年初的物质存量变化称为存量净变化。人口的增加,人类总体重的变化也应视为存量的变动。有些研究把牲畜数及其重量的变化作为投入量计算,这是有待探讨的,因为在人类的社会经济圈中,牲畜同人一样,是代谢的主体部分,它们吃草吃料而排出粪便、吸入新鲜空气而排出废气。因此,牲畜的重量应作为存量处理。森林、渔业产品与农产品相同作为投入而不作为存量。

物质代谢之物质投入大于排出,物质存量便不断增长,例如楼房、道路的扩张,机械设备增加等。物质存量净变化是人类可持续发展的新观察点。联合国发展署和其他人口研究机构预测,大约在未来 50 年内全球人口存量将静止下来,尽管人口数是 120 多亿或 150 多亿尚存争议,但全球人口出生数与死亡数相等的一天终会到来。但是物质投入与排出相等,物质净存量不变化的一天是否到来尚无预测报告。美国经济学家戴利强调的稳定型经济(steady state economy)就是指物质代谢的进出平衡、存量恒定的可持续状态。

其次，为避免重复计算，在物质流分析中需明确代谢主体、生态包袱、系统边界等重要概念的界定。物质流分析中的代谢主体是指社会经济圈内"吞""吐"物质的可独立处理的基本物质单位。例如，人和牲畜摄入营养物、空气和水，排出粪便和污物等。一般为了计算方便，植物不宜看成代谢主体。因为，植物吞吐的物质层次属于矿物质，统计上很难获得数据。代谢主体在物质流账户中均以存量出现。生态包袱（隐流和非直接流）是社会经济系统物质代谢的重要组成部分。生态包袱是人类为获得有用物质和产品而动用的没有直接进入交易和生产过程的物料，在物质流账户中又被称为隐流或非直接流。另外，在计算进出口非生物制成品和半制成品所携带的生态包袱时，需要把这些商品先转化为原材料吨当量（raw material equivalent, RME）。例如，进（出）口的汽车，计算时应该把汽车的重量换算成相应的铁矿石、橡胶、各种金属矿石等生产汽车的原材料的重量，计算这些原材料的非直接流。

物质流分析存在两种类型的系统边界：① 社会经济系统与自然环境系统之间的边界。从自然环境中获取基本物质（原生的未被加工的物质和材料），社会经济系统吞进这些物质后，又将物质（废气、废水、固体废弃物）排泄到自然环境中；② 本国（或本地区）与其他国家（或地区）的行政边界。成品、半成品以及原料经由该边界，由本国（或本地区）出口到其他国家（或地区）或由其他国家（或地区）进口到本国（或本地区）。

图 7－5 是社会经济系统在自然环境系统中物质代谢过程的物质流系统概貌。在国家物质流分析过程中，只对通过本国社会经济系统边界的输入和输出物质流予以考虑，对系统内部的物质流不列入研究范畴。因此，家庭蓄养的牲畜被视为系统内部的物质流而不予统计，农业生产中的化肥则被视为系统输出到自然环境的物质流。

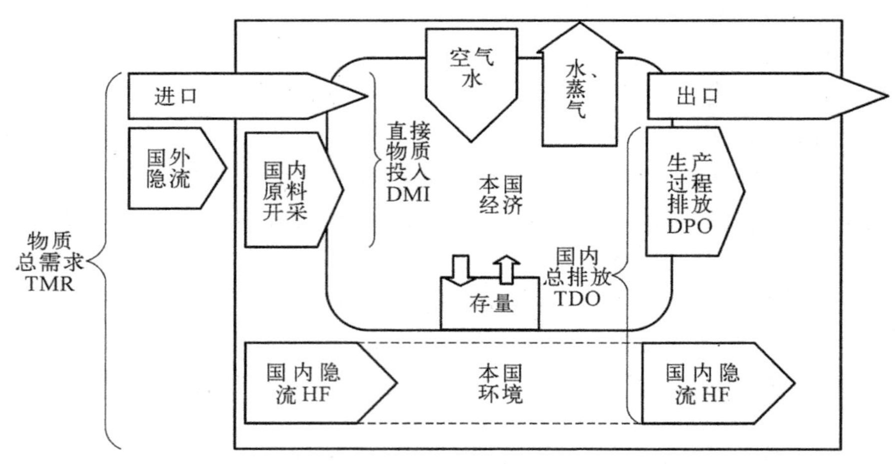

图 7－5　社会代谢的物质流概貌

2. 物质流分析框架

物质流分析框架主要由输入端、社会经济系统内部以及输出端构成（图 7－6）。输入端主体是从本国或本地区自然环境中开采的各种原料（domestic extraction, DE），包括化石燃料、矿物质、生物等。另外，输入端还包括伴随国内原料开采而产生的隐流，这部分不进入经济系统，一经产生便直接输出到自然环境中去了。输入经济系统的物质流还有从其他国家或地区进口的成品、半成品和原料，以及与这些物质相关而产生的非直接流。进入经济系统的物质流一方面成为系统内部的存量物质，如基础设施和耐用产品等；另一方面经过单位统计时段（一般以年为单位）的消费，成为通过系统边界返回到自然环境中的废弃物和排放物；此外，还有一部分物质通过系统边界出口到其他国家或地区。在输出到自然环境系统中的废弃物中，有一部分被称为消耗流（dissipative flows，DF），即在产品使用过程中不可避免产生的废弃物，包括化肥农药等在农业生产中的使用，以及其他产品在使用过程中的磨损。

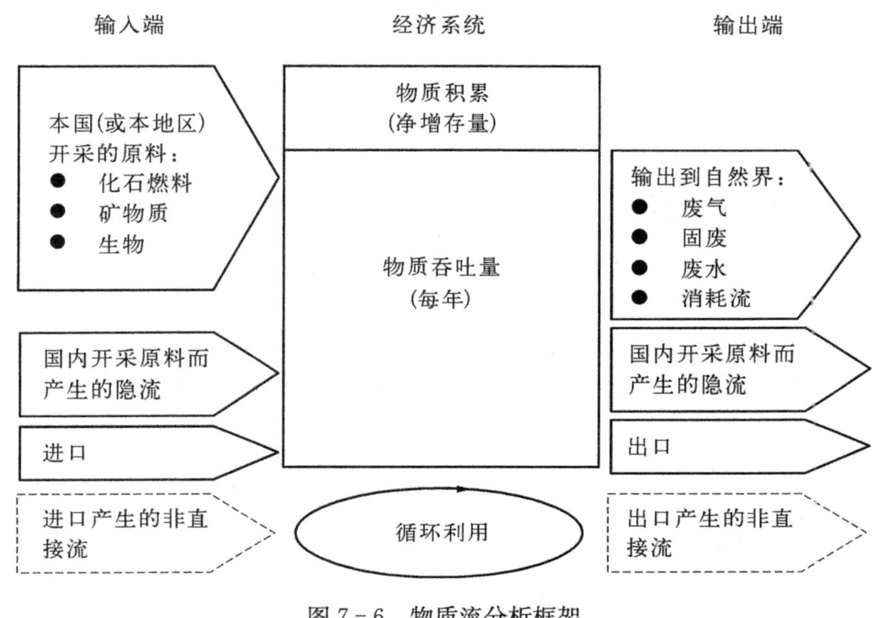

图 7－6　物质流分析框架

需要指出的是，在物质流计算过程中忽略了每年不足百万吨单位的资料及未被报道的物质移动（如个人消费取火用的火柴，或黑市交易等）。一般在计算过程中，重量均以物质的净重（即排除物质中的水分，计算干物质重量）为标准，且排除生物呼吸或工业生产过程中所需的氧气。

另外，由于物质流分析遵循质量守恒定律，在计算过程中，发现有些计算项目对于物质输入与输出的总平衡具有重要作用，通过对统计数据进行平衡修订，可以完整的表现整个系统的物质流平衡，即物质平衡修订。比如，输入端的燃料重量和输出端的排放量相差很大，这主要是因为燃烧过程中燃料和空气混合发生了氧化反应，就 CO_2 排放量而言，碳的重量占 27%，氧为 73%。因此，需进行平衡修订。输入端平衡修订需考虑的内容：燃料燃烧所需氧、生物呼吸作用所需氧以及其他工业过程所需氧。输出端平衡修订需考虑的内容包括燃料燃烧过程产生的水蒸气、生物代谢过程中的水蒸气等。

3. 物质流账户指标体系

这里主要以 2001 年欧盟推广的物质流账户指标体系为例进行说明（表 7－1），共分为四大类，即投入、排放、消费、物质平衡类指标。具体包括：

表 7-1 欧盟推广的物质流指标体系

指标分类	指标名称		计算公式
	缩写	全称	
投入	DMI	直接物质投入	DMI=国内原料+进口
	TMR	物质总需求	TMR=DMI+HF(或 IF)
	TMI	物质总投入	TMI=DMI+国内隐流
	IF	隐流或非直接流	IF=国内隐流+进口材料隐流
排放	DPO	国内生产过程排放	DPO=空气污染+固体废物+水污染物+耗散性使用和损失
	TDO	国内总排放	TDO=DPO+国内隐流
消费	DMC	国内物质消费	DMC=DMI-出口
	TMC	国内总物质消费	TMC=TMR-出口-出口材料的隐流
平衡	NAS	存量净增长	NAS=DMI-DPO-出口
	PTB	实物贸易平衡	PTB=进口-出口

投入类指标　直接物质输入(direct material input, DMI),所有具有经济价值的直接进入经济生产和消费活动的物质,包括区域内部直接物质输入和进口物质两部分;物质总需求(total material requirement, TMR),区域内部的物质需求量与进口的物质需求量之和,其中进口物质的隐流虽然对出口地区产生环境压力,但仍计入进口地区的物质需求总量之中;物质总投入(total material input, TMI),区域内部直接物质投入、进口物质和区域内部隐流之和,不包括进口物质产生的隐流;隐流(indirect flow, IF),区域内部和进口物质开采所产生的隐流之和。

排放类指标　国内生产过程排放(domestic processed output, DPO),从经济系统进入自然环境且不能再循环使用的排放到水域、大气、土地及耗散性流失的各种物质;国内总排放(total domestic output, TDO),国内总的物质输出量,包括国内生产过程排放和国内隐流之和。

消费类指标　国内物质消费(domestic material consumption, DMC),直接进入经济系统内部的物质消耗总量,不包含隐流;总物质消费(total material consumption, TMC),国内生产、消费活动所引起的物质流量,它包括进口的隐流,但不包含出口和出口的隐流。

物质平衡指标　存量净增长(net addition to stock, NAS),经济系统的年度贮存物质净增长量,主要包括新建房屋和基础设施的建筑材料和一些新生产的耐用消费品,比如汽车、工业机械等;实物贸易平衡(physical trade balance, PTB),以实物重量表示的进出口平衡,等于进口物质流减去出口物质量。

另外,在物质流账户分析的基础上,建议用以下一些指标作为对各国资源投入总量以及人均资源投入量的区别。具体是:

国家物质投入组成　分析国家各种物质投入占总投入的比率;

使用集中度指标　以国内物质消费重量(DMC)除以国内生产总值(GDP),用来计算物质投入的效率;

初次使用及再循环指标　计算由自然环境开采的初次使用物质与再回收物质占物质总投入量的比率，得出物质再回收率；

废弃或排放集中度　以废弃物或排放废气的重量除以物质总产出，计算物质使用效率；

漏出指标　以使用物质消散进入环境的重量（如使用杀虫剂或农药）除以总产出的重量，用来计算使用物质效率性；

最终产品物质效能　以制造的最终产品重量除以国内生产总值，计算最终产品效率；

原料和制成品的交易用料的比例　计算原料和制成品在贸易上占的比例，可以了解国家的物质消费和需求的情况；

开采物的废弃比例即隐流系数　计算开采和萃取物质时产生出的无出售价值的物质所占比例，可以了解开采效率。

还有一些衍生指标，诸如：物质消耗强度＝物质需求总量/人口数，是衡量经济系统某一年人均资源消耗量的指标；物质生产力＝国内生产总值/物质需求总量，是衡量经济系统某一年资源利用效率的指标。可见，通过对物质流账户指标的应用，可以迅速的对政策需求作出灵活反应，构建不同社会的资源使用强度指标。

7.2.2　能量流分析

能量流分析（EFA）是 1997 年由奥地利学者 Haberl 提出，并在 2001、2002 年对能量流账户进行了详细的分析。由于能量流分析结果提供了全社会能量的吞吐量，被认为是对物质流分析指标的一个很好的补充。德国和奥地利等一些发达国家均建立了国家层面的能量流账户。2002 年，Fridolin Krausmann 和 Helmut Haberl 利用 EFA 的方法，对奥地利 1830～1995 年间的能量代谢进行了计算。通过把能源分为生物能、化石燃料、由水力产生的电能三类，得出国内能源的直接投入、能源的消耗量及其变化趋势等一些反映代谢吞吐量的定量指标。也有一些学者从区域、产业、家庭层次的角度进行能量流分析。Åsa Sundkvist 等人通过研究瑞典一个岛屿的能量流，发现这个岛的消费量已经超出了自然环境容量。美国和英国等一些国家对本国钢铁产业的能量流进行了研究。我国也有学者开始关注社会经济系统中能量流分析的一些观点，但是目前我国尚缺乏应用 EFA 进行物质代谢效应分析的研究成果。

由于能量流和物质流是同一个物质代谢过程的两个方面，因此，能量流分析过程中遵循着与物质流相同的计算准则：① 遵循能量守恒定律，即在一个系统内，能量的输入总量等于能量输出量与系统内能量的净变化量之和；② 系统边界与物质流相同，存在两种边界，即社会经济系统与自然环境系统之间的边界和本国（或本地区）与其他国家（或地区）的行政边界。这里采用 2001 年 Haberl 对社会经济系统中能量流概貌的框架（图 7－7）来进行说明。

从图中可以得知，社会经济系统的能量代谢主要包含两方面：能量输入和社会经济过程中的能量使用（即可用能量）。一般在能量流分析过程中，主要计算直接能量输入

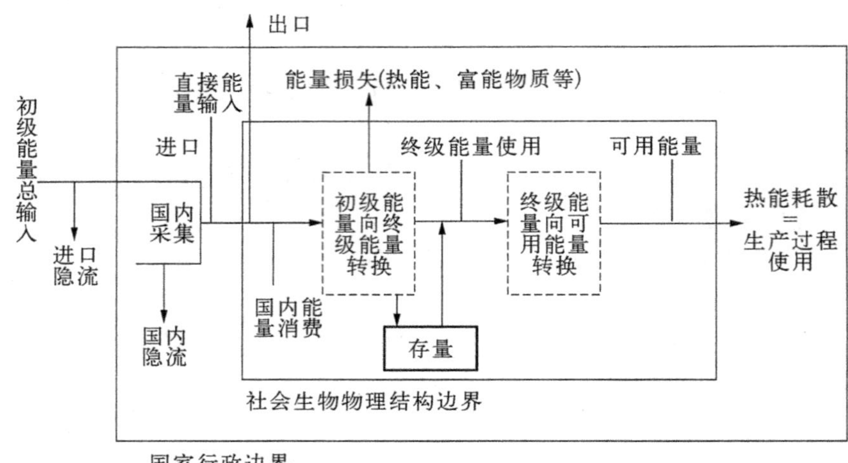

图 7-7 社会能量流框架概貌

(direct energy input, DEI)和国内能量消费(domestic energy consumption, DEC)两个指标。其中,直接能量输入=国内能源采集+进口;国内能量消耗=直接能量输入-出口。值得注意的是,这里的进口和出口基本上指的是所有进口和出口物质和产品的热值或卡值,但是由于现实统计数据的限制,一般只是从能量的角度计算那些比较重要的物质流,比如食物、饲料、纸。而且在计算初级能量时,隐流部分即能源开采过程中产生的生态包袱尚需计入,在能量流动过程中,这部分隐流带来的能量并未输入社会经济系统边界。图中的终级能量通常定义为出售给最终消费者的那部分能量,也就是,那些利用终级能量来提供能量服务的社会经济角色,比如电力供应。在能量使用过程中,能量服务是一些非实质性的服务,例如将一个人或者货物从 A 运输到 B,或者用来供应空调房间等。可用能量是指在实际工作和生产过程中为了保持能量平衡而消耗的那部分能量,如为了保持房间在一个固定温度而散失的热能,汽车加速的动力,灯管照明的光能散失。可用能量的计算可以通过终级能量乘以某一固定生产过程的能量利用效率来获得。

7.2.3 资源流分析

近年来,随着生态学思想在资源科学研究领域中的渗透,国内一些学者对资源流的理论与方法进行了探讨,认为资源流动反映了资源从"摇篮"流向"坟墓"的过程,揭示了资源在不同层次的形态和价值变化机理,以及资源与经济、环境的关系。一些学者,借鉴物理学中的场思维,构建了资源场理论分析框架,指出资源场力是推动资源流动的本质力量,并利用资源场论分析了山东省宁津县宁津镇张学武乡劳动力资源地域流动和部门流动的情况和趋势。刘春成等通过资源的"靶向性"来分析资源在区域间的流动机制。其中,将资源流动方法应用于资源研究的一个成功例子就是对森林资源流动的研究。苏筠等人研究了我国从"六五"到"九五"期间主要森林资源产品的流动状况,清晰地说明了我国不同时期森林资源及资源产品的空间格局和变化特征。闫丽珍等人借鉴"虚拟资源"的概念和方法，分析了中国玉米“北粮南运”的虚拟耕地资源流动，探讨了北粮南运对虚拟耕地贸易对中国耕地资源配置的影响。而虚拟水的研究则更为深入，对于引导水资源在更大区域内的合理配置起到重要作用。然而，由于工作量大等一些原因，资源横向流动过程中环境效应和社会经济效应的研究成果仍很缺乏。

1. 资源流的构成要素

资源流动过程复杂，它包含着许多重要的具有共性的元素，我们将其称之为资源流的构成要素，其中比较突出的是系统、物质、能量、价值、劳动力等。

1）系统　资源流分析的理论基础在于如图 7-8 所示的资源-环境-社会/经济-生态复合系统。在这个系统中，资源系统和社会经济系统被包含在生态环境系统中，社会经济系统与周围的环境系统是由物质流与能量流相联结。环境或生态系统中，只有那些为人类能够利用的稀缺性物质和能量，才称为“资源”，这些资源进入社会经济系统后，通过一定的循环、流动，一部分保留在社会经济系统中，其余将向环境和生态系统排放。

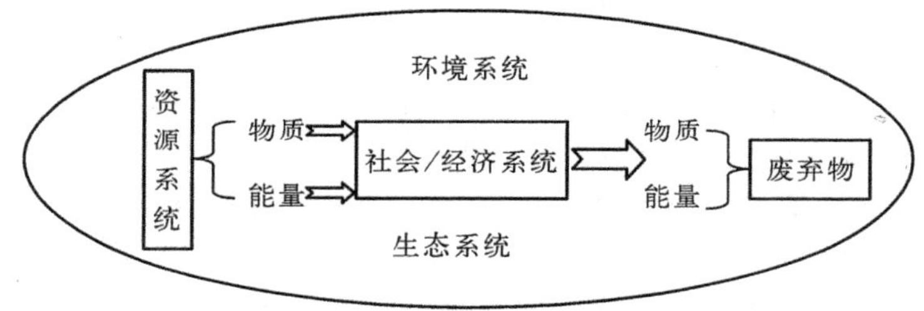

图 7-8　资源-环境-社会/经济-生态复合系统

2）物质　资源流动过程中物质形态多变，但一直遵循质量守恒定律，这与物质流分析是一致的。

3）能量　伴随着资源流过程中的物质流动，能量也在发生流动，其流动规律遵循热力学第一、第二定律。在流动中不断有损耗，不能构成循环（单向性），除部分热损耗是由辐射传输外，其余的能量都是由物质携带的，能流的特点体现在物质流中。但是能量每流过一个能级时，均有一定的损耗。

4）价值　价值流是资源流动过程中的表现，也可以看成是计量形式的体现。在资源流动过程中潜在使用价值与实际使用价值交替转化而形成价值流，在流动进程中价值不断增加。资源流动中价值增加的直接原因是由于人类劳动的投入，其间接原因是由于社会需求、供需区域差异等。伴随着价值的增值，可以通过价值规律来调节资源在不同空间位置、不同产业组群、不同消费链之间的正常运行。

5）劳动力　劳动力是资源流动过程中的生产者，具有主观能动性。伴随着资源的流动，劳动力也在时间和空间上发生变化，一方面由于就业、退休等导致劳动力数量的变化，另一方面在各产业部门、不同的地域分配情况的变化。劳动力的数量和质量决定了人类开发利用自然资源的能力。

2. 资源流的研究内容

资源流的研究内容主要可以分为两类：① 资源“横向流动”。它表明了资源在不同空间位置产生的位移和运动。无论是国际之间还是地区之间，都存在人力资源、资本资源、技术资源、自然资源的流动。这种流动有公平流动和不公平流动之分。伴随着资源流动，环境问题和生态问题也呈现类似的趋势。资源"横向流动"的深入研究，有助于正确分析区域差异，进而为国家和地区的公平发展和持续发展提供战略决策依据。"南水北调"是一种典型的资源流动工程，而"南粮北运"或"北粮南运"所隐含的其实也正是水资源与土地资源的流动。伴随着资源位移，无论是资源"调入地"还是"调出地"都会产生相关社会、经济和环境方面的效应。对于资源"横向流动"问题的研究，重点在于流动过程可能产生的相关效应。资源横向流动在某种程度上与"物流"有相同之处。但后者的范围似乎更广，贸易的色彩更浓。② 资源"纵向流动"。即资源从自然态经人类加工、消费、废弃后在形态、功能、价值等的转化过程。从某种意义上看，有些类似于生态学的"食物链"，产业生态学中的"产品链"、"生产链"。资源"纵向流动"不仅关注资源形态的变化过程，更为关注资源系统中的资源利用效率，包括物质循环效率、能量转化效率和经济效率。资源"纵向流动"的深入研究，有助于分析资源要素之间的关系，评价资源系统的运转效率，进而为以该资源为链条涉及不同部门的高效发展提供依据。

3. 资源流的主要分析方法

资源流动研究是在借鉴生态系统结构与功能分析基础上发展起来的，同时与产业发展存在着内在的关系。因此，其研究方法更多地来源于系统生态学与产业生态学的研究方法，特别是物质流分析、工业代谢方法、生命周期评价等，成为资源流研究的主要方法。

通过前面对物质流分析方法的介绍，了解到物质流主要是通过界定系统的物质输入与输出，评价经济活动中的物质使用强度、检测环境中的物质排放量及累计效应，研究对象既可以是企业，也可以是较为宏观的区域生态系统。运用物质流方法进行资源流分析，是按质量对资源进行"合成"，有其不足，主要表现在：① 运用 MFA 进行资源流的宏观分析中，经济系统中的一些大的资源流经常主宰以质量为基础的物质流指标，从而冲淡了其他资源流对指标的贡献，其最后分析得到的指标值并不能十分清晰地描述经济系统的资源流动状况；② MFA 只考虑资源的质量，忽略了资源流可能带来的环境影响，弱化了资源流指标与资源流动带来的环境影响之间的联系；③ MFA 采用质量加和的方法，并不能够充分反映经济价值流动。

工业代谢方法是基于模拟生物和自然界新陈代谢功能的一种系统分析方法。它根据质量守恒原理，对物质从最初的开采、工业生产到产品消费系统的使用，直至变成最终废弃物的全过程追踪。与以往分析方法的不同之处在于，工业代谢以环境为最终的考察目标，追踪资源流动的全过程，给出系统造成污染的总体评价，并力求找出造成污染的主要原因。但同时工业代谢分析也存在一些不足：① 工作量大。该方法需要的大部分数据存在于大量的监测报表、年鉴、行业数据库等数据源中，要将这些数据提取并加工，工作量相当大。② 仅关注代谢过程，忽视了其他影响。

生命周期评价是一种通过对能量和物质利用及由此造成的环境废物排放进行辨识和量化来进行研究的方法。通过编制系统的相关投入与产出的清单记录，评价与这些投入产出有关的潜在的环境影响，并根据生命周期评价的目的解释清单记录和环境影响的分析结果。生命周期评价遵循物质和能量"从摇篮到坟墓"的平衡原则，以确保一个阶段的改善会带动整个系统的改善，而不是简单地将问题顺延。生命周期评价方法具有一定的局限性，主要体现在3个方面：① 它是一种主观与客观相结合的分析方法，其结果因人而异，难以验证；② 它是一种环境管理工具，只考虑了生态环境、人体健康、资源消耗等方面的环境问题，不涉及技术、经济或社会效果方面；③ 它采用的原始数据和评估结果，都存在时间和地域上的限制。

7.2.4 人类留用的净初级生产量分析

净初级生产量(net primary productivity, NPP)是指绿色植物在太阳能光合作用下生物物质年生产总量，是所有异养生命的营养基础。一般来说，*NPP* 取决于气候条件(主要是温度、水及土壤质量)。农业社会的能源几乎完全取自生物物质，因此，农业社会的代谢强度不会超越 *NPP* 的极限。工业社会由于人类本身及养殖牲畜的需要使 *NPP* 占用量增加，但是由于化石能源的投入，*NPP* 的占用极限仍不足以构成威胁。1986年，为了表现人类社会对生态系统能量代谢的影响，Vitousek P. M. 等人首次提出 *HANPP* 的概念，并把它看成是人类控制地球生态系统的尺度。经过不断的发展，一些学者将 *HANPP* 与社会经济系统的物质代谢联系在一起考虑。甚至 Helmut Haberl 直接认为物质流与能量流账户的框架包含三部分含义：除了物质流账户和能量流账户，还包括人类留用的净初级生产量(*HANPP*)。最新的研究中有学者根据“联合国粮农组织”关于全球230个国家的数据编制了全球 *HANPP* 图，发现从全球来讲人类留用陆地净初级生产的比例约为20%；欧洲和中亚南部消耗其区域净初级生产的70%以上；南美的这一比例最低，约为6%。可见，陆地生态系统的净初级生产是人类社会关键的物质和能源的输入。不仅仅是农业社会的主要物质与能量来源，就是在工业社会，*HANPP* 输入仍然占全社会物质与能量输入的20%～40%。因此 *HANPP* 是将生态系统与社会经济系统的能量流联系在一起的一种有效的研究方法。

人类社会通过土地利用促使自然生态系统向农业生态系统或者其他土地覆盖类型转变，从而影响着净初级生产量的变化。*HANPP* 是以生态系统热能形式计算特定土地的利用程度，即回答在特定地域中人类转化了多少生态系统总能量？人类对特定土地的利用对该地区初级生产量的影响强度如何？人类占用多少净初级生产量(*NPP*)？当前，对于 *NPP* 的研究方法很多，从 *NPP* 模型研究现状而言，主要可以分为以下三类：① 气候生产力模型，主要是通过对气候因子(如温度、降水、蒸散量等)与植物干物质生产建立相关性，估算植物的 *NPP*。该模型简单，气候参数容易获取，但是却存在着估算结果以点带面、估算误差较大的缺点，一般适用于区域潜在 *NPP* 的估算；② 生态生理过程模型，是基于植物生长发育和个体水平动态以及生态系统内部功能过程的仿真模型。该类模型可以模拟、预测全球变化对 *NPP* 的影响，估算结果较准确，但存在模型复杂、参数较多且难以获得以及区域尺度转换困难的缺点。一般适用于空间尺度较小、均质斑块上 *NPP* 估算；③ 光能利用率模型(又称遥感数据驱动模型)，该模型基于资源平衡的观点，即假定生态过程趋于调整植物特性以响应环境条件，认为植物生长是资源可利用性的组合体，物种通过生态过程的排序和生理生化、形态过程的植物驯化，就趋向于所有资源对植物生长有平等的限制作用。该模型的优点在于遥感可获得全覆盖数据，适宜于向区域及全球推广，并

可以获得 NPP 的季节和年际动态，适用于区域及全球尺度上的 NPP 估算。可见，光能利用率模型适用范围较广，也是目前较多采用的方法，故这里对光能利用率模型的 NPP 估算方法进行介绍。

由于光能利用率模型认为所有资源对植物生长有平等的限制作用，则任何对植物生长起限制性的资源（如水、光照等）均可用于 NPP 的估算。它们之间可以通过一个转换因子联系起来，这一转换因子可以是一个复杂的调节模型，也可以是一个简单的比率常数。NPP 和限制性资源的关系可用公式表示如下：

$$NPP = F_t \times R_u \tag{7.4}$$

式中，F_t为转换因子；R_u为吸收的限制性资源。

光合有效辐射（PAR）是植物光合作用的驱动力，是植物 NPP 的一个决定性因子，而植物吸收的光合有效辐射（$APAR$）则尤为重要。著名的 Monteith 方程就是建立在此基础之上。

$$NPP = APAR \times \varepsilon \tag{7.5}$$

式中，ε 为植物光能利用率，它受水、温度、营养物质等的影响。

$HANPP$ 可以采用不同的单位表示，如可用物质流表示（干物质生物量/kg），也可用物质流（碳/kg）或能量流（焦耳）表示，还可以表示为占潜在净初级生产力的比例，采用不同的单位，计算结果各有不同的范围。$HANPP$ 包括潜在 NPP（NPP_{O}）、实际 NPP（NPP_{act}）、存留在生态系统中的 NPP（NPP_{t}）和收获的 NPP（NPP_{h}）。原则上可以计算某地区每平方米的 $HANPP$，但实际上土地都是划分为单元（单元格、多边形、同一土地覆被类型等），这些单元与净初级生产潜力、实际的 NPP 和收获的 NPP 相对应。如果这些单元在空间上划分得很明确（单元格，或者 GIS 中的多边形），就能够利用计算结果制图，并可以进行人类对生态系统利用的空间模式分析；如果计算结果是某个国家或全球的，则根据潜在或实际的初级生产力对面积模糊的赋以权重，而不是依据对人类的有用性来赋以权重。

如果 $HANPP$ 的计算中包括不同的土地单元，则是根据土地实际或潜在的生物性质（如初级生产力）而不是根据它的社会经济价值来计算。当然，土地的实际 NPP 是生物潜力与人类管理联合作用的结果，决定着土地对人类的有用性。NPP_{O} 和 NPP_{act}之间的差异能够评价土地利用的效率：如果 NPP_{act}小于 NPP_{O}，则土地生产率低，导致必须用更多的土地来生产满足人类需求相同数量的生物量。

$HANPP$ 方法不依赖人类的喜好、经济制度、技术等因素，只要有充足的数据，就可以计算比较从狩猎社会到工业化社会等不同类型人类社会的 $HANPP$。$HANPP$ 的主要特点是能够与景观生态学相结合，进行空间分析或进行生态系统功能的分析。$HANPP$ 的构成也能反映重要的信息，例如，若一国家的土地管理措施导致 NPP_{act}的持续下降，则预示环境恶化。而且，$HANPP$ 各组成之间的关系，例如 NPP_{h}和 $HANPP$，或者 NPP_{act}与 NPP_{O}之间的关系都会反映土地利用随时间变化的趋势。此外，$HANPP$ 增加意味着土地覆盖发生变化，从而引起生态系统生物存量的减少，从陆地向大气的碳流量增加。

7.2.5 生态足迹分析

1992 年，加拿大生态经济学家 William. Rees 提出生态足迹方法，并由他的学生 M. Wackernagel 在 1996 年进一步完善。生态足迹通过将社会经济系统中物质流与能量流转换成相应的土地与水域面积，追踪人类社会物质与能量的需求量。该方法由于可以提出一个人类社会物质代谢对环境胁迫状态的具体量化指标（即生态赤字）以及并不复杂的计算方法，从而得到了广泛应用。它主要用于判断一个区域社会经济系统的物质代谢强度是否处于生态承载能力的范围内。因此，有学者指出生态足迹是以生物生产性空间作为可更新能力的代名词，用之度量进出社会经济系统的物质流和能量流，以此刻画社会与生态系统之间相互作用关系。从本质上讲，它是一种基于社会经济代谢的非货币化的生态系统评估工具。国际上对于生态足迹的研究主要从全球尺度、国家尺度和区域尺度展开。但总体而言，生态足迹对于城市代谢和工业代谢的某些特征及一些特定资源流的描述还无法发挥有效的作用。

1. 基本假设

生态足迹指标通过测定人类为了维持自身生存而利用自然资源的数量来评估人类对生态系统的影响。同许多类似的资源流量平衡一样，生态足迹仅考虑了资源利用过程中经济决策对环境的影响。生态足迹计算基于以下两个基本假设：① 人类可以确定自身消费的绝大多数资源及其所产生废弃物的数量；② 这些资源和废弃物流能转换成相应的生物生产土地面积，它假设所有类型的物质消费、能源消费和废水处理需要一定数量的土地面积和水域面积。

2. 生物生产土地分类及均衡化处理

根据生产力大小的差异，地球表面的生物生产性土地可分为 6 大类：耕地、牧草地、林地、建筑用地、化石能源土地和海洋（水域）。由于这六类生物生产面积的生态生产能力不同，要将这些具有不同生态生产力的生物生产面积转化为具有相同生态生产力的面积来计算生态足迹和生态承载力，需要对计算得到的各类生物生产面积乘以一个均衡因子，某类生物生产面积的均衡因子等于全球该类生物生产面积的平均生态生产力除全球所有各类生物生产面积的平均生态生产力。均衡处理后的 6 类生态系统的面积即为具有全球平均生态生产力的、可以相加的世界平均生物生产面积。生态足迹的单位是“ghm^2”（global hectare），即“全球性公顷”，一个单位的“全球性公顷”，相当于 1 hm^2 具有全球平均产量的生产力空间。

3. 生态足迹计算的技术路线

1) 生态足迹的计算　　公式如下：

$$NF = N \times ef,\ ef = \sum_{i=1}^{n}(aa_i) = \sum_{i=1}^{n}(c_i/p_i) \tag{7.6}$$

式中，i 为所消费的商品和投入的类型；p_i 为 i 种消费商品的平均生产能力；c_i 为 i 种商品的人均消费量；aa_i 为人均 i 种交易商品折算的生物生产性土地面积；N 为人口数；ef 为人均生态足迹需求；EF 为总的生态足迹需求。

2）生态承载力的计算　由于不同国家或地区的资源禀赋不同，不仅单位面积耕地、草地、林地、建筑用地、海洋（水域）等的生态生产能力差异很大，而且单位面积同类型生物生产面积的生态生产力也差异很大。因此，不同国家和地区同类生物生产土地的实际面积是不能进行直接对比的，需进行调整。不同国家或地区的某类生物生产面积所代表的局地产量与世界平均产量的差异可用"产量因子"表示。某个国家或地区某类土地的产量因子是其平均生产力与世界同类土地的平均生产力的比率。将现有的耕地、牧草地、林地等物理空间面积乘以相应的均衡因子和当地的产量因子，得到带有世界平均产量的世界平均生态空间面积——生态承载力。则人均生态承载力计算公式为：

$$ec = a_j \times r_j \times y_j,\ (j = 1, 2, 3, \cdots, 6) \tag{7.7}$$

式中，ec 为人均生态承载力；a_j为人均生物生产面积；r_j为均衡因子；y_j为产量因子。

最后，对生态足迹和生态承载力的计算结果进行比较，如果生态足迹大于生态承载力，形成生态赤字，说明人类社会的代谢规模和强度是不利于可持续发展的；反之，如果生态足迹小于生态承载力，则形成生态盈余，利于可持续发展。

7.3　物质代谢应用研究

7.3.1　物质代谢相关应用领域

1. 土地利用/覆盖变化与物质代谢

土地利用是物质代谢活动赖以进行的支撑平面。自从人类诞生以来，土地利用与社会代谢过程一直是密不可分的关系。① 为满足人类自身生存与发展的需要，人类社会从自然环境中获取物质和能源需要各种类型的土地作为支撑，特别是生物能的获取尤其依赖于土地生产面积的大小。比如从农用地中获取生物物质、从矿产用地获取矿物等；② 人口数量的增加和社会经济的发展需要进行房屋和基础设施建设、农用地开垦等，这都需要占用大量土地，并根据社会经济目的不断地改变土地利用功能，从而引起土地利用覆盖格局的相应变化；③ 社会经济活动需要物质和能源的运输、储存、转换、消费以及废弃物的处置，所有这些活动都与土地利用密切相关。可见，人类社会内部的物质交换，及其与自然环境之间的一切物质交换必须以占用一定的土地面积为前提。

土地利用变化从景观尺度上反映了人类对自然生态系统的影响方式及程度，土地利用及其引起的地表景观格局的变化不仅是引起地表各种地理过程变化的主要原因，亦是区域环境演变的重要组成部分。随着人类社会经济需求的改变，土地利用功能和格局时刻发生着变化，从而改变了社会代谢过程的输入、输出种类及规模。农业社会的代谢主要依赖于土地面积的生物物质及生物能生产，而工业化社会则主要依赖于化石燃料或核能。因此，由农业社会向工业化社会过渡时，社会经济发展必然导致土地利用变化。然而，土地利用变化在改变着物质代谢过程中，自身也在不断发生变化。一方面土地利用变化是全球变化的驱动力，正是由于土地利用变化改变了下垫面的性质，引起气候、水文、地貌过程的改变和物质循环、能量转换的改变；另一方面，又是人类对社会代谢效应的反馈，即由于物质代谢变化过程中对自然环境产生扰动效应，促使人类不断地改变土地利用方式以适应环境的变化。可见，土地利用变化驱动着区域物质代谢演变，而物质代谢演变引致区域土地利用变化，两者之间相互联系、相互制约。不合理的利用土地，增加代谢废物种类和数量的吐出，会引起一系列环境效应，比如水文特征的变化、农业面源污染、自然灾害等。环境效应对人类社会的反馈，又进一步影响着人类对于社会发展方向和资源利用模式的调整，这些又将引起物质代谢规模和土地利用变化的一系列反应。只有人类正确处理土地资源利用系统与其他资源子系统之间的关系，才能高效地利用土地资源，社会代谢过程良性运转。

目前，国际上对土地利用/覆盖变化(land use and land cover change，LUCC)及其驱动机制的研究进展迅速，对于土地利用变化引起的环境效应更是引起了学术界广泛的关注。土地利用是人类对陆地生态系统的殖民化(colonization)，也就是人类通过土地利用这种社会经济手段有目的地干涉生态系统，使之朝着有利于社会发展的方向变化。有学者在研究奥地利从农业社会向工业社会转变的过程中物质代谢变化时，发现土地利用/覆盖变化与社会经济系统的物质代谢关系密切。比如，进入工业社会以后，化石能源的使用给奥地利的土地利用方式和土地覆盖带来一定冲击，造成耕地集中于低洼肥沃的区域，而山地区域的耕地被放弃，草地也从低洼区域退出。因此，在一定程度上，物质代谢变化触发土地利用/覆盖的变化，反之，土地利用/覆盖的变化也导致社会经济系统中的物质代谢特征发生变化。但是在分析土地利用/覆盖变化的驱动因素时，很少有研究成果清晰地考虑社会经济系统物质代谢的驱动作用。由于土地利用/覆盖变化影响着全社会的净初级生物物质产量，2003 年，Wrbka 等人通过计算 HANPP，将社会经济系统的物质代谢行为与土地利用强度的变化联系起来。当前，国内学者黄贤金等人探讨了区域土地利用变化的物质代谢响应机制，指出区域土地利用方式、土地利用强度及土地利用格局等直接影响着物质代谢效应，并且以江苏省为例进行了实证分析，研究发现土地利用强度越高，物质代谢通量越大，但是物质代谢效率越低。但是总体而言，现阶段国际上针对土地利用变化的物质代谢响应的系统研究成果尚不多见。

2. 自然环境效应与物质代谢

人类社会经济系统的线性代谢不同于生态系统的循环代谢。生态系统的每一次输出同时也是维持自然环境的输入，不存在废弃物的概念；而线性模式的代谢过程中，输入与输出的物质流并没有被加以联系考虑，资源输入过程中产生对环境的干扰，引起环境的退化；输出过程中又影响着生态系统中大气和水环境，同时也在不断改变着地表景观。早在 1965 年 Wolman 就以美国纽约市为例，指出充足的水资源供应、有效的污水处理、空气污染的防治将成为城市增长过程中越来越尖锐的代谢问题。1998 年，Stefan Anderberg 对工业代谢与经济发展、自然环境之间的关系进行了探讨，发现过去几十年来，尽管西方工业国家工业生产过程中释放的污染性气体减少，但是家庭污染确呈现上升趋势，比如酸雨、水体富营养化和化学污染的扩散，因此，区域和全球的气候变化问题仍然存在，并指出工业发展最严重的结果就是改变了环境的地质化学作用，应该从人类行为和政策等角度进行自然环境效应与物质代谢的研究。德国学者 Stephan Pauleit 等人对慕尼黑城市代谢过程中的水文特征进行了分析。国内学者主要是城市代谢角度出发，探讨水环境、地质环境与物质代谢之间的关系。城市生态环境效应包括3个方面：① 改变能量流；② 改变物质流；③ 打破力的平衡，引起土壤侵蚀、塌方等问题。可见，工业化、城市化造成的资源枯竭正在改变着区域的物质代谢构成，从而直接影响着地球化学循环的物质组成。一些学者认为城市水资源环境问题日益突出，实际上是由于城市物质代谢失衡的结果造成的。另外，谭卓英和罗攀都对城市物质代谢过程中的地质环境效应进行了研究。

3. 可持续发展与物质代谢

Daly和Cobb认为“任何导致非再生资源减少的发展不是可持续发展”。Ayres在研究工业代谢过程中，指出工业代谢活动是否可持续，关键是看它是否形成闭环流动，使之能够最大化的循环利用资源和最小化的浪费资源。Newman在研究城市代谢与可持续发展过程中，提出城市的可持续发展目标：即减少对自然资源的需求和废物的产出，同时提升城市的居住适宜性，从而能更好地适应区域的生态承载力。Ayres和Newman的观点得到了Fridolin Krausmann等人的响应，他认为人类社会与自然界之间的关系用物质代谢观点来解释，存在两种可持续性问题：问题一存在于社会经济系统的输入边界，即资源缺乏的可持续性问题；问题二存在于社会经济系统的输出边界，即污染物排出的问题。并建议将反映物质代谢的一些定量指标纳入到可持续发展的政策考虑中。也有一些学者认为社会经济系统中可持续的物质代谢最基本的需求包含3个方面：①“解毒”(detoxification)，即消除污染和控制化学品的扩散；②“解压”(dematerialization)，即提升资源的利用效率，转换成可以重新利用的资源，达到减少代谢吞进的物质数量的目的；③“解耦”(decoupling)，即GDP增长而环境污染物零增长或者负增长。Helmut Haberl等人分析了社会经济系统中的物质代谢与可持续发展之间的关系，并直接指出“可持续发展研究就是在不同时空尺度上分析社会经济系统与自然界的相互作用”。国内学者也从不同角度进行了物质代谢与可持续发展之间的理论探讨。王奇等从国际贸易出发研究了物质交换行为与可持续发展的关系，发现发达国家在很大程度上依赖于其他国家内部自然资源与环境的支撑，应从代内公平角度来考虑实现全球的可持续发展。李刚认为可持续发展应尽量减少资源的消耗和污染物排放，从而减轻生态系统的压力。

4. 循环经济与物质代谢

长时期以来，人类经济社会运行的物质代谢方式一直没有改变，唯一改变的是物质代谢规模。因此，有学者指出：全球当前和未来的物质态势规定了循环经济是人类未来必然要发展的一种经济形态，循环经济的物质基础是循环利用的物质，停止使用不可循环利用的不可再生物质是人类实现可持续发展的必要条件。从根本上讲，循环经济是由循环的物质产生的经济，其最本质的问题就是物质代谢，区域物质输入流与输出流之间的协同性是区域循环经济发展成功与否的关键。因此，应该从物质代谢入手，从产品的整个生命周期来研究经济系统与生态环境之间的物质流动规律，以形成闭合的物料循环系统。目前，国际上一些国家采用物质流分析方法来表述国家资源投入、废弃物产生和废弃物再生利用的概况，并在物质流分析方法框架的基础上建立了循环经济的评价指标体系。比如，日本在建立循环经济法律体系的基础上，采用MFA方法制定了具体的发展目标，明确制定出循环型社会推进计划。国家环境保护总局的周国梅等人，提出物质流分析是循环经济的重要技术支撑,物质流分析和管理是循环经济的核心调控手段。因此,建立循环经济发展模式的基本方法是应用物质流管理方法对不同层面的模式进行科学规划。清华大学的刘滨等人尝试了以物质流分析方法为基础,建立了我国循环经济指标体系。林积泉等人通过模仿生态系统中的物质代谢过程,设计了工业企业循环经济产业链。黄贤金等将物质代谢分析方法引入循环经济研究领域,从而为评价区域循环经济发展提供了新的方法支撑。

从物质流分析与管理和循环经济的相互关系来看,物质流分析和管理的调控作用主要体现在以下几个方面。

1) 减少物质投入总量　在社会经济活动中,物质投入量的多少直接决定资源的开采量和对生态环境的影响程度。特别是对于不可再生资源,物质投入量的减少就直接意味着资源使用年限的增加,其对整个社会经济和环境的意义是极为显著的。因此,循环经济强调要在减少物质总投入的情况下实现社会经济目标。通过减少物质总投入,实现经济增长与物质消耗和环境退化的“分离”。如何在减少物质投入总量的前提下保障经济效益?通过技术和管理手段,不断提高资源利用率和增加资源循环使用量是两个关键。

2) 提高资源利用效率　资源利用效率反映了物质、产品之间的转化水平,其中生产技术和工艺是提高资源利用效率的核心。通过物质流分析,可以分析和掌握物质投入和产品产出之间的关系,并通过技术、工艺改造和更新,提高物质、产品之间的转化效率,提高资源利用效率,达到以尽可能少的物质投入达到预期经济目标的目的。

3) 增加物质循环量　通过提高废弃物的再利用和再资源化,可以增加物质的循环使用量,延长资源的使用寿命,减少初始资源投入,从而最终减少物质的投入总量。工业代谢、工业生态链、静脉产业等都是提高资源循环利用的重要内容和实现形式。有关资料表明,2000 年日本总的物质循环利用率达到 10%左右,所循环利用的大都是资源短缺或价值较高的废旧物质,如废钢、废铝、废塑料等。但是,大量的物质在目前的经济、技术水平上还是没有得到很好循环利用或根本无法循环利用。

4) 减少最终废弃物排放量　在社会经济活动中,通过提高资源利用效率,增加物质循环量,不但可以减少物质投入的总量,同时也可以实现减少最终废弃物排放的目的。因此,在发展循环经济过程中,生产工艺和技术的进步,生态工业链的发育和静脉产业的发展壮大,可以通过提高资源使用效率、增加物质循环和减少物质总投入,达到减少最终废弃物排放量的目的。

7.3.2　物质代谢的实证分析

苏州市位于长江三角洲太湖平原的东部,东邻上海,濒临东海,南连浙江,西傍无锡,北枕长江,地理位置优越。资源本底特征表现为生物资源丰富,是主要粮食作物的生产基地,矿产资源以建筑材料矿石为主,而能源矿产极度缺乏。改革开放以来,苏州由一个以传统消费为主的地区,发展成为全方位对外开放的新兴工业化城市。2005 年,苏州市实现地区生产总值 4 026.52 亿元,人均生产总值 66 300.89 元,财政总收入 718.10 亿元。其中,地区生产总值占全国同等城市第 4 位,地方预算收入排第 6 位,进出口总额居全国第3位。但是，伴随着经济的增长和发展，居民的物质需求发生很大转变，一是饮食习惯发生转变，对人均口粮等生物物质需求下降，二是对住房、交通等建筑材料和能源物质需求旺盛，造成自然资源的消耗和废弃物的产生也逐渐增多，给环境带来了巨大压力。

苏州市单位土地面积上的用水总量从1997年的4 813.58 m^2/hm^3 上升到2004年的7 150.57 m^3/hm^2，共上升了2 336.99 m^3/hm^2，占1997年单位土地面积水耗的48.55%。而1996年，苏州的终端能源消费量仅有705万t标准煤，到2005年苏州的终端能源消费量已经达到了4 358万t标准煤，约是1996年能源消费量的6.18倍。2005年，苏州万元地区生产总值的能源消耗为1.08 t标准煤，超过江苏省平均水平0.92 t标准煤，并高于同期上海(0.88 t标准煤)和深圳(0.58 t标准煤)的万元地区生产总值的消耗量。

1. 分析框架及账户构建

根据社会代谢理论以及物质流分析方法，选定苏州市行政管辖区域整体作为分析对象，分析1996～2005年苏州社会经济系统的代谢状况。

1) 系统边界　苏州市物质代谢分析涵盖了苏州市整个生产活动(一、二、三产业)以及人的各种消费活动。研究的系统边界即苏州市行政区域，1998年以前行政区域总面积是867.146千公顷，从1998年开始，由于太湖部分水域面积的调整，区域土地总面积变更为848.78千公顷。根据数据的获取现状，将研究的时间跨度设为1996～2005年。

2) 分析指标选择　根据苏州市已有的基础数据，选取投入面和排放面的DMI、TMR、DPO、TDO、DMO、DMC这六个基本指标进行物质流分析。

3) 物质流账户构建　由于参与社会经济系统物质代谢过程的物质种类和规模巨大，因此统计难度颇大，其中有相当一部分物质成分没有纳入现行社会经济系统的核算体系。故为直观反映苏州市物质代谢的规模，按照以下方法对苏州市社会经济系统输入与输出的物质进行分类：① 结合世界资源研究所(WRI)和欧盟物质流分析指导手册中对于物质大类的划分，同时又参考苏州本地的资源基础，即根据苏州市区域内所分布的资源进行物质大类以下的小类细分。这样既可以从账户中直观苏州市资源的本底特征，又便于在计算方法上与目前世界上常用方法保持一致，利于和其他国家进行对比分析；② 依据苏州市社会经济发展的历史特征和现状，结合与苏州市社会经济发展有着密切关系的物质分类，并在苏州市现有各项统计资料的基础上进行，这样能够保证数据的完整性和延续性。根据以上分析框架以及苏州市物质类型划分的方法，构建了区域物质流账户(表7-2)。

根据欧盟指导手册将苏州市输入物质大体分为化石燃料、金属矿物、工业非金属矿物、建筑非金属矿物、生物物质以及开采这些物质所产生的隐流(即生态包袱)6种类型，另外在进出口过程中还加入了制成品和半制成品；输出物质大体划分为污染物排放、耗散性物质及其相关隐流。

2. 物质投入指标分析

根据前面对社会代谢理论和物质流分析方法的介绍了解到：物质投入类指标主要包含直接物质投入量(*DMI*)、物质总需求(*TMR*)，则依次对这两类指标进行分析。

首先，通过对1996～2005年苏州市直接物质投入量(*DMI*)账户的分析，发现苏州市的物质投入呈现出以下几个显著特点。

表 7-2 苏州市物质流账户计算数据表

<table>
<tr><td colspan="6">1. 物质流输入账户</td></tr>
<tr><td colspan="2">1-1 市内输入(苏州市本地采掘)</td><td>1-2 市内隐流</td><td colspan="2">1-3 市外进口</td><td>1-4 市外进口隐流</td></tr>
<tr><td rowspan="3">① 化石燃料项(开采量)</td><td>原煤、原油</td><td rowspan="3">① 开采化石能源的非使用开采量</td><td rowspan="3">① 化石燃料项(开采量)</td><td>原煤</td><td rowspan="3">进口商品的原料吨当量</td></tr>
<tr><td>天然气</td><td>原油</td></tr>
<tr><td>焦炭……</td><td>天然气……</td></tr>
<tr><td rowspan="3">② 金属矿物项</td><td>铅</td><td rowspan="4">② 开采金属及非金属矿物的非使用开挖量</td><td rowspan="2">② 金属矿物项</td><td>铜、铝、铅、锌、锡、镍</td><td rowspan="13">进口商品的非直接使用开采量</td></tr>
<tr><td>锌</td><td>铁矿砂及其精矿……</td></tr>
<tr><td>铜……</td><td rowspan="2">③ 工业非金属矿物项</td><td>盐</td></tr>
<tr><td>③ 工业非金属矿物项</td><td>高岭土……</td><td>沥青、硫磺、高岭土……</td></tr>
<tr><td rowspan="6">④ 建筑非金属矿物项(开采量)</td><td>砂石</td><td rowspan="9">③ 建筑材料开采的非使用开挖量</td><td rowspan="6">④ 建筑非金属矿物项(开采量)</td><td rowspan="2">水泥</td></tr>
<tr><td>建筑用砂岩</td></tr>
<tr><td>建筑用花岗岩</td><td rowspan="2">花岗岩</td></tr>
<tr><td>普通黏土</td></tr>
<tr><td>建筑用灰岩</td><td rowspan="2">普通黏土……</td></tr>
<tr><td>水泥用石灰石</td></tr>
<tr><td rowspan="3">⑤ 生物性物质项(采掘量)</td><td>农业产品及副产品</td><td rowspan="3">⑤ 生物性物质项(采掘量)</td><td>农业产品及副产品</td></tr>
<tr><td>林业产品</td><td>林业产品</td></tr>
<tr><td>水产品……</td><td>水产品……</td></tr>
<tr><td colspan="6">2. 物质流输出账户</td></tr>
<tr><td colspan="2">2-1 本市污染输出</td><td>2-2 耗散性物质</td><td>2-3 对外输出</td><td>2-4 市内隐流</td><td>2-5 市外隐流</td></tr>
<tr><td>排放于水中的污染物</td><td>氮、磷及其他有机物……</td><td rowspan="4">耗散性使用:化肥、农家粪肥、污泥、种子等</td><td rowspan="2">化石燃料项</td><td rowspan="8">同 1-2 市内隐流</td><td rowspan="8">与出口商品相关的未使用开挖量</td></tr>
<tr><td rowspan="3">表土上的废弃物</td><td>污水处理厂污泥</td></tr>
<tr><td>生活垃圾</td><td rowspan="2">金属及非金属矿物项</td></tr>
<tr><td>工业固废……</td></tr>
<tr><td rowspan="4">排放于大气中的污染物</td><td>CO_2</td><td rowspan="4">耗散性流失:化学品事故、天然气漏出等</td><td rowspan="2">生物性物质项</td></tr>
<tr><td>NO_x</td></tr>
<tr><td>SO_2</td><td rowspan="2">制成品及半制成品</td></tr>
<tr><td>烟尘和粉尘</td></tr>
</table>

1）从物质来源看　研究期间苏州市直接物质投入构成明显体现出以市外物质输入为主的特征(图 7-9)。从历年物质输入均值来看，市内输入的物质为 1 167.90 万 t，占直接物质投入的 31.59%，市外输入的物质达到 3 174.76 万 t，占直接物质投入的 68.41%，约是市内输入物质的 2.7 倍。从图中还可以发现，1996 年以来，苏州市对市外输入物质的依赖度越来越大，市内与市外物质输入之间的差距快速扩大。1996 年，苏州市内与市外物质输入的差距仅为 253.47 万 t，而到 2005 年，两者之间的物质输入差距达到 6 694.92 万 t，约是 1996 年两者之间差距的 26 倍。

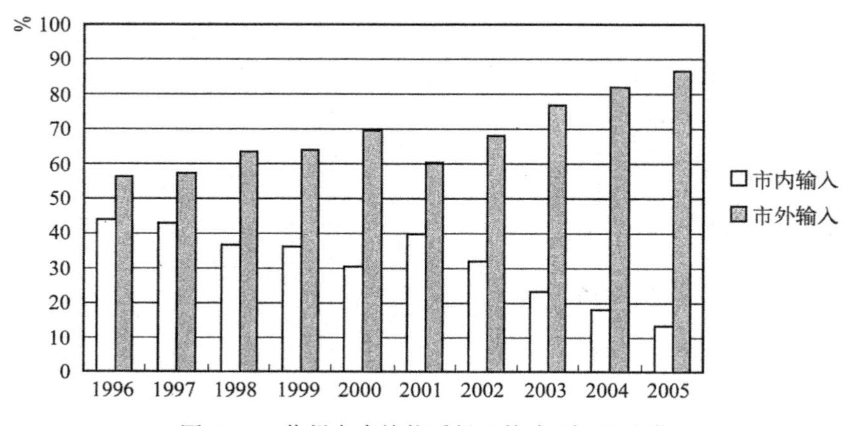

图 7-9　苏州市直接物质投入构成(来源)变化

2）从物质分类来看　① 1996～2005 年，苏州市直接物质投入平均构成以化石燃料和建筑材料为主(图 7-10)，两者占直接物质投入总量的比例分别达到了 41.68%和 32.27%，其次是生物物质和金属矿物的输入，分别达到了 12.56%和 6.41%，工业非金属投入最少，仅占 2.45%。② 化石燃料和工业金属及非金属矿物的输入明显表现出以市外输入为主的特征，市内化石燃料输入仅占 *DMI* 的 0.78%。而建筑材料和生物物质的输入则是以市内输入为主，分别占到 *DMI* 的 22.00%和 8.16%，约是市外输入同类物质的两倍。这与苏州市资源的本底特征是完全吻合的，即化石能源资源和金属矿产资源

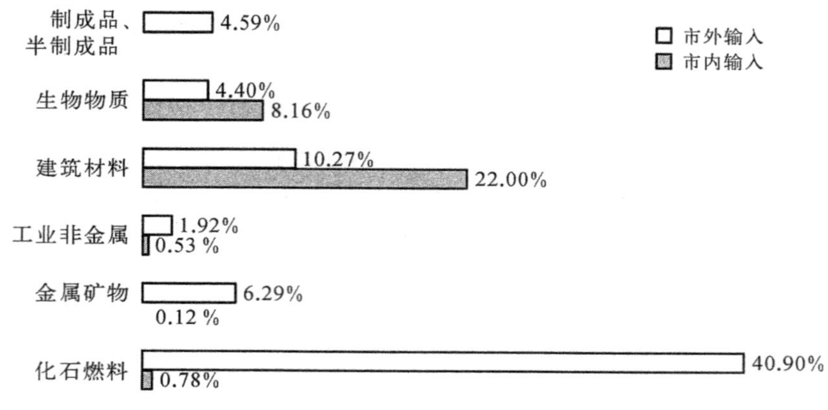

图 7-10　苏州市直接物质投入平均构成(种类)

缺乏、以建筑矿物为主的矿产格局。③ 1996～2005年，各种类型的物质投入总量均呈现出逐年增加的趋势（图7-11），而各类物质投入占*DMI*的比重在不同年份有所变化。其中，化石燃料、金属矿物和制成品和半制成品占*DMI*的比重不断提高，建筑材料和生物物质占*DMI*的比重呈现出下降的趋势，工业非金属矿物占*DMI*的比重在稳定水平下略有增加。

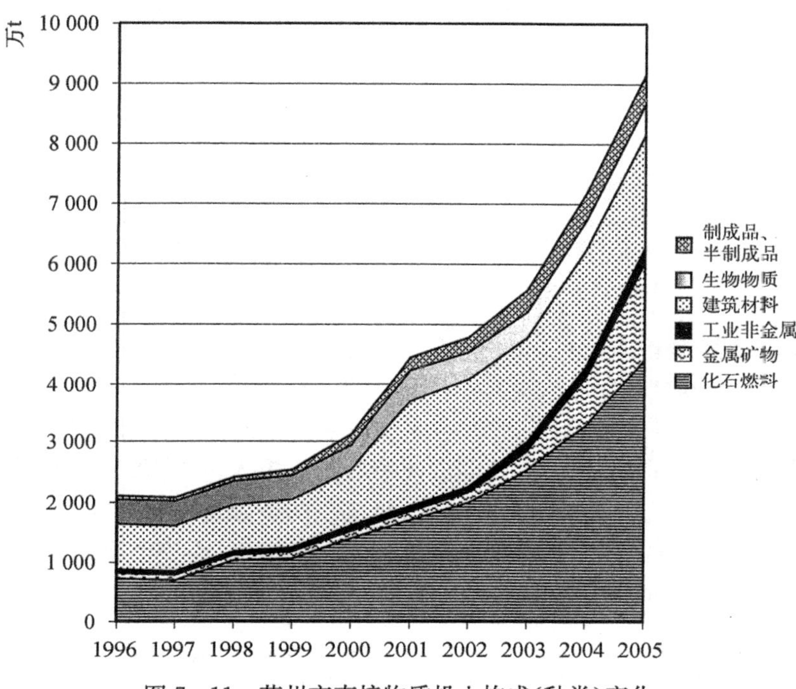

图7-11 苏州市直接物质投入构成（种类）变化

3）从直接物质投入（*DMI*）的总体变化来看 2000年以前苏州市的*DMI*水平增长缓慢，在区间（2 000，3 000）内徘徊，平均变速为247.32万t/年；2000年以后*DMI*水平呈现出快速上升的态势，分布于区间（3 000，10 000）内，平均变速达到了1 206.43万t/年，约是前一阶段的5倍（图7-12）。

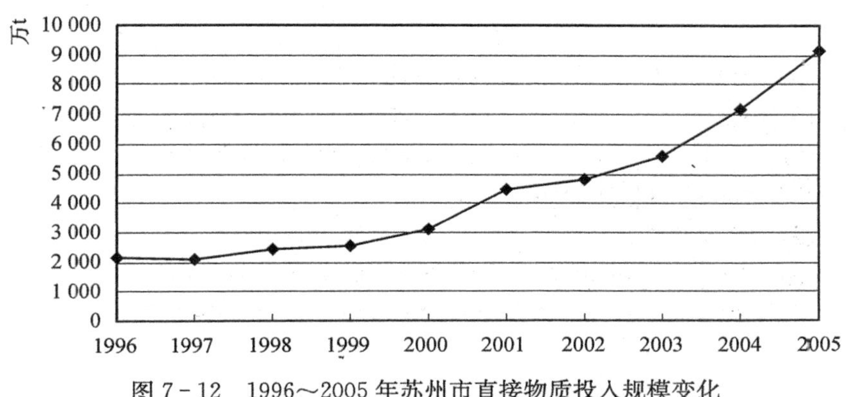

图7-12 1996～2005年苏州市直接物质投入规模变化

其次，对 1996～2005 年，苏州市物质总需求(*TMR*)账户进行分析，发现苏州市物质总需求存在以下几个特征。

1) 从物质总需求的规模变化来看　研究期间，苏州市物质总需求一直处于快速上升的趋势(图 7－13)，从 1996 年的 17 415.79 万 t 增加到 2005 年的 78 987.09 万 t，约是 1996 年的 5 倍，年变化率达到 39.28%。

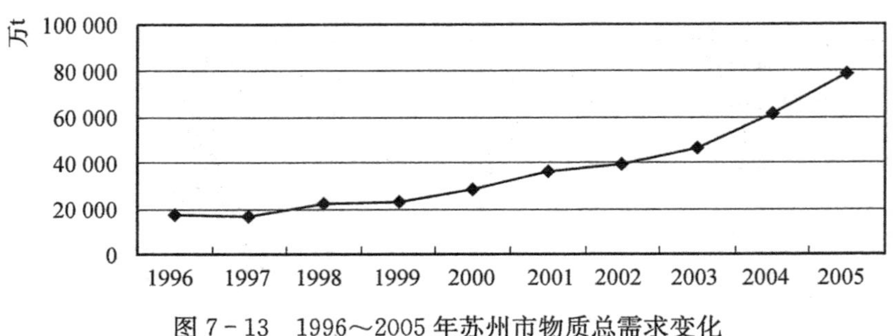

图 7－13　1996～2005 年苏州市物质总需求变化

2) 从物质总需求的组成(图 7－14)来看　1996～2005 年，苏州市 *DMI* 以及市内和市外隐流的平均规模从高到低排序依次为：市外隐流(30 365.47 万 t)＞*DMI*(4 342.66 万 t)＞市内隐流(2 170.50 万 t)。可见，苏州市物质总需求以市外隐流的比重最大，占 *TMR* 的 81.68%，约是市内隐流的 14 倍。这说明苏州市在物质投入过程中，给市外进口地区的生态环境造成了很大的压力，这主要是由于苏州是典型的资源贫瘠的地区，市内开采对区域环境的压力较小，而化石能源和矿产主要是依赖于市外输入，而该类物质的开采过程中产生的生态包袱都比较巨大。

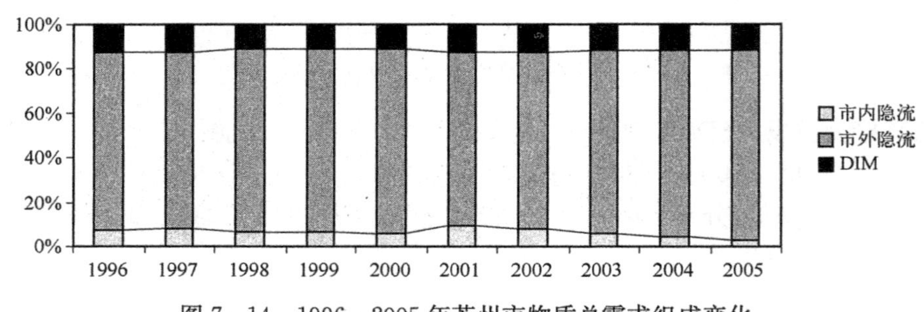

图 7－14　1996～2005 年苏州市物质总需求组成变化

3) 从苏州市内和市外隐流的组成变化来看　从 2001 年开始，市内隐流占 *TMR* 的比重在持续下降，从 2001 年的 9.36%下降到 2005 年的 3.20%；而市外隐流占 *TMR* 的比重却在不断上升，从 2001 年的 78.29%上升到 85.23%，共增加了约 7 个百分点，说明从 2001 年开始苏州市对进口物质的需求逐渐增强。

3. *物质排出指标分析*

物质排出过程中比较重要的指标包括区域内过程排出量(*DPO*)、物质直接排出量(*DMO*)和区域总排出量(*TDO*)。*DMO*＝*DPO*＋出口，它直接反映了物质使用后进入环境或流向境外的物质流。区域物质总排放通常被视为一个区域潜在的环境冲击指标，它相当于区域内过程排出(*DPO*)与未进入经济领域的隐流之和。

首先，进行苏州市生产、使用和消费过程中的物质排放量(DPO)账户以及物质直接排出量(DMO)账户的分析，发现呈现出如下特点：

1) 从区域内生产、消费等过程排放总规模(图 7-15)来看　1996～2005 年，苏州市内经济生产过程中排出量 *DPO* 总体呈现增加趋势，且带有明显的阶段性特征。市内生产排放规模从 1996 年的 1 139.76 万 t，增加到 2005 年的 5 157.25 万 t，约是 1996 年的 4.5 倍。其中，1996～2000 年，苏州市 *DPO* 处于缓慢增加的阶段，增速约为 10%，即约以 114 万 t/年的速度在增加；2000～2005 年，苏州市生产过程排出量成倍增加，增速达到 45%，约以 712 万 t/年的速度递增。

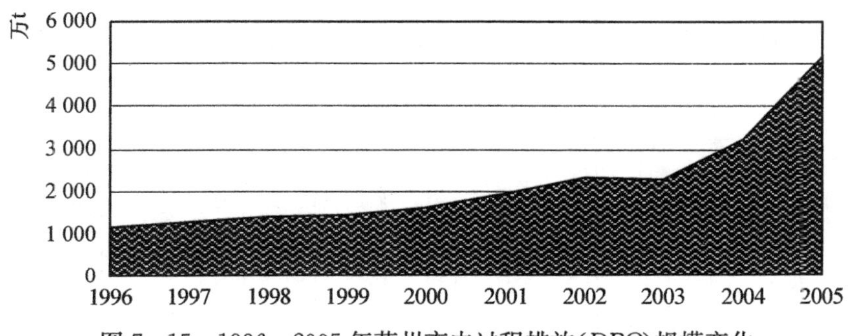

图 7-15　1996～2005 年苏州市内过程排放(*DPO*)规模变化

2) 从 *DMO* 的组成结构(图 7-16)来看　苏州市的生产过程排放以污染物排放为主，基本上均在 90%以上，且耗散性物质历年来占 *DMO* 的平均比重最小。研究期间，苏州市污染物排放规模不断扩大，从 1996 年的 1 070.14 万 t 扩大到 2005 年的 5 107.65 万 t，年均增速达到 448.61 万 t/年；同期，苏州市对外产品的输出量也在不断增加，从 1996 年的 43.54 万 t 增加到 2005 年的 407.98 万 t，约是 1996 年的 9.4 倍，这与苏州近年来社会经济发展过程中进出口依存度迅速上升的发展态势是吻合的；而耗散性物质的规模却在逐年递减，从 1996 年的 69.62 万 t，减少到 2005 年的 49.59 万 t，共减少了 20.03 万 t，约是 1996 年的 1/3。

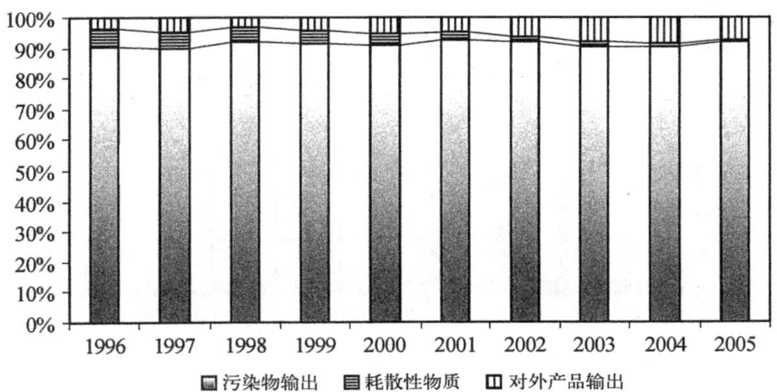

图 7-16　1996～2005 年苏州市物质直接排放(*DMO*)组成结构变化

3）从污染物排出的构成(图 7－17)来看　以废气污染物质和表土废弃物为主要构成物质，废水排出的污染物质占总量的比例较小。其中，废气污染物质排出规模最大，其数量从 1996 年的 580.84 万 t 增加到 2005 年的 3 136.70 万 t，排放量增加了约 5 倍，同期，废气污染物排出量占污染物排出总量的比例也从 54.28%上升到 61.41%；其次是表土废弃物排出的数量从 1996 年的 477.41 万 t 增加到 2005 年的 1 951.04 万 t，增加了约 4 倍多。表土废弃物中又以工业废弃物排出为主，工业废弃物数量从 1996 年的 287.12 万 t 增加到 2005 年的 1 564.39 万 t，增加了约 5 倍，同期占污染物排出总量的比重也从 26.83%上升到 30.63%，增加了约 4 个百分点；而 1996 年到 2005 年，苏州废水排放的污染物质占污染物排放总量的比例最小，平均排放速度为 13.62 万 t/年。研究期间，废水污染物排放规模呈现上升的趋势，从 1996 年的 11.89 万 t 上升到 2005 年的 19.92 万 t，增加了 8.03 万 t，增加量占 1996 年废水污染物排放量的 67.55%。

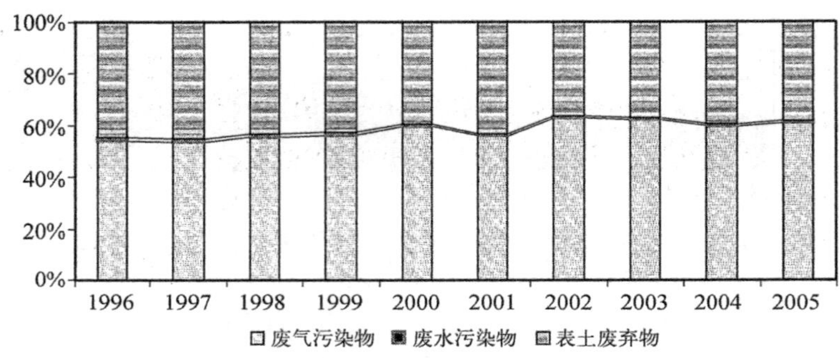

图 7－17　1996～2005 年污染物排放组成变化

其次，进行区域内物质总排出量(*TDO*)的账户分析。从图 7－18 中可以发现，苏州市物质总排出量除了 2003 年比前一年略有减少之外，总体呈现出直线上升的趋势。从 1996 年的 2 406.5 万 t 增加到 2005 年的 7 681.5 万 t，约增加了 3 倍多，且 2000 年以后的变化幅度要大于 2000 年以前的变化幅度。其中，1996～2000 年，*TDO* 的变化较为平稳，

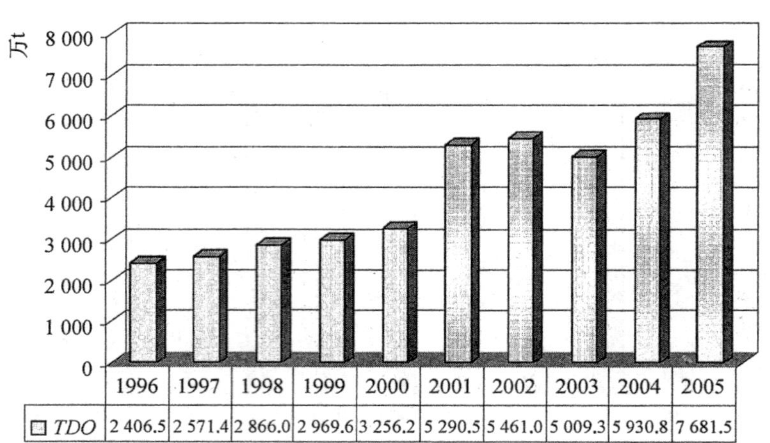

图 7－18　1996～2005 年物质总排出量(*TDO*)变化

平均以 212.44 万 t/年的速度缓慢增加；而 2000～2005 年，*TDO* 以 885.06 万 t/年的速度快速递增，变化速度约是前一阶段的 4 倍。

4. 物质消费指标分析

采用市内物质消费（*DMC*）账户指标进行分析，*DMC* 是反应资源效率的重要指标。从图 7－19 中可以发现物质消费账户呈现出以下特征。

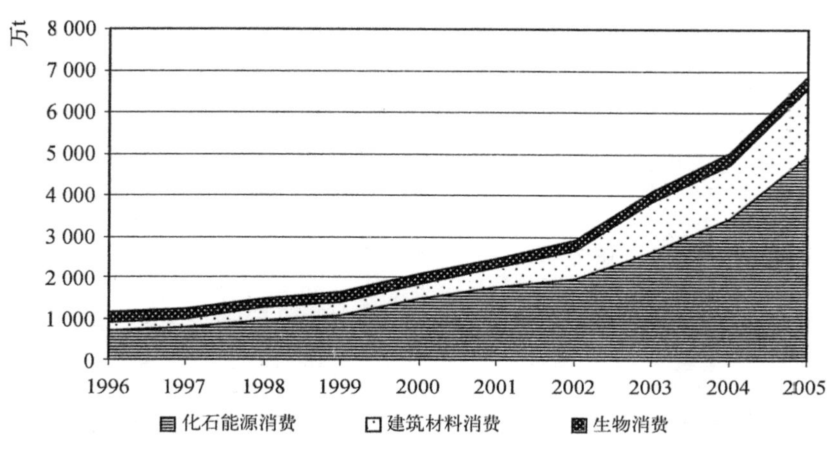

图 7－19 1996～2005 年市内物质消费（*DMC*）变化

1）从物质消费总规模变化来看 1996～2005 年，苏州市内物质消费总量（*DMC*）呈现出持续增加的趋势。1996 年苏州市 *DMC* 规模仅为 1 131.10 万 t，2005 年的 *DMC* 规模约是 1996 年的 6 倍多，增加到 6 852.28 万 t，共增加了 5 721.18 万 t；

2）从物质消费的构成来看 苏州市内物质消费以化石能源和建筑材料消费为主，生物物质消费比例很小。1996～2005 年，化石能源每年占 *DMC* 的平均比例达到 66.80%，建筑材料消费每年占 *DMC* 的平均比例为 21.93%，而生物物质的消费占 *DMC* 的平均比例为 11.26%，分别是化石能源和建筑材料的 1/6 和 1/2；

3）从市内物质消费组成的内部规模变化来看 1996～2005 年，化石能源和建筑材料消费量占 *DMC* 的比重呈现出逐年上升的趋势，而生物物质消费占 *DMC* 的比重却体现出逐年下降的反向变化态势。1996 年，化石能源、建筑材料和生物物质消费占 *DMC* 的比重分别为 61.83%、17.90%和 20.27%，到了 2005 年，三者的比重分别变化为 72.32%、23.59%和 4.09%。可见，生物物质占 *DMC* 的比重在快速减少，约以每年 1.8%的速度在减少。虽然生物物质占 *DMC* 的比重呈现出反向变化的态势，但是生物物质消费总量却是每年在递增，从 1996 年的 229.25 万 t 增加到 2005 年的 279.98 万 t，约以 5.64 万 t/年的速度缓慢递增，同时，化石能源和建筑材料分别以 472.94 万 t/年和 157.11 万 t/年的速度在增加。

5. 苏州市物质流全景浏览

根据以上各类账户的分析，了解到以 2000 年为分界点，苏州市物质吞吐规模基本上都出现了转折，故列出 1996、2000、2005 年苏州市物质流全景进行对比分析（图 7－20、图 7－21 和图 7－22）。

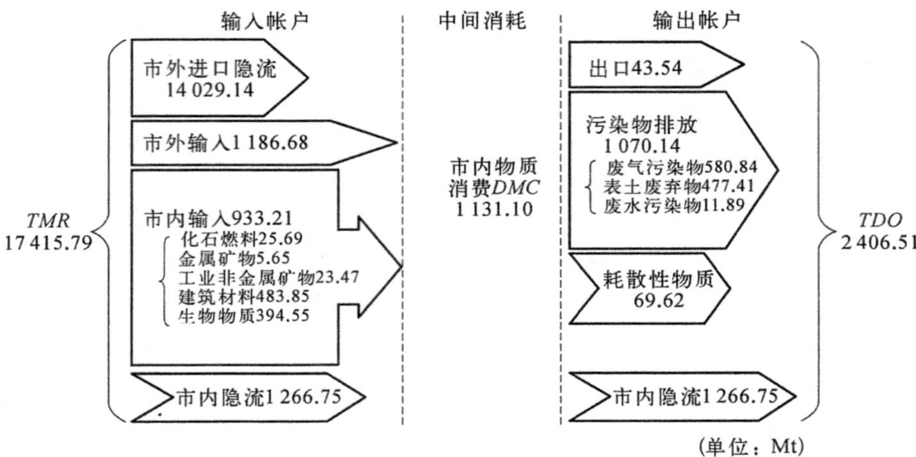

图 7－20　1996 年苏州市物质流全景

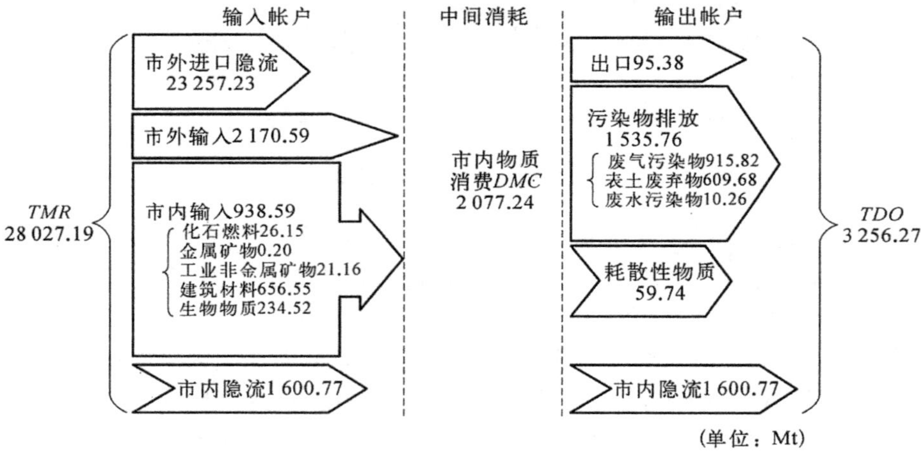

图 7－21　2000 年苏州市物质流全景

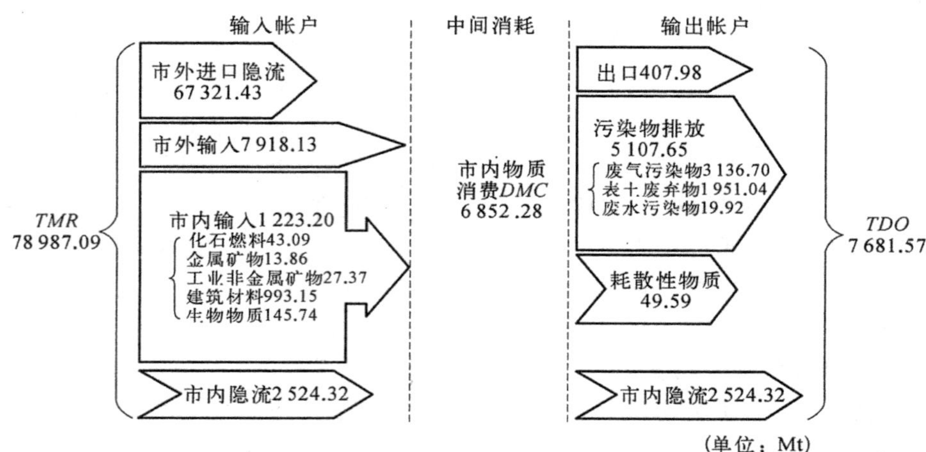

图 7－22　2005 年苏州市物质流全景

1）从这三个年份的苏州市物质吞吐总规模来看，1996_{TMR} ∶ 2000_{TMR} ∶ 2005_{TMR} = 1∶1.61∶4.52，物质总需求的规模在成倍上升，且2000年上升幅度较小，2005年上升幅度较大，约是1996年的4.52倍；1996_{TDO} ∶ 2000_{TDO} ∶ 2005_{TDO} = 1∶1.35∶3.19，物质总排放的规模也在成倍增加，2000年增加幅度较小，2005年变化幅度较大，约是1996年的3.19倍；同期的物质消费规模也在成倍扩大，1996_{DMC} ∶ 2000_{DMC} ∶ 2005_{DMC} = 1∶1.84∶6.06。可见，苏州物质吞吐的绝对数量在增加，因此，给系统的压力也在持续加大。

2）苏州的物质输入以市外资源输入为主，这与苏州资源贫乏的现状是相符合的，说明苏州是一个外来资源支撑性城市，物质输入过程中对本地环境压力较小，而输出过程对本地环境产生的压力则是成倍增加。

3）苏州的市内物质输入规模一直保持在一个稳定的水平，即1 000万t左右，其中市内输入以建筑材料和生物物质的输入为主；市外物质输入规模在2000年以后则成倍增加，以化石能源的输入为主。

主要参考文献

白光润. 2003. 现代地理科学导论. 上海：华东师范大学出版社

成升魁，闵庆文，闫丽珍. 2005. 从静态的断面分析到动态的过程评价——兼论资源流动的研究内容与方法. 自然资源学报，20(3)

韩立新. 2002. 马克思的物质代谢概念与环境保护思想. 哲学研究，(2)

黄贤金. 2004. 循环经济：产业模式与政策体系. 南京：南京大学出版社.

黄贤金，钟太洋. 2006. 区域循环经济发展评价. 北京：社会科学文献出版社.

林锡雄. 2001. 台湾物质流之建置与应用研究初探. 台湾中原大学国际贸易学系硕士学位论文

沈镭，刘晓洁. 2006. 资源流研究的理论与方法探析. 资源科学，28(3)

陶在朴. 2003. 生态包袱与生态足迹——可持续发展的重量及面积观念. 北京：经济科学出版社，16～19

夏传勇. 2005. 经济系统物质流分析研究述评. 自然资源学报，20(3)

循环经济的核心调控手段是物质流分析与管理. 2004. 中国环境报

Ethan H Decker, Scott Elliott, Felisa A Smith, et al. 2000. Energy and material flow through the urban ecosystem. Annul. Rev. Energy Environ, (25)

EUROSTAT. 2001. Economy-wide material flow accounts and derived indicators: A methodological guide. Luxembourg: Statistical Office of the European Union

Haberl H, Fischer-Kowalski M, Krausmann F, et al. 2004. Progress towards sustainability? What the conceptual framework of material and energy flow accounting (MEFA) can offer. Land Use Policy, 21

Haberl H. 2001. The energetic metabolism of societies, part Ⅰ: accounting concepts. Journal of Industrial Ecology, 5(1)

Peter Heck. 2003. 物系管理与可持续发展. 福建环境，20(3)

Rees W. 2003. Impeding sustainability: the ecological footprint of higher education. Planning for Higher Education, 31(3)

Wouter Biesiot, Klaas Jan Noorman. 1999. Energy requirements of household consumption: a case study of The Netherlands. Ecological Economics, (28)

第八章　资源政策与法规

政府对资源开发利用的管理必然要借助相应的政策与法规手段。因此，本章将着重介绍资源政策与法规的基本理论和内容体系，并在此基础上对资源政策与法规的运行系统做一简要回顾，以帮助理解整个资源政策与法规的产生、实施和评价分析过程。

8.1　资源政策的概念、特点与功能

8.1.1　资源政策的概念

在分析理解资源政策的概念之前，首先就要把握什么是政策。根据政策科学的观点：政策是国家机关、政党及其他政治团体在特定时期为实现或服务于一定社会政治、经济、文化目标所采取的政治行为或规定的行为准则，它是一系列谋略、法令、措施、办法、方法、条例等的总称。

因此，从这一基本概念出发，我们可以把资源政策的概念界定为：资源政策是国家机关、政党及其他政治团体在特定时期为实现或服务于一定社会政治、经济、文化目标，对资源的开发、利用和保护等行为所采取的政治行为或规定的行为准则。当然，为更准确地把握“资源政策”的概念内涵，还可以从以下几方面来深入理解。

1）资源政策主体。任何资源政策都有特定的主体，即国家权威机构、政党及其他政治集团、团体。资源政策体现了主体对资源开发、利用和保护等行为的意志，它与个人、企业等所做出的决定不同，具有法定的权威性。

2）资源政策的目标取向。一定的资源政策总是要实现一定的资源开发、利用和保护目标，具有明确的方向性。同时，资源政策又在特定的历史时期内起作用，具有时效性，资源政策不是无意识或偶然性的行为，目标指向明显。

3）资源政策是主体服务于特定资源开发、利用和保护目标而采取的一系列活动，是与谋略、措施、办法、规定密切相关的一系列政治行为。

4）资源政策是一种行为准则或行为规范。资源政策总有具体的作用对象或客体，它规定对象应做什么和不应做什么；规定哪些资源利用行为受鼓励，哪些行为被禁止。资源政策规定常带有强制性，它必须为政策对象所遵守。行为规范和准则使资源政策具有可操作性，从而有助于实现特定的社会目标。

8.1.2 资源政策的特点

1. 目的性

资源政策总是为了解决某种资源开发利用问题或倾向而制定的。没有问题或不解决相关问题就不需要资源政策。因此,一项有效的资源政策必须具备明确的目的性。资源政策的目的性贯彻于政策运行过程的始终。具体而言,资源政策的目的性含有两层意思,即具有一定的目标和规范一定的行为。资源政策的目的性是有效性的基础。因此,我们不是为政策而政策,而是为了达到一定的目的去制定、实施政策,即总是为了解决某个资源开发利用问题、达到某种资源利用目的而实施资源政策。如,我国实施《基本农田保护条例》就是为了对基本农田实行特殊保护,促进农业生产和国民经济的发展,等等。

2. 现实性

资源政策的现实性,也称客观性或实践性,是指资源政策目的、动机、方案是在特定历史条件下产生的,政策行为受客观条件制约,政策活动受客观规律支配。换言之,资源政策也是在实践中产生的,在实践中接受检验,并在实践中不断发展和完善。任何资源政策,都是作为一定条件下的现实政策而存在,是指导人们从事资源开发、利用和保护等现实活动的行为准则。它受严格的时间性和空间性所制约,具有很强的现实性。由资源政策的现实性也可进一步引申出资源政策的另外两个重要特点,即资源政策的时效性和区域性。

3. 时效性

任何资源政策都是在特定的时空条件下,针对一定的资源利用问题或是为了达到一定的资源利用目标而制定,它只能在一定的时空范围内起作用。资源政策与一定的时间和空间密切相关,它不仅在空间或地域上有一定的适用范围,而且在时间上有一定的有效期限。一般说来,资源政策效力都随着时间的推移而经过一个由低到高、再由高到低的效力曲线。条件变了,时间变了,资源政策效力也就不存在了。因此,要树立时效观念并做到:制定资源政策必须及时和在资源政策生命周期内最大限度地发挥其功能。

4. 区域性

制定政策必须因地制宜,资源政策也是这样。资源的开发、利用和保护具有显著的地域性特征,它与周围环境的关系(经济、政策、社会及自然条件等综合系统)极为密切,不同地区资源政策环境悬殊甚大,影响其个性的因素更是纷繁复杂,有风俗习惯、气象条件、地质状况、交通设施、市容与环境、商业设置、灾害情况等众多物质设施和自然条件,还有社会治安、政治稳定、经济繁荣、人口状况等社会因素,从而构成了极为复杂的资源政策环境,资源政策之制订决不能忽视这些因素,否则资源开发、利用和保护将难以有效地进行。

5. 相对稳定性

资源政策稳定性是指资源政策在其有效的范围内相对地保持不变,这主要受制于资源政策目标、效益和功能。资源政策稳定性包括阶段性和连续性两层含义。资源政策的阶段性是指不同历史时期,资源政策具有不同的具体内容;而资源政策的连续性则是指保持资源政策合理内容的继承性和衔接性。然而稳定是相对的,变动则是绝对的,资源政策变动是指因主客观情况发生变化而对其所作的修改、补充或废止。资源政策之所以会产生变动主要是由于主观认识的不断演化、客观情况的变化及政策的试行性和阶段性所致，因此，资源政策具有相对稳定性。

6. 原则性

资源政策必须具有高度的原则性，即必须鲜明地提倡什么，鼓励什么，限制什么，而非模棱两可，似是而非，从而维护资源政策的严肃性、权威性，不允许有令不行，有禁不止。

7. 操作性

资源政策是调整资源开发、利用关系，实现资源优化配置的行为准则。开发、利用、保护资源的实践总是在资源政策的指导、规范下进行的。因此，资源政策要便于执行，便于监督检查，并明确资源政策执行中的量度关系，即什么应该做，怎么做，不该干什么，都要具体、明确，力戒笼统、含糊、空泛，使人有多种理解，无所适从。

8. 未来性

正如系统学家 R・M・克朗所说："人类已经发展到历史上这样一个阶段，在这个阶段人必须能够自己塑造未来，否则就会因软弱无力而被不希望有的后果吞噬掉。因此，改善政策制定问题和人类的命运第一次直接地联系起来。"可见，作为指导未来资源分配及开发利用的资源政策，不仅是对未来加以预测和描述，而且更是为未来有效地调控资源优化配置服务。

8.1.3 资源政策的功能

资源政策作为国家管理资源的手段和指导准则，具有多方面的功能。但最基本、最主要的功能可以概括为导向、控制、协调和监督等四大方面。

1. 导向功能

资源政策对人们的资源开发利用行为具有引导作用，这就是资源政策的导向功能。这种功能在发挥效力时既能够划分为直接导向和间接导向功能两种形式，也可以区分为正导向和负导向功能两大方面。总体来看，资源政策导向功能的主要内容包括三大方面：① 规定目标，确立方向。例如，《中共中央关于建立社会主义市场经济体制若干问题的决定》中指出："我国人多地少，必须十分珍惜和合理利用土地资源，加强土地管理。"这无疑是明确了对国内土地资源开发利用的基本方向；② 教育指导，统一认识。资源政策的内容本身必然规定相应的目标和要求，应该怎么做，采取什么样的行为方式才能有效等，都使其具有一定的教育意义；③ 约束协调，因势利导。资源政策的制定主要就是为了约束个体的资源开发利用行动，协调各种行为之间的冲突，因势利导地把人们的行为统一到一个共同的目标之下。

2. 控制功能

资源政策的控制功能是指资源政策能够对人们的资源开发利用行为起到制约或促进作用，从而实现资源的优化配置。资源政策可以区分为多种类型，包括直接控制与间接控制功能；对外控制、对内控制与互控功能；预先控制、现场控制与反馈控制功能等。资源政策之所以具有控制功能，一是由于资源政策的规范性。例如，目前我国农村的土地必须先出让然后才能进入市场,政府通过制定严格的土地出让计划,便可以达到调控土地市场的目的;二是由资源政策控制在资源开发利用管理中的核心地位所决定的。资源政策控制具有强制性和惩罚性,以借助完善的资源政策体系,及时、有力地实现资源政策功能,从而杜绝控制的"真空地带"、控制滞后和乏力现象的发生。

3. 协调功能

资源政策的协调功能是指资源政策对社会经济发展过程中的各种失衡状态的制约、调节能力。如协调地区之间、行业之间、阶层之间、利益群体之间的关系,谋求资源稀缺调节下的社会经济协调、有序发展。资源政策协调功能的实现取决于资源政策调适对象的行为,其内容涉及社会经济发展的各个方面。资源政策之所以具有协调功能,一方面是由资源政策的本质属性决定的,即资源政策是资源开发利用相关收益的分配调节机制;另一方面是资源政策体系的内在要求。资源政策的协调功能要求资源政策之间、资源政策与其他相关政策之间的搭配组合必须纵向一致、横向协调,形成相互配合、相互补充的优化配置,从而发挥资源政策的整体效应。

4. 监督功能

资源政策的监督功能是指资源政策在其制定、实施、调整和终止的各个阶段、各个环节都体现了对资源开发利用行为的监督管理。资源政策的监督职能可以概括为以下几大方面:① 预防性职能,即提前排除资源开发利用存在的问题和潜在危害,以防止政策实施过程中出现失误;② 补救性职能,即排除资源政策缺陷产生的因素及弥补其后果;③ 完善性职能,即发现和利用现有潜力,对不断改善整个资源政策活动做出积极的贡献;④ 评价和促进性职能,即证实和适当估价取得的成果,给予奖励和惩罚;⑤ 情报性职能,即经常向所有资源管理决策部门提供从监督中获得的、制定新政策需要的一切总结性情报。

8.2 资源政策类型与结构

前面对资源政策概念、特点及功能的介绍主要是对资源政策的一种总体认识。为更深入地理解资源政策的内容,就必须要对资源政策的类型及结构有一全面掌握。

8.2.1 资源政策类型

资源政策本身是一个大的系统,对资源政策进行系统分类,明确这些政策类型间的相互关系,对于我们学习和理解资源政策意义明显。这里将主要从资源政策的基本类型和特殊类型两个层面系统阐述资源政策的类型。

1. 资源政策的基本类型

资源政策的基本类型是对资源政策的一般意义上的分类。它包括横向分类法和纵向分类法。前者是从资源政策出发所做出的横向角度的政策分类,如战略型政策和战术型政策、单项政策和复合政策等;后者是从资源政策出发所做出的纵向角度的政策分类,包括时间、空间、阶段和形态几个方面,如一般政策和个别政策,长期政策和短期政策等。

具体来说,资源政策的横向类型主要可以概括为以下 3 种:① 战略型资源政策和战术型资源政策。这是根据资源政策目标的影响程度不同划分的两大基本类型。战略型资源政策是具有宏观性、全局性、方向性和原则性等特征的政策,其影响深远、意义重大;战术型资源政策则是具有微观性、局部性、区域性和阶段性特征的政策,其目标具体、问题单一。② 单项资源政策和复合资源政策。这是根据资源政策内容构成、目标项目多少划分的两大基本类型。单项资源政策是为解决某一类型、某一性质、某一层次资源利用问题而制定实施的具体、个别的定向、定位资源政策;复合资源政策是相对单项政策而言的,也可称为混合资源政策或综合资源政策,一般是由两个或两个以上的单项资源政策结合而成的合成政策。③ 程序性资源政策和非程序性资源政策。这是根据资源政策问题的重复程度不同划分的两大基本类型。程序性资源政策是一种例行政策或重复性政策,它是为了解决那些经常重复出现、性质非常相近的例行性资源利用问题而制定实施的政策,可以按程序化的步骤和常规性的方法加以处理。非程序性资源政策则往往是为了处理那些偶然发生的、无先例可循的非常规性资源利用问题,没有现成的规范和指导性原则可供借鉴。在这种情况下,决策者难以照章行事,需要有创造性思维。

资源政策的纵向类型主要也可以概括为以下 3 种:① 资源总政策、资源基本政策和具体资源政策。这是从资源政策空间系列角度划分的三种基本类型。资源总政策是指导一定时期内有关源配置全局性问题的总的原则,是国家实行的全部资源政策中最高层次的政策。资源基本政策是相对具体资源政策的主导性政策,它确定具体资源政策所应采取的态度、所应依据的假设以及所应遵循的原则等。具体资源政策则是为解决特定资源利用问题而制定和实施的政策。② 过去资源政策、现行资源政策和将来资源政策。这是从资源政策时间纵向角度划分的三种基本类型。过去资源政策是过去历史上制定实施的政策,或者是过时和失效的资源政策,或者是继续沿用的政策;现行资源政策也即正在实施过程中或正在起着作用的政策;将来资源政策是将来才能适用而目前尚不能实行的超前政策。③ 长期资源政策、中期资源政策、短期资源政策和即时资源政策。这是从资源政策阶段纵向角度划分的资源政策基本类型。长期资源政策是指在相当长的历史时期内起着作用的根本政策、重大政策、宏观政策或战略型政策。中期资源政策是指长期资源政策分割成若干个阶段性的基本政策和中观政策。短期资源政策是中期资源政策分割成若干个阶段性的一般政策、微观政策和战术型政策。即时资源政策是指针对个别情况、个别问题而采取的各种个别政策。

2. 资源政策的特殊类型

资源政策的特殊类型是对资源政策作出的特殊意义上的分类。主要有自身不同角度分类法和外部不同角度分类法。前者指从资源政策本身出发,从不同角度进行的特殊分类,包括主体性质、主体层次和适用范围等角度。后者指从资源政策以外领域或学科角度对资源政策进行的特殊分类,包括社会领域及政策学、系统论等角度。

具体来说,自身不同类型资源政策主要可以概括为以下 3 种:① 从资源政策主体性质角度可以分为国家资源政策和政党资源政策。前者是指政府及其所属机关根据其行政职权和管理目标,结合社会经济环境变化需要,为实现资源的优化配置而确定的方针、原则、制度、对策及规范的总称。后者是指政党及其领导机构为实现建设国家的施政目标，针对资源的利用、经营和保护等问题而制定实施的资源政策。这些政策大多偏向于宏观指导性，类似于我们前面所提到的战略型资源政策。② 从资源政策主体层次角度可以分为国家中央级资源政策、地方党政资源政策和基层党政组织资源政策等。中央级资源政策是以国家、中央为主体制定实施的资源政策。地方党政资源政策是省、市、县党政机关制定实施所辖范围内的各种资源政策。基层党政组织资源政策则是基层党政组织(如乡镇、街道等)为主体制定实施的各种有关资源管理的各种规定等。③ 从资源政策的功能形态角度可以分为基本国策、法律性资源政策和法规性资源政策等。基本国策是其他资源政策的基础，并在宪法中反映出来。法律性资源政策是指适用期限长的一切有关资源开发、利用和保护的行为模式与社会规范的总称，主要是资源管理领域的相关法律。法规性资源政策是指各级政府及行政机关制定实施的具体资源管理政策，这也是整个资源政策体系中的主干部分。

外部不同类型资源政策则可以概括为以下 3 种：① 从社会领域看资源政策类型。根据资源问题所涉及的社会领域不同，可以将资源政策划分为资源经济政策、资源社会政策和资源生态政策等。② 从相关学科看资源政策类型。从哲学角度看，有一般资源政策、特殊资源政策、具体资源政策和个别资源政策。从管理学角度看，有宏观资源政策、中观资源政策和微观资源政策。从系统论角度看，有大系统资源政策、分系统资源政策和子系统资源政策。从战略策略学角度看，有战略型资源政策和战术型资源政策。从决策学角度看，有主观臆断型资源政策、实践先导型资源政策和理论先导型资源政策。

总之，资源政策是一个复杂的大系统，要对其进行全面的分类是难以做到的，上述资源政策类型的划分只是根据一些常规准则所进行的概述性判断。

8.2.2 资源政策结构

资源政策的各项构成要素之间、不同类型的资源政策之间存在着必然的联系，它们相互联系、相互影响、相互作用的结果就形成了不同的资源政策结构。深入理解资源政策结构不仅有利于我们认清资源政策的内部构成及其功能影响，而且也有助于我们从宏观层面把握资源政策的有效制定和规划等问题。

1. 资源政策结构的内涵

结构是指一个有不同成分组成的统一体的内部构造，即构成事物的各种要素的组合状况以及各种要素在时间上和空间上的相互关系。简言之，结构是系统内部的排列组合方式。结构普遍地、有层次地存在于事物之中。资源政策系统中同样也不例外。资源政策结构可以定义为资源政策系统的构成要素在时空连续区上的排列组合方式和相互作用关系，简言之也就是资源政策系统构成要素的组织形式和运行秩序。对于这一定义的理解可以从以下两个方面深入。

1) 资源政策结构体现为资源政策要素的组合、总和和集合，各种资源政策要素借助于政策结构形成政策系统。资源政策结构的三要素分别是：资源政策要素，资源政策要素在时空连续区上的相对稳定的特定秩序，以及构成这一秩序的特定方式与规则。

2）资源政策结构定义可以区分为微观和宏观两个层面。从微观层面来看，资源政策结构是指某一项资源政策的内部构成要素在该资源政策中的组合方式和相互作用关系的具体表现；从宏观层面来看，资源政策结构则是指构成资源政策系统的多项资源政策之间的组合方式和相互作用关系的具体表现。

2. 资源政策结构的基本内容

根据政策学的基本理论，系统的并列与层次是政策结构的普遍形式，任何一个政策结构都按并列和层次规律组成。鉴于此，资源政策结构的基本内容可以概括为以下几个方面。

1）资源政策单元　政策单元是资源政策结构的基本构成要素，资源政策结构必须由不同类型、不同性质和不同层次的政策单元所组成。资源政策单元可以是某一项资源政策内部的各构成要素（如资源政策主体、对象等），也可以是构成资源政策系统的各项具体的资源政策本身。

2）资源政策单元在资源政策结构中所处的位置和所起的作用　某一资源政策单元在资源政策结构中是主导位置还是从属位置，是核心地位还是外层，是主干还是旁枝，是直系还是交叉点等，不同的位置表明资源政策单元的职能和对资源政策结构的作用不同。

3）资源政策单元之间的联系形式　各政策单元形成资源政策结构的联系方式是多种多样的：有横向联系和纵向联系，有单向联系和双向联系，有平行联系和层次联系等。这些不同的联系形式决定着各种各样的资源政策结构和功能。如《土地管理法》和《土地管理实施条例》之间就表现为一种层次联系，两者共同构成了我国土地管理事务的基本方向和实施准则。

3. 资源政策结构的类型

资源政策结构依据不同的标准可以划分为各种不同的类型，主要包括：

1）根据资源政策结构的构成单元数量，可以分为独立政策结构和复合政策结构。前者是指由单个或个别资源政策构成的政策结构；后者则是由两个或两个以上具体的资源政策组成的混合或综合型政策结构。

2）根据资源政策的表现形态，可以分为静态政策结构和动态政策结构。前者是指特定资源政策结构在资源政策系统内具有相对的稳定性和固定性；后者则是指特定资源政策结构在资源政策系统内具有一定的变动性和渗透性。

3）根据资源政策的层次，可以分为宏观政策结构和微观政策结构。前者是指层次高、辐射面大、时效长的资源政策结构，一般由多个政策单元组合构成；后者则是指层次低、辐射面窄、时效短的资源政策结构，一般以独立政策结构的形式反映。

4）根据资源政策的作用导向，可以分为正向政策结构和负向政策结构。前者是指导致正向功能发挥的资源政策结构，这种结构也是正确的政策结构；后者则是指引起负向功能发挥的资源政策结构，这种结构一般都没有达到或破坏了政策结构的标准。

5）根据资源政策的运行方式，可以分为纵向政策结构和横向政策结构。前者是指由不同时间（或发展阶段）的资源政策组成的结构形态；后者则是指由不同地区（或空间、部门）的资源政策组成的结构形态。

8.3 资源政策的运行过程

公共政策过程描述为“输入-转换-输出”这样一个无限循环反复的过程：政策环境把各种要求和支持传导给公共政策系统→政策系统对这些输入进行内部加工、改造和转换，即政策制定→政策系统输出政策决定、对环境产生作用→环境发生变化、产生新的政策要求→新政策要求再反馈到政治系统。基于上述理论认识，并结合我国的政策实践，资源政策的运行过程可以概括为以下5个环节：政策制定→政策执行→政策监控→政策评估→政策终结，这些环节(或阶段)相互联结，环环相扣，无限循环反复，构成了一个完整的资源政策运行周期(图8-1)。

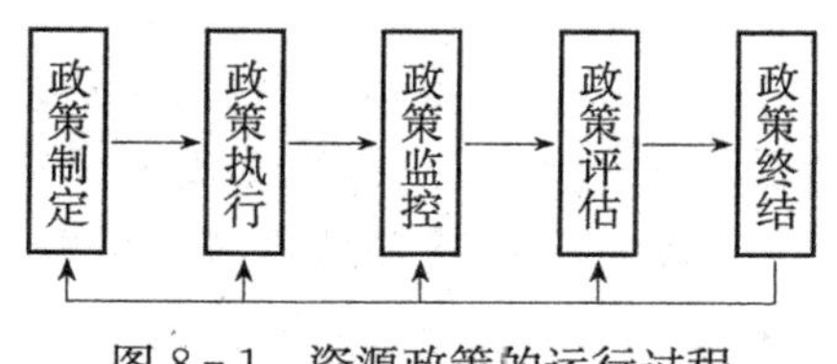

图8-1　资源政策的运行过程

8.3.1 资源政策制定

资源政策的制定阶段涵盖了一系列行为过程，包括资源政策问题的形成、政策议程的确立、政策方案规划、政策抉择与政策合法化诸环节。资源政策问题的形成是资源政策制定过程的起点，也是整个资源政策过程的基点，它通常由资源政策问题察觉、问题界定、问题陈述3个阶段有机组成；政策议程的确立则是某一资源问题引起政府及其他公共权利主体的深切关注并正式纳入其政策讨论，确定为予以解决的资源政策问题的过程；政策方案规划是资源政策制定过程中最主要的环节，其囊括的范围很广，包括政策原则确立、目标选择、方案设计、方案评估、择取预案以及对预案进行可行性论证等诸多环节；政策抉择与政策合法化是合在一起的，它是公共权利主体根据资源政策规划建议及其要考虑的相关事项，按照一定的决策制度和程序规定，对解决有关资源政策问题的行动方案做出决定性选择，并加以合法化的过程。

资源政策制定阶段是整个资源政策运行过程的起点和基础。在这一阶段制定的资源政策方案、政策目标的合理程度会直接影响到资源政策执行阶段的运行效率与实施效果，决定资源政策监控的难度和力度，决定资源政策调整阶段的存在和如何调整，决定资源政策终结阶段的迟到或早到。

8.3.2 资源政策执行

资源政策经合法化过程确定并公布之后，开始进入执行阶段。资源政策执行是将资源政策方案付诸实施，进而解决实际资源政策问题的过程，也就是把观念形态的资源政策方案转化为现实形态的资源政策效果的过程。资源政策执行活动是一个完整的过程，可以概括为三大阶段：① 执行的准备阶段，包括资源政策认知、政策执行计划、政策物质和组织准备等活动；② 资源政策的实施阶段，包括资源政策宣传、政策实验和全面推广等内容;③ 执行的总结阶段,包括资源政策执行的监测、再决策等活动。

资源政策执行阶段是整个资源政策运行过程的中心环节和落脚点。它使资源政策制定阶段的政策方案、政策目标等得以实践、检验和发展,它的发展方向既可能是调整,也可能是终结,而且与其他几个阶段密切相关,并决定其他几个阶段的成败。

8.3.3 资源政策监控

为了保证资源政策系统的顺利运行,提高资源政策制定和执行的质量,促进资源政策目标的实现和政策绩效的提高,就必须对资源政策过程的各个环节加以监督和控制,这就是资源政策监控。因此,资源政策监控过程也就是对资源政策制定、执行、评估等环节活动过程的监控。资源政策过程中各个环节的内容及其目的不同,监控的重点与方式也相应发生变化。监控在资源政策诸环节的作用及其效果也就有所不同。

资源政策监控阶段是资源政策运行过程中的一个特殊环节,它贯穿资源政策的全过程。资源政策监控阶段有助于保证资源政策制定的合法化、科学化和民主化,保证资源政策内容能够尽可能广泛地综合各种利益要求,使之反映人民群众的根本利益,有助于保证资源政策的贯彻实施,尽可能地避免资源政策过程中发生对政策的误解、曲解、滥用、消极抵制甚至反抗,及时、准确、真实的发现资源政策的片面性和局限性,以便及时实现资源政策的调整、完善或者终结。

8.3.4 资源政策评估

资源政策在执行过程中必然会出现各种各样的问题,决策执行者必须将相关信息反馈给制定者,使资源政策评估子系统能够按照一定程序,根据一定标准,对政策效果作出判断,确定其最终的效果、效益及优劣,弄清资源政策成败的原因。它包括确定评估对象、明确评估目的、设定评估标准和方法、实施评估、撰写评估报告等内容。

资源政策评估阶段是资源政策运行过程中必要而且是相对独立的阶段。通过资源政策评估,资源政策的制定者和执行者可以较为准确地获取政策结果的系统信息,获悉政策结果以及政策主体、政策方案、政策执行、政策环境之间的因果联系,并据此改进资源政策方案或随时调整各项政策资源的分配以及人事安排、工作程序、组织结构和工作方法等,以使资源政策目标得到更好地实现,或者尽快终止某项失败的政策。

8.3.5 资源政策终结

在资源政策实施并加以认真评估后,发现该政策的使命已经完成,成为多余、不必要或不起作用,采取措施予以结束的过程或行为。资源政策终结阶段是某项资源政策运行过程的终结,它标志着资源政策使命的完成,是资源政策运行过程的必然结局。资源政策运行过程有起点就必然会有终点,资源政策终结的同时也是新的资源政策运行过程的开始,即引发了另一种意义上的资源政策的运行过程,从而形成了周而复始、环环相扣、不断上升演进的资源政策周期。

8.4 资源法规的基本理论

8.4.1 资源法规的内涵

资源法规是调整人们在资源的开发、利用、保护和管理过程中所发生的各种社会关系的法律规范的总称。资源法规是一个综合性的概念,它由各种资源法所组成。主要包括土地资源、水资源、矿产资源、森林资源、草原资源、渔业资源、野生动植物资源等方面的法律、行政法规、规章和地方性法规。

资源法规所调整的社会关系十分广泛和复杂,一切与开发、利用和保护资源,并保证各种可再生资源的恢复和再生有关的社会关系,都是资源法规的调整对象。概括而言,主要是人们在开发、利用和保护各种自然资源的经济活动中,所形成的资源权属关系、资源流转关系、资源管理关系以及其他经济关系,并通过调整人与人的社会关系来调整人与自然的关系。具体地,首先是资源权属关系和资源流转关系。人们在开发、利用和保护各种资源的经济活动中,不可避免地要涉及资源的所有权、使用权、处分权和其他权益等。作为一种特殊的财产,资源具有的上述权利其确认和让渡都必须由资源法规根据各种资源的不同情况具体设定。其次是资源管理关系。人们在开发、利用和保护各种自然资源的经济活动中,形成了复杂的资源管理关系,主要表现为:各级人民政府的管理,各级人民政府中各种资源行政主管部门的管理,以及各级人民政府中的各有关部门对各种资源的辅助管理等。再次是其他经济关系。人们在开发、利用和保护各种自然资源的经济活动中,涉及财政、税收、金融、劳动、环境保护等关系,其中有些内容是由资源法规给予特别调整的。

8.4.2 资源法规的特征

资源法规作为一种相对独立的部门法规,除了具有法的一般特点外,还具有资源法规本身特有的明显特征。

1. 战略性

众所周知,自然资源决定了一个国家或地区社会经济发展的速度和潜力。特别是由于自然资源用途上的不易替代性和数量上的有限性,要求人们的社会经济活动必须与现有的自然资源相协调,资源的开发利用必须与社会经济发展和谐统一,这是资源法规调整各种社会关系的理论基础。也正是有着这样的理论基础指导,使得资源法规往往集中体现了国家或地区社会经济发展的战略方针。

2. 综合性

资源法规以资源科学和法学为基础,具有很强的综合性和广泛性。首先,它涉及资源科学和法学的多个学科,如自然资源学、自然地理学、生态学、环境科学、资源经济学、管理科学、人口学等,法学上又和宪法学、民法学、刑法学、行政法学、经济法学等各门学科之间相互渗透、相互交叉,所以资源法规内容十分广泛,综合性很强。其次,从资源法规的概念上看,它还包括如土地法、森林法、草原法、水法等各类专门的资源法规。这些都充分体现了资源法规的综合性。

3. 科学性

资源法规是以客观经济规律和生态规律为依据对自然资源的开发、利用和保护行为做出的规范性文件。不可否认,对上述客观经济规律和生态规律的认识都是从资源科学、生态科学、环境科学和人文社会科学的研究成果中提升而来的。没有这些科学理论的支撑,资源法规也将成为无源之水。例如,《土地管理法》中关于土地登记、土地统计和建立土地档案的规定;《森林法》中关于森林采伐量和采伐方式的规定;《渔业法》中关于禁捕期和渔具的规定等都是人们运用新的科学技术理论和方法制定出来的。

4. 国际性

世界上的许多资源都不是局限于一个国家的,这些资源的开发、利用和保护因此也往往涉及多个国家或地区。例如,海洋和大气圈贯穿整个地球,而国际河流、湖泊和山脉等也都不受国界的限制,因此,对这些资源的开发、利用和保护需要许多国家和国际社会的共同努力。目前已经建立的一些国际组织及发布的一些国际公约就很好地体现了资源法规的国际性特点。

5. 地方性

与国际性相对,资源法规还具有很强的地方性。这是由自然资源的区域性特征所决定的。资源法规的地方性特点首先表现为有些资源法规是属于地区性的。如《海岸带管理法》,它只适用于沿海地区海陆交界的狭长地带,对于广大的内陆地区就不适用该法。其次,在资源法规中统一规定的方针、政策、原则和制度,在具体实施中也往往存在地区差异。如有偿使用资源原则所产生的收取资源费制度,就要求各地制定收费的具体标准。各地制定的标准肯定有明显差异。如收取土地费、水费,在农村与城市之间,南方与北方之间都有明显差异。

8.4.3 资源法规的基本原则

资源法规的基本原则体现了我国社会经济发展的本质,它是客观自然规律与社会主义制度在法律上的反映。因此,它已成为资源立法和司法工作的指导思想和行动准则。资源法规的基本原则贯穿于我国每一部资源法规之中,对保证我国自然资源的合理开发利用和有效保护,促进社会经济持续发展有着重要意义。

1. 重要资源的全民所有原则

我国《宪法》第九条明确规定:“矿藏、水流、森林、山岭、草原、荒地、滩涂等自然资源,都属于国家所有,即全民所有;有法律规定属于集体所有的森林和山岭、草原、荒地、滩涂除外。国家保障自然资源的合理利用,保护珍贵的动物和植物。禁止任何组织或者个人用任何手段侵占或者破坏自然资源。”第十二条规定:“社会主义的公共财产神圣不可侵犯。国家保护社会主义的公共财产。禁止任何组织或者个人用任何手段侵占或者破坏国家的和集体的财产。"这些原则规定是我国资源立法的重要依据。国家的重要自然资源是关系国民经济命脉的生产资料，是保证国民经济稳定发展的物质基础，是国计民生的基本保障，是坚持我国社会主义方向的关键因素。所有自然资源的立法，都必须确保一切国有资源不得受到任何侵犯。

2. 国家、集体和个人利益协调原则

如何开发、利用和保护自然资源，涉及国家、集体和个人三方面的基本利益关系。我国社会基本制度的公有制性质也从根本上奠定了国家、集体和个人三者在开发、利用和保护资源方面的利益基本一致的客观基础。因此，在资源的开发、利用和保护活动中，必须体现《中共中央关于经济体制改革的决定》中所提出的"我们要迅速发展各项生产建设事业，较快实现国家繁荣富强和人民富裕幸福，必须调动一切积极因素，在国家政策和计划的指导下，实行国家、集体、个人一起上的方针"。从而既充分发挥国家、集体、个人三者对资源开发、利用和保护的积极性、主动性和创造性，又能切实保障国家、集体、个人三者在这一活动中的合法权益。采取多种经济形式和多种经营方式来开发、利用和保护自然资源已是势在必行，资源法规的任务就是要为它的产生和发展提供法律保护。尤其是要在资源的所有权、使用权、处分权等诸方面给予明确规定，从而更好地保障国家、集体和个人三者的合法权益。

3. 综合利用和多目标开发原则

综合利用和多目标开发是提高资源利用效益的有效途径。自然资源的整体性决定了开发、利用和保护的综合性。任何一个因素、一种资源的变化，都会影响到整体的变化。例如，随意地通过砍伐一片树林、焚毁一片草地或者围垦一片湖面，来扩大粮食种植面积，固然会收获多一些粮食，但因此却会造成水土流失、江河淤塞，从而引发自然灾害。人类社会在这方面已经有了很多经验教训。因此，只有综合研究自然资源，才能合理开发、有效保护和综合利用自然资源。我国许多地方适宜发展多种生物资源，许多矿床共生、伴生多种有益成分。必须坚持多目标开发，才能实现综合利用各种自然资源。制定和贯彻实施各种资源法规时，要反映这种客观要求，使法律真正发挥其高效开发、利用和保护自然资源的作用。

4. 统一规划和因地因时制宜原则

各种自然资源的分布，不可避免地会受到地域条件的制约，而每一个地方都有其独特的自然和社会经济条件，因此必须因地因时不同，采取有差别的对策措施，在开发、利用和保护资源时以适合它们的特点。例如，在成熟林多的地区，可以根据用养结合的原则，对林木进行采伐作业；但在河流上游的水源林和保持水土的林区，树木的主要功能是涵养水源，防止土壤冲刷，就只允许少量更新择伐，绝对不允许皆伐。区域性的特点还表现在对自然资源的开发、利用和保护不能完全受行政区域的限制，如有的湖泊可跨越几个区县或省市，有的河流可穿越几个国家。因此，必须打破条条块块的界限，建立起有利于统一规划，综合开发和合理利用的自然资源管理体制，才能使自然资源得到保护，一些可更新资源得以繁衍，达到可持续利用的目的。

5. 经济效益、社会效益和生态效益相统一原则

保护自然资源是社会主义现代化建设的有机组成部分，它起着保障和促进社会主义

现代化建设顺利进行的基础性作用。由于人类的经济活力不能脱离自然力的影响，一些经济活动必须符合自然界生态平衡的要求，预期的经济效益才能得到保证。因此，必须提倡在任何经济建设中既要考虑经济效益，也应兼顾生态效益，从生态平衡的角度去衡量开发、利用自然资源的经济效果，反对以破坏自然环境和生态平衡为代价的所谓经济效益。最佳的经济效益是局部和整体、眼前与长远相统一的经济效益。自然资源开发、利用最终方式的选择，要在预测生态变化的可能趋势条件下，根据社会经济发展全局的要求，在综合平衡的基础上加以确定。

6. 开源节流原则

自然资源的有限性，决定了必须正确处理开发、利用和保护的关系。在经济建设中既要发挥自然资源的优势，根据经济发展的需要和财力、物力的可能，有计划地扩大开发利用，又要注意节约和积极保护自然资源。要正确处理资源消耗与再生能力之间的关系，保持自然生态系统和人工生态系统的良性循环。在自然资源的开发利用中，要通过找新的，用贫的，开发潜在的，人造代用的等措施扩大资源来源，还要不断改善资源保护与利用之间的关系。例如，长江三角洲地区利用低洼地势深挖鱼塘，将挖出来的泥堆成塘基而成旱地，形成种桑、养蚕、养鱼相结合。在这种鱼肥、桑茂、蚕状的人工生态系统中，人们正确处理了资源保护和资源利用之间的关系，做到了在保护的前提下，进行开发利用。

8.5 资源法律关系与内容体系

8.5.1 资源法律关系

1. 资源法律关系的概念

资源法是法律体系中一个独立部门，它有独自的调整对象、特定的任务，因此资源法律关系是一种特定的法律关系，它反映了人们在开发、利用和保护资源活动中所发生的一种权利和义务的社会关系。一般而言，资源法律关系由主体、内容和客体三大要素构成，它以资源法中某一特定法律规范的存在为前提，并以特定法律事实和法律行为的发生为必要条件。

2. 资源法律关系的构成要素

1）资源法律关系的主体　也称之为资源权利主体，是指资源法律关系的参与者，即资源法律关系中权利的拥有者和义务的承担者。依照我国资源法规的相关规定，国家、行政机关、企事业法人和公民个人等都可以是资源法律关系的主体。在一个资源法律关系中，主体人数至少应有两位或两位以上：资源法律关系主体在特定法律关系中的地位并不相同，享有权利的一方是权利人，承担义务的一方则是义务人；通常情况下，资源法律关系的主体可以既是权利人，又是义务人，在依法享有权利的同时，又应承担义务。

2）资源法律关系的内容　这是构成资源法律关系不可或缺的要素，它是指资源法律关系的主体依法享有的资源权利和承担的资源义务。具体地，资源权利通常表现为3种形式：① 权利享有人能够依法实施某种行为以满足自己的利益要求，例如，取得矿产资源开采许可证的单位有权依照许可的内容开采矿产资源；② 权利享有人可以依法要求他人做出一定行为或抑制一定行为来实现自己的权利，例如受到水面污染的当事人，有权要求加害人排除危害；③ 当义务人违反法律规定不履行其应尽的义务时，权利人有权要求国家机关依据法律，运用强制手段来保护和协助实现其权利。这是法律权利特有的国家强制性。资源义务一般也表现为 3 种形式：① 积极的义务形式，即义务人根据法律的规定和权利人的要求，实施某种行为；② 消极的义务形式，即义务人根据法律规定和权利人的要求，不实施某种行为；③ 接受法律制裁的义务形式，即当义务人违反了法律规定和权利人的要求，造成对权利人利益的侵害时，要受到法律追究，直到承担刑事责任。

3）资源法律关系的客体　也称之为资源权利客体，是指资源法律关系主体的权利和义务所指向的对象。没有资源法律关系的客体，资源法律关系的权利和义务就成了无矢之的。具体而言，资源法律关系的客体可以概括为以下 3 个方面：① 各类自然资源，包括各类土地、森林、草原、矿产等；② 相应的环境条件，即与各类资源相依存或资源赖以存在的物质基础和条件；③ 资源法律关系主体的行为和活动。

3. 资源法律事实

资源法律事实是指资源法所规定的、能够导致法律后果，即引起资源法律关系产生、变更和消灭的现象，它是资源法律关系产生、变更和消灭的必要条件。资源法律事实有两个基本的构成要件：① 由资源法规定；② 能够引起法律后果。这也是资源法律事实区别于其他社会现象的两个基本特征。

资源法律事实可分为两大类，即资源法律行为和资源法律事件。① 资源法律行为，是指能够引起资源法律关系产生、变更和消灭的资源法律关系主体的行为。按照资源法律行为的方式不同，它可以被分为作为与不作为两种形式；按照行为是否符合法律规范规定的要求，又可将它分为合法行为和违法行为两种。② 资源法律事件，是指不以人的意志为转移，能够引起资源法律关系产生、变更和消灭的客观现象和情况，如森林大火、地震、洪水等。

8.5.2　资源法规体系

资源法是调整人们在资源开发、利用、保护、管理过程中形成的各种社会关系的法律规范。狭义地讲，我国目前尚无一部完全意义上的资源法。广义上看，我国关于资源开发、利用和保护的法律规定已经很多，《宪法》、《民法》、《刑法》、《土地管理法》、《矿产资源法》、《水法》中均有相关条款，林业、草原、渔业等单项自然资源法规也有很多。从法律体系的角度来看，我国资源法尚处于以单项法规为基本特征的法群状态。

资源法规体系是指资源法规通过内在联系构成的层次和结构，是由各种法律规范组成的统一有机整体。它应当是内外协调一致的，即它对外应与其他法律部门相协调，以保证整个法律体系的和谐统一，对内则应是资源法规之间协调互补，以发挥整体功效。我国的资源法规按效力可以分为以下几个层次。

1. 第一层次：《宪法》

《宪法》作为我国的根本大法，在我国法律体系中处于主导和中心地位，其他一切法律、法规都不得与其相抵触，资源立法要接受宪法的指导。《宪法》规定我国资源的产权关系和利用的指导原则，为我国资源基本法律的制定提供了指导思想和法律依据。《宪法》中和资源相关的条款例如有：第12条规定，社会主义的公共财产神圣不可侵犯。国家保护社会主义的公共财产，禁止任何组织或者个人用任何手段侵占或者破坏国家和集体的财产。第26条第1款规定，国家保护和改善生活环境和生产环境，防治污染和其他公害。

2. 第二层次：基本法

基本法即《刑法》和《民法通则》中涉及资源的条款。例如，《民法通则》第73条规定，国家财产属于全民所有，国家财产神圣不可侵犯，禁止任何组织或者个人侵占、哄抢、截留、破坏。再比如，《刑法》第343条规定了对破坏矿产资源行为的处罚，指出"未取得采矿许可证擅自采矿的，擅自进入国家规划矿区，对国民经济具有重要价值的矿区和他人矿区范围采矿的，擅自开采国家规定实行保护性开采的特定矿种，经责令停止开采后拒不停止开采，造成矿产资源破坏的"将会受到法律处罚。

3. 第三层次：资源单行法律

资源单行法律是全国人民代表大会及其常务委员会制定并通过的在某一领域内起指导作用的法律，其效力仅次于宪法和基本法律。具体包括土地、水、水土保持、防洪、矿产资源、能源、煤炭、森林、草原、渔业、野生动物、领海毗连区等资源法规。他们对不同种类资源的具体管理制度、开发利用制度及治理保护制度等都作了明确规定，是我国对资源进行法制管理的主要依据。例如，和水资源相关的法律包括《水法》、《水土保持法》和《水污染防治法》。再如，《土地管理法》、《森林法》、《草原法》、《渔业法》、《矿产资源法》、《野生动物保护法》、《海洋环境保护法》等。

4. 第四层次：资源法规

它包括两部分：① 行政法规，我国最高行政机关，即国务院颁布的有关资源法律实施细则，以及资源行政管理过程中某些具体问题的规范性文件，如《中华人民共和国矿产资源法实施细则》、《基本农田保护条例》。它把资源法律中抽象规定的、没有规定的和难以规定的东西具体化，为资源行政管理部门具体执法提供了切实可行的法律依据。② 地方法规，即地方权力机关(省、自治区、直辖市及省级人民政府所在地的市和经国务院批准的较大的市的人民代表大会和它们的常务委员会)结合本地实际情况依照宪法、法律所制定的有关资源开发利用、治理保护的规范性文件，效力低于宪法、法律和行政法规。此类法规例如有《江苏省土地管理法实施条例》、《江苏省人民代表大会常务委员会关于限制开山采石的决定》等。

5. 第五层次：资源规章

资源规章包括：① 行政规章，它是指国务院各部委根据法律、行政法规在各自的权限范围内发布的有关资源管理的命令、决定，其效力低于行政法规，如《林业行政执法监督办法》、《建设用地计划管理办法》等。它规范资源管理部门日常管理中的具体行为。② 地方规章，是指省、自治区、直辖市及省、自治区人民政府所在地的人民政府、经国务院批准的较大的市级人民政府制定的规范性文件，其效力低于法律、行政法规和地方法规，也不得与其产生冲突。这种地方规章例如《江苏省矿产资源储量评审备案监督管理办法》等。

8.6 资源法规的制定与实施

8.6.1 资源法规的制定

我国资源法规的制定是通过国家立法机关，并依照一定的程序制定颁布的。立法机关层次不同，所制定的法律规范的效力也不同。

1. 资源法规的制定程序

根据我国的立法经验，一项资源法规的设立大体要经过以下程序(图 8-2)：

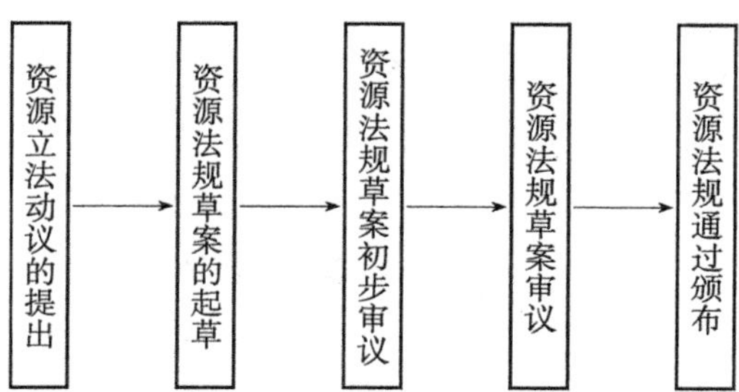

图 8-2 资源法规的制定程序

1) 资源立法动议的提出 立法动议经国家权力机关(如全国人大常委会、国务院、最高人民法院等)或国家主管资源立法的机构(如全国人大资源与环境专业委员会、国务院各部委等)研究以后，认为需要设立，就列入经济立法规划中去，准备进行草拟工作。有些紧急的立法任务也可马上组织草拟工作。在立法规划中，属于制定资源法律的安排，报人大常委会原则批准后组织实施；属于制定资源行政法规安排的，报国务院原则批准后组织实施。

2) 资源法规草案的起草 资源法规草案的起草，应成立起草小组。起草小组一般由业务主管部门及有关单位负责人员组成，吸收有关专家参加，并根据需要，邀请省、市、区派代表参加起草工作。起草小组指定起草班子，进行法律草案的草拟工作。资源法规草案的起草应遵循严格的程序：① 拟出该资源法规的“起草大纲”；② “起草大纲”报委托制定该法规的主管机关批准后，着手草拟法规草案的“征求意见稿”；③ “征求意见稿”拟出后，应广泛征求各有关方面的意见，反复认真进行修改，形成“初次送审稿”；④ “初次送审稿”经主要负责起草的部门的负责人定稿签署后，上报审议。

3) 资源法规草案的初步审议 主管单位的初步审议主要包括以下各项工作：① 组织对“初次送审稿”的讨论、研究、提出修改意见；② 对“初次送审稿”中存在的争议或矛盾进行协调，并提出解决办法；③ 对“初次送审稿”中某些突出的问题，可组织起草小组及有关单位，进行专题调查，以求得问题的解决；④ 对涉及范围大，特别是与地方关系比较密切的“初次送审稿”，应征求省、市、区的意见。在各方面有充分准备的基础上，再开会讨论，进行修改，形成“送审稿”。

4) 资源法规草案的审议 资源法规草案的“送审稿”，应由主要负责起草部门的部长或委员会主任签署，并由初次审议单位主要负责人签署后，上报审议。资源法律草案“送审稿”，除明确由人大常委会直接审议的法律草案外，应先报送国务院常务会议审议；资源行政法规草案“送审稿”，报请国务院审议。

5）依法通过、颁布　“送审稿”经国务院审议以后，属于国务院范围的资源法规，由国务院颁布；属于资源法律，由国务院提请全国人大常委会审议、颁布。

2. 资源法规的制定权限

从我国立法实践来看，法律规范的形式不同，虽然其立法程序基本相同，但其制定权限是不同的。在各种法律规范的形式中，从立法权力来说，可分为中央和地方两级。中央一级制定资源法律和资源行政法规，地方一级制定地方性法规和规章。我国中央和地方的两级立法权不是平行并列的，而是有层次等级的。最高的层次是全国人民代表大会制定的基本法，第二个层次是全国人大常委会制定的法律，第三个层次是国务院制定的行政法规，第四个层次是由省级人大及其常委会制定的地方性法规，第五个层次是省政府及省会所在地的市和国务院批准的较大市人民政府制定的规章，而县以下的地方人民政府，一般均无立法权（表 8－1）。

表 8－1　我国资源立法权限的层次

立法层次	立法权限
母法（宪法）	全国人大制定
第一层次（基本法律）	全国人大制定
第二层次（法律）	全国人大常委会制定
第三层次（行政法规）	国务院制定
第四层次（地方性法规）	省级人大及其常委会制定
第五层次（规章）	省、省会所在的市的政府制定、国务院各部、委、办

3. 资源法规的效力

规格或层次的高低，表现在立法阶段而不涉及执行的效力。规格高的法，制定机关的级别高。《宪法》第五十七条规定：“中华人民共和国全国人民代表大会是最高国家权力机关。”它制定宪法和基本法律，规格是最高的。规格最低的法，制定机关的级别低，如由省级政府发布的暂行条例等。制定过程中，规格低的法应受规格高的法的制约，不能与其相抵触。如《宪法》第六十七条规定：全国人民代表大会常务委员会可以“撤销国务院制定的同宪法、法律相抵触的行政法规、决定和命令；撤销省、自治区、直辖市国家权力机关制定的同宪法、法律和行政法规相抵触的地方性法规和决议”。但在执行过程中，不同规格的法规，其效力是没有任何区别的，一律视为国家意志，并由国家强制力保证贯彻执行。认为法规、规章不是法律，执行可以马虎些的观点是没有任何根据的。违反了法规、规章，同样适用于“违法必究”的原则。

8.6.2　资源法规的实施

资源法规的实施是指资源法规在现实社会生活中的具体运用、贯彻和执行，也就是使资源法规规定的抽象的法律关系主体的权利和义务转化为现实的权利和义务，从而保护法律关系主体的权利，并保证其履行相应的义务。资源法规的实施是资源法制建设的关键环节，只有通过实施，才能使国家所制定的资源法规得以贯彻执行，使规定的具体的权利、义务得以履行。

1. 资源法规实施的主要内容

资源法规的实施主要包括执法和守法两个方面。执法是指国家机关或法定授权组织根据法定的职责、权限，通过法定程序、方式实施法律规定的活动。这种活动既可以表现为国家机关或法定授权组织，根据法律、法规规定制定具有普遍拘束力的规范性文件和制定具有一定约束力的政策措施的活动，也可以表现为国家机关或法定授权组织，把法律、法规规定的内容运用于具体的对象或案件的活动；守法则是指作为国家机关或法定授权组织在管理活动中其本身必须遵守法律、法规的规定。

2. 资源法规实施的要求和基本原则

资源法规实施的要求就是准确、合法和及时。准确就是要求司法机关和行政执法机关在具体处理案件适用法律时必须做到事实清楚，证据确实充分，对案件性质认定准确，处罚得当；合法就是要求司法机关、行政执法机关及其工作人员对案件定性和处罚幅度要符合实体法的规定，办案过程要符合程序法的规定，不得徇私枉法；及时就是指司法机关和行政执法机关受案要及时、处理要及时、执行要及时，提高办事效率，不得相互推诿，故意拖延。

资源法规实施的基本原则包括以下 5 个方面：① 坚持以事实为依据，以法律为准绳。司法和行政执法机关在处理案件时既要从客观实际出发，又要在法律规定的范围内对案件定性；② 坚持在法律面前人人平等。司法和行政执法机关对同类性质案件的处理不得有轻有重，处罚不公；③ 坚持司法机关独立行使职权，行政执法机关自主处理案件；④ 坚持专门工作与群众路线相结合。司法机关的侦察、检察、审判活动必须贯穿群众路线，依靠和相信群众；⑤ 坚持有错必改。司法和行政执法机关只要一经发现办案过程中确有错误，就必须果断及时地依法纠正，保证法律适用的准确性。

3. 资源法规的实施分类

资源法规的实施可分为国家实施和公民实施两大类：

1）国家实施　　是指由国家机关或法定授权组织进行的资源法规的实施活动，是国家机关或法定授权组织依据其职权，按照资源法规对资源社会关系所作的规定，进行的相关执法活动。由于这种实施所凭借的是国家强制力，因此又称为公力实施。

2）公民实施　　是指公民依据法律、法规的规定进行的资源法规的实施活动。公民实施分为实施自己所享有的资源法规规定的权利和实施自己所承担的资源法规规定的义务两个方面。在实施权利方面主要包括：实施立法参与权、实施监督权和实施诉讼权等；在实施义务方面公民应当主动地了解和掌握有关资源法规内容，自觉遵守资源法规的规定，同各种破坏资源的行为作斗争。

主要参考文献

陈振明. 1998. 政策科学. 北京：中国人民大学出版社

黄贤金等. 2007. 土地政策学. 北京：中国农业出版社
黄贤金. 2006. 资源经济学读本. 南京：江苏人民出版社
孟庆瑜. 2003. 环境资源法概论. 北京：中国民主法制出版社
宁国良. 2005. 公共利益的权威性分配——公共政策过程研究. 长沙：湖南人民出版社
宁骚. 2000. 公共政策学. 北京：高等教育出版社
沈承刚. 1996. 政策学. 北京：北京经济学院出版社
舒扬，覃琳，李少民. 1989. 政策学概论. 北京：求实出版社
王福生. 1991. 政策学研究. 成都：四川人民出版社
吴平生，何建邦. 1990. 资源法导论. 北京：中国展望出版社
肖乾刚. 1995. 自然资源法. 北京：法律出版社
谢明. 2001. 政策分析概论. 北京：中国人民大学出版社
张梓太，吴卫星等. 2002. 环境与资源法学. 北京：科学出版社

第九章　资源安全与管理

在经济发展和社会生产力发展之迅速已经远远超越从前的时代里，人类被一个日益凸显的问题逐渐缠绕：资源供给的有限性与资源需求的扩张性和无限性之间的矛盾。曾经被看作是取之不尽、用之不竭的自然资源，已渐显短缺，并由此给人类社会的持续健康发展带来了巨大的威胁和挑战。

面对挑战，寻求出路。站在新的时空高度和新的时代起点上，作为国家安全核心内容之一的资源安全以及在此基础上的资源管理问题，日渐受到相关学者以及政府机构的高度关注和重视。

9.1　资源安全概述

9.1.1　资源安全的概念及其解析

随着时代的发展，国家安全的重点已经逐渐从强调政治安全和军事安全等的传统形态，向强调资源安全的新的国家安全概念转变，资源安全问题已成为世界各国可持续发展的核心任务和基本诉求，直接影响到国家安全。资源安全一旦遭到破坏，国家和社会的生存基础将直接受到威胁。资源安全是在20世纪90年代中后期人类社会快速发展对资源承载能力产生巨大压力的背景下提出来的一个新术语，但它并不是新现象，我们的祖先很早就有了资源安全的意识和思想。我国古代资源环境保护的法律规范的产生最早可以追溯到古代殷商时期。早在公元前3世纪，杰出的先秦思想家荀况就指出，如果按照自然法则处理开发、利用、保护自然环境和资源的关系，就可以使自然资源永续利用。

资源安全是指一个国家(或地区)可以持续、稳定、及时、足量和经济地获取所需自然资源，同时自然资源基础所依存的生态环境也处于良性或免遭不可恢复破坏的状态及能力。它表述了资源对经济发展和人民生活的保障程度，自然资源的获取能力越强、保障程度越高，资源安全性就越好；相反地，若资源供给情况不稳定、供给不能满足需求，就会导致资源的不安全。资源安全，主要包含了两层基本含义：

1) 数量含义　　包括质量、结构、功能等方面。资源安全要求自然资源在数量、质量、结构、功能等方面以适度的经济价值满足国家和社会经济发展的需要，有效保障资源供给。因此，资源安全是一个国家或地区自然资源尤其是战略性自然资源可持续保障的状态与程度，是在社会、单位、个人可以接受的适当价格范围内的要求下对一国或地区自然资源保障的充分性、稳定性、合理性的衡量；

2）可持续性含义　从系统论的角度来看，人类社会和自然资源环境在长期协同下达到了一个动态平衡的精巧状态，系统所能承受的负荷有阈值限制，要求人类开发利用资源的过程中，要保证自然资源的基本存量以及生态环境免遭致命破坏。也就是说，要在保证资源持续、稳定、及时、足量和经济供应的同时，使得自然资源本身处于一个健康稳定而可恢复的安全环境之中，做到资源的永续利用。

从不同角度，资源安全可有不同的分类。从资源过程看，资源安全可以分为考察资源对社会经济发展的保障或支撑能力的狭义资源安全和考察资源开发利用的生态环境效应是否安全的广义资源安全；从空间范围看，资源安全可以划分为全球性安全、区域性安全和地方性安全；从资源的关键程度上，可将资源安全区分为战略性资源安全和非战略性资源安全；从资源的类型上，则可分为能源资源安全、矿产资源安全、水资源安全、土地资源安全、生物资源安全、海洋资源安全以及环境资源安全等。

由此可见，资源安全包含了一个内容丰富的复合范畴，总括来说，资源安全的内涵包括了如下几个方面的要素：

1）数量要素　即资源的供应有一定的总量和人均占有量标准，其中人均量对于国家安定和社会经济发展更具有相对的和现实的意义。例如，占我国能源消费结构 66.3%以上的煤炭储量为 1 145 亿 t，居世界第三位，但人均可开采储量 90 t，只及世界平均水平的 55.4%。

2）质量要素　即对资源的品质以及人们对资源品质的一定要求，例如矿藏的丰度、含量等。资源质量越高，则其利用越经济越有效率，资源安全程度越高。另外还由此引出了最低质量的概念，如最低生活用水质量等。如我国铁矿石资源丰富，但品位较低，需大量从澳大利亚等地进口，由此而产生了铁矿石资源供应的安全问题。

3）结构要素　即资源品种结构的合理程度与供给渠道的多样性，是保障资源优化利用和稳定供给的基础。如我国能源资源结构中，煤炭能源占总能源的比例在 66%以上，不仅结构相对单一，而且大量的煤炭开发所带来的严重的生态环境压力以及大量优质耕地的损失，产生了伴生的耕地资源的安全进而产生了粮食安全的问题。

4）空间要素　资源分布在空间上的不均衡性和异质性，影响着资源开采的难易程度、资源供给的时效以及资源供给的成本等。如我国东南区域经济优势明显，而空间(能源、矿产)资源优势主要体现于北方或西北区域，加之水资源的匹配问题，给资源开发、利用、保护以及供给成本等带来了不利因素。

5）经济要素　指一个国家或地区以较小的经济代价从市场(尤其是国际市场)获取资源的状态和能力。在一定时期内的正常供求状况和国际政治经济环境下，一般国家均能够获取其所需的资源，只是在获取资源所付出的代价上有所差异，而资源安全所要追求的是以尽可能低的经济代价获取所需资源，即实现经济代价的效用最大化。

6）技术要素　指资源开发、利用过程中技术应用所起的作用。随着人类科学技术的进步，对资源的开采能力不断加强，一些原先难以开采利用的边际资源逐渐得到利用，从而扩大了资源的可供量；同时技术进步带来的革新又使得人类在利用能源的方法、效率以及寻找新能源和替代能源等方面有了新的突破，从而在一定程度上减轻和缓解了传统能源供应不足的压力。

7) 政策要素　包括产业政策、税收政策、价格政策、资源节约利用政策等都对资源安全问题有着重要的调控作用。很多时候，资源危机并不是以资源短缺为主要诱因的，一些政策和制度的偏差也可以导致严重的资源安全问题。

8) 其他　如国际政治环境、一国的国际地位和军事实力等。

9.1.2 资源安全问题的经济学机制

由于资源在时空分布上具有差异性，同时各国对资源的需求也各有特点，因而就会有某些国家一定时期在某些资源的需求上对国际市场的依赖。若一国的某资源相对稀缺，需要进口，初始进口量为 Q_1，价格为 P_1，即图表 9-1 中 A 点。当遇到国际政治、经济、自然因素(如战争、禁运、经济封锁、垄断、自然灾害等)的突变时，该国能够从国际市场上获取的资源数量将减少，同时价格上升，由 A 点移动到了 B 点，进口量减少了 $\Delta Q(Q_1-Q_2)$、资源单价则上涨了 $\Delta P(P_2-P_1)$。由于一国资源产品的自身供给能力往往在短期内具有刚性，短期产量无法迅速提升，因此资源进口量和进口价格的变化，不仅会导致使用资源的单位成本大幅上升，而且会带来资源短缺，进而对该国社会、经济的稳定带来巨大的冲击(图 9-1)。

下面再以石油供求安全模型来进一步解释资源安全的经济学机制。

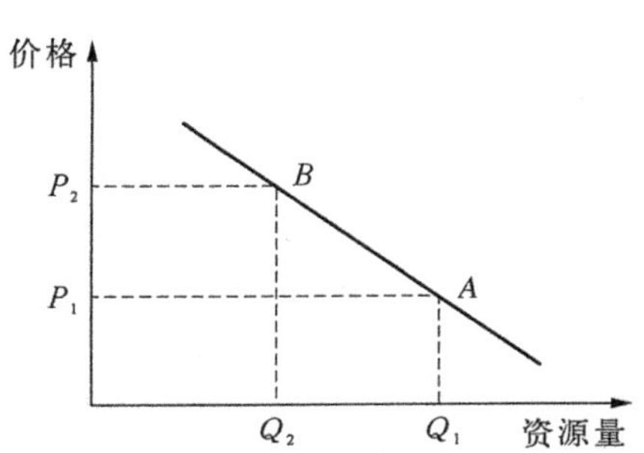

图 9-1　资源供给量-价格曲线示意

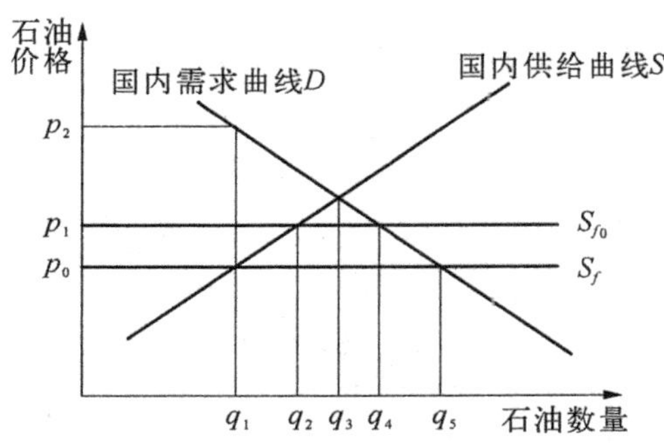

图 9-2　石油供求资源安全的经济学解释模型

图 9-2 中 S_f 为只考虑市场情况下的国际石油供给曲线，当一国的国内石油生产成本(考虑储量、开采难度以及提炼等)高于石油进口成本(国际平均成本)时，在完全竞争的市场经济下，为了追求成本最低和效益最大，市场购买 q_5 数量的石油，其中 q_1 为国内供应、$\Delta q(q_5-q_1)$为进口。但大量进口造成了一定的社会风险，若政治经济环境突变，进口受阻后石油需全部自给时，由于短期生产的产量刚性，供给量仍处于 q_1，从而使得价格骤增至 p_2，消费者剩余被极大剥夺，对社会经济的稳定造成巨大的负面影响。

若考虑社会的风险成本和国家安全成本，应考虑采用附加一定风险保险费后的 S_{f_0} 作为国际供给曲线，即只应购买总量为 q_4 的石油，其中 q_2 国产，而两条国际供给曲线形成的差额 $\Delta p(p_1-p_0)$即为风险成本。也就是说，需要通过国家宏观调控等手段，对风险成本以一定税金或费率的方式进行分摊，控制资源消耗总量、增加自给能力，并在一旦发生资源安全问题利用汇集的“风险保险费”，发挥其减震器的作用。

包含了风险成本的石油价格 p_1 有其一定的阈值范围，其最高值是国内石油生产量达到 q_3 时的价格，这是国内供求曲线的平衡点价格，即完全的自给自足状态；最低值是国际市场石油价格 p_0。而其具体价格位置与资源风险发生的预期、国内采取措施建立战略储备的难易程度和战略储备量大小等因素有关。

9.1.3 资源安全的影响因素

资源安全受多方面因素的影响，概括起来说，有资源因素、政治因素、经济因素、运输因素、军事因素等方面。

1）资源因素　即指资源禀赋对资源安全的作用，是影响资源安全的最基本和最重要的因素。一个国家的资源品种和储量越丰富，资源安全性就相对较高。例如我国北方的人均水资源量较少，水资源安全就显突出和急迫。在本国资源不足需要通过进口来弥补的情况下，对外依存度和进口集中度对资源安全的影响力不可忽视，一般说来，对外依存度较小、进口地域来源分散，资源安全相对较高。我国石油消费自 1993 年成为净进口国家，2003 年成为仅次于美国的世界第二消费大国，大量依赖进口，而进口石油中，90％以上来自于海上运输，又有 90％以上为外轮运输，而 80％以上石油需经马六甲海峡，其资源安全存在较大隐患。

2）政治因素　当今世界的全球化进程不断拓展，资源安全中对政治因素的要求日渐重要。简要而言，影响资源安全的政治因素包括两个方面：① 资源产品进口国和出口国的国际政治关系状况；② 资源产品出口国和进口国的国内政治稳定程度。其中前者更显重要。例如，阿拉伯国家（主要石油输出国）与西方国家（主要石油进口国）之间的政治关系恶化导致了 1973 年 10 月起的“第一次石油危机”；1978 年年底伊朗爆发了政治和宗教革命，又引起了“第二次石油危机”。

3）运输因素　运输的安全程度与运输的距离、运输线的安全状况、运输方式以及运输国对资源运输线的保卫能力的强弱有关。一般地，资源供给国和资源消费国的距离越长，其途中包含的不确定因素就会增加，安全系数相应降低。另外，一国或地区对重要运输咽喉的控制和制约程度，对资源运输和安全有着重要影响，例如马六甲海峡、苏伊士运河、直布罗陀海峡、巴拿马运河等交通要塞的通畅程度或封锁情况直接影响着石油以及其他重要战略资源的运输。以我国主要石油进口通道的马六甲海峡为例，在我国石油需求不断上升的同时，进口石油比例和源于中东地区的石油占进口石油的份额也在不断上升，我国石油的对外依存度也已从 2000 年的 30％提高到了 47％，2001 年中国从中东地区进口的石油数量就已占进口石油总量的 48％，而国际权威机构的预测显示，到 2010 年这一比例将增加到 80％。中东石油向我国输入，几乎全部需要通过海上运输，受马来西亚、新加坡以及美国等国家控制的马六甲海峡是中东—中国航线上的必经咽喉，因此，其运输的安全因素是极为不利的。

4）经济因素　一国的外汇储备以及由此派生的国际金融信誉对资源进口的支持情况。另外，资源的价格稳定程度以及在此基础上的进出口波动情况也间接影响着资源安全问题，价格波动越剧烈，安全性越劣。

5）军事因素　一国的军事力量越强大，对资源获取的干预力量就越强，资源的安全供应就越有保障。世界的与历史的战争主要地来自政治、权力、宗教、资源等因素，因资源而战不只在现代，古代亦有之。在当今世界政治经济大的格局没有大的变动的情况下，资源类局部战争是可能的，如海湾战争最为典型，美国等西方国家通过其强大的军事力量，保证了自身的石油供给来源稳定和资源安全。

9.1.4 资源安全特征

依据资源安全的概念、内涵与要素、成因、影响因素等，资源安全特征如下。

1）主体性　即资源安全是针对某一资源利用主体而言的，其主体一般是一个国家或地区，含有利己主义的观点，即资源为我所有、为我所用的含义。因此，要本着“两种资源，两个市场”原则和一国资源的数量、质量等，立足于世界资源的供求状况来分析解决一国的资源安全问题。

2）针对性　资源安全问题研究和管理具有针对性，其目标是发现资源的不安全因素、不安全领域和不安全区域，并对危及资源安全的因素进行调控和干预资源供求，使相对平衡状况得以保持或回复，保证国民经济社会的稳定发展。

3）动态性　国际政治格局和经济发展有一定的波动性，加之严重自然灾害，以及政治事件、局部战争等的突发，资源供需状况与结构是动态的，资源安全问题的研究管理就是要维持资源供需在动态中的平衡。与资源稀缺等资源问题一样，在自然-社会-经济的复合系统和人类的发展进程中，资源安全是一个永恒主题，任何国家或地区在资源安全领域都可能出现新的问题。

4）层次性　资源安全有大小之分，依据资源安全之程度和主体不同，可将资源安全问题在层次上加以衍生。从程度来看，有战略性、重要性、一般性、预备性之分，如粮食资源等关系重大的资源即属于战略性资源；从主体来看，有国家资源安全、区域（地区）资源安全、群体资源安全、个体资源安全等之分。

5）相关性　资源安全本身是现代经济社会的产物，是人口、资源、环境与发展（PRED）这一复杂系统的反映。根据系统论原理，系统与系统间、系统内部各子系统间都存在一定的关系。资源安全与生态安全、环境安全、食物安全及经济安全间呈现高度的正相关性，其他安全状态的改进有助于资源安全状况改进。

9.1.5 我国的资源安全问题

在21世纪世界经济一体化、资源市场化的背景下，正确认识和分析我国资源安全所面临的问题，是保证国民经济持续健康发展的基本前提。

1. 中国的资源供应形势严峻，禀赋不足

中国的资源具有明显的两重性，一方面资源总量大、种类多，可谓“地大物博”；另一方面，由于我国人口众多，人均资源占有量低，资源相对紧缺，又表现出“人多物少”的矛盾。

例如，我国国土面积为960万km^2，仅次于俄罗斯和加拿大，位居世界第三位，而按人均量计算，我国的人均国土面积仅为11亩，不到世界人均量的1/3；另外，我国的人均耕地仅为1.40亩，不到世界平均水平的30%；人均森林面积仅为世界平均水平的1/6，居于世界第108位；人均水资源仅为世界平均水平的1/4，居于世界第121位。在人口增长、经济发展和工业化的时期，脆弱的资源基础就会威胁我国的持续发展。据预测，到2010年我国的油气资源缺口将达到1.74亿t油当量，而到2020年此缺口将扩大到3.26亿t。21世纪，我国面临的资源安全形式是多项缺口共存、峰集相逼叠加，资源供应形势严峻。

2. 在资源数量不足的情况下，又存在比较严重的资源浪费现象

一方面，我国资源紧缺，人均资源量严重不足；另一方面，资源的粗放利用方式带来了低利用率、低产出率和低回收率，资源浪费现象严重。例如，我国矿山资源综合利用率仅为20%左右，矿产资源总回收率仅为30%左右。资源需求巨大和资源浪费严重的叠加效果是资源的过度开采，引起了对资源、环境的巨大负面影响。

再如水资源，我国水资源的人均占有量仅为世界平均水平的1/4，而农田漫灌等浪费现象仍大量存在，同时水资源重复利用率极低，水资源使用效率低下；而从水环境的角度来看，过多的水体利用会严重破坏水圈的固有平衡，干扰水循环，带来一系列生态环境问题；另外大量生活、生产废水的排放以及大量农药化肥的长期影响又带来了水体的污染，使得有效水资源数量进一步减少。

又如稀土资源，我国是世界上最大的稀土资源国，同时也是最大的稀土资源生产国和出口国。但资源管理中的条块分割，导致重复建设问题突出，进而导致稀土资源浪费严重，出口秩序混乱，多头过量出口，造成国际市场疲软，稀土价格下降。2002年我国稀土资源出口量较1992年增长了508%，而出口创汇增长不到60%。

3. 资源市场机制尚不健全

市场机制是实现资源有效配置的重要手段，其核心内容是价格机制。我国的资源市场机制尚不健全，资源配置中价值规律的作用不够突出，人为干预较为常见，有限的资源没有得到最高效的利用，并由此造成了一定程度的环境破坏和资源流失。并且，由于资源市场和管理的不成熟，资源环境外部成本并没有实现内部化，造成了沉重的社会负担和不断加重的资源环境压力。如上述稀土资源，由于我国市场机构尚不健全，条块分割，导致冶炼分离能力盲目扩张，稀土(初级)产品生产能力过剩，出口过大，进而导致稀土全球供需失衡。2003年，我国稀土产量占世界的88.55%，出口量占世界总需求量的70%以上。

针对上述问题，首先须建立国内资源、国际资源以及资源的国内市场、国际市场并重的“两种资源、两个市场”的战略。

无论从人口、面积、经济总量以及资源总量等多方面来看，中国都是一个大国，基本资源必须立足国内，粮食、能源等战略性资源不能完全依赖进口；同时，随着全球一体化的推进，资源利用的全球共享也已经成为一种趋势，一般性资源可以主要依赖国际市场。

自然资源在全球范围内分布的不均匀，引起了资源的国际贸易，在国际资源经济的发展中，我国资源产业逐渐走向国际，同时也大量进口外来资源。中国需要从多方面协调处理好两种资源和两个市场的关系。

其次，中国急需构建资源安全保障体系。

资源安全是国家安全的重要组成部分，与国家经济的持续增长与国家的安全关系重大。目前我国的资源安全保障体系尚显薄弱，为了扩大和巩固国内资源基础，我国的资源安全保障体系的构建需要包括资源安全的保育体系、节约体系、贸易体系、科技体系、管理体系等。要努力保护资源、集约利用资源、挖掘资源潜力、合理资源储备，在区域范围内统筹资源安排，如南水北调、西气东输等；同时也要提高技术水平、管理水平，完善资源市场机制，实现资源的市场化运行和法制化管理。

尽管未来世界政治经济格局将会朝着多极化方向发展，世界各国对资源利用格局的多极化也将促进世界政治经济格局的多极化发展，但大国对于战略性资源的争夺对世界地缘政治经济的格局仍将产生深刻的影响。新的地缘政治格局必将影响资源安全态势，而资源安全必然带来新的资源战略。当今石油的资源安全与资源战略最为典型和突出。

图 9-3 和 9-4 反映了自石油作为重要资源以来的价格变化过程。其价格变化一方面反映了世界石油市场的供需关系，另一方面则反映了石油这一重要战略资源在世界地缘政治经济中的地位和作用。

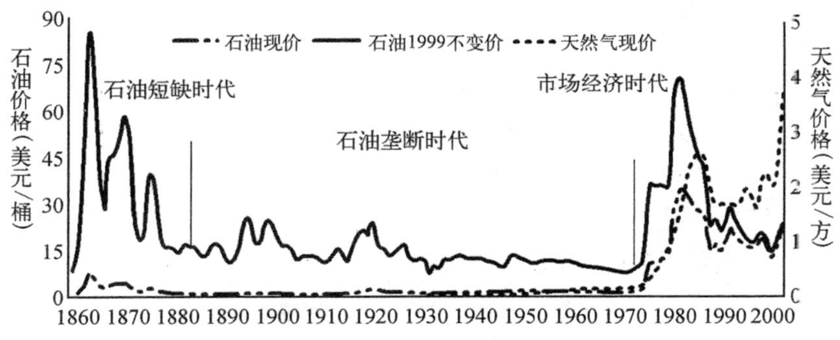

图 9-3　1860 年以来世界石油价格变动示意图

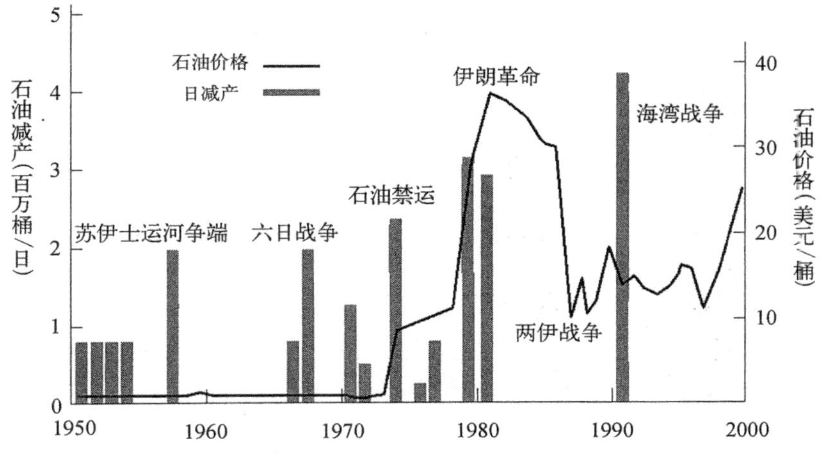

图 9-4　20 世纪 50 年代以来世界石油价格波动与地缘政治关系

9.2 资源储备：资源安全之本体实现

资源储备是资源安全的基本要件。它指个人、企业或政府为应付自然资源可能的供给时滞、短缺和升值，实现资源采购和运输的规模经济，以保证未来生活、生产和社会正常运转而采取的将资源及资源产品以妥善方式暂时搁置的行为。

资源储备的主要目的可以概括为：① 增强国力，防备外来侵犯，保障国家安全；② 缓解由于自然和人为等因素所造成的矿产资源供应危机；③ 保障国民经济和社会的可持续发展。

9.2.1 资源储备方式

自然资源的储备可以有多种不同的方式，例如将资源品以仓储的形式存放（如粮仓、油库以及水库等）、对资源在不开采的情况下进行原位保存（如矿藏有序开采以及开采量的规定）、利用现代技术建设资源存储和转换项目（如抽水蓄能等）等。对于影响国家经济和社会发展的重要资源的储备方式，主要有以下几种。

1. 战略储备

战略储备是一个国家或地区资源储备的最高层次。为了维护国家的安全和利益以及国家和平稳定，各国都储备一定的军用物资和战备物资，以备紧急时使用。作为战略储备的资源具有战略性和机密性，并且主要由国家来实施，其储备的期限一般较长。这部分资源储备的数量和结构一旦出现问题，会对一国的国家安全带来重大隐患。表 9-1 反映了我国和部分其他国家矿产品战略储备基本情况。

表 9-1 中国及其他部分国家矿产品战略储备制度一览

中国	国家	美国	德国	日本	韩国
据国土资源部《国土资源"十一五"规划纲要》中提出"十一五"时期，我国将建立矿产资源储备机制	储备目的	供国家非常时期使用	经济安全保障储备	保障经济安全，防备供给障碍	稳定供求和价格
	制度建立时间	1939 年	—	1983 年	1967 年
	储备品种	25 类 80 种	铬、锰、钒、钴、蓝石棉	镍、铬、钨、钴、钼、钒、锰、铟、铂、稀土	有色金属、铁合金、原材料、设备材料
	储备目标	3 年国内需要量	1 年本国消费量	国内消费 60 天	—
	储备机构	国家国防部	储备协会	事业团体以及民间企业	国家经济规划院供应厅

2. 安全保障储备

自然灾害、人为事故以及突发的资源封锁、禁运等情况，都会引起一国或地区经济的动荡和社会的混乱，因此需要资源的安全保障储备。安全保障储备的目的是为了防止资源供应中断、确保经济稳定和发展、削减国内的大幅度波动。例如城市备用水源地的选择和建设。

3. 市场储备

亦称商业储备，是为了防范各种原因的供求变化引起的供给紧张，保证市场需要而进行的储备。市场储备又可以分为国内市场储备和国际市场储备两种。前者是为保证国内市场需求进行的物质储备，如我国的专项粮食储备；后者则是为对外贸易、履行合同等而进行的资源物质储备。另外，某些国家、团体和个人囤积居奇以哄抬物价、垄断市场以牟取暴利，通过储备某些资源来人为地刻意改变资源供应数量，从而制造资源供应紧缺的投机行为，也属于市场储备的范畴。

9.2.2 资源安全下的主要资源储备客体

研究考察资源安全问题，其中所涉及的资源储备主要是指自然资源的储备。其中，能源、矿产、粮食等的储备由于其直接制约社会经济、关系国泰民安，在资源储备中处于重心地位，构成了国家资源储备的基础和核心，是国家资源安全的重要内容。

1. 能源资源储备

能源包括石油、天然气、煤炭、太阳能、风能、电力、水力等，是现代社会生产与生活的重要物质来源，也是国家经济社会可持续发展中所面临的重要问题。本国能源资源储量、国内能源开发利用能力、国际政治经济关系、供给渠道通畅程度、主要供给国的政治经济状况等都将严重影响能源供给及其价格，影响能源资源安全。而随着对能源资源需求量的不断扩大，能源安全问题日益突出。以下两表是关于中国能源资源供需量的预测，从中不难看出，我国的能源储备问题和隐患已经相当明显。我国的石油、天然气资源都可能在短期内出现供不应求的情况，并且在能耗以及人均能耗提升的同时，能源的保障程度趋于降低。

表 9-2 中国经济增长与能源消耗预测

	2010 年	2020 年	2030 年	2050 年
国内生产总值/亿元	200 844	305 688	707 704	1 680 000
人均 GDP	14 286	20 938	4 500	113 514
能耗总量/亿吨标准煤	20.63	—	31.08	38.26
人均能耗/公斤标准煤	1 474	—	2 031	—
耗电总量/亿千瓦时	27 000	—	70 000	125 000
人均耗电/千万时	1 929	—	4 575	—

表 9-3 煤、石油、天然气对经济建设的保障程度预测

	2010 年		2020 年	
	预计产量/预计需求量	预计保证程度	预计产量/预计需求量	预计保证程度
煤/原煤亿吨	19.0/18.5	102.70%	24.0/22.0	109.09%
石油/原油亿吨	1.8/2.8	64.29%	2.1/3.5	60.00%
天然气/亿立方米	800/900	88.89%	1 500/2 000	75.00%

石油是国民经济的命脉，是目前全球范围内最重要的能源资源，其在世界能源消费结构中占40%左右的份额，并且在相当长的一段时间内，石油仍将是世界的主要能源。在世界原油的供给中，石油输出国组织(OPEC)占据了主导地位。由于OPEC的卡特尔本质，一方面世界原油供给相对稳定，有利于资源的节约利用，也有利于世界石油供应的平衡关系的建立，但同时在寡头垄断的情况下使出口方获得较高的利益而进口方的利益则相对受损。

石油储备是稳定石油供求关系的重要环节，发达国家在经历两次石油危机后，普遍重视和建立了本国的战略石油储备体系。美国政府拥有7亿桶储备；欧洲的储备量能满足90～120天的消费量；日本拥有超过150天的紧急储备。而当前我国石油资源只能维持一周左右的生产用量。另外，我国的石油需求也在迅速增长中，1993年成为石油净进口国，至2003年已成为仅次于美国的世界第二大石油消费国，而石油进口量位于美国和日本之后位列世界第三位。据统计，在1993～2002年的十年间，我国石油消费年均增长5.77%，而同期石油供应年均增长仅为1.67%，供求关系趋向紧张。

我国是石油需求和进口大国，2003年进口石油约9 941万t，2004年达到约12 000万t(图9-5)。我国石油消费总量增速较快，加之我国经济正处于向工业化转型期，经济发展对石油的依存度较高，世界原油价格的波动对我国的影响越来越严重。对我国1993～2000年的国内生产总值、石油进口量和价格波动进行综合分析显示：油价每上涨1%并持续一年时间，就会使我国GDP增幅平均下降0.01个百分点。如1999年国际油价上涨10.38%，影响我国GDP增长率约为0.07个百分点；2000年国际油价上涨64%，影响我国GDP增长率约0.7%，相当于损失了600亿元人民币左右。

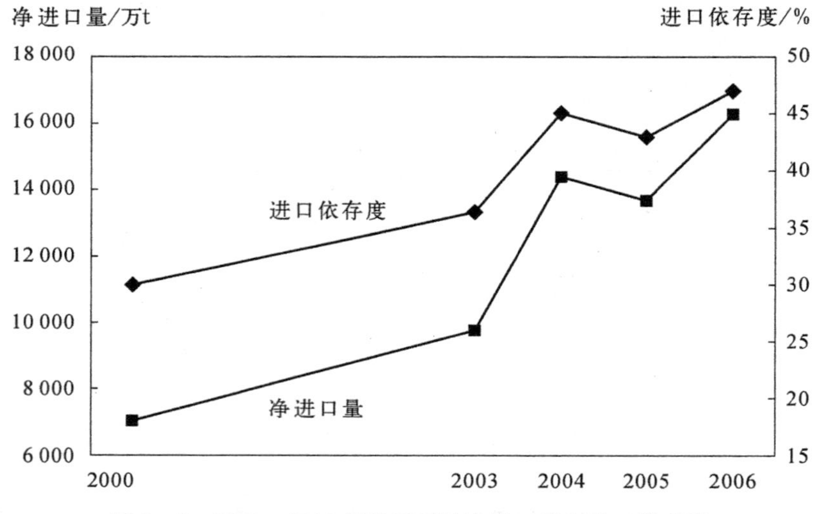

图9-5 2000～2006年我国石油净进口量和进口依存度

对此，我国应努力提高国内石油生产能力，同时积极参与国际市场，实施多元化的进口策略。除此之外，国家战略石油储备对于应对突发事件、缓解石油危机、稳定石油价格、保障国家安全、促进经济发展具有非常重要的意义，而我国在这方面尚显滞后，建立国内石油储备体系已经刻不容缓。

石油储备体系的建立，除了必须的制度、法律和技术保障外，还需要建设大规模的石油储备基地，目前主要包括：

1）油田石油储备基地　在中部和西部选择3～5个油田，提供1 500万t/年的地下封存储量。被选油田是为战备油田，该储量可维持国内20～30天的原油需求；

2）分区域建立石油地上储备基地　计划储备石油2 000万t，以维持国内30天的石油需要。目前，我国的一期建设的新港（辽宁省大连市）、黄岛（山东省青岛市）、镇海（浙江省宁波市）、岱山（浙江省舟山市）四大石油储备基地已经基本竣工并陆续投入使用，而二期石油储备基地的选址工作也已经展开；

3）动员各省力量　分区域建设成品油安全储备库，储备500万t成品油，可维持30天。

2. *矿产资源储备*

矿产资源是人类生存和发展的物质基础和国民经济发展的重要物质来源。矿产资源储量在一定程度上决定了一个国家应对国际经济、政治与军事危机的能力，是国家综合国力的重要内容之一。据估计，矿产资源约占现代社会需要的自然资源总量的70%，为工业提供了95%的能源和90%的原料，被称为现代工业的粮食。

矿产储备是资源储备中的一项重要内容，其中一些关键领域（如军事等）所需的、需要依靠进口的、国内需求不断增长的战略矿产和紧缺矿产的储备尤为重要。

矿产资源储备的矿种和数量决定于一国或地区的矿品短缺程度、该国的综合实力、国防和经济等对矿产的依赖程度以及国际政治环境等。就我国的情况而言，人口众多、矿产人均量小（表9-4），加之经济迅速发展等带来的不断增长的矿产需求，依据政治、经济、市场、技术以及资源探明储量的具体情况和变化特点建立一套有效的矿产储备体系已经显得十分重要。以铁矿石资源为例，2005年国际垄断组织突然大幅度提升铁矿石长期协约价格，提升幅度达71.5%，迫使我国钢铁企业被迫接受，将严重影响钢铁生产并产生一系列连锁效应，敲响了我国铁矿石资源的安全警钟。

表9-4　我国部分矿产资源人均占有量在世界上的地位

矿种	储量		产量		消费量	
	储量	占世界人均	矿山总产量	占世界人均	消费总量	占世界人均
铜	1 671.48	18%	52.01	20%	134.49	46%
铝	36 000	7.3%	203.4	55%	294	60%
锌	2 095	55%	147.61	90%	109.5	62%
铬	371.8	0.5%	20	6.7%	90	31%
镍	275.16	33%	4.95	22%	3.88	17.6%
钨	124.42	159%	2.02	300%	0.77	83%
稀土	2 269	172%	7.0	419%	2	119%
铂	5 130	0.2%	533	1.40%	10 000	13.8%

* 其中铂的储量值单位为千克，其他均为万吨。

3. *粮食资源储备*

粮食是同人类生存关系最为密切的资源之一，百姓难为无米之炊。可以说，粮食作为一种特殊的战略资源，是生命的资源，粮食安全问题不是简单的资源安全问题，而是一个事关国计民生的政治问题和社会问题。联合国粮农组织将粮食安全定义为：保证任何人在任何时候都能得到为了生存和健康所需要的足够、安全和健康的食物。并为此提出了一个确保食物安全的最低储备水平，即谷物的储量占需求量的17%～18%，其中周转储备占12%，后备储备占5%～6%。

粮食安全问题和粮食储备的核心是耕地资源安全。中国是人口大国和农业大国，以食物生产的资源基础安全、生产过程安全和消费格局安全为核心的食物安全总是难以回避，土地、粮食与人口间的矛盾将是我们长期面临的问题。随着经济社会的不断发展，农用地保护和建设用地扩张之间的矛盾日益突出，加之生态退耕、灾毁耕地以及农业结构调整等造成的耕地数量减少，我国的耕地安全问题十分严峻（图9－6）。2006年9月6日，国务院第149次常务会议明确指出18亿亩耕地保有量是我国耕地保护红线，至少要保持到2020年或更远。我们可以作一个简单的计算：假设我国2020年时的人口为预期中的15亿，那么即使保住的18亿亩的耕地红线，我们的人均耕地也仅仅只有1.2亩，大大低于人均5亩的全球平均水平，而爆发粮食安全问题的警戒线是0.8～1亩。

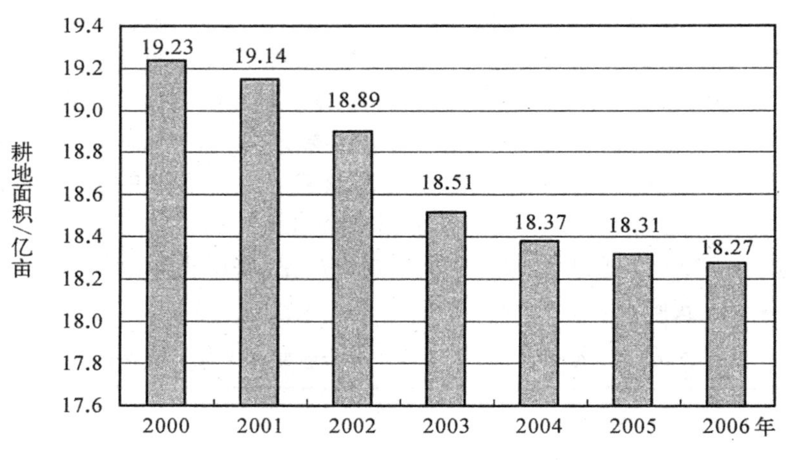

图9－6　2000～2006年中国耕地数量

由于耕地保护和粮食安全的重要性，我国一直强调实行最严格的土地管理制度。土地管理上的“最严格”体现为以下4个方面：① 必须依照法律和规划实行最严格的用途管制制度；② 严格划定基本农田保护区；③ 必须严格执行耕地“占一补一”规定；④ 严格控制农业结构调整对耕地的破坏，鼓励土地整理。

其中，耕地占补平衡是新修订的《土地管理法》确定的一项耕地保护的基本制度，是落实耕地总量动态平衡的重要保证，是我国当前粮食安全和粮食资源储备中最为重要的措施之一。即：非农业建设经批准占用耕地的，按照“占多少，垦多少”的原则，由占用耕地的单位负责开垦与所占用相当的耕地；没有条件开垦或者开垦的耕地不符合要求的，应按照各省、自治区、直辖市的规定缴纳耕地开垦费，专款用于开垦新的耕地，以保证耕地不减少。

9.3 资源贸易：资源安全之市场实现

9.3.1 绝对优势与比较优势

表 9-5 中，无论砍柴还是打鱼，李逵每天的收获量都大于李鬼。我们说，李逵在这两项工作(砍柴、打鱼)上都具有绝对优势。绝对优势就是依据产出率或收益率来进行比较评判的。

表 9-5 绝对优势与比较优势的例子，李逵和李鬼各自的工效

	打鱼/(斤/天)	砍柴/(斤/天)
李　鬼	5	10
李　逵	10	50

机会成本是经济学中提出的一种隐性成本，简单来说就是把一种资源投入某一特定用途之后，所放弃的在其他用途中所能得到的(最大)利益。我们可以看到，李逵打 10 斤鱼所付出的机会成本为 50 斤柴，李鬼打 10 斤鱼所付出机会成本是他利用打 10 斤鱼的两天时间可以获得的 20 斤柴。显然，李逵打鱼的机会成本要大于李鬼，因此可以认为李逵打鱼是不经济的，通过分工可以让两人得到的总利益更多。

例如，两人分别打 1 天鱼、砍 3 天柴，这样李逵获得了 10 斤鱼和 150 斤柴、李鬼获得了 5 斤鱼和 30 斤柴。对于李逵来说 5 斤柴等价于 1 斤鱼，对于李鬼来说 2 斤柴等价于 1 斤鱼，若李逵用自己的 4 斤柴去交换李鬼的 1 斤鱼，对于两人来说都是合算的。那么，同样是在 4 天时间里，李逵砍柴 200 斤、李鬼打鱼 20 斤，然后李逵用 48 斤柴交换李鬼的 12 斤鱼，交换后的结果如表 9-6 所示：

表 9-6 绝对优势和比较优势的例子，调整分工和交换前后对照

	原先的分工下		调整分工后交换前		交　换　后	
	柴/斤	鱼/斤	柴/斤	鱼/斤	柴/斤	鱼/斤
李　鬼	30	5	0	20	48	8
李　逵	150	10	200	0	152	12
总　计	180	15	200	20	200	20

从中我们可以看出，调整分工以后，两人劳动获得的物品总量变大了，并且通过交换，可以使得两人的情况都优于原先。和李逵相比，李鬼打鱼的机会成本较小，因此认为李鬼在打鱼方面具有比较优势。比较优势是依据产出或收益付出的机会成本大小来评判的，是一种相对的优势。

比较优势的存在是贸易产生的一个非常重要的原因，通过贸易，可以使得贸易参与方获得更多的利益。需要注意的是，这里所说的利益，可以是简单意义上的经济利益，也可以泛指各种效用。

一国生产或开发相对丰富、成本较低的资源以换取别国的对自己而言相对紧缺的资源，就是比较优势理论在资源贸易中的具体体现。

9.3.2 资源贸易的内涵与全球格局特征

由于各个国家和地区在区位、自然资源禀赋以及经济发展水平等方面的差异，就会有一国对另一国在某种资源上处于有利地位，拥有比较优势。各国为了满足自身对自然资源的需求，同时发挥本国在某些资源上的比较优势，就产生了资源的进口和出口。在经济社会迅速发展和全球一体化不断推进的今天，资源贸易已经成为构成世界经济相互依赖关系中的重要环节。

几乎没有哪个国家能够拥有其所需的全部资源，即使其能做到资源的自给自足，也一定是不经济的，换句话说，任何国家和地区都或多或少地依赖于资源贸易。全球资源是一个关联的网络，资源贸易一旦受阻甚至停滞，就会引起相关国家乃至世界经济秩序的动荡甚至混乱。

研究资源贸易，除研究水、土、森林、矿产等资源本身外，更多的是研究资源型产品的贸易。资源型产品包括了地球上可再生的农畜产品，热带、亚热带、温带经济作物，木材与水产品等，不可再生的金属与非金矿产品，以及与人类生产、生活息息相关的石油、煤炭、核燃料等能源产品。由于世界各国、各地区资源优劣多寡不等，种类不一，自然与人文环境多种多样，生产力水平和经济发展阶段、资金和技术水平等因素千差万别，使得国际资源型产品生产与消费空间的分离，例如中东地区大量出产石油、欧洲和美国等则存在较大的石油需求。而随着经济社会的发展，一国或本地区的资源数量、种类、质量等难以满足现代发展的需要，从而使其资源的汲取半径向国外扩展，形成了资源国际贸易的新格局，进一步促进了国际经济与资源的相互依赖。

图 9－7 反应了资源贸易演化与外部因素的关系。资源贸易是由资源开发条件与资源消费因素共同作用而形成的，其中资源的开发条件主要包括了资源的自然禀赋，资源开发的资金投入和应用的科技水平；资源的消费因素主要包括经济发展水平，人口发展状况和国内产业结构状况。如果资源禀赋条件优越，资源开发资金投入量大，科技水平先进，经济发展速度相对平稳，人口增长速度较慢，产业结构以农工产业为主或以高科技工业和

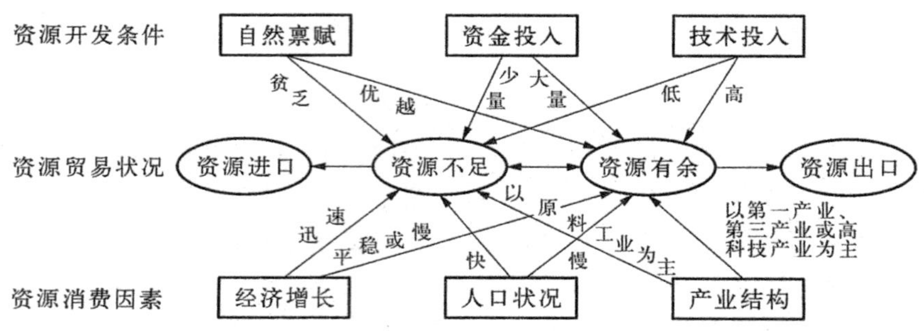

图 9－7 资源贸易演化与外部因素关系

第三产业为主，则国内资源相对有余。在资源贸易中体现为资源出口逐步增长，相反则表现为资源进口的增长。

全球化的不断推进，带动了资源贸易的不断发展。现阶段世界资源和资源性产品贸易的基本特征主要体现在以下几大方面。

1）资源及资源性产品贸易在世界贸易中的地位逐渐下降。随着世界经济的发展，初级资源产品贸易在世界贸易中的比重下降，各国出口产品的深加工程度提高。有资料显示，从1965年到1997年，初级产品的出口比重从41%下降到23%，进口比重则从46%下降到25%。

2）发达国家在资源和资源产品贸易中占据主导地位。北美、西欧等地区的高收入国家占世界资源型产品进出口贸易额2/3，而中低收入国家只占1/3。从资源型产品进出口净值来看，中低收入国家依然是世界资源贸易的净出口地区，而高收入国家则是净进口地区。

3）在农产品贸易方面，发达国家在世界粮食出口贸易中居垄断地位，发展中国家在经济作物出口方面具突出地位。在农产品贸易中，发达国家为主要粮食出口国，美、澳、加、法等国占据了全球粮食出口总额的4/5左右；而经济作物（可可、咖啡、茶叶、蔗糖、棕油、剑麻、香蕉、花生、天然橡胶等）则主要由发展中国家销往北美、欧洲以及日本等发达国家市场，例如，东亚和东南亚国家（主要是中国、印度、孟加拉国）几乎占据了世界茶叶市场的全部份额、南美和非洲生产咖啡和可可等。

4）石油在能源与矿产品贸易中占据主导地位。在石油、天然气、煤三大能源中，石油的贸易额达到80%以上，并且保持着高于世界资源型产品贸易平均增长水平的增速，是世界资源贸易中增长速度最快的资源型产品。世界石油的主要生产和出口国分布在中东、北非、非洲西海岸、南美洲北部以及独联体国家。

随着天然气长距离管道运输成本的下降以及液化天然气加工与运输技术的进步，世界天然气贸易量增长迅速。而煤炭主要以内销为主，贸易量占煤炭产量的比重明显低于石油和天然气。

5）非燃料矿物原料贸易中，发达国家对发展中国家的依赖正在逐步减少，发展中国家面临挑战。

二战后，发展中国家的非燃料矿产资源的生产发展很快，矿产品贸易是南北资源贸易的重要方面，如非洲的铜、金、金刚石、铝土矿、磷酸盐、铌、钴等矿产资源出口的对象主要是英、法等前宗主国和北美、日本等发达国家；拉美的矿产资源也主要出口到美国、日本和欧洲等发达国家。随着世界经济和贸易形势的变化，发达国家基于国家安全以及减轻国际初级产品贸易摩擦对国内经济的冲击等方面考虑，发达国家的资源来源正在逐步摆脱对发展中国家的依赖，世界矿产品市场正在由过去的北方对南方的过度依赖，逐步转向南北方之间的相互依存。

9.3.3 WTO下中国的资源贸易

成立于1995年总部位于瑞士日内瓦的世界贸易组织（WTO），与世界银行、国际货币基金组织被并称为当今世界经济体制的“三大支柱”。世贸组织的宗旨体现在以下3方面：① 促进经济和贸易发展，以提高生活水平、保证充分就业、保障实际收入和有效需求的增长；② 根据可持续发展的目标合理利用世界资源、扩大商品生产和服务；③ 达成互惠互利的协议，大幅度削减和取消关税及其他贸易壁垒并消除国际贸易中的歧视待遇。

中国政府于2001年11月11日接受《中国加入世贸组织议定书》，该议定书已于2001年12月11日生效，我国也于同日正式成为世贸组织第143个成员国。

加入世贸组织，有利于促进中国的改革开放和经济发展，同时也对全球经济增长有积极作用。加入WTO，给中国的资源贸易带来了深刻的影响，其中包含了巨大的挑战，主要表现在如下几方面。

1）对我国的资源管理机制和经营机制冲击巨大。在我国的资源管理和经营中，条块不分、政企职责和权利分配不清、资源生产企业自主程度不足、资源产业科技含量低、税费等包袱较重等情况较为常见，这严重影响了中国资源生产的效率。入世是对我国资源管理机制和经营机制的一次重大挑战。

2）国内资源市场进一步开放、关税等大幅度削减，国内外资源产品的价格和质量差别带来巨大的进口冲击，国内资源产品生产者面临的竞争加剧。例如厚度为0.5～1 mm的普通冷轧薄板卷，加入WTO后进口关税由8%下调至3%，相当于进口的冷轧薄板卷价格下降了约124元人民币，这就意味着我国钢铁企业要与国外进口的冷轧薄板卷竞争，在当前已经处于很低价位的情况下，在价格上还要降低，这不能不说对企业是相当大的压力和严峻考验。

3）WTO提出的国民待遇原则要求进口检验标准与国内检验标准相同，而国外对进口资源产品的品质有较高的要求，在一定程度上限制了我国资源产品的出口。例如在我国农产品出口中的检疫问题，我国农产品质量安全问题刚刚真正提上日程，国内的检验检疫标准比较低，技术水平和手段都与发达国家有相当大的差距，这在一定程度上限制了我国进出境检验检疫，同时WTO的国民待遇还要求了进出口税费的公平合理。为适应国际规则，我国不得不对此进行调整，特别是对矿产品等初级产品的出口产生了一定的制约。例如2007年7月1日起聚氯乙烯及其制品出口退税率从11%下调至5%，相当于每吨出口聚氯乙烯价格下降400元，而目前聚氯乙烯产品出口均价仅为6 000元/t左右，冲击显而易见。

4）金融、保险、证券、服务等领域相继开放，技术、资金以及管理运营等方面占优的境外资源生产企业在竞争中拥有优势。境外企业可以凭其优势，在国内外资源市场进行期货套做、操纵价格，以牟取暴利，我国资源工业企业尚无实力与其抗衡，国内资源市场的控制权有可能将被跨国公司掌握。若是战略性资源的控制权被国外资本掌握，我国的资源安全将受到威胁。

当然，我们也应该认识到，在这个全球一体化和国际贸易不断增加的大环境下，中国加入WTO是利大于弊的，入世数年来的实情发展也证实了这一点。WTO在给我们带来了巨大挑战的同时，也带来了更大的机遇，甚至可以说，那些挑战本身就可以看作是难得的机遇。主要包括如下几方面。

1）可以加快资源结构调整和优化，在国际竞争中提高资源产品竞争力，并在竞争中提高自己，以增强资源产品对国内外市场的适应性。加入WTO，对我国资源产业和资源市场提出了新的要求，资源结构的优化调整已经逐渐展开，只有顺势因时地适应国际资源市场，才能在资源贸易中处于一个相对有利的地位。

2）WTO 创造了较为稳定和规范的国际贸易环境，可以扬长避短，发挥我国在国际资源贸易中具有的优势，拓展国际市场。例如我国的劳动密集型农副产品，具有价格竞争优势，主要是畜产品、水产品与园艺类产品，包括肉类、蛋类、奶类、水产品、水果、蔬菜、花卉等。

3）加强了我国同世界各国和各个国际组织的联系，有利于先进技术、管理艺术的引进，促进资源产业的升级，同时有利于吸引外资以及减少贸易壁垒。

4）有利于我国资源贸易体制和流通机制的市场化改革，同时完善行政、监管、法规等方面的工作，促进市场经济的良性发展。通过市场的灵活性和有效性的发挥，促进资源的优化配置。

5）可以有效利用国际资源市场，实现国内外资源市场的对接和长期的供求平衡，缓解国内部分资源的压力。例如粮食问题，随着经济建设的发展和人口的增加，我国耕地和淡水资源不足的矛盾越来越突出，粮食供求从长期看呈现偏紧的趋势，在加入 WTO 后，便于我国的粮食进口贸易，利用世界农业市场，有利于减轻我国耕地、淡水等资源压力，有助于改善生态环境，实现可持续发展。

6）有利于自然资源的可持续发展。例如，GATT（关税与贸易总协定）第 20 条规定“允许 WTO 成员为保障动植物及人民的生命健康安全和使短缺的资源不至于耗尽可以采取保护措施”；《关于贸易与环境的决定》中包含“环境保护使自然资源得到保护，经济增长则建立在充足的自然资源之上”等内容。

加入 WTO 是我国经济持续健康发展的必然选择，符合我国的根本利益和长远利益，也为资源贸易和资源产业的发展提供了新的历史环境。尽管从短期看来，WTO 带来的改变使中国的资源贸易挑战重重，但在长期来说，充满着机遇。WTO 带来的新环境，可以使我国进一步融入世界资源市场，努力实现国内资源和国外资源的对接，更好地在时空上配置资源，从而增加资源安全系数。另一方面，WTO 带来的新理念、新思想、新技术也正在和将要深刻地改变中国原有的相对滞后、急需完善的资源生产和经营方式以及资源管理体制与市场机制，从而为我国资源安全构建了一个新的保障平台。

9.4 资源保护：资源安全之永续实现

没有对资源的保护，就不可能实现资源安全，资源也就不能长期持续地服务于人类社会的发展。这里所说的资源保护，至少应该包含以下两方面的内容。

1）对资源自身的保护，即在资源的开发利用中努力实现该资源的可持续使用；

2）对其他品种和其他区域资源和环境的保护，即在资源的开发利用中不对或尽可能少对其他资源和环境造成不利影响。

9.4.1 可持续发展的理念

前人栽树，则后人乘凉；
竭泽而渔，则明日无鱼。

生存和发展是人类社会永恒的主题。几千年来，人类对资源的认识、开发、利用使得人类的文明建设取得了非凡成就，同时资源、环境问题的不断积累也在很大程度上抵消甚至毁灭着人类文明的积极成果。正如马克思、恩格斯 1848 年《共产党宣言》中说："人类在不到一百年的时间内创造的生产力，超越了过去一切古代创造的总和，同时出现了仿佛用法术从地下呼唤出来的大量人口。"人类的生存繁衍和文明发展极大地消耗着地球有限的资源，加剧着环境的恶化。据统计，目前全球土地正以每年 5～7 万 km^2 的速度走向荒漠化；人类的采矿和建设活动改变着地表外貌，每年的物质迁移总量达 10 000 m^3，成为比自然作用更加强大的营力；地球上的生物种类正以每年 5 万种左右的速度灭失……然而地球的资源是有限的，地球-生命-人类系统和经济-社会-自然系统的平衡与调节能力也是有限的，面对生存和社会发展的一系列资源、环境问题，我们如何创造人类的美好未来？根据世界自然保护基金会测算，未来人类对自然资源的"透支"程度将以每年 20%的速度不断增加，这意味着，到 2050 年，人类所要消耗的资源将是地球生物潜力的 1.8～2.2 倍，换句话说，到那时，可能需要两个地球才能满足人类对于自然资源的需求。但是，我们有两个地球吗？

1987 年，世界环境与发展委员会发表了著名的题为《我们共同的未来》的报告，从共同的关切、共同的挑战和共同的努力三大方面对全球人口、粮食、物种和生态系统、能源、工业、城市化、法制、和平、安全、发展和资源、环境等多方面问题进行了系统分析，并明确给出了可持续发展的定义：既满足现代人的需求以不损害后代人满足需求的能力。其中涉及两个关键概念：①"需求"的概念，应当特别优先考虑贫穷人群和贫穷地区；② 环境方面的技术和社会组织水平对人类满足需求的制约。

可持续发展要求是一个整体上的良性循环和发展模式，在其理念中主要包含了以下六大原则。

1）公平性原则　　所谓的公平性是指机会选择的平等性，这里的公平具有两方面的含义：一方面是指代际公平性，即世代之间的纵向公平性；另一方面是指同代人之间的横向公平性。可持续发展不仅要实现当代人之间的公平，而且也要实现当代人与未来各代人之间的公平，未来各代人应与当代人有同样的权力来提出他们对资源与环境的需求，这是可持续发展与传统发展模式的根本区别之一。可持续发展要求当代人在考虑自己的需求与消费的同时，也要对未来各代人的需求与消费负起历史的责任，因为同后代人相比，当代人在资源开发和利用方面处于一种无竞争的主宰地位，而可持续发展则要求各代人都应有同样选择的机会空间。

2）持续性原则　　这里的持续性是指生态系统受到某种干扰时能保持其生产率的能力，是把资源本身视为人类的财富，而不是把资源作为获得财富的手段。可持续发展要求人们根据生态系统持续性的条件和限制因子调整自己的生活方式和对资源的需求，在生态系统可以保持相对稳定的范围内确定自己的消耗标准。

3）和谐性原则　　可持续发展要求人类与自然的和谐相处，资源和环境的持续利用；同时可持续发展还要求人与人的和谐共处，要求每个人在考虑和安排自己的行动时，都能考虑到这一行动对其他人以及后代人的影响。

4）需求性原则　　从传统思维和传统发展模式来看，人类过分追求经济的增长和经济目标的实现，却往往忽视了资源的有限性和环境的承载能力，资源价值和环境价值并未纳入考量的范畴。而可持续发展则强调了在资源、环境易于接受的范围内的合理需求，也可以看作是对资源和环境无害的需求。可持续发展要满足的是所有人（包括当代人和后代人）的基本需求，同时说明了需求不仅仅是简单意义上的市场商品和经济利益，适度消费和清洁生产等新思维被提出并采纳。

5）高效性原则　　可持续发展的公平性原则、可持续性原则、和谐性原则和需求性原则实际上已经隐含了高效性原则，并称为高效性原则的基础。不同于传统经济学，这里的高效性不仅是根据其经济生产率来衡量，更重要的是根据人们的基本需求得到满足的程度来衡量，是人类整体发展的综合和总体的高效。

6）阶跃性原则　　可持续发展以满足当代人和未来各代人的需求为目标，而随着时间的推移和社会的不断发展，人类的需求内容和层次将不断增加和提高，所以可持续发展本身包含着不断地从较低层次向较高层次的阶跃性过程。

9.4.2　对资源自身的保护

依据自然资源的再生性，自然资源可以分为可耗竭资源和可更新资源两大类。在对人类有意义的时间范围内，资源质量保持不变，资源蕴藏量不再增加的资源称为可耗竭资源，例如煤、石油、天然气等；而能够通过自然力以某一增长率保持或不断增加流量的自然资源叫做可更新资源，例如太阳能、大气、水、森林、农作物、野生动植物等。对于可更新资源，主要是要合理开发使用以实现永续利用；而可耗竭资源由于其不可再生性，其可持续利用主要考虑其最优耗竭问题，包括在不同时空合理配置有限的资源、使用其他可耗竭资源或可更新资源作为替代资源两个主要方面。

1．可耗竭资源的最优耗竭

我们先来考察不考虑资源替代的问题，仅分析最简单情况下的可耗竭资源在不同时期的使用量分配问题，做基本假定如下：

1）单位数量的资源开采成本和使用成本固定。

2）单位时间内资源的需求量相同。

3）把使用资源的时限简化为两个时期。

4）该资源具有稀缺性，即不是供大于求。若在某一时期增加供给和使用，就必然会减少对其他时期的供给量。

在图 9－8 中，斜线 Aa 为市场条件下的供给-价格曲线，A 为资源总量，a 为资源需求者意愿支付的最大价格，b 为资源的使用成本；图中灰色区域即为当期净收益的终值。

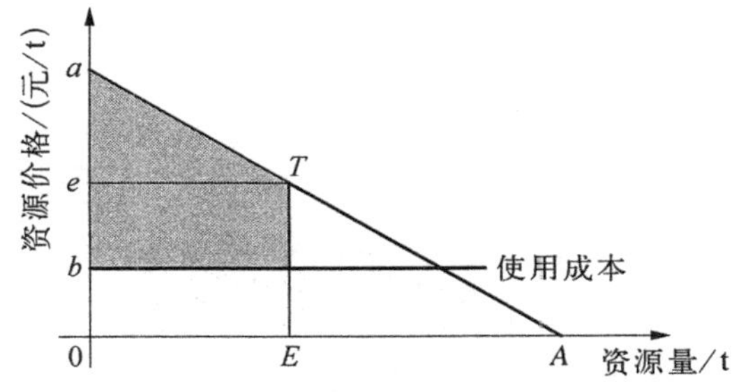

图 9－8　可耗竭资源的时间配置

若第一期的资源供应量为 E_1，则在第二期的资源供应量为 $E_2 = A - E_1$。在第一期，资源价格为 $e_1 = a \times (A - E_1) \div A$，该

期的净收益为 $M_1 = a \times E_1 - b \times E_1 - (a - e_1) \times E_1 \div 2 = E_1 \times (a - b - a \times E_1 \div A \div 2)$；利用同一模型可以得到第二期的净收益为 $M_2 = E_2 \times (a - b - a \times E_2 \div A \div 2)$，其中 $E_2 = A - E_1$。在给定折现率 r 的情况下，该资源的总收益的现值为 $M = M_1 + M_2 \div (1 + r)$，进而可以求得其总收益最大情况下的资源时序配置情况，该情况即为可消耗资源的最优耗竭方案。

上述模型可以推导拓展到 n 个时期的资源配置。

另外，还可以引入可替代的边际开采成本较低的可耗竭资源或者可更新资源，也可以起到保护资源、减少消耗的作用，例如使用太阳能等可更新能源发电来替代以煤为原料的火电项目。

由于可耗竭资源的稀缺性，随着时间的推移，其资源储量不断减少，因而使用的边际总成本不断上升。如图 9－9 所示，A、B 为两种可相互替代的可耗竭资源，在 T 点之前，资源 A 的使用成本较低，而 T 点以后使用资源 B 的相对合算，人们倾向于用资源 B 来替代资源 A，使得边际总成本的增长相对放缓。可耗竭资源的相互替代后总边际成本的变化曲线大体如图 9－10 所示：

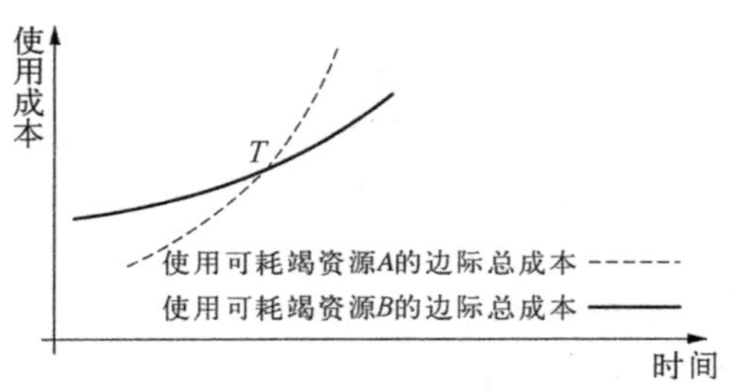

图 9－9　两种可替代的可耗竭资源的边际总成本

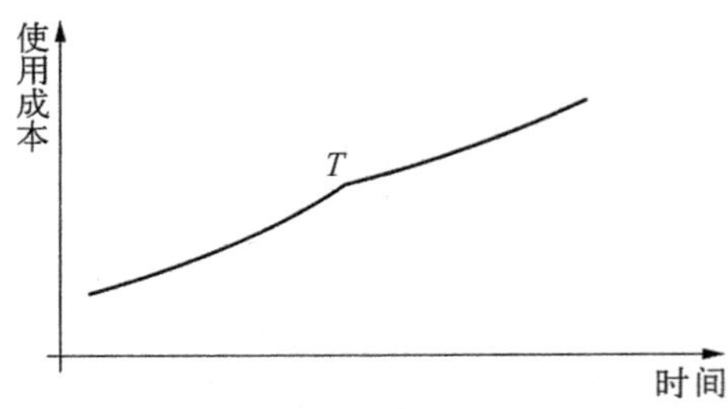

图 9－10　可耗竭资源相互替代后的总边际成本曲线

若用可更新资源 C 来替代可耗竭资源 A，则情况有所不同。在正常使用的情况下，我们可以认为单位可更新资源的使用成本在一定时期内是不变的，从图中即显示为边际总成本呈一水平线。同样，在两种资源使用边际总成本相等的 R 点，出现资源替代（图 9－11、图 9－12）。

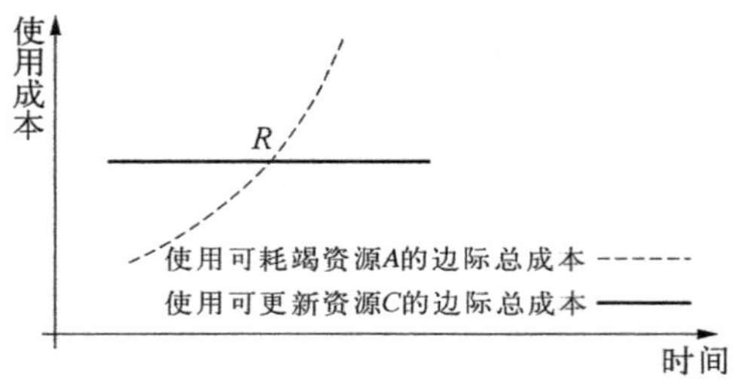

图 9－11　可相互替代的可耗竭资源与可更新资源的边际总成本

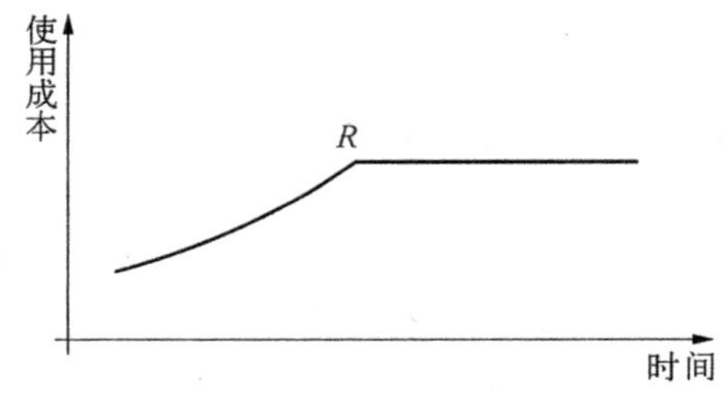

图 9－12　可更新资源替代可耗竭资源后的总边际成本曲线

2. *可更新资源的最优使用*

对于诸如太阳能、风力、潮汐等资源，在使用中我们可以在不破坏环境等前提下大量使用，而对于森林、农作物、野生动植物等过分使用可能遭致物种灭绝等恶性后果的可更新资源，需要求其最优使用以做到资源保护。下面我们以鱼类资源为例，阐述可更新资源的最优使用问题。

在一定时空范围内中，在外界自然条件不变的情况下，鱼群的数量大体符合逻辑斯蒂(Logistic)S形曲线的增长规律。鱼群在种群密度较低时开始缓慢增长，然后迅速增长，最后种群的大小逐渐逼近环境负荷量水平，增速减慢，由于种间竞争和空间限制等因素，一定的空间范围内有一定的环境容量限制，种群发展到极其接近或达到环境容量 K 时会出现增长停滞。具体形态如图 9－13 所示：

当 $0 < R < K$ 时，曲线导数 >0，种群数量正向演变；

当 $R = K/2$ 时，种群增长速度达到峰值，即表现为种群生长最为旺盛，单位时间内生物净增量最大；

当 $R = K$ 时，种群占满环境容量，增长停滞；

当 $R > K$ 时，这种情况只有在人工群落或人工干预的情况下才会发生，此时种群规模过大，会引起部分个体死亡，并最终使得种群规模恢复到平衡位置。

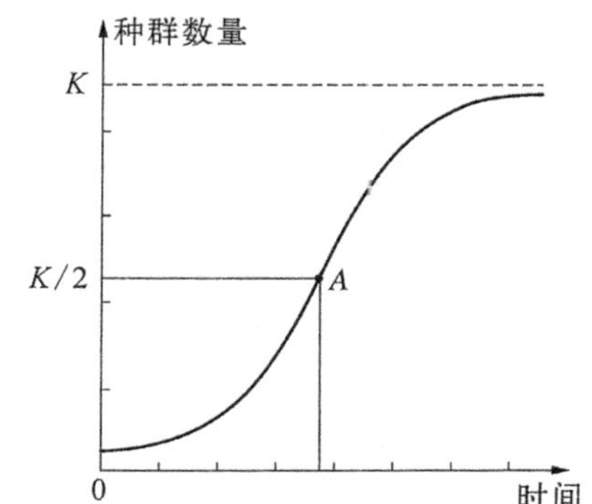

图 9－13 种群增长的逻辑斯蒂(Logistic)S形曲线

逻辑斯蒂曲线可以用数学函数表示为：

$$R(t) = \frac{K}{1 + e^{a-rt}}$$

式中，R 为种群数量；K 为环境容量；a 为 t 取 0 时使得上式成立常数，即一个与曲线起点相关的常数；r 为内禀增长率；t 为时间变量。

逻辑斯蒂曲线在可更新资源最优使用的系列理论中具有重要地位，尤其是对于收获生物量以获得利益或满足的资源而言。在一定范围的水域中，对某一鱼种而言，其种群 K 值一定，在 $K/2$ 处附近，鱼类繁殖生长最为旺盛。因而可以通过实测观察，对鱼群的生长状况长期规律进行分析，并对所得实测数据进行函数拟合，从而明确鱼群生长最快的时间段、该时间段所对应的鱼群数量和密度以及鱼类资源的最高产量和最佳捕捞量，进而制定最优的管理和收获计划。

通过对鱼群的合理捕捞，不但可以保护鱼类资源，充分利用了环境容量和外界资源，并使得鱼类种群始终处于活跃的状态，同时获得尽可能大的经济收益。

9.4.3 外部性和公共品

外部性和公共品是资源经济学中的重要概念，它们被认为是区域和全球性资源环境问题产生和存在的重要因素。

1. 外部性

外部性是指企业或个人向市场之外的其他人所强加的成本或收益，也可以理解为一方的活动和行为对其他人的影响。

外部性是经济活动中的一种反映在市场运行机制之外的溢出效应，无论受影响者是否愿意接受，他都不得不承受外部性对其的影响，并且一般不会有与利益或损害相关的货币支付表现。

外部性分为正的外部性和负的外部性两大类。正外部性又称为外部经济，即一方的活动或行为给他人带来了利益，如"近朱者赤"；负外部性又叫做外部不经济，即一方的行为给他人带来了损失或额外费用，如"近墨者黑"。

在资源经济学中，人们一般对负的外部性重点关注。外部不经济情况的存在经常引发复杂的资源环境问题，并且一旦这种外部不经济发生，其所造成的影响很可能不仅限于当代，资源环境问题会在相当长的一段时间内困扰人类，后代甚至后代的后代都有可能为此埋单（代际不经济）。

2. 公共品

公共品是指这样一类物品，将其效用扩展于他人的成本为零，并且无法排除他人参与共享，比如国防，它保卫的是一国的所有居民，无论他们是否愿意接受或者是否为这种保卫支付了费用。

公共品是相对于私人品的一个概念，私人品具有竞争性和排他性，即若某人消费了某种商品，则其他人就不能再消费这种商品了，同时只有支付了商品价格的人才能消费商品。而公共品的特征则是非竞争性和非排他性消费，可以供一群没有支付成本的人群消费。

公共品往往体现着正外部性，如国家对基础设施的投资建设、科学研究赞助、公众保障体系等。但与此同时，正是由于公共品的非排他性和非竞争性的存在，资源、环境等公共品的悲剧现象也时常出现。例如一片公共牧草地，各家各户均可以将自己的羊群置于其中牧草，同时又不必支付草料等费用，如此就极易造成公共牧草地的过度放牧。

9.4.4 全球化下的资源环境问题

资源保护，一方面要保护其资源本身的数量和质量，另一方面要保护其他品种和其他区域的资源和环境。而在现实中，由于区域不对等以及外部性、公共品等因素的作用，在开发和利用资源的同时，带来了新的资源环境问题。从区域范围的大视角和全球化的大背景来看，主要有以下类资源环境问题。

1. 公地悲剧问题

小到一片公共牧草地、一片公共池塘，大到公海、南极大陆、大气层和外层空间，都可以看作是人类的共享资源。人类对于公共资源的放肆使用，带来了公地悲剧问题。

2007 年 5 月至 6 月间，中国第三大淡水湖太湖蓝藻大规模爆发，江苏省无锡市生活用水供应中断。事实上，太湖的悲剧就是一起较为典型的公地悲剧。太湖滋养了富庶的江南大地，是上海、苏州、无锡等城市的重要生命源泉，然而太湖周边普遍的过度开发、工业化以及由此引起的污染在扩大、生活废水废物排入太湖，太湖水质不断恶化。自 20 世纪 90 年代以来，国家已经先后投入了逾百亿人民币的治太资金却收效甚微。太湖作为公共品，在周围地区的任意占有和损害下，终于达到了容量的极限并爆发了危机。

太湖南岸的浙江省湖州市，近年来为环保付出超乎寻常的代价和努力。环太湖地区只有湖州的印染企业执行一类标准，为此平均每家印染厂的每年要增加120万元的成本；湖州大量关停纺织等会带来污染的优势企业，使得湖州的产业竞争力极大削弱；湖州严格环保审批的一票否决制，招商引资受到严重制约……从湖州流入太湖的河水基本都达到Ⅱ类或Ⅲ类标准，远优于太湖北岸Ⅴ类和劣Ⅴ类的水质。但是，环太湖有江、浙、沪、皖三省一市，而湖水是流动的，单靠一方的努力，湖州在保证入湖河水清澈的情况下却无法保证眼前湖水的洁净和清澈。太湖成为各方不必负责的“公地”，而湖州非但不能通过自身的付出获取回报，反而要为此埋单，蓝藻暴发多为高温季节，此时湖州河道水位较低，甚至会引起太湖水和蓝藻的倒灌。公地问题的解决，责任在于相关各方，仅靠其中一方或几方努力，问题根本无法得到解决，并且付出努力者仍要承担公地悲剧带来的负面影响，如此势必影响其善待公地的积极性。

在世界范围内，主要的公地悲剧问题还包括全球气候变暖、臭氧层空洞、森林草场以及土地退化、海洋污染扩散等。

2. 越界资源环境问题

越界资源环境问题是毗邻的地区或国家由于环境介质的连接，一方的行为对相邻方资源、环境的区域性影响，是外部性的一种体现。例如某工厂的粉尘污染随风飘至其下风地区；又如核电站或重化工业对周边地区的辐射和威胁；再如一国对海洋生物资源的索取对海域邻近的其他国家海洋产业的影响等。

我们以某河流为例分析其中包含的越界问题：① 上游排放的污染物在没有被完全稀释和降解的情况下可以顺着河道和水流进入下游水体，从而造成了下游地区的水质恶化和可利用的有效水资源量减少；② 上游的水资源开发利用活动，如筑坝、引水等，也会改变河流水情，使得下游的水文特征发生变化，影响下游的水资源和水生生物资源等的利用情况。

澜沧江-湄公河流经中国、缅甸、老挝、泰国、柬埔寨、越南共6个国家，河流干流全长4 800 km，排名世界第12位，流域面积810 000 km^2，排名世界第21位，平均流量15 000 m^3/s，年径流总量4 750亿 m^3，排名世界第8位，是一条著名的国际河流。有统计显示，为改善和保证湄公河下游的灌溉需求并防止咸水入侵，在枯水期需增加流量3 000 m^3/s。我国在其上游建设了小湾水电站等水利工程，如调节适当，则可在枯水期为下游增加来水；而若仅考虑本国利益拦水己用，则会进一步引起下游的水问题。

3. 资源消耗和环境污染转嫁问题

全球贸易的不断开展和贸易自由化不断推进的同时，也给发展中国家带来了沉重的资源环境负担。贸易自由化的基础是比较优势理论，而处于国际地位弱势的发展中国家，其占据比较优势的往往是初级产品，特别是资源的出口。相比发达国家，发展中国家更片面注重经济增长而相对忽视了对资源、环境持续能力的考量，在其资源产品的对外贸易价格中，一般没有对资源环境补偿的成本和费用，带来了资源的快速耗竭和环境的持续退化。

更为严重的是，由于发展中国家环境标准较低、环境法规不完善等原因，使得大量高污染企业、有毒有害产品、废弃物等从发达国家向发展中国家转移，使得发展中国家成为发达国家的“污染天堂”，同时也转嫁了环境灾难，构成了所谓的“双重不正义”。

对于上述几大问题，主要的应对措施如下：

1）资源和环境成本分摊　将各方造成的资源损耗和环境污染成本量化并由各方分摊支付，对环境损失进行补偿。例如对使用公用品的各方征收费用、加大对资源消耗和环境污染转嫁者的税费等。

2）排污许可证制度　严格审批，并限定污染物排放者的排放量和排放浓度。

3）界址环境质量标准　对于越界资源环境问题，可以规定边界上环境介质的质量水平，在一定程度上将跨界污染的成本内部化，如河流控制断面水质标准等。

4）环境代理机构　建立或寻找合作管理机构，对公地或跨界环境介质进行管理，该管理机构向排污者和资源消费者征收费用。

5）国际责任规则　如《联合国气候变化框架公约》、《南极公约》、《保护臭氧层维也纳公约》、《联合国海洋法公约》、《京都议定书》、《联合国防治荒漠化公约》、《生物多样性公约》、《大陆架公约》等的签署和生效。

9.4.5 绿色 GDP

人类不断地通过生产活动创造着社会财富，与此同时又消耗着资源，也就是说，人类所实现的经济增长有很大部分是通过资源和生态环境换取的。传统的经济核算和统计方式，只考虑了简单的财富积累而忽视了资源环境的损失，随着资源数量的逐步递减和人们对资源环境保护意识的不断增强，绿色 GDP 的概念应运而生。

所谓绿色 GDP，就是从现行国内生产总值中扣除资源消耗成本、环境成本和对环境资源的保护服务费用所得到的结果。绿色 GDP 实质上代表了国民经济增长的净正效应，绿色 GDP 占 GDP 的比重越高，表明国民经济增长的正面效应越高，负面效应越低，反之亦然。可以说，绿色 GDP 是一国新创造的国内财富值，绿色 GDP 占总 GDP 的比重，反映了一个国家或地区的资源利用效率和可持续发展能力，是实现资源安全的重要考察指标之一。

2006 年公布的《中国绿色国民经济核算研究报告 2004》是我国第一份系统的 GDP 报告，也是国家环保总局和国家统计局迄今为止(2007 年 7 月)联合发布的唯一一份中国绿色 GDP 报告。报告显示，2004 年我国利用污染损失法核算的总环境污染退化成本为 5 118.2 亿元，占地方合计 GDP 的 3.05%。其中，大气污染造成的环境污染退化成本为 2 198.0 亿元，水污染造成的环境退化成本为 2 862.8 亿元，固废堆放侵占土地造成的环境退化成本为 6.5 亿元，污染事故造成的经济损失为 50.9 亿元，分别占总退化成本的 42.9%、55.9%、0.1%和 1.1%。

2005 年年初，国家环保总局和国家统计局在北京、天津、河北、辽宁、浙江、安徽、广东、海南、重庆和四川共 10 个省市启动了以环境核算和污染经济损失调查为内容的绿色 GDP 试点工作，但一直没有正式公布核算调查结果，甚至有多个省份要求推出绿色 GDP 的试点。一方面，绿色 GDP 的核查是一项具有很强技术性的工作，核算方法尚有争论；另一方面，传统的政绩考核方式并未出现大的转变，列入试点就意味着本地 GDP 要被减去生态环境损耗部分，而未列入试点的省份却不扣减。我国的绿色 GDP 及其相关工作任重而道远。

9.5 资源管理：资源安全之效率实现

资源管理是一个系统工程，涉及众多领域。在以往的资源管理中，各个部门是“铁路警察，各管一段”，较少系统地考虑问题，最终的结果是有利则争，无利则推，使资源开发利用短期化，持续发展思想较难贯穿到实际工作中去。而未来的资源管理，应有资源安全观，站在可持续发展的高度管理资源，将资源放在社会经济等大环境中去开发利用和保护资源。所以，资源管理应从单项管理综合管理转变。

9.5.1 资源管理的概念、特征与作用

资源管理是资源所有者及其代理或使用者运用管理学、经济学、心理学、政策学等相关学科基本原理及必要手段，对资源勘查、调查、评价、开发、利用、保护及经营等过程进行计划、组织、协调、监督、约束和激励等，以使资源效率不断提高并保障国家、地区、企业和个人资源需求的行为总称。

此定义说明了资源管理的 4 层基本意思：① 资源管理的完成者；② 资源管理的学科理论基础；③ 资源管理的涵盖范围；④ 资源管理的目标。

资源管理的具体内涵因其自然资源客体不同而有所区别，一般地可以依据自然资源类型将资源管理分为气候资源管理、水资源管理、土地资源管理、生物资源管理、海洋资源管理、矿产资源管理、能源资源管理、旅游资源管理等。

为使人类与资源、环境的关系趋向和谐，确保经济和社会稳定、持久的发展，资源管理的受重视程度与日俱增。在科学技术迅速发展、资源消耗量逐步增大和资源利用形式手段日益丰富的背景下，资源管理主要体现着系统性、战略性和经济性 3 个基本特征：

1. 系统性

系统是指由若干相互联系、相互作用的要素结合形成的具备特定功能的有机整体，具有集合性、层次性、相关性和对环境的适应性。资源的开发、利用和保护是系统工作，资源管理也必须应用系统的理论、思想、原则和方法。自然-社会-经济是一个复杂的整体、是一个复合的系统，因此在资源管理中必须以系统为特征，努力实现统筹安排，整体优化；放眼全局，综合管理；把握动态，机动灵活。

2. 战略性

战略性是指在资源管理实践中必须站得高看得远，既要考虑当前需要又要有长远打算。既立足当前，又着眼未来，这是当前社会发展的需要。资源管理的战略性主要体现为：一是正确处理资源、人口与环境的关系；二是正确处理当前需要和未来发展的关系。

3. 经济性

效益是有效的产出与其投入之间的一种比例关系，追求效益的不断提高是资源管理活动的出发点和归宿。因此，资源管理必须自觉运用客观经济规律，如资源的生产规律、消费规律、价值规律等，在资源管理中科学地开发利用资源，保证资源管理的经济效益。必须因地制宜，根据资源的不同特点，使用最合适的科技手段进行利用；必须对资源的配置进行合理统筹安排，在尽可能大的范围内通盘考虑问题，将资源投入到效率最高的领域；必须对有限的资源进行充分利用，也就是资源的综合开发利用，做到物尽其用；必须明确资源的产权权属关系，保障资源所有者、使用者、受益者各方利益，减少资源使用的外部性，提高资源利用的整体水平。随着时代的发展，绿色 GDP 的概念被提出并受到广泛认同，在现代资源管理中，也必须考虑资源环境的经济度量，将资源价值体现于经济衡量之中，而不是简单的一味追求传统意义上的 GDP。

结合前述，资源管理的作用主要体现在以下 4 个方面：

1）资源管理是实现资源公平合理分配的基础　通过资源管理，可以控制资源的部门均衡、地区均衡、人际均衡以及代际均衡等。

2）提高资源利用效率和加强资源保护需要依靠资源管理作为基础　提高资源的利用效率是资源管理的重要目标，在资源日渐短缺的情况下，效率至上的目标是一个国家或地区实现可持续发展的基本条件。

3）资源管理是保障资源安全的基本条件　资源安全是国家安全的主要内容之一，资源安全的概念包含了资源保障的充分性、稳定性、合理性，而资源安全目标的设立、安全责任的界定、安全手段的选择等，均需要通过资源管理来实现。

4）资源管理是科学引导资源需求的重要手段　面对资源的稀缺性，人类无止境的资源需求必须加以引导，在资源管理中，对资源需求的引导包括了资源消费品种的选择、消费结构和水平的调整、消费需求的分析预测等内容。

总之，资源管理是国家和地区资源安全和可持续发展的基础和前提，资源管理水平决定了一个国家、一个地区、一个民族的可持续能力。

9.5.2 资源法制管理

资源法制管理，是以法律、规章为主要手段的一种资源管理方式，其特点如下：

1）规范性　法律、法规文本本身就是最为规范的文件，是资源法制管理的基本准则。

2）强制性　资源管理的相关法规一旦实行，就必须严格遵守和执行。

3）公平性　法律面前人人平等，资源法制管理也不例外。

4）稳定性　法规的出台都是经过立法机关充分斟酌的，一经颁布往往使用时间较长，具有相对稳定性。

5）预防性。法律都是以防范和警示为出发点的，资源法制管理也以防止资源违法行为的发生为立足点。

资源法制管理的基本依据是各类相关法律，一系列资源法规构成了有机统一的资源法规体系，我国的资源法规按其效力大小可以分为以下几个层次(表 9－7)：

表 9-7　我国的资源法规体系

层次	法　　律	立法权限	条　款　举　例
1	《宪法》	全国人民代表大会	《中华人民共和国宪法》第 26 条：国家保护和改善生活环境和生态环境，防治污染和其他公害。国家组织和鼓励植树造林，保护林木。
2	《刑法》、《民法》、《诉讼法》	全国人民代表大会	《中华人民共和国刑法》第 338 条：违反国家规定，向土地、水体、大气排放、倾倒或者处置有放射性的废物、含传染病病原体的废物、有毒物质或者其他危险废物，造成重大环境污染事故，致使公私财产遭受重大损失或者人身伤亡的严重后果的，处三年以下有期徒刑或者拘役，并处或者单处罚金；后果特别严重的，处三年以上七年以下有期徒刑，并处罚金。
3	《物权法》	全国人民代表大会	《中华人民共和国物权法》第 54 条：矿藏、水流、海域和国家所有的土地、草原等自然资源，由国务院代表国家行使所有权。
4	《土地管理法》、《水土保持法》、《水污染防治法》、《森林法》、《野生动物保护法》等	全国人大常委会	《中华人民共和国水法》第 18 条：在鱼、虾、蟹洄游通道修建拦河闸坝，对渔业资源有严重影响的，建设单位应当修建过鱼设施或者采取其他补救措施。
5	行政法规	国务院	
6	地方性法规	省级人大或人大常委会	
7	地方性行政法规	省级人民政府；国务院部、委、局	
8	地方性规章	市县人大、市县行政管理部门	

资源法制管理参与了资源管理体系的构建，对资源的占有、使用、处分、收益做出了明确的界定，对资源的开发、利用、交易、保护等活动的合理展开有着规范性和监督性的作用，可以促进资源的高效利用和可持续利用。

以土地为例，鉴于我国土地尤其是耕地保护的严峻性，国家设立土地督察制度。国家土地督察制度于 2006 年 7 月 13 日正式成立，除国家督察总局外，由国土资源部向地方派驻 9 个国家土地督察局，分别是北京、沈阳、上海、南京、济南、广州、武汉、成都和西安等局其职责主要如下。

1）对督察范围内省级人民政府的土地利用和管理情况进行监督检查。根据督察范围内的实际情况，研究拟订督察工作计划和工作制度，报国家土地总督察批准后实施。

2）监督检查督察范围内省级人民政府耕地保护责任目标的落实情况。

3）监督检查督察范围内省级人民政府执行国家土地调控政策情况。

4）监督检查督察范围内省级人民政府执行土地管理法律法规情况。

5）对督察范围内省级人民政府上报国务院审批以及由省级人民政府审批的农用地转用和土地征收事项依照规定进行检查，发现有违法违规问题，及时报告或提出纠正意见。

6）按照有关规定提出责令限期整改的建议报国家土地总督察，负责对被责令限期整改地区的监督检查，督促督察范围内省级人民政府组织实施整改工作，负责对被责令限期整改地区结束整改的审核，并向国家土地总督察提出是否结束对该地区整改的建议。

7）开展土地利用和管理的调查研究，提出加强土地管理的政策建议。

8）承办国土资源部及国家土地总督察、副总督察交办的其他事项。

9.5.3 资源规划管理

规划是一种计划、谋划、筹划，尤指比较全面的长远发展计划，是对未来事务的一种事先考虑和安排。更具体地说，规划是一种服务于社会整体利益和公共利益，实现社会、经济、环境、资源系统所确定的长远目标，提供未来系统空间发展的战略，并借助合法权威通过对系统行为及其变化的控制，来调整和解决系统发展中特定问题的职业性活动过程，是公共管理的一种形式。一般来说，规划的六大特征包括：目的性、前瞻性、动态性、战略性、整体性、空间性。

资源规划就是以全国或一定地域为整体，控制和引导规划区内的资源开发、利用、保护等活动，达到综合利用资源、合理建设布局、优化产业结构、环境保护与经济发展相协调的目的，使社会和经济发展尽可能地符合自然规律和经济规律。而资源规划管理是通过制定具有约束力的资源规划来实现资源管理的手段。例如，土地利用总体规划，是在较长时间内、较大范围中，按照国民经济发展需要，以及土地本身的适宜性，在时间和空间上，在国民经济各个部门之间配置土地，并对土地的开发、利用、整治和保护进行统筹安排、合理布局，是土地利用的战略性和控制性规划。目前我国土地利用总体规划中，18 亿亩耕地红线如何保护，同时又良好保障区域经济发展，是摆在我们面前的重要课题。经过多轮研讨，基本明确了“以 18 亿亩耕地红线为前提规划农用地、以节约集约利用为重点规划建设用地、以城乡统筹和区域协调为导向规划用地布局、以保障实施规划目标为重点加强和改进实施管理”的规划修编思路。

资源规划的具体内容和步骤如表 9－8 所示：

表 9－8 资源规划的主要阶段、内容和方法

	规划阶段	主要工作内容	规划方法
1	明确问题， 界定规划范围	* 界定规划范围 * 了解现状和问题 * 搜集基础资料 * 确定项目工作机构	
2	规划组织 与准备	* 制订工作计划和时间进度 * 计划所需投入	
3	问题分析	* 收集资源利用现状资料与数据 * 分析资源利用存在问题之间的因果关系	RS、GPS、GIS 利益主体分析 问题树 目标树
4	机会分析	* 针对要解决的问题，分析资源利用面临的机会，设计多种规划方案	面向目标的项目规划方法
5	资源综合评价	* 设定资源评价指标 * 对资源的多种属性进行综合评价 * 绘制综合评价图	多目标决策（MCE） GIS

(续 表)

	规划阶段	主要工作内容	规划方法
6	规划方案评价	* 分析每个规划方案的环境、经济和社会效果 * 方案对比分析	成本-效益分析(CBA) 社会影响分析 环境影响评价(EIA) GIS
7	确定最佳规划方案	* 公示规划方案评价结果 * 公开咨询与听证 * 修改规划方案	多目标决策(MCE)
8	起草规划文件	* 制定政府部门、资源利用者的目标和任务 * 编制投入计划 * 建立规划实施检测和修改、沟通、参与政策和措施	
9	实施规划	* 加强不同群体、不同部门之间的沟通与协调	
10	实施监测与修改		

资源规划是合理利用资源进而实现资源安全的基本措施，其作用主要体现在以下几个方面。

1) 制定资源开发、利用、保护的规范和计划，引导正确的资源观，推进可持续发展。

2) 协调各区域、各部门的资源分配，协调人与人、当代人与后代人的资源分配，即在时空多维上合理安排资源的开发利用等活动。

3) 资源规划是资源利用、保护的准绳，也是考察某一地区某一时段内资源使用合理程度的依据。

9.5.4 资源信息管理

信息是一个非常常见的名词，但由于信息论一直处于更新发展阶段，其到目前为止还没有一个统一的科学定义。一般来说，信息是指主体(人、生物或机器)与外部客体(环境、其他人、生物或机器)之间相互联系的一种形式，是主体和客体之间的一切有用的消息或知识，是表征事物特征的一种普遍形式，它可以用数字、文字、符号、图形、图像、语言等诸多介质来表示。

信息是管理的依据，它具有如下基本特征。

1) 客观性　任何信息都是与客观事实紧密相关的，这是信息正确性和精确度的保证。

2) 实用性　信息对决策是十分重要的，信息系统将数据流收集、组织和管理起来，经过处理、转换和分析变为对生产、管理和决策具有重要意义的有用信息。

3) 传输性　信息可以在信息发送者和接受者之间传输，既包括系统把有用信息送至终端设备(包括远程终端)和以一定的形式或格式提供给有关用户，也包括信息在系统内各个子系统之间的流转和交换。

4) 共享性　信息与实物不同，信息可以传输给多个用户，为多个用户共享，而其本身并无损失。

简单来说，资源信息是指与资源相关的信息，也就是表示资源所固有或与之相关的性质、属性和特征的数字、文字、图形、图像等的总称。资源信息的内容通常是关于资源的所有权和使用权，资源的位置、数量、质量和利用状况以及社会经济价值，简单地说，就是表示资源的权属关系、自然属性和经济属性的信息。因此，资源信息除具有一般信息的特征外，还具有明显的时空特质，即从空间上来说有明显的地域性，而在时间维度上占据了较长的历史时序并且又有较强的时效性。

资源信息管理，不仅仅是对资源状况信息的存储，同时也对资源要素进行合理的分析与评价，全面地认识资源事务的基本情况和变化规律，为资源规划、资源开发利用、资源保护等提供可靠的决策依据。资源信息管理的方式主要分为人工管理方式和科学管理方式两大类。

资源信息管理方式
- 人工管理方式
  - 个人管理
  - 专业单位管理
  - 综合性部门管理
  - 区域性资料中心
  - 文献卡片
- 科学管理方式
  - 全数字型
  - 微缩型计算机辅助管理
  - 文献摘要计算机检索

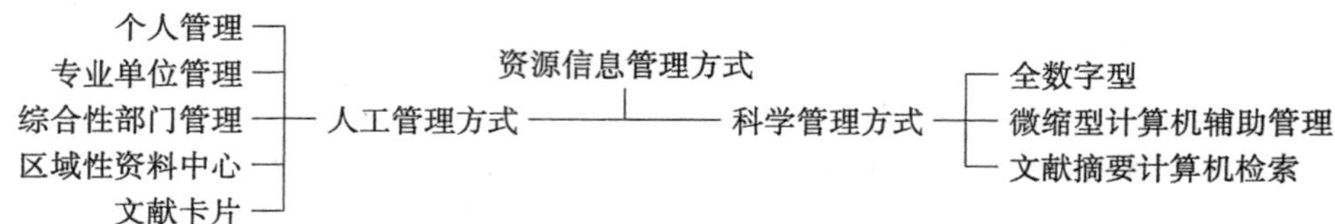

图 9-14 资源信息管理的方式

在科学技术日新月异的今天，资源信息管理已经逐渐依托构建于计算机技术、网络技术和数据库之上的资源信息管理系统，资源信息管理系统是地理信息系统的一种。先进技术的引入，使得资源信息管理的效率和可靠性得到了极大的提升。在现代的资源信息管理中，数据采集系统通过对卫星影像、照片、文字、统计资料、试验和实地考察材料等的判读获取资源数据，然后通过数据整理和加工（可由计算机自动完成）将分析后的资源数据输入资源数据库，用户通过对资源数据库的访问来获取增加、删除、查找和更新资源数据。另外，还可以便捷地实现资源数据的可视化输出（报告、图表、视频等形式）。图 9-16 是地籍管理信息系统基本模块构成。

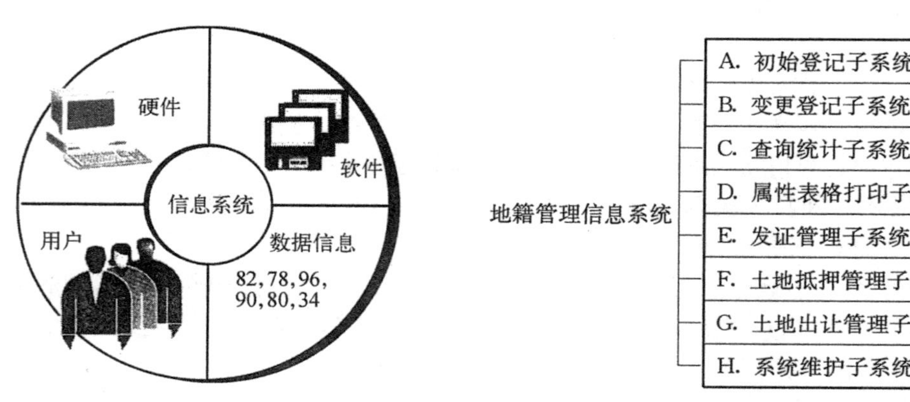

图 9-15 资源信息管理系统的构成

地籍管理信息系统
- A. 初始登记子系统
- B. 变更登记子系统
- C. 查询统计子系统
- D. 属性表格打印子系统
- E. 发证管理子系统
- F. 土地抵押管理子系统
- G. 土地出让管理子系统
- H. 系统维护子系统

图 9-16 地籍管理信息系统模块示意

9.5.5 资源行政管理

行政管理是指国家组织对各项国家事务和社会公共事务的各项组织管理活动。就资源的行政管理而言，其主要内容如下：

1）拟定资源法规并报请立法机关审批、制定资源行政性规章。

2）监督资源法律、法规的实施。

3）处理资源行政诉讼和纠纷。

4）代表国家行使资源所有权，管理和统筹资源开放、使用、交易和保护。

5）进行资源调查、评价和规划。

6）对资源市场进行适当而有效的行政干预，以保证资源市场秩序和价格的相对稳定。

资源行政管理是资源管理的重要方面，也是国家行政管理体系的重要组成部分。行政管理的使用，往往成效较快也较为明显，但同时也比较容易受到人为主观因素的干扰，带来一定的政策失效或政策效果偏离。我国业已初步形成了较为全面、系统、有效的资源行政管理体系，但是，目前仍然存在管理分散、协调性不够等问题，尤其是在资源问题日趋严重的现今，表现得更为显著。因此，在资源行政管理中还需注意几方面的问题。

1）健全资源行政管理的机构设置　在现行的自上而下的垂直管理体制的基础上，建立协调国土、电力、石化等多部门、多机构、多区域的资源尤其是相对紧缺资源和战略性资源协调机构，以提高资源尤其是能源利用效率，从而为我国社会经济可持续发展提供有效保障。

2）资源管理机构由分权向集权转换　由于历史的文化传统的关系，我国资源管理体制存在条块分割的缺点，即所谓“谁的资源，谁经营，谁管理，谁受益”。为了解决这个问题，国家应当从合理利用和有效保护本国全部资源的高度出发，通过强有力的国家措施制定、颁布和实施全国统一的资源政策和资源法规，对所有涉及资源尤其重要资源的经济行为进行多层次的管理，限制资源的不合理利用，鼓励资源的合理有效开发和利用，惩治破坏和浪费资源的行为。例如，2002 年，我国煤炭企业多达 2.2 万个，平均产量仅为 6.3 万 t，煤炭行业是规模经济非常明显的行业，这种分散经营的局面不利于安全生产、资源充分利用以及科技水平的提高，必须通过政府进行有效管理提升煤炭资源的开发利用水平。

3）资源管理以保障经济为本　政府进行资源行政管理的最终目标还是为了发展经济，在经济建设过程中，资源管理既要做到“张弛有度”，既要有效管理，又要防止资源管理成为企业生产经营活动的负担。

4）扩大资源开发的正外部效应　资源的开发利用具有外部性，可以通过资源的行政管理，发挥资源的正外部性，从而对其他各项相关事业的发展起推动作用。例如闻名中外的杭州西湖，在全国各地景区门票大幅上涨的大环境下，作出了免费开放的决定，成为我国第一个免票的国家级重点风景名胜区。据测算，此举将使得杭州市每年的门票损失有 2 500 万元左右，但是西湖免票五年来给杭州旅游产业带来的新增经济效益超过百亿元。黄金周期间，杭州西湖的日均游客超过百万人次，杭城各大宾馆饭店客房爆满，30 多家星级酒店入住率达到 100%，和西湖美景相匹配与相媲美的，是杭州人民开阔的视野、宽广的胸襟和超凡的智慧，是他们精心打造了“免费西湖”，西湖之绝美如此超凡的展现在世人面前，杭州西湖旅游资源的正效应得到了充分发挥。

9.5.6 资源经济管理

随着资源市场化的不断推进，资源经济管理逐渐受到重视，在当前的资源形式和经济形式下，资源的经济管理主要体现在对资源市场的管理。

对资源市场的管理，首先体现在对市场构成和机制的管理。资源市场与一般市场相比，具有一定的特殊性，主要体现在资源和资源市场的区域差异以及资源和资源市场的排他性、独占性和资源市场的进入限制性。由于上述因素的存在，容易形成资源的垄断和资源配置的扭曲，必须通过一定的经济管理手段加以调控，如市场体系建设和规范化以及税收、补贴措施等。其中对于资源价格的干预是管理资源市场的一种重要手法，常见的价格干预方法有：① 进行资源基础价格评估和核算；② 对资源价格做出最高或最低限制，以防恶性竞争；③ 纠正和控制资源价格非正常波动；④ 引入听证制度，对资源价格作出积极适当的人为调整等。

在资源管理的实际操控中，要有机使用信息管理、规划管理、行政管理、法制管理、经济管理等多种管理方法，综合各种方法的特点和长处，以促进资源的健康永续使用，保障资源安全。

主要参考文献

包浩生，彭补拙. 1999. 自然资源学导论-修订版. 南京：江苏教育出版社
陈德敏，谭志雄. 2007. 论我国资源安全科技保障体系的构建. 科技进步与对策，24(4)
陈丽晖，曾尊固，何大明. 2003. 国际河流流域开发中的利益冲突及其关系协调——以澜沧江-湄公河为例. 世界地理研究，12(1)
封志明. 2004. 资源科学导论. 北京：科学出版社
谷树忠，姚予龙. 2006. 国家资源安全及其系统分析. 中国人口・资源与环境，16(6)
谷树忠. 2002. 资源安全及其基本属性与研究框架. 自然资源学报，17(3)
何大明，汤奇成. 2000. 中国国际河流. 北京：科学出版社
何希吾等. 1997. 中国资源态势与开发方略. 武汉：湖北科学技术出版社
黄贤金等. 2006. 资源经济学读本. 南京：江苏人民出版社
李成勋. 1997. 1996～2050 年中国经济社会发展战略. 北京：北京出版社
马中. 1999. 环境与资源经济学概论. 北京：高等教育出版社
毛敏芳. 2006. 中国资源安全态势及其战略. 边疆经济与文化，29(5)
石玉林. 2006. 资源科学. 北京：高等教育出版社
唐茂林，李齐放. 2004. 当前我国资源管理问题分析. 经济与管理，
王东海. 2003. 论中国的石油资源安全战略. 北京理工大学学报-社会科学版，5(5)
王金南，於方，曹东. 2006. 中国绿色国民经济核算研究报告 2004. 中国人口-资源与环境，16(6)
王礼茂. 2002. 资源安全的影响因素与评估指标. 自然资源学报，17(4)
王礼茂. 2003. 世界资源贸易格局与中国利用国外资源的环境分析. 世界地理研究
王锡桐. 1992. 自然资源开发利用中的经济问题. 北京：科学技术文献出版社
吴溪淳. 2002. 加入 WTO 与中国钢铁工业. 载自《中国加入 WTO——机遇・挑战・对策》. 北京：中国言实出版社

俞坤一.1999.世界经济贸易地理-修订版.北京：首都经济贸易大学出版社
张帆.1998.环境与自然资源经济学.上海：上海人民出版社
张雷.1997.中国矿产资源开发与区域发展.北京：海洋出版社
中国科学院国情分析研究小组.2001.两种资源、两个市场——构建中国资源安全保障体系研究.天津：天津人民出版社
中国资源科学百科全书编委会.中国资源科学百科全书.2000.北京：中国大百科全书出版社
左治兴，朱必勇，易斌.2006.我国矿产资源安全及保障措施.采矿技术，6(3)

第十章　资源信息科学

10.1　资源信息与资源信息科学

10.1.1　信息与资源信息

1. 信息

信息是一个内容丰富、运用普遍、含义又相当模糊的概念，要对信息一词作出确切的定义是很困难的。另一方面，信息概念广泛地渗透到各门学科之中，人们可以根据各学科自身的特点为信息作出各种各样的定义。在日常生活中，人们常把信息与消息和信号等同起来，其实这样的认识并不确切。信息、消息和信号之间有密切联系，信息常以消息形式表现出来，并通过信号来传递，但是三者之间是有区别的，消息有可能包含甚为丰富的信息，但也可能信息甚少，若这种信息并未给人们带来新的知识的话，那么这种消息所包含的信息实际等于零，所以信息是给人们带来新知识的消息，消息是外壳，信息是消息的内核。信息与信号也是有区别的，信号是携带信息的载体，信息则是这个载体所携带的内容，同一种信息可用多种信号来表示，一种信号也可能用来传递多种信息。此外，信息和数据(data)也是有区别的，数据是对某种情况的记录，包括数值数据(例如各种统计资料数据)以及非数值数据两种，后者如各种图像、表格、文字和特殊符号等；而信息则是经过加工处理后对管理决策、实现管理目标或任务具有参考价值的数据，它是一种资源。作为资源的信息具有如下特点。

1) 信息是和决策密切相关的，正确的决策有赖于足够的可靠的信息，而信息又通过决策来体现自身价值。

2) 信息可影响甚至决定组织的生存，能够给组织带来收益；获取和利用信息时往往要花费一定的费用成本，正因为如此，信息利用者就必然会考虑到他们的花费对改进管理带来的功效是否合算，来决定要否获取和利用该信息。

3) 信息往往具有很强的时效性，延迟的信息可使其功效减少或全部消失，甚至可能起到截然相反的作用。

2. 资源信息

(1) 资源信息的概念

根据“信息”的基本概念，可以给资源信息做如下的描述：资源信息是资源客体本质、特征和运动规律的属性。这是我们以哲学的观点来看待资源信息的一种认识，因为哲学认为信息是物质的一种普遍的属性,它反映不同物质所具有的不同本质、特征以及运动状况和规律。如果用申农对信息的解释来看待资源信息,那就更加简单了,即人们用来消除对资源的不确定性的事物称为资源信息。资源作为发出信息的客体,人作为一个接受的主体,当我们对某一个资源客体一无所知时,我们对它的不确定性为1(100%),当我们逐步有所认识,即获得了关于它的本质、特征或运动状况与规律的部分知识时,我们对它的不确定性减少到$1-x$(x为我们已知的部分),这时x就称为资源信息。它使我们对这个资源客体的不确定性消除掉了x,还剩有的不确定性为$1-x$。当$x=1$时,我们就会对这个资源客体有了全部的了解,对它的不确定性也就不存在了,当然真正做到对某一个客体的不确定性的全部消除具有一定难度。

(2) 资源信息的基本特性

1) 资源信息的普遍性和知识性　　客观世界中的物质、精神都处在运动之中,伴随运动所产生的信息显然是普遍存在的,它为人们认识客观世界提供了方便。同样从信息的本质得知,它是事物本质、特征以及运动规律的属性,如果人们对客观资源事物不了解,对其缺乏必要的知识,当获得了对这个资源事物本质、特征以及运动规律的信息描述以后,就获得对该事物了解的各种知识,从而可以降低对该事物不确定性的程度,就由不清楚变得清楚,信息掌握得越多,得到的知识也就越多。信息的这种知识性是人们认识和了解资源客体的唯一途径。

2) 资源信息具有可共享性　　资源信息的共享性是基于信息的非消耗性而存在的。它不像物质那样,被某个客体占有以后,其他客体无法再占有。信息是任何一个客体都不会因为其他客体也占有这个信息,而会从此失去。

3) 资源信息具有可传递和存储性　　从资源实体抽象出来的资源信息和其他信息一样,它的产生和信息的传递是联系在一起的,是不可分割的。信息产生以后通过一定的信道(媒体或载体,有形的或无形的)向信宿传递,为信宿所感知或接收,信息的传递性是在时间上和空间上展开的。一种信息可以通过各种不同的方式保存在光、电、磁或纸等介质上,从而使信息实现长期保存。人们可以通过特殊的技术为具有历史意义的信息恢复原来面貌,为人类考证过去和推测未来创造了十分有利的条件。

4) 资源信息具有可加工和增值性　　人类对客观世界资源的认识就是通过对资源信息的加工处理而获得的,由于客观世界的资源是由若干系统组成的一个整体,而每个资源事物和现象及其运动规律都是整体中的一个环节,反映每一个事物的一条信息,人们可以从不同目的对其进行加工处理,得出若干条适合不同目标或应用的信息,或者人们获取若干条不同事物的信息进行综合加工整理,从而得出高于一条信息的目标或应用,使信息在加工处理过程中升值。

5) 资源信息具有明显的区域差异性　　资源信息是反映资源客体本质、特征和运动规律的属性。组成资源信息的各类客体都具有明显的区域特征,表征它们的信息也必然表现出相应的地域差异性。

6) 资源信息具有多元、多层次性的特征　　我们这里所指的资源主要是指自然资源,通常自然资源就包含有可再生资源与不可再生资源两大类,而每一类中又包含若干种资源类型。对每一种资源又可以不同的空间分布来进行划分,如全球的水资源、全国的水资源、某个地区的水资源或某个流域的水资源等，这样就使表征它们的信息产生多元性和多层次性的特征。

7）资源信息的时效性　自然界在不停地发生变化，自然资源随时间的变化与其空间变化一样，所以对资源信息的认识一定要有时间的属性，即它的时效性。

8）资源信息具有海量级的信息量　随着资源信息获取方式的改进和先进技术手段的应用，使得资源信息的数据无限量猛增。如何从海量数据中选取为某一目标服务的资源数据，成了人们开发利用资源信息的重要问题之一。

9）资源信息的其他特征　从资源信息科学研究的范畴看，资源信息除了上述的性质以外还有若干重要的性质。如可度量性、滞后性、不对称性、可干扰性、相对性、可剥离性，这是信息的重要特征，反映客体特征的信息可以与客体剥离，这就为我们研究资源客体不用去直接接触客体本身，只研究反映它的信息创造了有利的条件；可驾驭性，信息可驾驭一切事物，起到控制事物变化的作用，为信息流去调控物质流和能量流奠定了基础等。

（3）资源信息的分类

资源信息实际上就是研究客观世界所存在的自然信息、生物信息、实体事物信息和社会信息。我们现在研究资源信息分类是从资源信息的管理和应用出发进行考虑的，资源信息是资源客体特征的具体反映，而利用它反过去研究资源客体本身的利用和保护等方面的问题，因此，对资源信息的分类，通常仍然依据客观实体的体系进行分类较为方便，也就是说我们利用资源科学的分类体系来组成资源信息的分类体系。如资源基础信息、土地资源信息、气候资源信息、水资源信息、生物资源信息、矿产资源信息、能源资源信息、海洋资源信息、旅游资源信息、人口与劳动力信息、基础设施信息、社会经济资源信息、灾害与治理信息、其他相关信息等十四个一级类。实际上每个一级分类下面，还有若干二级和三级类的信息表示。

（4）资源信息的功能

资源信息的功能是信息所具有特性的体现，主要功能可总结归纳为以下 8 个方面：

1）利用资源信息去完成对资源事物的全面认识。

2）利用资源信息去克服对资源事物认识的模糊程度。

3）利用资源信息获知资源客体的运动规律。

4）利用资源信息引导人们认识生存环境、适应生存环境。

5）利用资源信息去有效认识资源和利用保护资源。

6）利用资源信息为资源科学创新提供支撑。

7）利用资源信息作为资源之一促进社会发展。

8）利用资源信息很方便地将资源客体搬到人们设定的位置等。

10.1.2　资源信息科学及其产生背景

众所周知，进入 20 世纪中期，全世界都发现，摆在人类面前的三大严重问题，即人口增长、城市发展带来一系列的严重而亟待解决的问题，如能源不足、水源枯竭、耕地减少、交通拥挤、住房困难、环境污染等等；资源需求量激增，特别是粮食和能源，由于资源在数量上的有限性和分布上的不均衡性，在需要和可能之间产生了尖锐的矛盾；同时环境与人类活动之间的矛盾也日益加剧。中国是世界上人口众多、经济还不发达的国家，所面临的问题就更加严重。采取什么方法来实现人口、资源、环境协调发展成为核心问题。

人们在对信息论和控制论不断加深认识和利用的基础上产生了信息科学，它是在多种学科基础上发展起来的一门边缘科学。但如何去利用信息、管理信息、选取有用的信息，使信息真正为资源研究、资源开发、环境保护服务呢？显然，要促进人们去将信息科学引入到资源科学领域，将系统论、控制论和信息技术用到资源、环境、人口、发展的协调研究中。同时人们还发现在信息社会中，信息流可以代替或者部分代替物质流、能量流及人流，人们对信息的需求成为第一需要。因而，研究资源信息的发生、传递、处理等方面的理论和方法问题就变得十分紧迫和重要了。这样就使得“资源信息科学”在需要中产生，在研究和实践中完善，在应用中迅速发展。

另一方面，从 20 世纪 50 年代开始，科学又揭开了人类进入空间和信息社会的序幕，人造卫星和计算机的飞速发展，为研究复杂的资源系统提供了快速覆盖全球准同步的丰富信息资源，以及跨越时空局限的分析模型和预测预报的信息处理手段。同时近年来“3S”技术(GIS、GPS、RS)有了长足发展并且通过优化组合开始大量应用于空间科学相关的多个行业领域，并随着数字地球、数字城市概念的提出，日益受到重视。“资源信息科学”在资源、环境、人口、发展的协调研究中，无一不涉及空间数据的分析处理。计算机技术与“3S”技术的迅速发展与日益成熟，使得“资源信息科学”有了充足的技术支持。

在应用方面，资源信息科学已经开始大量应用于资源环境研究中。掌握和分析资源科学研究的特点与趋势，对资源信息科学广泛研究和有效利用是十分必要的。中国自然资源学会理事长、中国工程院院士石玉林教授指出：随着社会经济不断发展，人口-资源-环境与发展之间出现了一系列的矛盾，影响和威胁人类的生存与发展。在人口与资源、资源与环境、资源与经济的矛盾中，资源是一个关键环节，如果资源得到合理开发、节约、高效的利用，就有可能保护环境、发展经济；反之环境质量就可能下降，经济发展就会受到影响。同时，人们从实践中逐步认识到了各类资源之间是互相联系的整体，不仅要加强各类资源的研究，而且更要加强资源整体的研究、综合的研究，才能深刻地、全面地认识资源，更好地利用资源、保护资源和改造资源环境，为人类服务，实现可持续发展。孙鸿烈院士等具体总结了资源科学研究的区域性、综合性、国际性及其研究方法的多样性四大特点，并指出了现代资源科学研究发展的重大趋势，即日益注重国际合作和全球性问题研究；从静态分析走向动态预测，区域发展模式与可持续发展等战略性研究日趋活跃；从自然评价走向注重社会经济分析，以合理化为内容的资源管理研究正逐步成为热点；从定性分析走向定量、半定量研究，日益模式化和数量化；研究方法和手段日益现代化。

10.1.3 资源信息科学的理论基础

资源信息科学是资源科学和信息科学相互结合、交叉而产生的一门新兴的、边缘性综合科学。它以信息论为指导、探索反映资源产生、开发、利用及保护过程中信息流的规律和过程，以及相应的资源信息技术和应用。

信息科学是研究客观世界及信息资源的理论，研究生物、人类和计算机如何获取、识别、转换、存储、传递、再生成和控制掌握各种信息的规律，以及人工智能的科学。人类对客观世界的改造日益加深和发展，信息的重要性就更加突出。信息科学的理论基础是信息论和控制论，其背景是计算机科学和系统科学。信息科学的研究内容主要包括5个方面：① 信息的基本概念；② 信息的数值度量方法；③ 信息提取、识别、变换、传递、存储、检索、处理、再生、表示、施效(控制)等过程的一般规律；④ 利用信息流描绘系统和优化系统的方法和原理；⑤ 人类学习知识，处理知识，利用知识的机制以及智能的一般规律。

虽然早期学科体系中也有涉及信息的研究领域，但现代信息科学是在美国数学家C. E. Shannon于20世纪40年代提出的信息论的基础上发展起来的。由于社会的迫切需求，科学的发展非常快，近几十年信息测度理论、信息传递理论、信息再生理论、信息调节理论、信息组织理论、信息认知理论以及现代信息技术等方面取得了长足的进步，其研究范围已经超出了申农信息论的范围而深入到系统科学、思维科学、生命科学、地球科学等领域。

资源科学是研究自然再生产和经济再生产的过程和规律的科学。用系统论的观点看待资源科学，它是一个资源系统科学，它是由若干与资源相关的科学体系组成的复合性的科学体系。把信息论的观点和系统论的方法引入到对资源系统科学做深入的分析研究，就不难看出，资源信息科学是根据信息论的观点，来分析研究资源系统中的信息流问题，在资源领域中的信息是人们认识资源系统程度的量度，它是消除人们对资源系统不确定因素的量度，掌握资源系统的信息越多，就对资源系统的认识越深刻。显然，资源信息科学是一门研究资源信息的产生、获取、变换、传输、存储、处理、显示、识别和利用的综合性科学，它将成为资源科学的新兴发展领域，是信息科学在资源领域的分支。我们用系统论和系统方法来研究和认识问题，将整个资源看成一个综合性的复杂系统。那么整个系统是通过什么来联系呢？信息论告诉我们，系统内部的联系是通过信息这个特殊形式来连接的，所以在研究分析资源问题时，“系统”和“信息”这两个概念是不能丢掉的，用系统论的观点去观察和分析资源内部及资源内外部的关系，而以信息为它们之间联系的枢纽，这就使资源科学和信息科学之间建立了一个特殊沟通的方式。用于研究这个特殊方式的产生与变化的科学就是“资源信息学”。而系统论的观点指出，一切事物都是由若干系统组成的一个整体，“资源”是一个复杂的复合系统，“信息”是系统内部建立联系的特殊形式，是系统确定程度(特殊程度、组织或有序程度)的标记。维纳和申农都给出了一致的数学描述：

$$H = -K \sum_{i=1}^{n} P_i \mathrm{Log} P_i \quad \text{比特 / 每个信息}$$

式中，H为每个消息的平均信息量，K为波尔兹曼常数，P_i为失验概率；比特是以2为底的对数时信息的单位。它反映了物质运动状态和变化程度，它是物质的基本属性之一。维纳指出“一个系统中信息量是它的组织化程度的度量，一个系统的熵就是它的无组织程度的度量，因此，这一个正好是那一个的负数”。显然，这就指出了“信息”和“熵”是从不同的角度对一个系统的统计特性的描述，因此，可以把信息概念推广到一切组织系统。当然“信息”也就完全可以对资源系统的统计特性进行描述了。显然系统论和信息论是资源信息学的理论基础，系统工程和信息方法是资源信息学研究的重要方法，计算机等信息技术是它的重要工具。把信息论和信息科学的理论和方法应用于资源信息的研究，就开创了资源信息科学新领域。

可见，在资源科学、信息科学、空间科学和系统工程科学之间，逐步形成的一门跨学科的新兴领域——资源信息科学，它的理论基础是信息论和系统论，系统工程是它的重要方法，计算机是它的重要工具。

10.1.4 资源信息科学的主要研究内容

1. 资源信息科学的研究内容

人类通过发现信息、认识信息并利用信息来改造客观世界。可见，对信息的研究和应用，对于人类的生存和发展有着极其重要的意义。人类从认识物质、能量到认识信息，是一个巨大的飞跃。人们在长期与自然界的斗争中创造了手工工具，工业革命创造了动力和生产运输机器，是人们四肢的延伸，使体力劳动有了工具，来增强体力，发展了能源、材料和动力科学。计算机科学的产生和发展，是人脑利用信息的延长，使脑力劳动有了工具，来增强脑力。人们对客观世界的改造日益加深和发展，信息的重要性就更加突出。以通讯技术、电子技术、计算机技术、自动化技术和光技术为支柱的现代信息技术，能使我们更快速、更可靠、更完善、更经济地产生、存储、发送、传递、转换、接受和加工图像、文字、声音和数字信息，它是信息科学的应用。作为支撑资源科学研究的资源信息科学，只有在要解决一系列基本问题的基础上，才能使其应用更加有效，使资源科学在信息技术的推动下迅速发展、成熟和完善。目前，资源信息科学主要是研究资源信息的产生和分布规律、采集、传递、存储、管理和开发应用的理论和方法。其研究的主要内容可以归纳为基础性研究、应用研究以及资源信息工程及产业化研究三部分内容。

(1) 基础性研究

在信息论和系统论的指导下，探索资源信息的产生和分布、信息流以及表示方法；资源信息的性质、特征、分类、规范标准和编码体系的研究；资源信息时间和空间结构特征、尺度变化允许范围和转换研究；资源信息机理的理论和信息载体转换的方法研究；资源信息传递过程及误差机制、信息反演理论等。

(2) 应用研究

资源信息应用范围和功能研究；资源信息系统分析的理论和方法研究；资源信息本身的关联性及与之相关信息之间的相互关系研究；空间分析模型系统研究；资源、环境、经济、人口协调发展模型体系研究；资源环境系统中模式化研究；多媒体技术在资源科学研究中的应用研究；遥感、地理信息系统、全球定位系统与地面监测系统信息复合应用的理论与方法研究；三维可视化仿真及区域开发模拟方法和理论研究；虚拟现实技术和多维信息环境构造的研究等。

(3) 资源信息工程化及产业化研究

资源信息采集系统设计及构建；资源信息管理系统建立与研究；资源、环境、生态监测网络设计与建立；信息传递网络的设计与构建；多重信息复合集成技术研究；资源信息产业化及软件商品化研究等。

2. 资源信息科学的研究对象

任何一门学科，都有自己特有的研究对象，并且按照自己的研究对象来建立不同于其他学科的理论体系与学科体系。资源信息科学是一门独立的新兴学科，它研究资源信息的产生、获取、变换、传输、存储、处理、显示、识别和利用的一系列科学问题。资源活动是自然再生产和经济再生产的过程，引入资源信息的概念，资源活动又可以看成是资源信息再生产的过程，信息流将比资源的物质流和能量流更加活跃。因此，资源信息流从产生、传递、控制到应用等的每一个环节的理论、方法、技术等问题，都是资源信息科学的研究对象，如：

1）资源信息的形成机制、类型、特征与表征方式。

2）资源信息的规范、标准、分类与编码体系。

3）资源信息的获取方法和手段、传递和误差理论。

4）资源信息的存储技术。

5）资源信息的管理、开发利用、反演的理论和方法。

6）资源信息的关联性理论。

7）资源信息的智能和虚拟技术和方法。

8）资源信息共享的理论基础和服务体系。

9）资源信息学的研究方法、环境、可视化理论和方法。

10）资源科学信息化科研环境的构建等。

10.2 资源信息科学的技术支撑

10.2.1 对地观测技术

数据采集是各项工作的基础，传统的采集方法主要是通过野外测试、测量、调查、统计等方法进行，具有工作量大、效率低的特点。传统的技术在一定程度上仍可应用，但面对当前资源信息化迅速发展的要求与现代信息获取与处理技术的应用，应提高数据采集的自动化、智慧化、集成化程度，全面推进数字测绘技术的应用。

随着对地观测技术的发展与地球观测系统（EOS）的建立，空间对地观测技术特别是卫星导航/定位技术（包括 GPS、GLONASS 与 GNSS，当前主要是应用 GPS 技术）、遥感技术的不断发展，对地观测技术已日益成为资源信息采集的重要手段。GPS 技术特别是发展迅速的实时动态定位（RTK）技术能够快速获取空间位置信息，既可用于静态测绘与成图工作，也可在动态监测、权属测量等工作中得到广泛应用。遥感技术能够以较高的空间解析度和光谱解析度获取土地利用/土地覆盖信息，实现国土资源属性信息的提取，进而与空间数据相结合，形成空间、属性一体化的信息系统，并在以 GIS 为代表的空间信息系统中予以管理。同时，随着多时相遥感信息的获取与积累，通过多源、多时相信息融合进行分类识别和动态监测，能够适应国土资源特别是土地利用动态变化监测的要求，将在国土资源管理中发挥重要的作用。

对地观测，即对地球观测（earth observing），起源于 20 世纪 80 年代中期美国空间站对地观测系统(E0S)。对地观测技术是现代遥感技术发展的重要标志,卫星的出现为对地球体系的观测提供了基本条件,经过30年的发展,在地球体系的大气、陆地、海洋三大领域,各自形成了特定的信息获取与处理应用技术,形成了从空间实施对地球观测的基本技术和方法,并建立起实用的技术系统。

进入20世纪90年代,随着遥感应用的深入发展,人们能够站在更高的高度、以更广阔的视野提出对地观测的新要求。为了弄清楚地球体系整体运行机制和各部分之间相互作用过程,需要采用一批新型遥感仪,以更宽阔的电磁波段、更精细的分辨本领,实现全球观测和科学测量工作,空间站对地观测系统计划和行星地球(Mission to Planet Earth)国际计划,集中地反映了对地观测技术的前沿发展。目前正逐步形成以气象卫星系列、资源卫星系列、海洋卫星系列和环境与灾害监测为对象的小卫星群,组成长期稳定运行的卫星对地观测体系,实现全球的陆地、大气、海洋的立体观测和动态监测。

对地观测系统由空间卫星子系统和卫星地面系统组成。空间卫星子系统是由多种高度、多种轨道组合而成的卫星星座。主要包括卫星平台;光学有效载荷,包括可见光CCD相机、多光谱扫描仪和高光谱成像仪等,可覆盖可见光、短波红外、中波红外和热红外等光谱波段;微波有效载荷,包括合成孔径雷达等,具有全天候的工作能力。卫星地面系统用于接收、记录和处理卫星发回的图像数据并对卫星进行跟踪、测量、实施功能管理,包括遥感图像数据接收站、数据处理中心以及应用测控站等。

对地观测系统的关键技术主要有如下几方面。

1) 光谱成像技术　目前采用CCD列阵焦平面器件的成像系统包括线列阵推帚式扫描成像和面列阵凝视成像两类系统,对地观测卫星实用遥感系统大多数都采用前者。

2) 合成孔径雷达技术　合成孔径的概念是在分辨率同天线尺寸成正比的基础上提出来的,其基本设想是把天线分成不同位置的天线元,每个特定位置的天线元分别负责接收特定相位的目标散射回波,将它们储存起来一并进行合成相干处理,就相当于得到(由多个天线构成的)长天线的操作结果,从而制成高分辨率成像雷达。

3) 激光雷达技术　激光雷达意为光的探测与测距。激光束射向目标,与其相互作用后散射,接收器探测到后,根据其波长和强度等光学特性来推断目标的特征,从而获得目标信息。激光雷达系统是由激光器、发射/接收光具、探测器、电学和电子学、数据记录等分系统组成。

遥感技术是对地观测的核心技术,与通信技术、导航定位技术、地理信息系统技术及其他高新技术紧密结合,形成有效的对地观测、对空观测的空间探测体系。技术内含上主要包括信息获取、在轨处理、信息存储及传输、地面接收处理及应用等。目前为止,用于遥感的谱段覆盖可见光、红外光、广义上的微波(含毫米波、亚毫米波段)及射频谱段。平台技术涉及轨道飞行器(卫星、飞船等)、近地空间平台(飞艇等)、航空器(各种飞机)、探空火箭等。

目前,国际上以美国、欧空局、日本为代表的空间大国和国际组织在对地观测技术领域实施了一系列对地观测计划,其水平居领先地位;中国、印度等发展中国家近年来在空间科学和对地观测领域也有令人瞩目的发展。

主要国家对地观测技术(卫星)的发展策略具有以下几个特点。

1) 在对地观测技术领域,形成了既竞争又合作的发展格局。作为高技术之一,各个国家都欲占据对地观测技术这个高地。因此,对地观测技术领域的竞争永远是今后发展的主题;同时,由于全球环境变化的客观要求,作为监测和研究全球环境变化的重要手段,又要求各个国家在这一领域的高度合作,从而,国家之间的合作甚至全球的合作也随之成为未来对地观测技术的趋势之一,这也就促成了 3 次对地观测峰会的召开和综合全球对地观测系统(GEOSS)的形成。

2) 将陆地、海洋、大气层作为一个整体,同时引入地球系统科学的概念,采用可见光、近红外、中红外、热红外和微波的多种遥感手段,以互相补充和验证方式对地球进行多学科观测。

3) 实现观测的途径有 3 种:① 发展综合型对地观测卫星,以大功率、高稳定性工作平台为基础,更趋大型化,重量达到 3~5 t,甚至可达 8 t;② 利用多个中小型卫星平台分别装设不同的遥感仪器实施单一目标任务;③ 以多个小卫星组成星座,实现综合观测。

4) 在保持传统的以高分辨率光学遥感器为主的情况下,微波遥感仪器的发展越来越受到重视,成为日益重要的不可或缺的遥感仪器。

5) 商用遥感卫星的发展在分辨率上进入了一个新的阶段,高分辨率遥感卫星成为未来商用遥感卫星竞争的主要领域,同时新的应用领域得到了不断的拓展。

10.2.2 现代通讯技术

随着现代通讯技术的不断发展,为国土资源信息的远程交换和信息共享提供了条件。现代通讯技术具有异步性、实时性、交互性、生动性、集成性、大容量、跨时空等特点,该技术提高了信息传输效率、降低了信息之间共享的成本,很大程度上推动了国土资源信息的发展,使得国土资源信息更好地为人民生产、生活提供服务。

现代通讯技术的应用可分为程控电话、传真通信、移动电话和计算机数据通信等,主要通过同轴通信电缆、光缆、微波、通讯卫星等进行传输。若从现代通讯技术具体的应用项目进行分类,可以说是数不胜数。下面列举了一些常用技术项目,并做简单介绍。

1. Internet

Internet 不仅仅是一个计算机网络,还是一个庞大的、实用的、可享受的信息源。世界各地上百万的人可以用 Internet 通信和共享信息源。可以送出或接受电子邮件通信;可以与别人建立联系并互相索取信息;可以在网上发布公告,宣传你的信息;可以参加各种专题小组讨论;可以免费享用大量的信息源和软件资源。

因此,Internet 远非一个计算机网络或者一种信息服务所能比拟。

2. ADSL

ADSL 技术是一种不对称数字用户实现宽带接入互联网的技术,ADSL 作为一种传输层的技术,充分利用现有的铜线资源,在一对双绞线上提供上行 640 kbps 下行 8 Mbps 的带宽,从而克服了传统用户在“最后一公里”的“瓶颈”,实现了真正意义上的宽带接入。

3. SMS

短信息(简称 SMS)是移动通信的数字增值业务,相当于在手机增加了寻呼机的寻呼功能。用户即使当时关机,或不在服务区,也可以在开机后或重新回到服务区的时候收到移动公司的短信息服务中心存储并转发的短信息。而且,更具优越性的是,由于是统一规范，手机即使漫游到外地或国外，也可收到来自国内的中文短信息。

4. GPRS

GPRS——General Packet Radio Service，通用无线分组业务，是一种基于 GSM 系统的无线分组交换技术，提供端到端的、广域的无线 IP 连接。通俗地讲，GPRS 是一项高速数据处理的技术，方法是以“分组”的形式传送资料到用户手上。虽然 GPRS 是作为现有 GSM 网络向第三代移动通信演变的过渡技术，但是它在许多方面都具有显著的优势。

现在手机上网的口号就是“always online”、“IP in hand”，使用了 GPRS 后，数据实现分组发送和接收，这同时意味着用户总是在线且按流量计费，迅速降低了服务成本。

而 GPRS 的最大优势在于：它的数据传输速度不是 WAP 所能比拟的。目前的 GSM 移动通信网的传输速度为每秒 9.6 K 字节，GPRS 手机在推出时已达到 56 Kbps 的传输速度，到现在更是达到了 115 Kbps(此速度是常用 56 K modem 理想速率的两倍)。

5. CDMA

CDMA 是码分多址的英文缩写(code division multiple access)，它是在数字技术的分支——扩频通信技术上发展起来的一种崭新而成熟的无线通信技术。CDMA 技术的原理是基于扩频技术，即将需传送的具有一定信号带宽信息数据，用一个带宽远大于信号带宽的高速伪随机码进行调制，使原数据信号的带宽被扩展，再经载波调制并发送出去。接收端使用完全相同的伪随机码，与接收的带宽信号作相关处理，把宽带信号换成原信息数据的窄带信号即解扩，以实现信息通信。

CDMA 是移动通信技术的发展方向，在 2G 阶段，CDMA 增强型 IS95A 与 GSM 在技术体制上处于同一代产品，提供大致相同的业务。但 CDMA 技术有其独到之处，在通话质量好、掉话少、低辐射、健康环保等方面具有显著特色。在 2.5G 阶段，CDMA2000 1X RTT 与 GPRS 在技术上已有明显不同，在传输速率上 1X RTT 高于 GPRS，在新业务承载上 1X RTT 比 GPRS 成熟，可提供更多的中高速率的新业务。从 2.5G 向 3G 技术体制过渡上，CDMA2000 1.X 向 CDMA20003.X 过渡比 GPRS 向 WCDMA 过渡更为平滑。

6. 3G

所谓 3G，其实它的全称为 3rd Generation，中文含义就是指第三代数字通信。1995 年问世的第一代数字手机只能进行语音通话；而 1996 年到 1997 年出现的第二代数字手机便增加了接收数据的功能，如接受电子邮件或网页；第三代与前两代的主要区别是在传输声音和数据的速度上的提升，它能够处理图像、音乐、视频流等多种媒体形式，提供包括网页浏览、电话会议、电子商务等多种信息服务。

7. GPS

美国从 1970 年代开始研制全球定位系统(global positioning system，GPS)，历时 20 年，耗资 200 亿美元，于 1994 年全面建成。GPS 共由 24 颗卫星构成，分布在 2 万 km 高度的 6 条 55 度倾斜轨道上，具有在海、陆、空进行全方位实时三维导航与定位能力的新一代卫星导航与定位系统。2000 年 5 月 1 日，GPSSA 政策解除，民用 GPS 发生历史性改变，定位精度从大于 100 m 提高到小于 10 m。

8. LBS

无线定位业务又称为位置业务(location based services，LBS)，是由移动通信网提供的一种增值业务，通过一组定位技术获得移动台的位置信息（如经纬度坐标数据），提供给移动用户本人或他人以及通信系统，实现各种与位置相关的业务。

狭义地说，LBS 业务是通过无线通信网络获取无线用户的位置信息，在地理信息系统平台的支持下提供相应服务的一种无线增值业务。广义地说，只要是基于位置的信息服务均属于位置服务。在移动通信网中，LBS 业务应用最多的应是与终端持有者本身的位置紧密相关的那些业务。

9. WPS

Wi-Fi Positioning System 简称 WPS(Wi-Fi 定位系统)，已正式投入商业应用。该软件利用无线路由器发出的 802.11 无线电信号，找出个人电脑、笔记本电脑、PDA、平板电脑、智能手机，或无线射频识别(RFID)标签等任何 Wi-Fi 设备的准确位置。Wi-Fi 系统能准确定位 20～40 m 内的物体，而 GPS 的准确度通常只能达到几百米，其主要原因是 GPS 是军方设计用来引导飞弹的，在建筑物阻挡卫星视线的都市表现很差，也无法涵盖任何建筑的内部，而 Wi-Fi 路由器在城市的部署比移动电话基站更紧密，其定位精度当然更高。

10.2.3 数据库管理技术

数据库技术是应数据管理任务的需要而产生的。数据的处理是指对各种数据进行收集、存储、加工和传播的一系列活动的总和。数据管理则是指对数据进行分类、组织、编码、存储、检索和维护，它是数据处理的中心问题。

随着计算机技术的发展，其应用远远地超出了这个范围。在应用需求的推动下，在计算机硬件、软件发展的基础上，数据管理技术经历了人工管理、文件系统、数据库系统三个阶段。这三个阶段的特点及其比较如下表 10-1 所示。

表 10-1 数据管理技术发展阶段及其特点

		人工管理阶段	文件系统阶段	数据库系统阶段
背景	应用背景	科学计算	科学计算、管理	大规模管理
	硬件背景	无直接存取存储设备	磁盘、磁鼓	大容量磁盘
	软件背景	没有操作系统	有文件系统	有数据库管理系统
	处理方式	批处理	联机实时处理、批处理	联机实时处理、分布处理、批处理
特点	数据的管理者	用户(程序员)	文件系统	数据库管理系统
	数据面向的对象	某一应用程序	某一应用	现实世界
	数据的共享程度	无共享，冗余度极大	共享性差，冗余度大	共享性高，冗余度小
	数据的独立性	不独立，完全依赖于程序	独立性差	具有高度的物理独立性和一定的逻辑独立性
	数据的结构化	无结构	记录内有结构、整体无结构	整体结构化，用数据模型描述
	数据控制能力	应用程序自己控制	应用程序自己控制	由数据库管理系统提供数据安全性、完整性、并发控制和恢复能力

数据库是关于事物及其关系的信息组合，早期的数据库物体本身与其属性是分开存储的，只能满足简单的数据恢复和使用。数据定义使用特定的数据结构定义，利用文件形式存储，称之为文件处理系统。

文件处理系统是数据库管理最普遍的方法，但是有很多缺点：首先每个应用程序都必须直接访问所使用的数据文件，应用程序完全依赖于数据文件的存储结构，数据文件修改时应用程序也随之修改；另外的问题是数据文件的共享。由于若干用户或应用程序共享一个数据文件，要修改数据文件必须征得所有用户的认可。由于缺乏集中控制也会带来一系列数据库的安全问题。数据库的完整性是严格的，信息质量很差比没有信息更糟。

数据库管理系统（database management system，DBMS）是在文件处理系统的基础上进一步发展的系统。DBMS 在用户应用程序和数据文件之间起到了桥梁作用。DBMS 的最大优点是提供了两者之间的数据独立性，即应用程序访问数据文件时，不必知道数据文件的物理存储结构。当数据文件的存储结构改变时，不必改变应用程序。

数据管理部分设计的目的是确定在数据管理系统中存储和检索数据的基本结构，其原则是要隔离数据管理方案的影响，不管该方案是普通文件、关系数据库、面向对象数据库或者是其他方式的。

目前，主要有 3 种主要的数据管理方法，即文件、关系和面向对象。

1）普通文件管理　　普通文件管理提供基本的文件处理和分类能力；

2）关系型数据库管理系统（RDBMS）　　关系型数据库管理系统建立在关系理论的基础上，采用多个表来管理数据，每个表的结构遵循一系列“范式”进行规范化，以减少数据冗余。

3）面向对象的数据库管理系统　　面向对象的数据库是一种正趋于成熟的技术，它通过增加抽象数据类型和继承特性以及一些用来创建和操作类和对象服务，实现对象的持续存储。

不论在分析阶段采用何种方法，都可以选择上述任意的一种方案实现数据的管理。

数据库管理系统（DBMS）是为数据库访问提供服务的软件，同时维护所有数据必需的特性。数据库管理系统为支持应用程序访问和操作数据库数据提供下列服务。

1. 事务处理

事务将使数据库从一个一致状态转移到另一个一致状态。数据库操作被分成两大类：数据访问操作和事务操作。有 3 种特定的事务操作：启动（start）指示将开始一个新事务，提交（commit）指示事务已正常终止且其作用结果将持久存在，以及放弃（abort）指示事务被异常终止，其所有结果将被放弃。

2. 并发控制

并发控制是一种数据库管理活动，它协调数据库操作进程的并发操作和对共享数据的访问，并且解决它们之间可能发生的潜在冲突。并发控制机制的目标是允许并发维护共享数据的一致性，数据库系统中的并发单元是事务。

3. 恢复

数据库中恢复的目标是确保异常终止或出错的事务不会对数据库或其他事务产生不利影响。异常终止的事务有两种影响：对数据的影响和对其他事务的影响。恢复可使得数据库在事务异常终止后返回某个一致状态。

4. 安全

安全是保护数据免受非授权的泄露、更改或破坏。每个用户和应用程序都有特定的数据访问特权。这些特权可以由外部模式定义，即根据各个用户被允许访问和/或修改的数据，给予它们不同的数据视图。安全系统提供一些方法，来决定每个用户或应用程序可访问什么视图。通过授权和身份鉴别过程，安全还具有限制初始访问数据库的功能。这些过程中最常用的是注册名和口令保护服务。

5. 语言接口

DBMS提供对用于定义和操作数据的语言的支持。概念模式是用数据定义语言(data definition language, DDL)说明的。这种数据库语言部件是用来描述数据、数据间联系和对数据和联系的约束的表示法。DDL首先用在数据库设计时，以后修改模式时还会用到DDL。

数据操纵语言(data manipulation language,DML)用于表达数据库上的操作。DML有时也称为查询语言。DBMS提供DML，以便用户和应用程序编写者访问数据库中数据，而不必知道数据库如何存储数据或把数据存在何处。

6. 容错性

不管发生什么故障仍能继续提供可靠DBMS服务的能力称为容错性。一个出错的数据库部件将使与其交互的其他部件产生故障。典型的数据库故障包括违反约束和事务超时错误。如上所述，恢复与容错性密切相关，因为恢复是一种机制，它能容许发生使事务异常终止的差错。

7. 数据目录

数据目录(有时称为数据字典)是一个系统数据库，它含有主数据库中数据的描述(有时被称为元数据，metadata)。它包含有关数据、联系、约束的信息，以及将这些特征组织到一个统一数据库中的所有模式的信息。通过查询目录可获得有关主要数据库结构的信息，因而目录被看成一个数据库。

8. 存储管理

DBMS提供数据持久存储的管理机制。内部模式定义数据应该如何用存储管理机制存储。为了访问物理存储，存储管理系统与操作系统间有接口。

在一个资源信息的应用项目中，通常需要输入和处理大量的数据，其中主要是空间数据，如果没有采取合适的数据管理，那么可能因为以下原因造成项目的混乱甚至失败。

1) 数据质量不能达到项目要求。

2) 数据没有完全输入或处理，造成项目延期。

3) 数据重复录入或处理，造成人员和时间的浪费。

4) 进行数据处理和模型运算时，没有及时采用最新的数据。

为了避免出现上述的问题，必须对数据的录入和处理过程和数据质量进行严格的控制。因此，资源信息的标准化与规范化在数据管理中起着举足轻重的作用。一个好的标准与规范是促进、指导和保证高效率、高质量资源信息交流不可缺少的部分。

通常，信息技术的标准和规范可以分为以下5个方面。

1) 硬件设备的标准,在网络技术中,存在着大量这种标准,如 IEEE 802 系列。

2) 软件方面的标准,包括操作系统,查询语言,程序设计语言,图形用户界面等,如 SQL、DCOM、CORBA 等。

3) 数据和格式的标准,包括数据模型,数据库的构建,数据质量和可靠性,地理要素的分类系统,数据格式转换等,在地理信息应用中,空间数据编码规范、元数据标准等就属于该范畴。

4) 数据集标准,数据存放的文件格式标准,如美国人口普查局的 TIGER 文件标准等。

5) 过程标准,如 ISO9000 系列和 CMM 等,主要是针对系统开发过程的指导。

资源信息系统标准化主要包括后四个方面的标准,具体内容有:软件工具,如文档、设计、验收、评测标准以及软件的接口规范等;数据,包括数据模型、数据质量、数据产品、数据交换、数据显示、空间坐标投影等;系统开发,包括系统设计过程、数据工艺流程、标准建库流程等;其他,包括名词术语、管理办法等。一般而言,软件工具、系统开发、管理办法等方面的标准可以借用更为通用的信息技术标准规范,所以资源信息系统标准主要集中于空间数据以及相关的一系列规范。应用资源信息系统标准,可以建立一套较为规范数据的录入处理流程,提高工作效率和质量,同时采用一致的数据格式以及空间数据可视化方式,指导数据的使用。

10.2.4 信息系统技术

信息系统是具有数据采集、管理、分析和表达数据能力的系统,它能够为单一的或有组织的决策过程提供有用的信息。在计算机时代,信息系统都部分或全部由计算机系统支持,人们常常使用计算机收集数据并将数据处理成信息,计算机的使用导致了一场信息革命。目前,计算机已经渗透到各个领域。一个基于计算机的信息系统包括计算机硬件、软件、数据和用户四大要素。

1) 计算机硬件　　包括各类计算机处理及终端设备,它帮助人们在非常短的时间内处理大量数据、存储信息和快速获得帮助。

2) 软件　　是支持数据信息的采集、存储加工、再现和回答用户问题的计算机程序系统,它接受有效数据,并正确地处理数据;在一定的时间内提供适用的、正确的信息;并存储信息为将来所用。

3) 数据　　是系统分析与处理的对象,构成系统的应用基础。

4) 用户　　是信息系统所服务的对象。由于信息系统并不是完全自动化的,在系统中总是包含一些人的复杂因素,人的作用是输入数据、使用信息和操作信息系统,建立信息系统也需要人的参与。

在基于计算机的信息系统中,处理过程的作用是告诉人们各部分间的相互关系(图 10－1)。

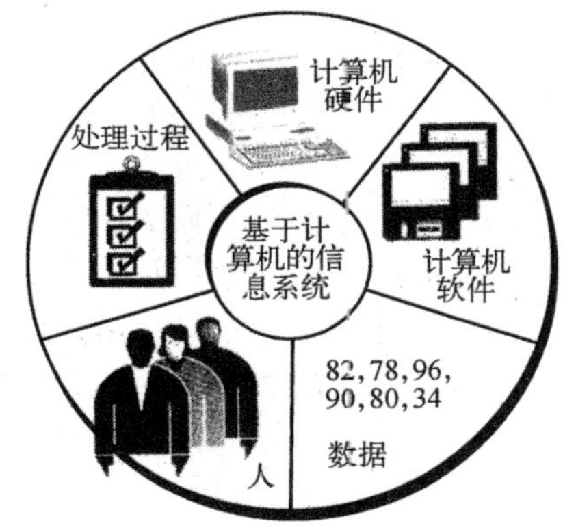

图 10－1　信息系统的组成

信息的需要完全取决于管理的层次，设计一个系统要满足组织中所有层次人员的信息需要，这种系统是很复杂的，因为组织中使用的信息在数量、状态和类型上都是易变和不可预知的。在组织中将信息系统分成 3 个管理层次：操作层（底层）、战术层（中间层）和战略层（顶层）。操作层包括的人员如会计师、销售人员和商店监理，他们执行日常工作和上级管理所做的计划；战术层包括组织中的高级管理人员和参与最高管理的中层管理人员；而管理层负责决定组织的发展方向。为了解决系统复杂性这一问题，大多数组织建立不同类型的系统来满足他们的需要，见信息系统类型图（图 10－2）：

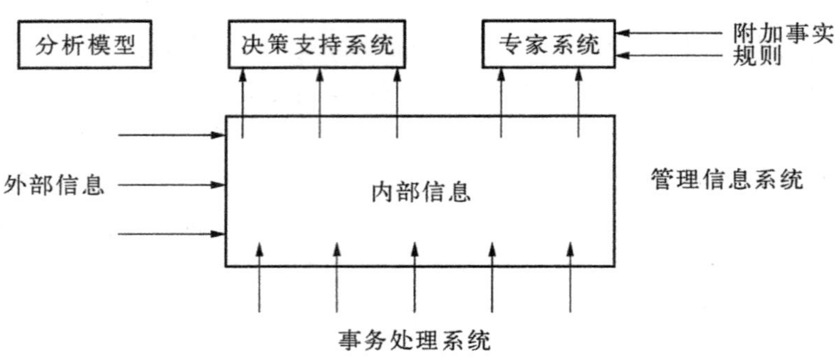

图 10－2 信息系统的类型

1. 事务处理系统（transaction process system，TPS）

主要用以支持操作层人员的日常活动。它主要负责处理日常事务。

2. 管理信息系统（management information system，MIS）

管理信息系统（MIS）是一个由人和计算机等组成的能进行信息收集、传递、储蓄、加工、维护和使用的系统。它能实测企业的各种运行情况，利用过去的数据预测未来，从全局出发辅助企业决策，利用信息控制企业行为，帮助企业实现规划目标。该系统是辅助计算机管理人员完成信息搜集、加工等管理工作的系统软件。

管理信息系统对企业事业单位的作用在于加快信息的采集、传送及处理速度，实验数据在全单位的共享，及时地为各级管理人员提供所需的信息，辅助他们决策，从而改善单位的运行效率及效果。通常 MIS 的实施需要三大要素：系统观点、数学的方法、计算机的支持。一个完整的信息管理系统应包括：辅助决策系统（DSS）、工业控制系统（IPC）、办公自动化系统（OA）以及数据库、模型库、方法库、知识库和与上级机关及外界交换信息的接口等。随着技术的进步，管理信息系统正向着集成化、自然化和用户参与的方向发展。

3. 决策支持系统（decision support system，DSS）

决策支持系统（DSS）是辅助决策者通过数据、模型和知识，以人机交互方式进行半结构化或非结构化决策的计算机应用系统。它是管理信息系统（MIS）向更高一级发展而产生的先进信息管理系统。它为决策者提供分析问题、建立模型、模拟决策过程和方案的环境，调用各种信息资源和分析工具，帮助决策者提高决策水平和质量。

该系统能从管理信息系统中获得信息，帮助管理者制定好的决策。该系统是一组处理数据和进行推测的分析程序，用以支持管理者制定决策。该系统是基于计算机的交互式的信息系统，由分析决策模型、管理信息系统中的信息、决策者的推测三者相组合达到好的决策效果。

4. 人工智能和专家系统

人工智能(artificial intelligence, AI),是计算机科学的一个分支,它企图了解智能的实质,并生产出一种新的能以人类智能相似的方式作出反应的智能机器,该领域的研究包括机器人、语言识别、图像识别、自然语言处理和专家系统等。

专家系统(expert system, ES)是人工智能在信息系统中的应用,它是一个智能计算机程序系统,其内部具有大量专家水平的某个领域知识与经验,能够利用人类专家的知识和解决问题的方法来解决该领域的问题。专家系统的主要功能取决于大量的知识。设计专家系统的关键是知识表达和知识运用。专家系统与一般计算机程序最本质的区别在于:专家系统所解决的问题一般没有算法解,并且往往是要在不完全、不精确或不确定的信息基础上做出结论。从而,专家系统扩大了计算机的应用范围,使其从传统的资料处理领域发展到智能推理上来。MIS 能提供信息帮助制定决策,DSS 能帮助改善决策的质量,只有专家系统能应用智能推理制作决策并解释决策理由。专家系统由 5 个部分组成:知识库、推理机、解释系统、用户接口和知识获得系统。

20 世纪 80 年代末 90 年代初,决策支持系统开始与专家系统(expert system, ES)相结合,形成智能决策支持系统(intelligent decision support system, IDSS)。智能决策支持系统充分发挥了专家系统以知识推理形式解决定性分析问题的特点,又发挥了决策支持系统以模型计算为核心的解决定量分析问题的特点,充分做到了定性分析和定量分析的有机结合,使得解决问题的能力和范围得到了一个大的发展。

把数据仓库、联机分析处理、数据挖掘、模型库、数据库、知识库结合起来形成的决策支持系统,即将传统决策支持系统和新决策支持系统结合起来的决策支持系统是更高级形式的决策支持系统,成为综合决策支持系统(synthetic decision support system, SDSS)。综合决策支持系统发挥了传统决策支持系统和新决策支持系统的辅助决策优势,实现更有效的辅助决策。综合决策支持系统是今后的发展方向。

10.3 资源信息系统

10.3.1 资源信息系统的概念

资源信息系统即采用科学管理方式的自然资源信息管理系统,它是在计算机软、硬件支持下,将有关的自然资源数据、文字、表格、图形、图像等存储在电子计算机存储器内,并实现资源信息的更新、修改、查询、检索、运算、显示、综合分析和应用的新型技术系统。它与通常说的地理信息系统、资源环境信息系统、空间信息系统在本质上并无多大差别,只是各自强调的系统对象与内容有所不同而已。

资源信息系统是随着资源调查、区域规划、管理和决策工作不断深入、计算机应用水平不断提高而发展起来,并得到广泛应用的一种有效的现代化工具。

20 世纪 60 年代,加拿大 R. F. Tomlinson 首先提出将各种自然资源专题图用数字化仪器在计算机辅助下转换成数字形式存储在计算机内，用来分析、设计、规划自然资源管理方案。加拿大土地局采纳了这个建议，于1963年开始研制，经过近十年努力，到1971年建成加拿大地理信息系统(CGIS)，主要用于处理加拿大土地调查获得的大量数据，该系统被认为是国际上最早建立的、较为完善的大型实用的地理信息系统。紧接着出现了不少专业地理信息系统，如美国纽约州土地利用和自然资源信息系统(LUNR,1967)、明尼苏达州土地管理系统(MLMIS,1969)等。60年代中后期，一些有关的组织与机构也纷纷建立并开展工作，如美国城市和区域系统协会(URISA)在1966年成立，美国州信息系统全国协会(NASIS)在1969年成立，城市信息系统跨机构委员会(UAAC)在1968年成立，国际地理联合会(IGU)的地理数据遥感和处理小组委员会在1968年成立等。这一阶段由于计算机存储能力小，速度慢，还缺乏将大批量地图转换成数字形式的有效手段，限制了软件技术的发展。

进入20世纪70年代以后，计算机硬件和软件技术的飞速发展，尤其是大容量存取设备——硬盘的使用，为空间数据的录入、存储、检索和输出提供了强有力的手段。用户屏幕和图形、图像卡的发展增强了人机对话和高质量图形显示功能。一些发达国家先后建立了许多不同专题、不同规模、不同类型的各具特色的资源信息系统。如美国森林调查局发展了全国林业统一使用的资源信息显示系统；美国地质调查所发展了多个信息系统用于获取和处理地质、地理、地形和水资源信息，较典型的有GIRAS；日本国土地理院从1974年开始建立数字国土信息系统，存储、处理和检索测量数据、航空像片信息、行政区划、土地利用、地形地质等信息，为国家和地区土地规划服务；瑞典在中央、区域和市三级上建立了许多信息系统，比较典型的如区域统计数据库、道路数据库、土地测量信息系统、斯德哥尔摩地理信息系统、城市规划信息系统等；法国建立了地理数据库GITAN系统和深部地球物理信息系统等。由于这一时期的需求增加，许多团体、机构和公司开展了系统研制工作。据IGU地理数据遥测和处理小组委员会1976年的调查，处理空间数据的软件已有600多个，完整的GIS有80多个。这一时期地图数字化输入技术有了一定的进展，采用人机交互方式，易于编辑修改，提高了工作效率，扫描输入技术系统出现。这一时期软件最重要的进展是人机图形交互技术的发展。

20世纪80年代是地理信息系统突飞猛进的发展阶段，除了计算机性能与价格方面改善以外，技术上也有很大的突破。在数据输入方面，由于栅格扫描技术发展，大大提高了输入速度。尤其是数据库管理系统软件(DBMS)等在信息系统中得以广泛应用，一些新的更适合空间数据管理的数据管理系统开始出现。加上资源环境问题更加突出，对地理信息系统的需要继续增长，诸多因素促成了地理信息系统在这一阶段得以突破性发展。在这一阶段，仅北美到1983年就有1 000多个地理信息系统出现。除了北美、欧洲、日本工业化国家外，不少发展中国家，如中国、南美也积极发展了这种技术系统。系统的应用逐渐由低级阶段过渡到高级阶段。

进入20世纪90年代，随着地理信息产业的建立和数字化信息产品在全世界的普及，地理信息系统将深入各行各业乃至各家各户，成为人们生产、生活、学习和工作中不可缺少的工具和助手。地理信息系统已成为许多机构必备的工作系统，尤其是政府决策部门在一定程度上由于受地理信息系统影响而改变了现有机构的运行方式、设置与工作计划等。而且，社会对地理信息系统认识普遍提高，需求大幅度增加，从而导致地理信息系统应用的扩大与深化。国家级乃至全球性的地理信息系统已成为公众关注的问题(表 10－2)。

表 10－2　20 世纪 60 年代以来 GIS 发展中重要的历史事件

年份	事件
1960	美国空军 CIA 首次成功地发射 CORONA
1963	Roger Tomlinson 开始了加拿大地理信息系统的开发
1963	Dr. Edgar Horwood 建立了城市与区域信息系统联合会(URISA)
1964	Howard Fisher 建立了计算机图形和空间分析的哈佛实验室
1966	SYMAP 系统在西北技术学院研制并在哈佛实验室完成
1967	DIME(双重独立制图编码)为美国人口普查局所研制
1969	Jack 和 Laura Dangermond 建立了环境系统研究所(ESRI)
1969	Jim Meadlock 建立了 Integraph 公司
1969	在英国诞生了激光扫描仪
1969	Ian McHarg 很有影响的书"自然设计(*Design With Nature*)"出版
1971	加拿大地理信息(CGIS)建立
1972	IBM 的 GFIS 发布
1972	GISP(General Information System for Planning)开发
1972	Landsat 卫星首次发射成功
1973	USGS 研制了地理信息提取和分析系统
1973	马里兰自动地理信息(MAGI，Maryland Automatic Geographic Information)开发
1974	在伦敦的皇家艺术学院建立了试验制图单元(ECU，Experimental Cartography Unit)
1974	首次自动制图会议在 Reston，弗吉尼亚召开
1976	明尼苏达研制了明尼苏达土地管理信息系统
1977	USGS 研制了数字化线图(DLG)空间数据模式
1978	ERDAS 成立
1978	地图叠加复合与统计系统开发
1979	哈佛图形实验室研制了 ODYSSEY GIS
1981	ESRI ARC/ INFO GIS 发布
1982	NASA 发射了 Landsat TM4
1983	ETAK 数字制图公司成立
1984	Marble，Calkins & Peuquet 出版了"地理信息系统的基本读物"(*Basic Readings in Geographic Information Systems*)
1984	第一届国际空间数据处理会议召开
1984	Landsat 商业化
1984	NASA 发射 Landsat TM5
1985	GPS 成为可运行系统
1985	美国军队建筑工程实验室开始研制 GRASS(Geographic Resources Analysis Support Systems，地理资源分析支持系统)
1986	MapInfo 建立
1986	Peter Burrough 出版了"土地资源评估的地理信息系统原理"(Principles of Geographic Information Systems for Land Resources Assessment)
1986	SPOT 卫星首次发射
1987	"地理信息系统的国际杂志"出版

（续 表）

1987	Tydac SPANS GIS 发布
1987	科拉克大学开始 Idrisi 项目
1988	美国人口调查局第一次公开发布 TIGER
1988	纽约州立大学开始研制 GIS－L Internet list-server
1988	GIS World 首次发行
1988	首次 GIS/ LIS 会议举行
1988	英国的区域研究实验室成立
1988	Small World 公司成立
1989	在英国成立了地理信息系统联合会(AGI)
1989	Stan Arnoff 出版了“地理信息系统：一个管理透视”（Geographic Information Systems：a Management Perspective）
1989	Intergraph 发布 MGE
1991	Maguire，Goodchild 和 Rhind 出版了“地理信息系统：原理和应用”
1992	MAPS ALIVE 发行
1993	Digital Matrix Systems 发布了 InFoCAD for Windows NT 第一个版本，它是第一个基于 Win NT 的 GIS 软件
1994	OGC 形成(David Schell，Ken Gardells，Kurt Buehler，et al)
1995	MapInfo 专业版发布
1999	NASA 发射了 Landsat TM7

资源与环境信息系统的研制与应用在我国起步较晚，虽然历史较短，但发展势头迅猛。其发展可分为 3 个阶段。第一阶段从 1970 年到 1980 年，为准备阶段，主要进行舆论准备，正式提出倡议，开始组建队伍，培训人才，组织个别实验研究，为系统研制和应用作了技术上和理论上的准备。第二阶段从 1981 年到 1985 年，为起步阶段，完成了技术引进，研究数据规范和标准，空间数据库建立，数据处理和分析算法及应用软件的开发等，对 GIS 进行理论探索和区域性实验研究。第三个阶段从 1986 年开始，为初步发展阶段，其研究和应用进入有组织、有计划、有攻关目标并逐步同国内经济建设需要相结合的发展阶段。工作主要集中在以下几个方面：资源与环境信息系统的国家及区域的规范与标准研究，借以协调不同类型与不同层次的信息系统的发展，确保信息共享与系统兼容；通过黄土高原、三北防护林区、黄河下游洪水泛滥地区等重大遥感工程与区域治理项目信息系统的建立与应用，促进全国范围的高层次和综合性资源与环境信息系统的建立，并验证所制定的规范与标准的科学性与可行性；研制出一批重要关键性软件，如空间数据库管理系统、遥感图像处理系统与信息系统的接口软件、各种评价预测模型与专家系统，提高了信息系统在管理、规划和决策方面的应用水平。这一阶段我国先后建成了 1∶100 万国土基础信息系统和全国土地信息系统，1∶400 万全国资源和环境信息系统，1∶250 万水土保持信息系统和若干省、市、县级信息系统。

10.3.2 资源信息系统的目标与功能

1. 目标

1）实现资源信息的科学管理。这是系统的基本目标。通过建立统一的分类指标体系、专业数据分类和数据项目，使分散、杂乱的数据标准化、系统化，从而达到信息共享，实现信息的科学管理，提高信息的使用效率，为社会提供信息服务。

2）实现资源综合评价和分析研究。

3）提供资源科学管理、综合开发和决策规划方面的信息服务。

2. 功能

根据系统的目标，资源信息系统一般应具备以下的功能。

1）具有处理多种形式的资源信息的功能。包括处理野外观测资料、固定台站观测资料、遥感遥测资料、各类专题图、统计资料等。可实现各种数字量和模拟量的输入和输出，进行各类信息的预处理、数据格式转换等。

2）能不断实现信息更新，为社会提供多种目的、多种形式的信息服务。包括提供多种原始数据或加工处理后的数据，提供专题分析和综合分析的结果，并可用图形、表格、图像、屏幕显示等方式输出。

3）具有对多种信息综合分析处理的能力，可以对多学科的各种信息进行信息复合，信息叠加。

4）运用适当的数学方法和模型，实现对资源的定性或定量分析，建立各种分析、评价、预测、决策数学模型乃至不同类型的知识库和专家系统，供用户使用。用户可以通过人机对话形式得到诸如方案比较、决策咨询之类的解答。

10.3.3 资源信息系统的级别与等级

信息的需要完全取决于管理的层次，设计一个系统要满足组织中所有层次人员的信息需要，这种系统是很复杂的，因为组织中使用的信息在数量、状态和类型上都是易变和不可预知的。为了解决系统复杂性这一问题，大多数组织建立不同类型的系统来满足他们的需要，这些类型一般包括 4 个层次，即事务处理系统、管理信息系统、决策支持系统、人工智能和专家系统。

从信息系统的功能看，事务处理系统一般只具有资源信息的存储、更新、统计、检索等最基本的功能；资源环境管理信息系统，除了上述基本功能外，还具有对信息的加工、分析和综合处理的功能；决策支持系统和专家系统则具有辅助决策、模仿人工决策处理等功能。

根据资源信息管理的层次，相应资源信息系统可分成 3 个等级，即国家级；省级（包括计划单列市级）、大区域级（包括跨省区、市的区域及大流域）；县级、小区域级（省内跨市县的区域及流域）。

10.3.4 资源信息系统的总体结构模型

经过对系统用户的分析研究后，根据系统的目标、功能以及当前的技术水平可以得出资源信息系统的总体结构模型（图 10－3）和系统组成框图（图 10－4）。

用户需求
计算机辅助制图系统
转换系统
资源数据库系统
辅助决策系统
模型系统
专家系统

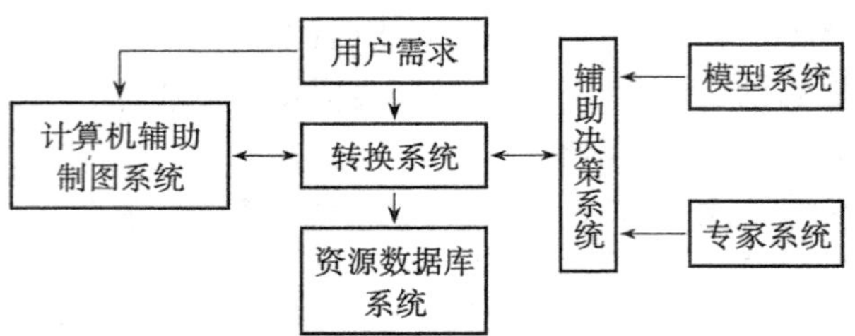

图 10-3　自然资源信息系统总体结构模型

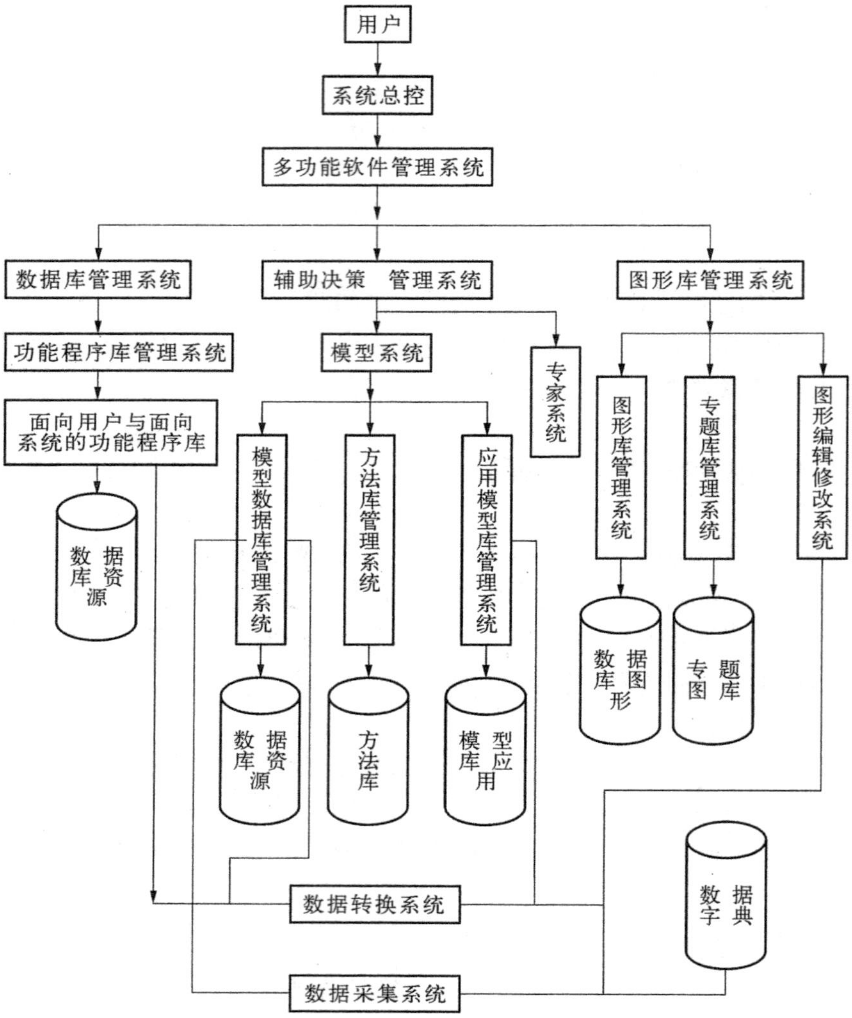

用户
系统总控
多功能软件管理系统
数据库管理系统
辅助决策　管理系统
图形库管理系统
功能程序库管理系统
模型系统
专家系统
面向用户与面向系统的功能程序库
数据库资源
模型数据库管理系统
方法库管理系统
应用模型库管理系统
图形库管理系统
专题库管理系统
图形编辑修改系统
数据库资源
方法库
模型库应用
数据库图形
专题图库
数据字典
数据转换系统
数据采集系统

图 10-4　自然资源信息系统组成框图

系统包括 4 个子系统。数据库系统，它是系统的核心。计算机辅助制图系统，用来向用户提供各种类型的图件。两个辅助决策子系统。模型子系统可以在模型库、方法库中查找、选择、匹配、连接、生成新的面向用户特定问题的模型；专家子系统，运用计算机存储的专家经验和权威性知识，以及事实数据库，通过推理判断，可以给用户所提问题作出高水平的回答。

10.3.5 建立资源信息系统的步骤

图 10-5 详细表示了建立资源信息系统的一般步骤。

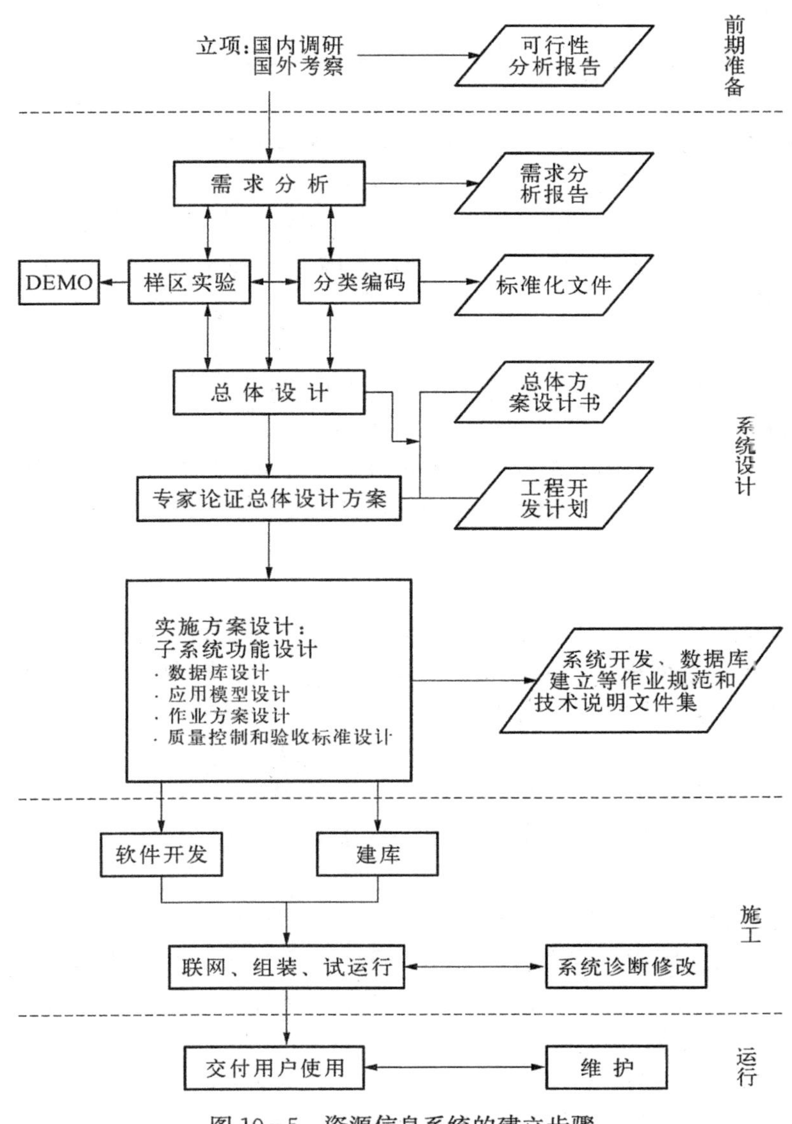

图 10-5　资源信息系统的建立步骤

1. 需求分析

这是建立系统的前期工作,是在对现行系统调查基础上进行的,是系统开发和建设的第一步,由系统分析员承担完成。主要任务是通过用户调查发现系统存在的问题,完成可行性研究工作,确定系统的建立是否合理,是否可行。调查方法可采用访问、座谈、参观、填表、抽样、查阅资料、深入现场、与用户一起工作等各种调查研究方法,获得现行的状况和有用资料。在调查之前,可向用户做专题报告。通过报告,说明用户信息系统的基本知识、各种功能及其优点，使他们对资源信息系统有一个清楚的了解。这一阶段应完成的工作如下。

(1) 用户情况调查

通过对用户情况的调查研究，指出现行工作状况在工作效率、费用支付、人力使用等方面存在的主要问题和薄弱环节。

(2) 明确系统的目的和任务

需做如下调查：确定系统的服务对象和系统的目的，用户研究领域状况调查。

(3) 系统可行性研究

包括：理论和技术上的可行性研究以及经济和社会效益的分析。

(4) 提交需求分析报告

报告中主要内容有：系统的目的和任务；机构运作的逻辑数据流程图；硬件资源表和软件资源表；所需的专业人员清单；数据来源清单及数据与功能对照表；建设系统的经济和社会效益分析。

2. 系统设计

系统设计是在需求分析规定的“干什么”基础上，解决系统如何干的问题。按照规模的大小，可将设计任务分 3 个部分完成。

1) 总体设计　用来确定系统的总体结构。其主要任务是划分各系统的功能模块、确定模块之间的联系及其描述；根据系统的目标，配置适当规模的硬软件及计算机的运行环境；系统开发各阶段的文档，即技术手册、用户手册、培训材料应包括的基本要点的制定；系统的质量、性能、安全性估计与规定。

2) 数据库概念设计　从抽象的角度来设计数据库。其内容包括：决定数据库的数据内容、选择适当的数据模型、各数据内容如何在库中组织以及考虑整个数据库的冗余度、一致性和完整性。

3) 详细设计　在总体设计的基础上，将各组成部分进一步细化，给出各子系统或模块的足够详细的过程性描述。其主要内容有：模块设计、数据库详细设计、方法库和模型库的设计、输出设计、文档设计、数据获取方案及质量控制。

3. 系统开发与实施

开发与实施是资源信息系统建设付诸实现的实践阶段，即对系统设计阶段完成的物理模型进行建立，把系统设计方案加以具体实施。在这一过程中，需要投入大量的人力物力，占用较长的时间，因此必须根据系统设计说明书的要求组织工作，安排计划，培训人员。开发与实施的内容如下。

(1) 程序编制与调试

其主要任务是将详细设计产生的每一模块用某种程序语言予以实现，并检验程序的正确性。

(2) 数据采集与数据库建立

(3) 人员的技术培训

(4) 系统测试

组织领导、专家和用户代表共同对系统总体设计、技术指标和功能进行全面测试。看它是否符合系统需求分析所规定的功能要求，发现系统中的错误，保证系统的可靠性。测试工作一般按如下流程实施：设计一组测试用例；用各个测试用例的输入数据实际运行被测程序；检测实际输出结果与预期的输出结果是否一致。

4. 系统维护与评价

系统测试完毕，即可进入正式运行阶段，提供用户使用。在这一阶段，系统工作人员要对投入运行后的系统进行必要的调整和修改。系统维护是指在系统整个运行过程中，为适应环境和其他因素的各种变化，保证系统正常工作而采取的一切活动，包括系统功能的改进和解决在系统运行期间发生的一切问题和错误。资源信息系统规模大，功能复杂，对其进行维护是一个非常重要的内容，也是一项耗时，花费成本高的工作，要在技术上、人力安排上和投资上给予足够的重视。

系统维护的内容主要包括 4 个方面：纠错、数据更新、完善与适应性维护、硬件设备的维护。

系统评价是指对系统的性能进行估计、检查、测试、分析和评审。包括用实际指标与计划指标进行比较，以及评价系统目标实现的程度。系统评价是系统运行一段时间后进行。系统评价的指标应包括经济指标、性能指标和管理指标等各方面，最后应就评价结果形成系统评价报告。

10.3.6 资源信息的标准化和规范化

不同部门和地区在建立自己的资源信息系统时，不仅要用本部门的数据，也需要大量来自其他部门的数据；在综合分析与应用研究过程中，也需要对来自各方面的数据进行统一处理。面对这种情况，很有必要制定统一的资源信息分类及指标体系和编码，以利于资源信息逐步做到规范化，从而达到信息共享和信息资源综合利用的目的。从这个意义上讲，可以说制定规范和统一标准是建立信息系统的基础。

早在 20 世纪 80 年代初，GIS 技术从国外引进的同时，就开始了对资源环境信息的国家标准和规范等的研究。其中在统一地理坐标系统、统一信息分类体系、统一编码体系和统一数据格式几个方面作了广泛的基础研究。为了满足各地区、各部门在建立资源数据库和信息系统方面的迫切需要，“资源与环境信息系统国家规范研究组”曾提出了该系统的专业数据分类和项目总表，将数据分为社会环境、环境和能源与资源等 3 门类、14 个大类、64 个小类(图 10－6，表 10－3)。

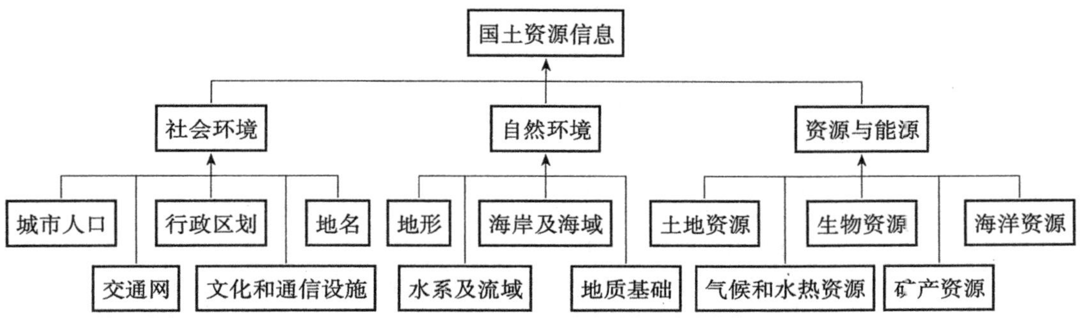

图 10－6 国土资源信息分类框架

表 10－3　国土资源专业数据分类和数据项目建议总表

项　目	内　容	基本数据来源
（Ⅰ）社会环境		
（1）城市与人口	1　城镇人口，分县人口总数	人口普查办公室
	2　自然村密度（大小、数据、按第Ⅳ级格网）	1∶1 万～1∶10 万地形图
	3　人口分布（按第Ⅲ级格网）	人口普查办公室
（2）交通网	1　铁路（双轨、单轨、车站、专用线、长度、运输能力，与省界、公路等的交叉点）	铁道部
	2　公路（省级、县级、乡镇简易公路、桥梁载重限制，与省界、公路和主要河流的交叉点）	交通部
	3　航运（港口、泊位、船舶吨位、通航路线、水深、季节变化）	交通部
	4　航空（航线、航班、航空港、运输能力）	民航总局
（3）行政区划	1　国界、省、市、县级界限与面积（多边形）	外交部、民政部、国家测绘局等
	2　省、市、县级管辖区（按Ⅴ级网格点）	民政部门
	3　城市规划区（按Ⅴ级网格点）	城建环保部门等
	4　自然保护区管辖范围	林业部等
	5　工矿区（油田、禁区、饲养场、旅游点、名胜文物保护区）	城建环保部、林业部等
（4）地名	1　城市名称及中心坐标	地名委员会
	2　各县名称及县城中心坐标	地名委员会
	3　主要河流、湖泊、山峰、港湾名称及坐标	地名委员会
	4　自然地理单元及其区域坐标（山脉、河流、盆地、高原）	地名委员会
（5）文化和通信设施	1　学校、医院等	文化部、教育部
	2　科学实验站网点（气象、水文、震……台站）	卫生部等
	3　邮电通信网点	邮电部
（Ⅱ）自然环境		
（6）地形	1　海拔高程（按Ⅴ级网格点）	国家测绘局
	2　山峰高程、水库、湖面高程	国家测绘局
	3　湖泊、水库水深、大陆架以及海深	国家测绘局
	4　地形图与遥感资料检索	国家测绘局
（7）海岸及海域	1　分县海岸线长度、线段坐标	海洋局
	2　分县岛屿岸线、面积、长度、坐标	海洋局
	3　基本海况：滩涂面积、潮汐台风、常年风向、底质、温度、盐、海浪等	海洋局
（8）水系及流域	1　流域划分界线及面积（1 000 km^2 以上与省界交点、控制站点、水库坝址及坐标、分段节点）	水利部
	2　流域辖区（按第Ⅲ级格网）	水利部
	3　水系交汇点（坐标、面积）及干、支流等级、长度（交叉点坐标）	水利部

（续　表）

项　　目	内　　　容	基本数据来源
(9) 基础地质	1　地表岩类或沉积层及其年代	地矿部
	2　断层性质(特别是活动性质)	地矿部、地震局
	3　地球物理观测点(重力、地磁、地震等)	地矿部、能源部、地震局中科院
	4　人工地震(浅层、中层和深部,包括海上)	地矿部、能源部、地震局中科院等
	5　地球化学观测点及其特性	地矿部、中科院
	6　环境地质(地盘沉降、土壤承载力、滑坡、泥石流、崩塌等)	地矿部、中科院
(Ⅲ) 资源与能源		
(10) 土地资源	1　地貌类型(包括海岸和浅海)	中科院
	2　土壤类型(包括土壤肥力等)	农业部、中科院
	3　土地利用类型	国家测绘局、农业部、林业部等
	4　灾害(风沙、盐碱、台风、雪害、水土流失、旱涝、霜冻、寒潮)	气象局、水利部、农业部、中科院等
(11) 气候和水热资源	1　辐射量、日照量和云量(按第Ⅲ级格网)	国家气象局
	2　热量资源(年最高温、最低温、年均温、月均温、积温等)	国家气象局
	3　降水(年最高、年最低、年、月平均、积雪等)	国家气象局
	4　风能	国家气象局
	5　陆地水文(最高、最低流量,年、月平均流量,含沙量、洪峰、污染等)	水利部
	6　冰川、雪坡、冻土	中科院
	7　湖泊、水库、港湾	交通部、水利部、中科院
	8　地下水	水利部
(12) 生物资源	1　主要农作物,分年的耕作面积、亩产、灌溉面积等	农业部
	2　森林类型、面积、树种、蓄积量、采伐、更新面积	林业部
	3　草场类型、面积、产草量、载畜量	农业部
	4　淡水养殖与渔业(种类、面积、产量)	农业部
	5　病虫害、减产频率和程度	农业部
	6　野生植物、野生动物资源	林业部
(13) 矿产资源	1　煤炭、泥炭(类型、储量、矿区矿点、生产能力)	能源部、地矿部
	2　石油、天然气、油页岩(类型、储量、油田、生产能力)	能源部、地矿部
	3　黑色金属(分类、储量、矿山、生产能力)	冶金部、地矿部
	4　有色金属(分类、储量、矿山、生产能力)	有色金属总公司、地矿部
	5　稀土金属(分类、储量、矿山、生产能力)	地矿部
(14) 海洋资源	1　海洋能源	国家海洋局等
	2　海洋养殖与水产	国家海洋局等
	3　海底矿产资源	国家海洋局等
	4　海涂资源	国家海洋局等

在资源信息标准化和规范化研究中，针对国土资源的研究相对较深入。国土资源部（原国家计委国土司）信息化工作是从20世纪80年代后期开始，从各领域局部需求出发，由项目驱动，以科研的形式立项进行探索性试验建库。信息标准化工作也仅从局部需求出发制定工作标准或行业标准。国土资源部于1987年提出“国土资源信息分类及指标体系”，对国土资源信息内容进行分类，共分12个Ⅰ类、58个Ⅱ类、248个Ⅲ类以及基本指标项，表3列出其中的Ⅰ类和Ⅱ类（表10-4）。到了90年代，自国土资源部成立后，主管部门从统一管理技术标准出发，专门立项研究和制定了《国土资源标准体系表》，并提出急需制定的标准目录。《国土资源标准体系表》的研究制定，是国土资源信息化标准体系框架的雏形，为我国国土资源信息化标准建设提供了宏观指导。结合国土资源大调查和数字国土工程项目，国土资源部也启动了一批信息化标准，通过数字国土工程的实施，国土资源信息化标准建设取得了重大进展，已基本形成国土资源信息化标准体系框架。标准化建设涵盖了从信息采集、存储、处理、成果表达、信息服务等方面，具体包括通用基础标准、数据分类代码标准、数据库标准、信息化技术规范以及信息化相关标准等。其中，已经完成一批通用基础标准、数据库标准和数据库建设工作指南，以及有关国土资源信息化建设所涉及的技术规范等。

表10-4 国土资源信息分类体系

Ⅰ级	Ⅱ级
1 国土基础	1.1 国土格网 1.2 国土控制点 1.3 数字地形模型 1.4 地名
2 土地资源	2.1 地貌基本形态 2.2 海拔高度 2.3 土壤类型 2.4 土地利用现状
3 气候资源	3.1 光照 3.2 热量 3.3 降水
4 水资源	4.1 水体 4.2 主要江河 4.3 水资源量 4.4 水能资源 4.5 水质 4.6 水资源利用
5 生物资源	5.1 森林资源 5.2 草地资源 5.3 野生植物资源 5.4 野生动物资源
6 矿产资源	6.1 能源 6.2 黑色金属 6.3 有色金属及贵金属 6.4 稀有、稀土分散矿产 6.5 冶金辅助材料 6.6 化工原料 6.7 特种非金属 6.8 建材及其他非金属 6.9 地热
7 海洋资源	7.1 海域与岛屿 7.2 海水化学资源 7.3 海洋生物资源 7.4 海底矿产资源 7.5 海洋能资源 7.6 海洋空间资源 7.7 海水渔业
8 旅游资源	8.1 自然旅游资源 8.2 人文旅游资源
9 劳动力资源	9.1 人口 9.2 劳动力 9.3 文化素质
10 基础设施	10.1 城市 10.2 乡镇 10.3 交通线路 10.4 邮电通讯 10.5 动力 10.6 科、教、文、卫
11 经济条件	11.1 综合经济 11.2 农业 11.3 工业 11.4 交通运输邮电业 11.5 建筑业 11.6 商业
12 灾害与治理	12.1 自然灾害 12.2 生态环境恶化 12.3 环境污染 12.4 环境治理 12.5 环境保护 12.6 三废利用

根据对国土资源数字信息已有、正在制定、计划制定、列入标准体系表的标准状况进行调查统计，1995年之前国土资源数字信息已有标准占调查总计的13%，1995～2000年国土资源数字信息已有和正在制定的标准占调查总计的24%，2000年以后国土资源数字信息计划制定和列入标准体系表中的标准占调查总计的63%。由此看出，随着国土资源信息系统建设的步伐，国土资源信息标准化建设也在加快，标准的数量在不断增加。因此，现阶段是国土资源信息标准化建设最有利的时期。

已有和正在制定的国土资源信息标准如下。

1）国土资源信息通用标准　包括：国土资源信息核心元数据标准；国土资源信息标准参考模型；国土资源数据模型；国土资源高层信息分类编码及文件命名规则；国土资源信息系统设计规范。

2）国土资源信息数据分类代码标准　包括：数据元分类代码（如地质矿产术语分类代码）；属性数据分类代码（如土地利用信息分类代码、地质矿产术语分类代码、海洋生物分类代码等）；矢量数据分类代码（如国土基础信息数据分类代码）。

3）国土资源信息数据库标准　包括：属性数据库标准（如矿产储量数据库、同位素地质年龄数据库、地质钻孔数据库等）；空间数据库标准（1∶20万地质图数据库标准、1∶25万地理图数据库标准、县市级土地利用现状数据库标准、矿产开采登记数据库标准等）。

4）国土资源信息化技术标准（规范）　包括：数据库建设技术标准或规范（如1∶1万基础地理信息建库原则）；各种调查、勘测规范（如海洋工程地形测量规范、摄影测量数字测图记录格式）；制图规范（如地图符号库建立基本规定）；产品规范（如数字地图产品模式、基础地理信息数字产品）；接口技术规范（如地形数据库与地名数据库接口技术规程）；系统建设规范（如海洋信息系统软件设计规范）。

5）国土资源信息服务标准　包括：数据交换格式（如地球空间数据交换格式）。

6）国土资源信息管理标准　包括：数据质量标准（如地理信息数据质量控制）；元数据标准（如基础地理信息数字产品元数据）。

在已有和正在制定的信息标准类型中，85％的标准是产品标准，15％的标准是国土资源信息通用或领域通用的标准。

由于资源信息系统既可以是国土资源信息系统的子系统，又可以是资源与环境信息系统乃至其他信息系统的一部分，目前尚没有其单独的分类指标体系，但从信息的科学管理目标出发，可提出以下的分类原则。

1）必须遵守“国家经济信息系统与应用规范”所提出的科学性、系统性、可扩展性、兼容性、综合实用的总原则。

2）在建立具体的信息分类体系时，既要考虑科学性，尽量做到与国家的分类体系相衔接，同时又要照顾现行各行业、部门的体系和编码原则的方便。还必须围绕信息系统的不同目标，考虑所涉及的地区的不同地理特点。在低一级类别上，可以作适当的增减和调整，做到通用性与实用性的有机结合。

3）采用边分类边应用的原则，在应用中不断修改、补充、完善，逐步向统一标准靠拢。

4）在分类编码时，尽量采用现行国家标准。

10.3.7　资源信息系统的实例

1. 云南省国土资源厅国土矿产资源管理信息系统

(1) 系统目标

为全面提升云南省国土资源厅机关科学管理水平，实现厅机关政务管理信息化，业务审批网络化，省国土资源厅组织开发了“云南省国土资源厅国土矿产资源管理信息系统”。

（2）设计思路

本系统是在云南省国土资源厅需求分析的基础上，根据云南省的实际情况和政府国土资源、信息服务社会化的需求而设计的。在设计中，参照国土资源部“国土资源政务管理信息系统和信息服务系统建设总体方案”的要求，吸取了当今 GIS 理论中的最新概念，融入了 ESRI/ ArcInfo 软件的最新技术。其基本设计思路：明确各项国土资源业务、办事程序，系统分析信息化需求；打破部门界限，根据业务需求设置功能，再根据业务类型集成功能模块；操作人员按业务需求选择功能模块，按用户级别、权限操作功能模块办理各项业务；既满足国土资源自动化办公的需求，又保证系统数据管理的一致性、完整性和准确性；建立数据库建库规范与标准，确保数据的规范与质量；开发应用管理程序，保证国土资源信息系统的先进性、兼容性、可靠性、实用性、稳定性和动态可扩充性；遵循保护投资原则；实现办公自动化与 GIS 应用系统一致化。

（3）技术路线

1）采用 Oracle 数据库可以充分利用关系数据库管理的功能，利用 SQL 语言对空间与非空间数据进行操作，同时可以利用关系数据库的海量数据管理、事务处理、记录锁定、并发控制、数据仓库及与 Internet 无缝链接等功能，实现空间数据与非空间数据一体化集成。

2）本系统是 MIS 和 GIS 结合的系统，在开发过程中采用比较成熟的 Client/ Server 结构，采用三层模型进行开发，并提供向互联网的扩充方法。

3）采用 ArcInfo、AreSDE 和 MapObjects 进行系统开发，MO 地图控件可直接插入到许多业务流中，实现图属一体化。

4）系统分析与设计采用面向对象的系统分析与设计方法，系统开发过程中将应用计算机辅助软件工程技术进行系统分析、软件设计和开发，确保系统软件和数据库规范化、可移植性、可靠性，提高系统开发的效率。

5）为了解决业务流程的计算机管理问题，采用流程定义工具灵活定义业务流程、文档格式及操作人员身份等，对于不同业务，只要按照国土资源的业务要求加以定义后，便可以利用管理信息系统进行业务的自动化处理，实现网上自动化的无纸化办公。

6）采用组件 GIS 技术，通过 GIS 组件将 GIS 应用集成到 MIS 与流程化管理中，实现真正的图文一致化集成。

（4）系统设计的软件造型

1）操作系统——Windows NT

Window NT 具有高级操作系统的性能，同时具有高度的可行性。Windows NT 的安全保护可以防止未经授权的使用者访问数据和软件等。

另外，Windows NT 还具有很强的联网功能，允许系统开发者自主选择符合国土资源业务要求的方案。由于其支持多种通信协议，所以能解决跨城市、跨区域的问题，而云南省国土资源厅所开发的国土资源信息系统正是一个多用户、多任务的网络系统。

2）数据库平台——Oracle

针对国土资源数据种类繁多、信息量大的特点，选用当前最流行的大型数据库管理系统——Oracle 作为系统的数据库平台。因为它是一种对象——关系型数据库，用它来管理业务处理中的数据显得十分简单。其主要特点阐述如下：① 稳定性高；② 较强的数据录入、处理能力；③ 采用通用结构化查询语言；④ 可管理的数据量大；⑤ Oracle 数据库工具强大；⑥ 提供与 Internet 的接口。

由于所开发的系统需管理国土资源信息中的数字、文字、表格、图形、多媒体等多种数据，而 Oracle 数据库具有强大的处理、管理各种数据的功能。基于数据库在整个系统中的重要地位，采用 Oracle 数据库有利于最大限度发挥系统功能。

3）GIS 平台——ArcInfo、MapObjects、ArcSDE

地理信息系统（GIS）是集地球科学、信息科学与计算机科学技术于一体的高新技术，它已成为社会可持续发展的有效的辅助决策支持工具。

① ArcInfo

ArcInfo 由 ESRI 公司推出，当前在众多地理信息系统软件中，影响最广，功能最强，市场占有率最高。

ArcInfo 通过 3 个功能模块给用户提供了图件、数据和工具进行交互的基本方法和界面。

ArcMap 是一个用于编辑、显示、查询、分析、打印地图数据的应用模块。它包含一个复杂的专业制图和编辑系统，可以将 ArcMap 看成能够完成制图和编辑任务的 ArcEdit 和 ArcPlot 的合并。

ArcCatalog 是用于定位、浏览和管理空间数据的应用模块。利用 ArcCatalog 可以创建和管理图形数据库。ArcCatalog 是用户规划数据库表，指定和利用元数据的环境。

ArcTool Box 是用于完成 ArcInfo 所提供的诸如数据转换、叠加处理、缓冲区生成、投影转换等空间数据处理模块。

② MapObjects

MapObjects 由 ESRI 公司推出，可以运行在多种噪声系统之上。

MapObjects 建立在微软的对象链接和嵌入基础之上。它是一个提供制图和 GIS 功能的 Active X 控件，MapObjects 地图控件可以直接插入到许多标准开发环境的工具集中。可以通过在 Visual Basic、Delphi 等开发环境中建立属性页操纵地图。

MapObjects 为应用开发人员提供了有力的制图与 GIS 功能支持。其主要功能包括：显示有多个地图层的地图；放大、缩小、漫游地图；显示图形特征；显示坐标字符；识别选择特征；用 SQL 语句查询特征；查询、更新、选择特征的属性数据等。

③ AreSDE

AreSDE 空间数据管理——开放式 APL，多种客户选择，卓越的性能。

ESRI 提供 ArcSDE 作为高级空间数据库管理系统，满足了大型企业 GIS 数据管理的需要。ArcSDE 基于客户/服务器的结构提供 GIS 功能，它是专门为管理大容量，多用户，网络化的数据而设计的。ArcSDE 把空间数据管理从过去的“以 GIS 为中心”变为“以信息为中心”。

ArcSDE 产品的目标是通过一种工亚标准的应用编程界面（API）提供一种开放的 GIS，并且提供了一个优秀的应用开发环境，用以支持由 ESRI、用户以及开发商开发的客户端应用。但最重要的目标是提供对于大型的多用户数据库的高速访问的性能。

ArcInfo 与 MapObjects、ArcSDE 都是由 ESRI 公司推出的地理信息平台，但 ArcInfo 是大型地理信息平台，功能大，更多用于后台；而 MapObjects 是桌面地理信息平台，更多用于前台；ArcSDE 是海量数据引擎。ArcInfo、AreSDE 和 MapObjects 的组合，可以把空间数据直接存入数据库，这样对空间数据操作就像对属性数据操作一样。

(5) 系统功能

系统总体结构见图 10－7。

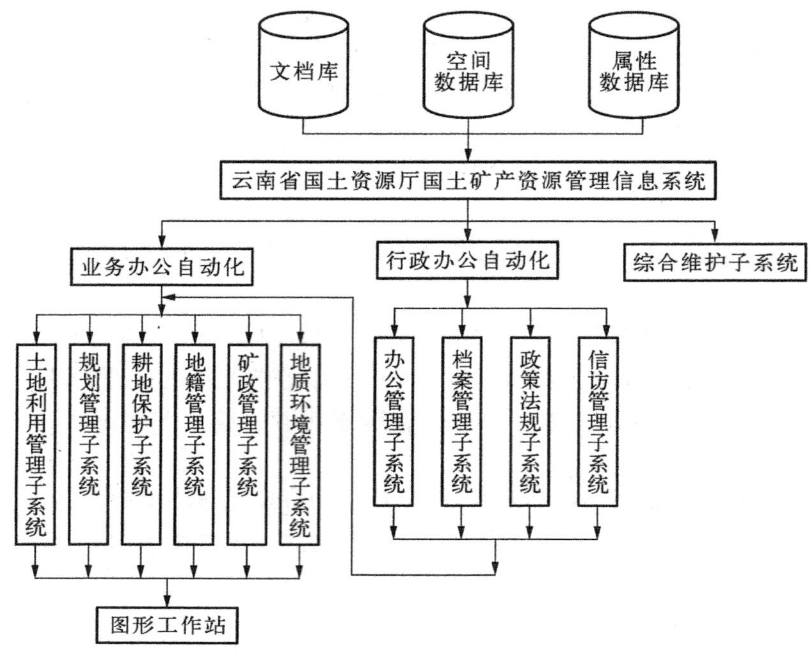

图 10－7　系统总体结构

系统功能介绍见表 10－5。

表 10－5　系统功能

功能模块	功能简述
地籍管理子系统	管理地籍调查和土地资源调查成果，支持土地登记，纠纷调处，动态监测工作
耕地保护子系统	实施耕地特殊保护、农地用途管制、征地管理、农地开发、土地整理；依据土地利用总体规划及专项规划，组织和推动基本农田保护、土地开发、土地整理、土地复垦监督
规划管理子系统	管理规划成果，支持日常规划管理工作，进行土地利用状况的动态分析、统计，提供辅助决策的信息系统
土地利用现状子系统	管理现状调查成果，支持变更调查、农村日常地籍管理的信息系统
行政办公自动化管理子系统	全局行政办公类公文数据输入、登记、编辑、修改、审阅、审批、签发、统计、查询、输出；机关办公综合事务管理
窗口办公子系统	国土资源业务的受理、录入、登记、查询、控制、自动分配、业务成果输出、协调各业务子系统之间的正常运行
信息发布子系统	提供国土资源信息的对外发布
矿政管理子系统	采矿权、探矿权、矿山企业立项、矿产资源储量等矿政业务管理
地质环境管理子系统	制订地质环境保护、地质灾害防治、地质遗迹保护、地热、矿泉水开发保护的管理办法；对矿泉水进行鉴定和年检；编制矿山地质环境保护规划、计划草案
综合维护子系统	数据入库、更新、系统管理及维护，设定及变更文档资料格式、工作人员身份、级别、权限

2. 基于 WebGIS 技术的吉林省国土资源信息系统

(1) 系统目标

为进一步深化国土资源遥感大调查的成果,实现吉林省国土资源信息的共建共享、科学管理、合理开发和有效利用,为吉林省国土资源管理和各使用部门以及个人提供全面、方便、快捷的国土资源远程空间信息服务。

(2) 吉林省国土资源信息系统的设计

系统设计主要由 8 个子系统构成,包括数字矿产、数字旅游、数字气象、数字生态、数字国土、数字水资源、数字植被和地壳稳定性子系统。各子系统又包括多个下一级子系统,如数字矿产子系统包括金属矿产、非金属矿产、能源矿产和预测矿产子系统。地壳稳定性子系统包括地震灾害和地质灾害子系统如图 10-8 。

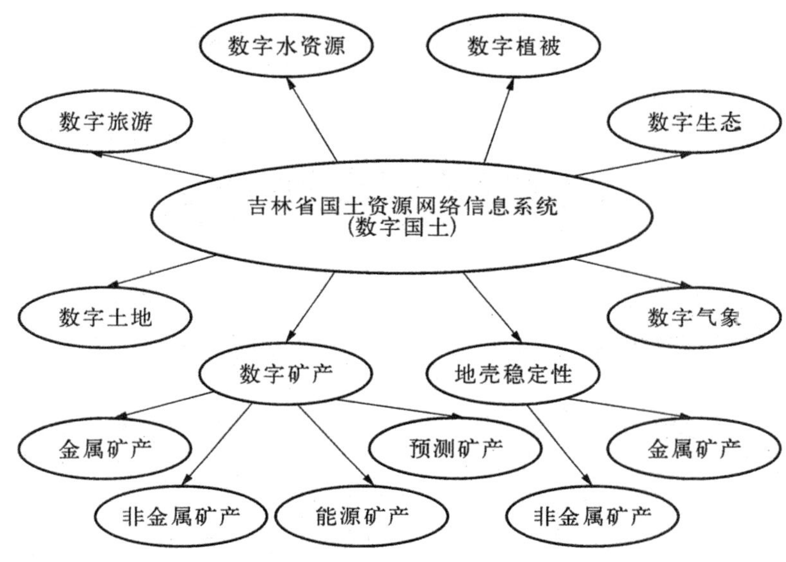

图 10-8　吉林省国土资源网络信息系统构成

1) 系统总体框架

系统基于 Internet 构建,遵循 TCP/ IP 和 HTTP 协议,可通过防火墙与国内 Internet 连接。

系统部署方案采用目前比较流行的三层结构模型,总体框架如图 10-9。3 层结构分别为客户端浏览器、服务器和后台数据库。客户端浏览器支持各类数据和信息的显示并可与服务器进行通信。服务器由 Web 服务器和 Web GIS 服务器两部分构成,前者负责基本的网络通讯与协调,后者主要支持网络地理信息系统功能的实现。数据库由图形库、属性库和元数据库组成。按照国标进行数据分类,数据库设计采用常用关系型结构,图形数据和属性数据通过标识进行连接。

2) 系统功能设计

① 图层管理功能　　支持地图工程分层管理,如显隐,上下移,可选、可编控制,显示比例控制等。

② 地图操作功能　　如地图放大、缩小、漫游、选择等。

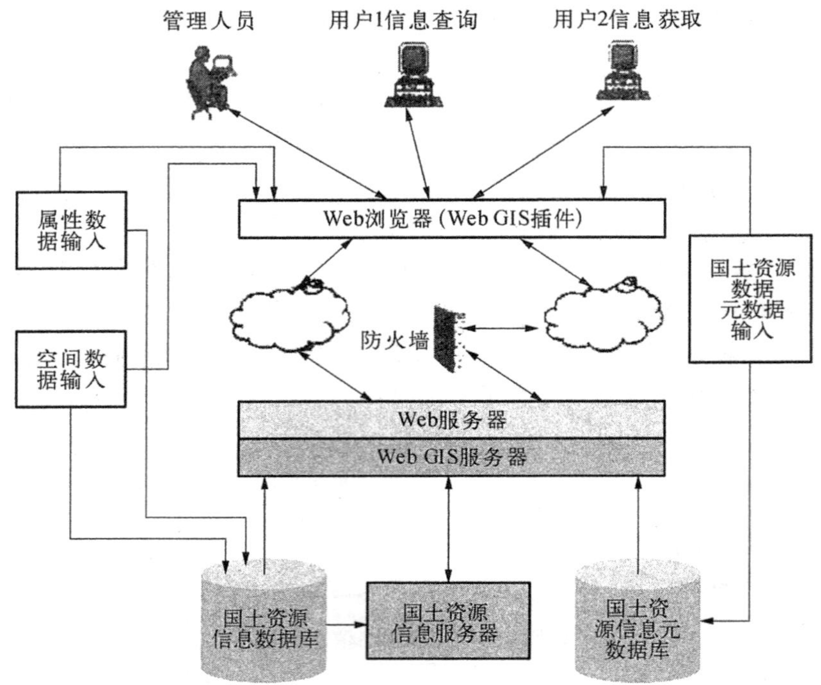

图 10-9 吉林省国土资源网络地理信息系统结构

③ 空间/属性数据双向查询功能　　如指定条件查询图形的空间信息，选定图元查询其属性特征。

④ 专题图显示功能　　如对空间信息依据属性信息所作的分类、分级、注记、统计图显示、图例显示。

3) 应用系统

从应用功能上，各子系统又包括如下功能子系统，具体内容和功能结构图如图 10-9。

① 国土资源公共信息发布平台子系统。

② 吉林省基础地理空间信息网络平台子系统。

③ 用户安全访问子系统。

④ 国土资源属性数据相关子系统，包括属性数据的输入、修改、维护、管理、查询和浏览等(服务器端和客户端都可实现)。

⑤ 国土资源空间数据相关子系统，包括空间数据的输入、修改、维护、管理(限于服务器端)、查询和浏览等。

⑥ 空间数据和属性数据交互查询子系统。

⑦ 国土资源数据元数据子系统，包括元数据的输入、修改、维护、管理、查询和浏览等(服务器端和客户端都可实现)。

⑧ 国土资源遥感影像子系统。

⑨ 国土资源空间数据获取子系统。

(3) 系统实现方案

系统实现时可依据上述三层结构逐层建立，并通过接口相互衔接，其结构如图 10-10。

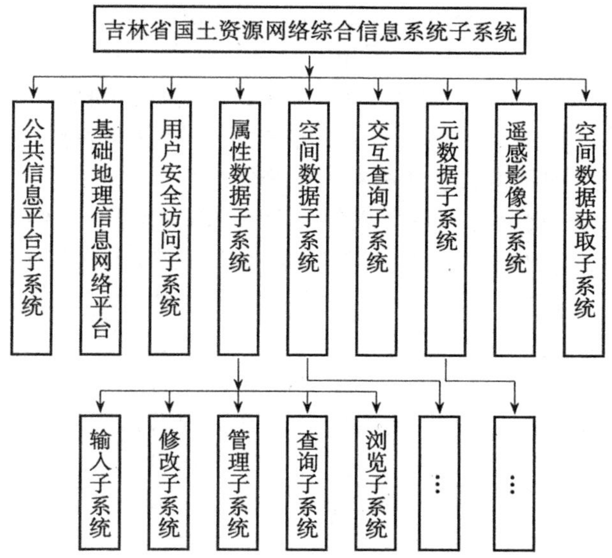

图 10-10　吉林省国土资源网络综合信息系统功能结构

1）三层结构的建立

① 客户端

客户端主要为常用的商业浏览器，用于接收和解释普通 HTML 文件。对于空间数据的处理，可通过在浏览器中插入并运行 Applet 实现。Applet 可插入 HTML 文件中，在网络浏览器下载该 HTML 文件时，Java 程序的执行代码也同时被下载到用户端的机器上，在客户机上完成 GIS 数据解释和 GIS 分析功能，并可实现与服务器端的通讯。Applet 提供内部接口，可使用 Java Script 或 VB Script 实现对它的控制。

② 服务器端

服务器端使用 Java Bean，Java Servlet 和 JSP 实现。其开发与管理采用"模型-视图-控制器"(Model - View - Cont roller)结构。Java Bean 负责实现数据模型定义，与数据库中数据表相对应；由控制器调用，由视图显示给用户。Servlet 充当控制器，负责监控客户端请求，依据客户请求进行相应的分析，运算和数据库访问工作，并将结果返回客户端。视图由 JSP 编写，将 HTML 动态返回给用户。

③ 数据库

系统数据库采用 SQL Server 2000 数据库。有空间信息数据库、属性信息数据库、元数据库。各类数据由 SQL 服务器 2000 进行管理和维护。数据的加工制作可在"吉林省网络信息系统"中的图形数据管理子系统和数据管理子系统中完成。

2）接口实现

客户端与服务器端的通讯和连接使用 TCP/ IP 和 HTTP 通过 Internet/ Intranet 实现。服务器端应用程序与后台数据库的通讯通过 JDBC 技术实现。

3）安全策略

由于该系统将与国际互联网 Internet 实现互联，所以系统安全问题极为重要。为提高网络安全性，防止外界非法用户入侵，对该系统拟采取合法用户与防火墙相结合的方式限制网络用户对系统的访问。系统设有合法用户数据库，对不同用户设定不同的权限，如高级用户权限、数据管理者权限、数据输入者权限等。同时该系统网络引入防火墙(Firewall)，它能决定外界能访问哪些 Internet 服务；哪些外部用户能访问哪些 Internet 服务；内部人员能访问哪些 Internet 服务，同时，防火墙只允许授权数据通过。Firewall 提供了两种主要功能：即网络安全性和数据安全性。

网络安全性方面，防火墙提供一个复杂的，可根据需要进行定制的 Internet 安全解决方案，提供对 IP 源地址、IP 目的地址、ICP、UDP、ICMP、FTP、HTTP、DNS 等各种协议的安全检查，防止非法用户进入。防火墙使用先进的包过滤方式来防止非法访问。它检视每个包的源 IP 地址，决定是否给予其访问的权利。整个内部网络与 Internet 必须只有一个接口，以保证防火墙能捕捉每一个进出的包。通过这些安全技术可以禁止不期望的网络通信，并可以利用其强大的监听和报警机制记录任何有疑问的通信。在数据安全性方面，防火墙提供了 SHTTP 和 SSL 安全协议。SHTTP 是 HTTP 的超集，可以采用多种方式封装信息。它的封装包括加密、签名和基于 MAC 的认证。

通过以上安全措施，合法的网络用户和应用可以得到全面而透明的连接保障，正确的系统操作随时可得到确认，而非法的网络用户和操作得到的是完全禁止。

(4) 应用

1) 成果展示

提供对“吉林省国土资源遥感调查”研究成果的展示。通过网络，展示吉林省的土地资源、矿产资源、水资源评价、植被资源、旅游资源以及在资源开发与利用中存在的环境问题，如气象灾害、地质灾害、水环境问题等。

2) 空间信息的远程管理

系统提供远程管理功能。通过 Web 技术，各县市可通过密码登录中心服务器，上传最新国土资源数据，实现数据库的实时更新。

3) 为国土资源开发，提供宏观管理

吉林省国土资源网络信息系统是管理开发土地、植被、矿产、水资源、旅游、生态、地质灾害等的综合信息系统，为各级政府及从事国土资源与生态环境研究的相关单位提供相关资源环境信息并享受最终成果。

系统建立可实现网络浏览、查询，帮助管理分析吉林省国土资源现状和近阶段存在的环境问题，为资源开发与可持续发展战略决策，提供利用和决策支持手段。

10.4 资源信息科学的发展

10.4.1 资源信息科学发展所面临的问题

资源科学的研究可以归纳为以下几个过程，即资源科学工作者或相关人员首先关注对资源现象的观测和长期时空尺度的数据资料的积累；第二步是从物理的、化学的和生物学的规律和自然现象以及人类活动规律等，建立定量和定性的相互关系，进行系统的分析评测；第三是建立各种模式，有定量的模型，有定性的模型，使其获得对资源开发利用和保护的合理模式，或可供选择的方案；第四是研究结论的验证；最后是验证结昊的反馈，从而修正研究结论或确定适用方案。这样一个研究过程是长期以来形成的有效研究途径，伴随着资源信息科学和技术的发展，在不同时期和不同问题以及采用的技术手段不同时，各个阶段的深度和时间是不一样的。由于自然界的复杂性，人类认识自然的局限性，资源科学的研究通常是在两种情况下展开的：① 在前人长期科学知识或经验的积累基础上，通过研究者（个人或群体）的再认识、思维、创造，从而获得新的知识和认识；② 人类对未知的空间或领域去进行首次的观测和认识，获得知识，并为后续研究提供基础，这两种研究活动都与信息资源分不开，即都与资源信息科学紧密联系。

多学科的交叉融合产生新的学科体系，是当今科学技术发展的重要趋势和规律，学科交叉融合不是简单的叠加，而是一种融合，信息科学进入资源科学首先要研究资源科学的需求，从而要在信息科学原理的基础上选择适用的部分，研究新的技术或理论来适应资源科学的需求，进而又促进信息科学的发展；资源科学为应用信息科学技术也必须变革过去若干传统的研究方式，使其适用于信息科学的要求。目前没有专门的项目或队伍去研究资源信息学的若干理论、方法和技术问题，这是学科处于初期发展阶段的普遍现象，只有通过实际应用，不断总结经验和提高水平，最后去充实完善学科的理论、方法和技术是资源信息学从发展到成熟的必由之路。

21 世纪将是信息时代，资源科学研究将在信息技术的支撑下，全面实现现代化和信息化，这就迫使资源信息科学不但要继续完善已成熟的技术并在资源科学研究中加速推广应用，因此为了更好地发展该门学科，有必要认清该学科的现状。总的来说，资源信息学在各技术的支撑下正在逐步趋于成熟，但其中也包含许多问题。

1. 资源信息科学的发展极不平衡

中国是一个幅员辽阔、资源丰富的国家，随着资源环境的开发以及带来的诸多生态问题，人们对资源的合理利用也有了更高的认识，这就促使我们必须更深入的研究资源科学。作为资源信息技术的中坚力量，地理信息系统技术、遥感技术和全球定位系统技术都获得了极大的发展。"3S"技术和虚拟现实技术等高新技术的发展极大的开拓了资源信息学的研究内容和研究深度，为我们对资源的开发和利用做了更好的决策。但是，这些在很大程度上都还是各自孤立的信息技术，作为资源信息科学体系的一部分，各相关技术和学科的衔接还不够紧密。另外，虽然资源信息科学在应用领域得到了极大的发展，但是人们对其基础性研究还不足，或者说还没有得到足够的认识。比如，在人口-资源-环境之间的相互作用相互制约方面还没有得到充分的研究，而这对于资源的合理利用，生态的协调可持续发展起着至关重要的作用。

2. 大多数行业没有行业规范、标准，带来一些数据标准问题

资源信息科学的研究内容及其丰富，涉及地理、环境、灾害、经济和社会诸多方面。就其中某一类信息而言，有的已经制定了该类信息的数据分类和行业标准，有的正在或准备制定分类标准。

在资源信息这个大的框架上还没有一个统一的数据标准，这就给数据的转换和共享带来了不便。各行业都是按照自己的数据标准来存储和处理数据，而当今学科之间的相

互渗透使得人们必须花大量的人力物力研究数据之间的转换，这势必会阻碍行业产业化的发展。所以，有必要建立起一个统一的数据分类编码标准，资源学科下属各分支学科都以这一数据标准来采集、存储和管理数据，各学科之间就能真正达到数据共享，也能真正做到行业规范化。

3. 理论落后于技术应用的发展

随着计算机技术、通讯技术、电子技术等现代信息技术的快速发展，地理信息系统等空间信息技术也得到了长足的发展，这势必将资源信息科学技术推向新的高潮。然而，就像资源信息科学这一概念的提出一样，资源信息理论总是落后于资源信息技术的发展。往往只有当资源信息技术在某一方面发展到一定程度或相当成熟的时候才有相关理论的提出，从学科发展的角度看，理论并没有起到引导技术应用的发展方向的作用。

4. 产业化发展不足

众所周知，科学技术需要转化为生产力，资源信息科学技术的发展如果不与市场相结合，走产业化发展道路，就不能有力的促进资源信息产业的发展。

资源信息技术的应用相当广泛，可应用于农业生产建设、自然灾害防治、生态环境研究等，有着相当好的发展前景。目前，资源信息科学技术在产业化方面做的还相当不完善，没有与市场紧密结合，产业化发展不足。在市场经济的导向下，我们应当将资源信息技术商业化，让科学技术应用于实际的生产，带来效益，而不能仅仅停留在技术研究的阶段。

10.4.2 资源信息学的发展途径

综上所述，我们可以从以下几个方面探索资源信息学的发展途径。

1. 面向21世纪实现资源科学研究现代化与信息化的途径

总结过去和分析现状，我国资源科学研究水平与国际上相比有较大的差距，但就资源信息技术应用的单项水平来说并不落后，如遥感技术、地理信息系统技术等。主要是综合技术集成以及资源科学研究中信息技术应用的深度和广度、信息技术与资源科学紧密结合的程度不够，同时，满足资源科学研究现代化和信息化的基础设施跟不上，资源信息资源保证以及信息技术提供服务的运行机制缺乏。加之广大资源科学研究人员对信息技术的掌握程度不高，应用不够普遍。因此，为了加速我国资源科学研究现代化水平的进程，应该从两个方面开展研究和建设：① 要加强资源科学研究的信息资源建设，集成和开发一批可以直接为资源科学研究服务的资源信息管理系统，开发一批可以直接为资源管理部门使用的资源开发与区域持续发展的决策管理系统，建立资源环境动态监测网络系统，开发区域可持续发展的综合模型体系，充分利用现有网络设施，建设网上信息导航服务，以及国际资源信息源镜像站等，从而促进资源科学研究水平和方法的提高；② 开展资源信息科学前沿领域的研究和实践。

2. 紧跟资源信息技术的国际前沿开展研究和实践

跟踪是为了赶超，要实现我国资源科学研究在水平上和方法手段上赶上或超过国际先进水平，必须在全面应用现有资源信息技术的同时，跟踪和赶超国际前沿，力争在短期内使我国信息技术在资源科学研究中的应用水平进入国际先进行列。并造就一批具有资源科学背景，同时又能掌握资源信息技术的资源科学高级研究人才。需要研究的内容很多，可先从以下几个方面入手。

(1) 开发资源数据仓库

传统的数据库是面向应用的，数据仓库是面向主题的、集成的、稳定的、不同时间的数据集合，用以支持资源开发管理中的决策制订的过程。主题是一个在较高层次将数据归类的标准，每一个主题对应一个宏观的分析领域。数据仓库反映的是历史数据的内容，而不是处理联机数据，因此进入数据库后是很少或根本不更新的，为此在数据进入数据仓库之前是要进行加工的。通过数据仓库及相应的分析工具，一是可以按照主题查询归纳数据；二是可以进行数据的挖掘，从而可以提炼分析出内在相关性、趋势性；三是可通过可视化工具，探索数据的关系和深入到数据结构中，达到分析资源以及相关因素之间的复杂性和动态变化关系。

(2) 开展资源数据可视化研究

数据可视化是将各类资源环境的抽象数据系统，转变成一系列可以供人们观看的视觉图形、图像、图表以及其他可视化的表示形式，它可以采用计算机软件，使存储在计算机中的数据按要求直接转变成可视图形，也可以借助于数据挖掘工具，对若干类处于不同层次的数据多次提取，生成可视化的图形、图像或其他可视的多媒体表示方式。

(3) 开展资源信息技术集成研究

将资源信息技术领域的主要技术进行综合集成使用，可提高资源利用效益。例如为了提高农业资源的高效利用，目前在国际上十分重视“精准农业(precision agriculture)”的开发。它是在信息技术支持下，充分挖掘农业资源利用率的一种农业技术。它包含资源信息技术中的地理信息系统技术、全球定位系统技术、遥感技术、数据库技术、人工智能技术、信息管理技术以及农业技术、自动化技术、农业机械等技术，所以它是多种技术的高度集成。它可以实现农业资源的高效利用，从而不仅保证粮食产量的稳步提高，还可以降低成本、保护环境，同时，精准农业的实施还会带动一批相关产业的发展，如信息产业、农业机械等，它是实现持续农业的重要途径。

(4) 开展资源环境模式研究

模式化研究已成为全球资源环境研究的重要手段，在资源信息技术的支持下，不但可以获得模式化研究的信息，而且可以利用系统论、控制论以及数理方法构建各类时空尺度的资源研究模式，目前国际上虽然有很多可用的模式，然而由于资源系统的复杂性和区域性特征，这些已有模式是远远不够的，应该在继承应用前人已有模式的基础上，努力构建新的模式，为资源系统科学研究和全球资源环境变化研究作出我们的贡献。

(5) 创建资源环境虚拟科研环境

资源科学研究方式的变革和研究环境的改变，将随资源信息技术的深入发展和进一步的深化应用，从根本上使资源科学的发展获得一个飞跃的前进。通过虚拟科研环境去从事资源科学的研究活动，将成为 21 世纪资源科学研究的最主要的方式。

遥感、地理信息系统、全球定位系统等资源信息技术在资源环境科学中已获得了应用，将虚拟现实技术引入到资源环境研究中，正处于起步阶段。虚拟环境是由计算机生成的，通过视、听、触觉等作用于用户，使之产生身临其境感觉的交互式视景仿真，在构建一个虚拟现实系统时，需要用到计算机图形学、图像处理与模式识别、智能接口技术、人工智能技术、多传感器技术、语音处理与音响技术、网络技术、并行处理技术和高性能计算机系统等，这些技术都是信息技术的分支。在这样的虚拟现实环境下，较通常的计算机应用更体现了人的主导作用。如人们现在只从计算机的外部去观察处理结果，而在虚拟环境中，人们能够沉浸到计算机所创建的环境中；现在研究者只能通过键盘或鼠标与计算机的单维信息发生交互，而在虚拟环境中人们能通过多种传感器与多维信息的环境发生交互作用；研究者现在只从定量结果中得到启发和认识事物，而在虚拟环境中从定量和定性的综合的感性知识与理性知识综合集成环境中，加深对事物的理解与创新。

由信息科学、资源科学、空间科学以及系统工程等多种学科相互结合交叉产生的资源信息科学是信息科学在资源学中渗透的结果，是资源学的重要组成部分，而且它在资源学的学科体系中会越来越显得重要，利用资源信息科学技术促进资源科学研究的现代化和信息化，进而推动资源学的发展，资源学的应用需求，又推动资源信息科学的完善和成熟。目前我国资源科学研究现代化和信息化水平有了很大的提高，但与国际上发展的水平相比仍有较大的差距，在 21 世纪的信息时代，要充分利用现有资源信息技术的成果，改造传统资源科学的研究方法和手段，同时，加强资源信息科学的理论、方法和技术的深入研究，特别是有关的前沿领域的研究与实践，促进我国资源科学的研究水平进入国际先进行列，为我国的资源、环境、经济和人口的协调发展研究作出贡献，使资源信息科学在实践中完善。

主要参考文献

车学文. 2003. 云南省国土资源厅国土资源管理信息系统设计概述地矿测绘，19(2)

陈文伟. 2004. 决策支持系统教程. 北京：清华大学出版社

杜培军. 2002. 国土资源信息化建设中有关数据问题的探讨. 国土资源信息化. (3)

冯少栋，汪宏武，胡景明. 2007. 对地观测系统概述及发展趋势. 卫星与网络. (4)

高峰，冯筠，侯春梅等. 2006. 世界主要国家对地观测技术发展策略. 遥感技术与应用，21(6)

姜景山. 2006. 中国对地观测技术发展现状及未来发展的若干思考. 中国工程科学，8(11)

刘雁. 2007. 数据仓库技术在学校信息管理中的应用. 青海师范大学学报(自然科学版). (1)

彭补拙，濮励杰，黄贤金. 2007. 资源学导论. 南京：东南大学出版社

秦耀辰，钱乐祥，千怀遂等. 2004. 地球信息科学引论. 北京：科学出版社

萨师煊，王珊. 2000. 数据库系统概论(第三版). 北京：高等教育出版社

孙九林. 2000. 广泛开展资源信息科学的研究与应用. 自然资源学报，15(1)

孙九林. 2005. 资源信息学的发展与展望. 资源科学，27(3)

邬伦，刘瑜，张晶，马修军. 2001. 地理信息系统——原理、方法和应用. 北京：科学出版社

郁培昌. 2005. 现代通讯技术发展及其在物流业的应用. 物流技术与应用. (9)

赵文吉，宫辉力，李小娟等. 2003. 基于 WebGIS 技术的吉林省国土资源信息系统. 地理信息系统，(6)

中国企业管理百科全书编辑委员会. 1984. 中国企业管理百科全书. 北京：企业管理出版社